Économétrie du développement durable

Sous la direction de
Jacob Tche

Économétrie du développement durable

Préface de Désiré AVOM

L'Harmattan
Cameroun

5-7, rue de l'Ecole-Polytechnique, 75005 Paris

http://www.editions-harmattan.fr

ISBN : 978-2-14-049219-8
EAN : 9782140492198

REMERCIEMENTS

Nous tenons à remercier les experts, du comité éditorial de l'Harmattan, en développement durable, qui ont accepté de relire et de valider cet ouvrage pour publication. Nous remercions les collègues des universités nationales et internationales qui ont contribué à améliorer certaines parties de cet ouvrage.

Nos remerciements sont également adressés aux nombreux contributeurs dont vous trouverez les articles dans cet ouvrage, ainsi que l'étudiant en thèse de doctorat, M. Ralph NEMBOT MOUAFO, impliqué dans ce travail conséquent.

Enfin, notre plus profonde gratitude va à Madame Irène Morikang épouse Tche pour sa patience pendant que nous travaillions à écrire ce livre. Merci d'avoir cru au présent projet.

COMITÉ SCIENTIFIQUE

- **AMADOU BOBBO**, Université de Yaoundé II
- **AVOM Désiré**, Université de Yaoundé II
- **AWAH MANGA Lucien Armel**, Université de Yaoundé II
- **BIKOUE Maxime**, ESSEC-Douala
- **DCEKER Sallyanne**, University of Greenwich, UK
- **DJONGOUE Guy Lafleur**, Université de Douala
- **EPO Boniface Ngah**, Université de Yaoundé II
- **EPOH Hervé Honoré**, Université de Douala
- **KONO ABE Jean Max**, Université de Yaoundé II
- **LIMI KOUOTOU Hibrahim**, Université de Yaoundé II
- **MEKA'A Cosmas Bernard**, ESSEC-Douala
- **MOLEM Christopher Sama**, Université de Buea
- **MOUGNOL A EKOULA Hervé William**, Université de Yaoundé II
- **NDJETCHEU Louis**, Université de Douala
- **NKOA François Colin**, Université de Yaoundé II
- **NGOA TABI Henri**, Université de Yaoundé II
- **NGAMBI Marcel**, Université de Yaoundé II
- **NLOM Jean Hugues**, Université de Douala
- **NOUMBA Issidor**, Université de Yaoundé II
- **OKAH-ATENGA Xaverie-Euphémie**, Université de Yaoundé II
- **TCHOUASSI Gérard**, Université de Yaoundé II
- **TCHE Jacob**, Université de Yaoundé II
- **TCHITCHOUA Jean**, Université de Yaoundé II
- **TIOUMAGNENG André**, Université de Yaoundé II

SOMMAIRE

PRÉFACE

Économétrie du développement durable est un ouvrage important et original qui porte sur les méthodes économétriques, mobilisant aussi bien les fondements microéconomiques que macroéconomiques. Partant de cette approche globale qui reflète l'état actuel de la pratique de l'économie de développement, le Docteur Jacob TCHE, enseignant à la Faculté des sciences économiques et de gestion de l'Université de Yaoundé II, permet aux chercheurs de procéder à une recherche empirique moderne, qui prend appui sur le modèle linéaire classique tout en intégrant progressivement les avancées récentes de l'économétrie et la diversité de ses applications dans les différents domaines de l'économie et plus généralement des sciences sociales.

Dans cette perspective, l'ouvrage couvre des sujets d'actualité et pertinents pour la compréhension de l'environnement et débouche sur des recommandations opérationnelles pour les décideurs publics et privés.

L'accent mis sur l'analyse économétrique s'accompagne d'une simplification excessive dans l'énonçé des hypothèses qui s'appuient sur les débats théoriques contemporains. À partir des modèles mathématiques et des données statistiques, cette dimension économétrique renseigne l'importance du développement durable en Afrique subsaharienne.

L'économétrie du développement durable est un champ d'investigation et d'application ouvert à d'autres disciplines. En effet, en abordant les problématiques de conformité environnementale des forêts, d'intégration régionale inclusive et d'urbanisation durable, l'ouvrage pose les jalons de l'équité intergénérationnelle. Au regard de la pluralité des thématiques analysées, il apporte une contribution empirique sérieuse à la littérature sur le développement durable en Afrique en mobilisant des outils économétriques pour tester diverses hypothèses spécifiques répondant à un besoin pédagogique et opérationnel.

Cet ouvrage, pionnier dans ce domaine, constitue le point de départ à des recherches nouvelles dans d'autres domaines des sciences sociales. Par la diversité des outils méthodologiques mobilisés, l'ouvrage s'adresse prioritairement aux étudiants en cycles d'initiation à la recherche, notamment ceux de Master en Sciences économiques et Sciences de gestion. Il peut également constituer un excellent tremplin pour les professionnels avides de culture au regard des solutions pratiques aux différents défis du développement durable qu'il propose.

Je recommande fortement cet ouvrage aux enseignants, étudiants et professionnels pour faciliter leur compréhension du développement durable.

Désiré AVOM

Agrégé des Facultés des Sciences économiques
Doyen de la faculté des sciences économiques et de gestion
de l'Université de Yaoundé II, Cameroun

AVANT-PROPOS

C'est pour moi un grand plaisir que le Docteur Jacob TCHE ait pu promouvoir l'apparition de cette œuvre scientifique de qualité irréprochable qui affine la compréhension économétrique du concept de développement durable.

En effet, les réflexions relatives au développement durable à l'épreuve des mondes en mutation s'organisent autour de trois idées principalement : un retour sur l'histoire de la conceptualisation du développement durable, les interprétations du développement durable entre durabilité faible et durabilité forte et les limites de ce discours.

Premièrement, un retour sur l'histoire de la conceptualisation du développement durable permet de noter, d'une part l'émergence de la pensée relative au développement durable, les premières revendications, le club de Rome et le concept de la croissance zéro (1970), la conférence des Nations unies sur l'environnement à Stockholm (1972) et le concept de l'écodéveloppement ; d'autre part, la naissance et conceptualisation du développement durable plus connue à partir de la stratégie de la conservation mondiale (1980), du rapport de Brundtland (1987), de la conférence de Rio (1992), de la déclaration de Rio, de l'Agenda 21 et de l'après Rio.

Deuxièmement, les interprétations du développement durable concernent les réflexions évolutives situées entre durabilité faible et durabilité forte. Troisièmement, les limites du discours de développement durable s'articulent autour de quelques points saillants : l'ambiguïté du concept du développement durable, de son origine, des termes utilisés et de leurs assemblages. Le développement durable dans son flou définitionnel reste une source de conflits d'interprétation interdisciplinaire. Le développement durable constitue de nos jours une contrainte pour les chercheurs, les décideurs, les dirigeants et la gouvernance d'entreprises publiques et privées. Cependant, le développement durable reste-t-il seulement un concept occidental ?

Le développement durable est le résultat des débats antérieurs et actuels relatifs aux questions planétaires, mais reste un défi ayant des enjeux importants qui portent sur : le réchauffement climatique ; la consommation et la production durables ; la société de la connaissance et la gouvernance, l'énergie et les transports, la conservation et la gestion durables des ressources naturelles, la santé publique et l'inclusion sociale. L'idée d'un développement, combinant des changements mentaux et sociaux d'une population qui la rendent apte à faire croître, cumulativement et durablement, son produit global net (Perroux, 1961) a fait son chemin. Cependant, ce développement n'a pas pu à la fois réduire la pauvreté, les vulnérabilités, les inégalités, la pression sur l'environnement et soutenir la croissance économique.

Deux visions opposées se cachent derrière le développement durable. La première d'inspiration néoclassique fonde la soutenabilité exclusivement sur la base environnementale. En effet, elle cherche au niveau microéconomique à valoriser monétairement les éléments naturels, et au niveau macroéconomique, dans la lignée du modèle de Solow, elle fournit les fondements de la relation vertueuse entre « croissance et qualité environnementale ». La formulation de la règle de soutenabilité assure le maintien de la valeur du stock de capital en postulant une parfaite substituabilité entre les formes de capital : physique, humain et naturel. La deuxième vision qualifiée d'hétérodoxe se veut plus globale puisqu'elle intègre les dimensions économique, environnementale et sociale du développement. Elle est associée au maintien d'un stock de capital naturel et rejette le principe de la substituabilité au profit de leur complémentarité. Cette vision cadre bien avec cet ouvrage qui mobilise des connaissances issues de la microéconomie, de la macroéconomie et utilise les instruments d'analyse économétrique.

L'*Économétrie du développent durable* est un ouvrage qui interpelle non seulement avec son titre très ambitieux, mais aussi par la qualité des contributions des auteurs. Cet ouvrage est le fruit des réflexions d'un certain nombre de chercheurs dont les contributions scientifiques ont été coordonnées par le Docteur Jacob TCHE, Enseignant à la Faculté des Sciences économiques et de gestion de l'Université de Yaoundé II. Il sera également utile à tous ceux qui désirent mieux comprendre les mécanismes du développement durable afin de dynamiser le développement économique.

Puissent les pages qui suivent susciter la discussion et l'enrichissement des recherches au sein de la communauté scientifique.

Professeur Gérard TCHOUASSI

Université de Yaoundé II

INTRODUCTION GÉNÉRALE

Jacob TCHE

jacobtche1985@gmail.com

INTRODUCTION

D'après le rapport BRUNTDLAND, le développement durable est un type de développement *« qui répond aux besoins du présent sans compromettre la capacité des générations futures à répondre aux leurs »*. En clair, c'est une façon d'organiser les sociétés pour qu'elles demeurent pérennes. Cela signifie que les besoins actuels et futurs tels que la protection de l'environnement et des ressources naturelles ou justice sociale et économique doivent être pris en compte. Godard (2005, 21) estimait que : *« la responsabilité des générations présentes n'est pas de préjuger des préférences des générations futures, mais de préserver la possibilité pour ces générations d'exercer leurs propres préférences »*.

Évoqué au début des années 1970, le concept de développement durable sera officialisé avec la tenue du premier Sommet de la terre sur l'environnement à Rio dont la déclaration finale proposera 27 principes et 2500 recommandations consacré par l'Agenda 21 au point où il est devenu incontournable dans les politiques publiques. Contrairement au développement économique, le développement durable est un développement qui prend en compte trois dimensions : économique, écologique et social ; il est caractérisé par l'intersection de trois piliers :

- Le pilier économique : L'économie occupe une place importante dans notre société de plus en plus consumériste. Le développement durable implique la modification des modes de production et de consommation en prenant des mesures pour garantir que la croissance économique ne se fasse pas au détriment de l'environnement et de la société.
- Le pilier social : considéré comme l'axe humain de ce concept, il comprend la lutte contre l'exclusion sociale, l'accès universel aux biens et services, l'amélioration des conditions de travail, la formation et la diversité des salariés, le développement du commerce équitable et local.
- Le pilier environnemental : C'est le pilier le plus célèbre. Le développement durable est souvent réduit à tort à ce seul aspect environnemental. Il est vrai que dans les pays développés

l'environnement est l'une des principales préoccupations dans ce domaine.

Nous consommons beaucoup et produisons beaucoup de déchets. L'enjeu ici est de réduire les actions qui nuisent à la bonne conservation de la planète et de pouvoir exploiter les éléments recyclables.

La raison d'être de l'économétrie dans cet ouvrage est de permettre l'analyse quantitative des phénomènes réels du développement durable, basée sur la théorie et l'observation. Ainsi, la méthodologie économétrique traditionnelle a été objectivement prise en compte de la manière suivante : après chaque revue de la littérature théorique et empirique, l'annonce de l'hypothèse à tester ouvre les grilles d'analyse. Pour mieux appréhender le choix de la méthodologie adoptée pour tester nos hypothèses, il est apporté une justification théorique du modèle, avant la présentation des différentes variables utilisées dans les tableaux. Pour estimer le modèle présenté, les travaux d'auteurs pionniers dans le domaine ont été exploités.

Au-delà de cet engouement, les études sur ce phénomène n'ont pas véritablement intéressé les chercheurs africains, plus encore camerounais : d'où l'intérêt de cette réflexion au fondement économétrique. C'est dans ce sens que nous sommes en partie d'accord avec John Maynard Keynes qui déclarait : *« la méthode [de l'économétrie] n'est ni une méthode de découverte ni une méthode de critique. C'est un moyen de donner une précision quantitative à ce que nous savons déjà, en termes qualitatifs, selon le résultat d'une analyse théorique complète »*.

Afin de parvenir aux estimations définitives, les données provenant principalement de la base World Développment Indicators (WDI) sur une quarantaine de pays d'Afrique ont été collectées. La première partie des tests d'hypothèses est consacrée à l'analyse de la corrélation entre les variables concernées à l'aide des graphiques d'une part ; et par le recours à plusieurs méthodes d'analyse telles que la méthode des Doubles Moindres Carrés, la méthode des Moindres Carrés Généralisés Réalisables (MCGR) et la Méthode des Moments Généralisés (GMM) en panel dynamique d'autre part. Après les estimations, il est procédé à l'interprétation des résultats à mettre en rapport avec les hypothèses de départ.

Ce livre offre donc une opportunité unique de tester pour la première fois, dans un livre en Afrique, la significativité des associations des variables du développement durable suivantes :

1.1. Urbanisation et environnement

Les villes sont des structures humaines, un artefact construit par la société humaine. Parfois, cela semble au mieux inévitable, mais le développement urbain n'est pas spontané et incontrôlable. L'urbanisation peut être adaptée et conçue pour répondre aux souhaits de la communauté. Plus nous reconnaissons que les villes ont été conçues volontairement, plus nous reconnaissons leur potentiel en tant que vecteurs du développement durable. L'effet de l'urbanisation sur la croissance économique en Afrique est analysé dans cette contribution par la vérification de l'hypothèse que l'urbanisation favorise la dégradation de l'environnement en Afrique.

Cette contribution vise donc à enrichir la littérature sur la problématique du développement durable, notamment la problématique environnementale qui est au centre des débats aujourd'hui et avec un double intérêt. Sur le plan théorique, l'étude contribue au débat portant sur les déterminants du développement durable. En effet, si les enjeux économiques de l'urbanisation semblent diviser le corps scientifique, le contexte du changement climatique nécessite de porter également davantage d'attention sur ses enjeux environnementaux. D'un point de vue pratique, notre étude permettra aux gouvernements de prendre de meilleures politiques en matière de gestion et de gouvernance urbaine ; ceci pour permettre aux sociétés modernes de répondre aux devoirs d'amélioration du bien-être des populations et de l'environnement.

1.2. Urbanisation et croissance économique

Depuis le début des années 1960, le monde a connu des combinaisons successives de problèmes sociaux et environnementaux tels que l'accentuation des inégalités entre pays riches et pays pauvres, l'épuisement des ressources naturelles, l'accumulation des déchets, la pollution de l'eau. Mais également des dérèglements globaux tels que le trou dans la couche d'ozone, les pluies acides et le changement climatique. Ces dommages environnementaux ont rapidement développé de fortes contestations et interrogations sur le mode de développement mis en place dans les pays développés au cours de la période post-industrielle[1] (Baker, 2006 ; Class Zéro Émission, Dossier pédagogique N° 5).

Il en est ressorti ici que dans l'ensemble, l'urbanisation a négativement contribué à la croissance économique en Afrique pendant cette période. De plus, pour les groupes à faible revenu, à revenu intermédiaire inférieur et à revenu intermédiaire supérieur, l'urbanisation a également négativement influencé la croissance économique. L'apport de cette étude est d'abord plan théorique, en ce qu'elle contribue au débat portant sur les déterminants du développement durable. En effet, si les enjeux économiques de l'urbanisation semblent diviser le corps scientifique, le contexte du changement climatique

[1] Ce mode de développement, qui prônait notamment une croissance économique effrénée, avec un accent mis sur la production et la consommation de biens matériels.

nécessite de porter également davantage d'attention sur ses enjeux environnementaux, ensuite d'un point de vue pratique, elle permettra aux gouvernements de prendre de meilleures politiques en matière de gestion et de gouvernance urbaine ; ceci pour permettre aux sociétés modernes d'assumer leur devoir d'amélioration du bien-être des populations.

1.3. Exploitation forestière et qualité de l'environnement en Afrique subsaharienne

La préservation d'un environnement de qualité est un impératif pour un développement durable, car la conservation et le développement durable de tous types de forêts sur notre planète sont devenus une priorité des politiques internationales. Il devient donc impérieux pour les chercheurs de trouver les éléments qui entravent la qualité de l'environnement ; d'où notre contribution dans cet article qui consiste à voir l'effet des ressources forestières sur l'environnement dans le contexte africain et notamment en Afrique subsaharienne. Pourtant, le secteur forestier dans la région Afrique subsaharienne représente un enjeu économique et environnemental très important, autant pour le rôle des ressources forestières dans la création de la valeur ajoutée que pour les services écosystémiques[2] fournis par ces dernières. À ce titre, le secteur forestier contribue à une grande part du PIB et des emplois de la plupart des pays africains[3].

À partir des données de la Banque Mondiale sur la période 2002-2017 et à l'aide de la méthode des Doubles Moindres Carrés (DMC), l'étude contribue principalement au débat portant sur la relation entre l'abondance des ressources forestières et l'amélioration du bien-être des populations tributaires desdites ressources, raison pour laquelle elle s'articule pour deux groupes de pays répartis selon leur niveau de dotation en ressources forestières. Les résultats indiquent que l'exploitation forestière affecte significativement la qualité de l'environnement en Afrique subsaharienne. Il est donc nécessaire pour les gouvernements africains d'élaborer des stratégies pour une gestion durable du secteur forestier.

1.4. Exploitation de la biodiversité forestière et croissance inclusive en Afrique subsaharienne

L'effet de l'exploitation de la biodiversité forestière sur la croissance inclusive en Afrique subsaharienne est analysé dans cet article à partir des données de la Banque Mondiale sur la période 2002-2017, grâce à la Méthode des Moments Généralisés (GMM) en panel dynamique. Comme variable

---

[2] Les services d'approvisionnement, les services de régulation et les services de soutien

[3] Perspectives économiques en Afrique centrale (BAD, 2018).

captant cette dimension, les auteurs ont retenu l'Indice de Développement Humain et en ce qui concerne les variables de l'exploitation forestière, la rente forestière et la surface des forêts ont été utilisées. La méthodologie a consisté d'une part à faire une étude de la corrélation entre ces trois variables à l'aide de graphiques et d'autre part à analyser économétriquement les effets de leur interaction. De plus, l'analyse s'est faite pour l'ensemble du panel et également par groupes répartis selon le niveau de dotation en ressources forestières des différents pays, afin de tenir compte de l'hétérogénéité observable entre les pays et d'essayer de vérifier les hypothèses des différentes théories relatives à l'abondance des ressources naturelles (Sachs et Warner, 1997). L'idée selon laquelle les revenus forestiers contribuent à l'Indice de Développement Humain semble être vérifiée en Afrique subsaharienne durant la période 2002-2017. Seulement, la surface des forêts est négativement corrélée à cet Indice de Développement Humain dans le Bassin du Congo, ce qui explique certainement l'effet pervers de l'abondance et de la dépendance à l'égard de ces ressources forestières sur la croissance inclusive et le développement humain. Ainsi, l'exploitation forestière affecte significativement la croissance inclusive en Afrique subsaharienne. Il est donc nécessaire pour les gouvernements africains d'élaborer des stratégies pour une gestion durable du secteur forestier.

1.5. Numérisation et développement humain en Afrique subsaharienne

Les technologies de l'information et de la communication (TIC) peuvent contribuer à accélérer la réalisation de chacun des objectifs de développement durable (ODD) fixés par les Nations Unies. Une infrastructure et des services TIC efficaces et abordables aident les pays à participer à l'économie numérique et d'accroitre leur compétitivité économique et leur bien-être.

Cette réflexion teste donc empiriquement l'influence de la digitalisation sur le développement humain en ASS au travers de l'éducation et l'emploi. Pour y parvenir, les données de la WDI sur la période 2010 – 2017 ont été exploitées grâce à la méthode des DMC. Il en est ressorti en fin de compte que les États d'ASS doivent renforcer le système éducatif, voire le remplacer par un autre qui répond aux besoins actuels. Dans ce cas, les TIC permettront de booster le capital humain. Ces pays devront accroitre leur investissement en infrastructures de télécommunication et en faciliter l'accès. Le système éducatif est important pour promouvoir l'employabilité, car cela permettra à l'individu de répondre aux besoins actuels du marché, à partir de la maitrise des instruments du numérique. Enfin, notons que les pays d'ASS doivent veiller à ce que les IDE incluent le transfert technologique et la transmission des savoirs.

1.6. Commerce numérique et développement des performances commerciales des pays d'Afrique subsaharienne

L'influence du commerce numérique sur les performances commerciales à travers les CVM et les TIC en Afrique subsaharienne sur la période 2002-2017 est évaluée dans cet article. L'hypothèse testée est celle selon laquelle le commerce numérique contribue au développement des performances commerciales des pays d'Afrique Sub-Saharienne. Pour y parvenir, les données utilisées proviennent principalement de la base World Development Indicator (WDI 2018) que ce soit pour la connectivité aux CVM ou Internet. Les auteurs concluent que le commerce numérique agit positivement sur la croissance économique des pays d'ASS, de même que le commerce numérique à travers les CVM et les TIC contribue à l'amélioration des performances commerciales en ASS. Ils affirment aussi que la qualité des infrastructures numériques et la connectivité dans les réseaux mondiaux de chaînes de valeur sont capitales pour la croissance économique des pays d'ASS.

1.7. Intégration régionale et bien-être économique en Afrique subsaharienne

Dans cette contribution, les auteurs prennent en compte la notion du bien-être économique dans une problématique d'intégration régionale qui est une volonté manifeste des autorités des différentes sous-régions d'Afrique. L'intégration régionale est essentielle pour créer un environnement propice à la croissance économique et au développement durable en Afrique. Face à une mondialisation de plus en plus effective, les États géographiquement proches en profitent pour approfondir leur relation commerciale et financière pour des fins de bien-être socio-économique commun.

Il a donc été question dans cette communication d'analyser de façon spécifique l'influence de l'intégration régionale sur le produit intérieur brut par habitant en Afrique subsaharienne sur la période 2002-2016. L'analyse descriptive a été complétée par une analyse économétrique à travers l'estimation d'un panel dynamique par la méthode des GMM en système. Les résultats suggèrent que l'accentuation des exportations au niveau régional conduit à une augmentation du PIB par tête comme le suggèrent la théorie traditionnelle et les nouvelles théories du commerce international (Krugman, 1980). Toutefois, l'augmentation des droits de douane comporte des effets néfastes sur le bien-être économique.

1.8. Intégration régionale et bien-être social en Afrique subsaharienne

L'influence de l'intégration régionale sur le bien-être social en Afrique subsaharienne sur la période 2002-2016 est mise en évidence dans ce papier de façon empirique. Son originalité réside dans le fait qu'il remet au cœur des discussions les rapports entre l'intégration régionale et le bien-être social dans un contexte où la littérature est pauvre sur la problématique d'intégration régionale mise en relation avec la notion de bien-être. Pour bien mener l'étude, l'analyse descriptive et l'outil économétrique ont été mobilisés. De manière spécifique, les auteurs ont testé l'effet des droits de douane, de la part des importations intrarégionales, de la part des exportations intrarégionales, des IDE et des envois de fonds sur l'IDH. Les résultats obtenus sur les indicateurs commerciaux de l'intégration régionale sont un peu nuancés puisque la part des importations interrégionales agit positivement sur le bien-être social tandis que la part des exportations a une influence négative.

URBANISATION ET ENVIRONNEMENT

Jacob TCHE

jacobtche1985@gmail.com

Didier NGANDEU

didier_ngandeu@yahoo.com

Résumé

L'effet de l'urbanisation sur la croissance économique en Afrique est l'objet de cette réflexion. Pour ce faire, l'étude s'est basée sur les données des indicateurs du développement mondial de la Banque Mondiale (2017) pour un échantillon de 35 pays sur la période allant de 1991 à 2014. La qualité de l'environnement a été mesurée par le volume d'émission de CO2 par tête et l'urbanisation par le niveau d'urbanisation. À l'aide de la méthode d'estimation des Moindres Carrés Généralisés Réalisables (MCGR) adoptée pour l'analyse économétrique, il en est ressorti que cette hypothèse a été validée. En effet, l'urbanisation a eu un effet positif sur les émissions de CO2 en Afrique entre 1991 et 2014. Plus précisément, un accroissement de 1% du niveau d'urbanisation tend à accroitre le volume d'émission de CO2 par 1,415%, toutes choses restant égales par ailleurs. Toutefois, lorsqu'on analyse par groupe de revenu, l'on remarque que l'urbanisation accroit significativement le volume d'émissions du CO2 pour les groupes à faible revenu et à revenu intermédiaire classe supérieure et l'accroit de façon non significative pour le groupe à revenu intermédiaire classe inférieure. Ce résultat remet ainsi en cause l'existence d'une relation en forme de U-reversée entre l'urbanisation et la qualité de l'environnement.

Mots clés : Urbanisation, Qualité de l'environnement, MCGR.

Abstract

The present article analyses the effect of urbanization on economic growth in Africa. To do this, the study was based on data from the World Bank's World Development Indicators (2017) for a set of 35 countries and covering the period from 1991 to 2014. The quality of the environment was measured by the volume of CO2 emissions per capita and urbanization by the level of urbanization. Using the Achievable Generalized Least Squares (FSLR) estimation method adopted for the econometric analysis, it was found that this assumption was validated. Indeed, urbanization had a positive effect on CO2 emissions in Africa between 1991 and 2014. More specifically, a 1% increase in the level of urbanization tends to increase the volume of CO2 emissions by 1.415% every other things remaining equal. However, when analyzed by income group, we note that urbanization significantly increases the volume of CO2 emissions for the low-income and upper-middle-income groups and increases it insignificantly for the lower middle class income group. This result calls into question the existence of an inverted U-shaped relationship between urbanization and environmental quality.

Keywords : Urbanization, Environmental Quality, FSRL.

INTRODUCTION

Le développement durable est aujourd'hui une préoccupation autant pour les pays développés d'Europe et d'Amérique du Nord, que pour les pays en développement. En effet, malgré la pauvreté et la misère qui demeurent préoccupantes en Afrique, la quasi-totalité des pays africains a ratifié les principales conventions internationales sur l'environnement, notamment la Convention Cadre des Nations Unies sur le Changement Climatique (CCNUCC, 1992) et les mécanismes de Réduction des Émissions issues de la Déforestation et de la Dégradation (REDD) des Nations Unies, s'engageant ainsi dans le développement durable comme le suggèrent les données du PNUD (Demaze, 2010).

Au-delà de cette préoccupation environnementale, les pays africains sont davantage préoccupés par leur développement économique et social. En effet, hormis les îles Seychelles qui s'enregistrent au rang des pays à revenu élevé, l'ensemble des pays africains qui s'enregistrent au rang des pays à revenu élevé, l'ensemble des pays africains s'enregistrent dans les catégories des pays à bas revenu et des pays à revenu intermédiaire. Vingt-sept d'entre eux se trouvent dans la catégorie des pays à bas revenu et 18 dans la catégorie des pays à revenu intermédiaire inférieur (Banque Mondiale, 2017). De plus, bien qu'entre 1990 et 2013 l'extrême pauvreté en Afrique ait baissé d'environ 15%, l'Afrique compte plus de 414 millions de personnes vivant dans une extrême pauvreté en 2013contre seulement 290 millions en 1990. Et selon les prévisions de la Banque Mondiale (2015), les populations les plus pauvres de la planète seront concentrées en Afrique, avec près de 40% pour la seule Afrique subsaharienne (Rapport OMD, 2014).

L'environnement peut trivialement renvoyer à l'ensemble des choses localisées dans l'espace et interagissant avec l'homme (Landry, 2013) ou à ce qui n'appartient à personne en particulier (Weber et Bailly, 1993). En outre, sa définition peut souvent être phénoménologique, les phénomènes pris en compte sont généralement des dégradations. Ainsi, le terme *environnement* implique souvent toutes les pollutions atmosphériques, à l'instar du changement climatique (Weber, 1995) : celui-ci est actuellement un sujet d'importante préoccupation pour les décideurs politiques. De plus, les PED, en particulier ceux d'ASS sont les plus vulnérables à ce changement. Dans une étude portant sur l'impact distributionnel du changement climatique, Mendelsohn et al. (2006) et Tol (2005) prédisent que les pays pauvres subiront la plus grande partie du dommage induit par le changement climatique (Gani, 2012). Il devient donc nécessaire, voire impératif d'identifier les principaux facteurs susceptibles d'accentuer les dommages sur l'environnement.

À cet effet, l'urbanisation a souvent été présentée comme l'un des principaux facteurs d'aggravation du dommage environnemental. Li et Ma (2014) soutiennent par exemple que l'urbanisation accroit le niveau d'émission de polluants industriels, à cause du déplacement de la production, suite à la modification des besoins et des comportements de consommation. De plus, l'urbanisation favorise le développement du transport individuel qui est une source d'émission de CO2, du fait de sa dépendance aux énergies fossîles (Pinson, 2004).

Ainsi, l'ampleur de l'urbanisation que connaissent les pays en développement en général, et l'Afrique en particulier depuis presque trois décennies déjà, montre donc qu'il serait essentiel dans un contexte de changement climatique de faire un examen sur l'impact de l'urbanisation sur la qualité de l'environnement en Afrique.

Toutefois, cet engagement général de l'Afrique au problème environnemental d'ordre planétaire n'est pas anodin. En effet, bien que l'Afrique représente moins de 4% des émissions de gaz à effet de serre mondiales, ses émissions se sont presque multipliées par douze entre 1950 et 2008 pour atteindre 311 millions de tonnes de carbone. Et même, quatre pays africains[4] ont des émissions de CO2 par habitant supérieures à la moyenne mondiale de 1.3 tonne de carbone par an (Boden et al., 2011). En matière de déforestation, certes les chiffres sont faibles par rapport aux zones d'Amérique et d'Asie tropicales, mais les risques en matière de pollution sont bien aussi importants. Dans le Bassin du Congo par exemple, les forêts séquestrent environ 46 milliards de tonne de carbone. La déforestation était passée en moyenne de 0.09% entre 1990 et 2000 à une moyenne de 0.17% entre 2000 et 2005 (Wasseige et al, 2012).

Selon les prévisions du PNUE, la hausse moyenne des températures en Afrique devrait être comprise entre 1.5 et 3°C d'ici à l'horizon 2050, ce qui amplifiera davantage les effets déjà visibles sur l'évolution du climat et accentuera des coûts de plus en plus élevés pour le continent (PNUE, 2007). Si le changement climatique garde le même rythme, d'ici à 2100, la majorité des pays africains connaitront un niveau de pauvreté et d'inégalités plus sévère qu'aujourd'hui (Burke et al, 2015).

---

[4] Il s'agit de la Lybie (2.53), l'Afrique du Sud (2.39), les Seychelles (2.22) et la Guinée Équatoriale (1.99). (Boden et al., 2011).

De plus, en raison de leur altitude ou position géographique, les pays africains en particulier ceux de l'Afrique subsaharienne (ASS) sont les plus vulnérables aux conséquences des changements climatiques (PEA, 2016). De nombreux pays africains connaissent déjà des changements météorologiques de durée et d'intensité variables, des risques d'inondation dans les zones côtières basses et une avancée poussée du désert. Tous ces phénomènes peuvent avoir une incidence négative remarquable sur les économies africaines. Il est estimé que le Nigéria, l'Égypte et le Sénégal perdraient respectivement 0.3%, 6.4% et entre 12 et 17% de leur PIB pour chaque mètre d'augmentation du niveau de la mer. De plus, la désertification sévit déjà dans presque deux tiers des terres et 65% des populations de l'Afrique (PEA, 2016).

Cependant, même si la population a très souvent été au centre des polémiques écologiques sans que son rôle dans la dégradation de l'environnement soit précisé, les idéologies néomalthusiennes quant à elles, tiennent compte du facteur population comme principale et même seule source de dégradation de l'environnement et de l'épuisement des ressources (Gendreau et al., 1996). À cet effet, l'urbanisation a très souvent été soulignée comme ayant des effets néfastes pour l'environnement. En 2012, le rapport du Groupe d'experts Intergouvernemental sur l'Évolution du Climat (GIEC) révèle que le changement d'utilisation des terres a contribué à près de 30% des émissions anthropiques du CO2 depuis 1850 et inclut également les tendances mondiales vers une plus grande urbanisation comme l'un des nombreux types importants d'utilisation des terres et de changement de la couverture des terres.

Dans le même repère, l'Union Internationale pour la Conservation de la Nature (UICN, 2014) soutient que l'étalement urbain exerce une pression sur les forêts. La création des villes, ou encore leur extension, entraînent une perte importante et irréversible du couvert végétal et forestier ; de vastes surfaces sont mises à nu et à la place des forêts naissent des bâtiments, des infrastructures. Pinson (2004) évoquait déjà que l'augmentation des personnes, la concentration d'urbains qui l'accompagne et l'accroissement des activités qu'ils déploient dans les villes semblent constituer des facteurs pertinents pour rendre compte d'une dégradation environnementale d'ampleur planétaire. En Chine, par exemple, bien que l'urbanisation ait stimulé la croissance, elle a également fortement endommagé l'environnement. En effet, 12 des 20 villes les plus polluées au monde se retrouvent en Chine et 90% des cours d'eau à proximité des zones urbaines sont pollués (Banque Mondiale, 2007 ; Zheng et Khan, 2013).

Toutefois, il est souvent soutenu qu'une urbanisation bien planifiée et bien gérée avec l'extension d'infrastructures publiques adéquates pourrait avoir des retombées positives pour l'environnement (Burton, 2000 ; Capello et Camagni, 2000). De plus, les études de Grossman et Krueger (1993) ont soulevé l'existence d'une Courbe de Kuznets Environnementale[5] entre le développement d'une économie urbaine et la qualité de l'environnement. En effet, dans un premier temps l'urbanisation aura tendance à élever le niveau de vie et de revenu dans les villes via la croissance économique. Cette tendance favorisera parallèlement les dommages environnementaux. Mais, lorsque les villes deviennent plus prospères, l'accroissement des revenus et la rareté d'un environnement sain et propre devraient systématiquement modifier les comportements des individus à l'égard de l'environnement. Ce changement de comportement conduira à un changement dans la structure économique et à la mise en place de politiques et techniques pour atténuer la détérioration de l'environnement (Shafik, 1994 ; Selden et Song, 1995).

L'intérêt de cette étude réside donc dans l'enrichissement de la littérature sur la problématique du développement durable notamment la problématique environnementale qui est au centre des débats aujourd'hui. Sur le plan théorique, l'étude contribue au débat portant sur les déterminants du développement durable. En effet, si les enjeux économiques de l'urbanisation semblent diviser le corps scientifique, le contexte du changement climatique nécessite également de porter plus d'attention. D'un point de vue pratique, notre étude permettra aux gouvernements de prendre de meilleures politiques en matière de gestion et de gouvernance urbaine ; ceci afin de permettre aux États de jouer leur rôle de garant du bien-être des populations et de l'environnement.

De ce qui précède, il apparaît donc que la relation entre l'urbanisation et l'environnement semble tout aussi ambigüe que celle relative à la croissance économique. De plus, les plus grands défis pratiques semblent se trouver en Afrique où une question vitale est de savoir si la croissance démographique urbaine peut contribuer à élever le niveau de vie, réduire la pauvreté sans dégrader les écosystèmes dont dépend la vie (Turok et McGranahan, 2013). Afin de discuter des enjeux de l'urbanisation pour le développement durable en Afrique, il semble donc légitime de nous poser la question suivante : quel est l'effet de l'urbanisation sur la qualité de l'environnement en Afrique ? Pour répondre à cette question, nous émettons l'hypothèse selon laquelle l'urbanisation favorise la dégradation de l'environnement en Afrique.

I. REVUE DE LA LITTÉRATURE

La littérature traitant de la relation entre l'urbanisation et la qualité environnement est abondante. Cependant, la majorité des études se concentre sur les pollutions et particulièrement la pollution atmosphérique compte tenu

5 Conforme à la courbe de Kuznets (1955), donnant une relation négative entre le niveau de développement et le niveau des inégalités, la CKE donne une relation négative entre le niveau de développement et la dégradation environnementale (Grossman et Krueger, 1991).

de la forte sensibilité que prévaut le phénomène de changement climatique de nos jours. À ce titre, la compréhension du compromis entre les externalités positives et négatives de la croissance urbaine a été la question centrale de l'économie urbaine et environnementale (Glaeser, 1998).

Il a généralement été considéré que l'urbanisation influence positivement le développement économique, en promouvant le développement industriel, néanmoins, dans de nombreuses régions et particulièrement dans les pays en développement, elle a plutôt une influence négative pour l'environnement (Wan et Wang, 2014). Toutefois, certaines études suggèrent qu'il est possible de tirer un avantage environnemental de l'urbanisation, grâce à la planification des formes d'urbanisation plus adéquates, le développement technologique, permettant ainsi une utilisation optimale des ressources.

Avec les travaux de Grossman et Krueger (1991), l'avènement de l'hypothèse de la Courbe environnementale de Kuznets a été à la base d'un sous-domaine de l'économie de l'environnement pour lequel de nombreuses études mettent en relation les indicateurs économiques et environnementaux (Guo et al, 2016). Dans cette lignée, plusieurs travaux se sont particulièrement démarqués dans l'analyse de cette relation et de ses mécanismes, en mettant en relief l'interaction entre l'urbanisation et les émissions de polluant.

I.1. Revue de la littérature théorique des effets de l'urbanisation sur l'environnement

Malgré le consensus de la communauté scientifique paru ces dernières années selon lequel les activités humaines ont dramatiquement influencé la qualité de l'environnement global, la relation entre la population et l'environnement s'est apparentée à un mythe divisant principalement deux courants de pensée dans la deuxième moitié du 20e siècle. De plus, il y a eu peu de connaissances spécifiques sur les principales forces motrices et également les mécanismes permettant d'expliquer et évaluer cet impact. Parmi les principales limites à une compréhension et une évaluation précise des impacts environnementaux anthropiques, l'une a été l'absence d'un ensemble d'instruments analytiques adéquats (York et al, 2003). À cet effet, Ehrlich et Holdren (1971) vont proposer un modèle analytique permettant une analyse des effets des activités humaines sur l'environnement.

Toutefois, ce modèle sera sujet à certaines critiques ; ce qui lui vaudra certains réajustements plus tard. En outre, les théories expliquant la dynamique des effets de l'urbanisation sur l'environnement montrent qu'ils peuvent être très variables selon le niveau de développement économique (Poumanyvong et Kaneko, 2010). De plus, Guo et al. (2016) montrent que ces effets peuvent être décomposés en trois effets, dont l'importance relative des unes par rapport aux autres devrait définir une relation non linéaire entre l'urbanisation et la qualité de l'environnement. Cette section passera donc tour à tour, les différents modèles analytiques et les différentes théories relatives à l'analyse des effets de l'urbanisation sur l'environnement.

I.1.1. Les modèles théoriques d'analyse de l'impact environnemental de la population

La relation entre la population et l'environnement est devenue un champ d'études à part entière dans les années 1960. À cette période, elle s'inscrivait dans une grille d'analyse fortement imprégnée des idéologies de Malthus et son pessimisme protectionniste et anti-populationniste. De même, ces postulats idéologiques antagoniques ne permettent pas d'avoir une idée précise sur l'impact de la croissance démographique sur la population. À cet effet, plusieurs modèles d'évaluation ont progressivement été élaborés, dont la conception originale tient des travaux de Ehrlich et Holdren (1971). Ainsi cette rubrique portera de prime à bord à présenter brièvement les différents courants portant sur la relation entre la population et l'environnement d'une part et les différents modèles d'évaluation d'impact environnemental de la population, d'autre part.

- **Les thèses néomalthusiennes**

Le néomalthusianisme porte un regard plutôt pessimiste sur les conséquences pour l'environnement de l'accroissement démographique. Pour les partisans de ce courant, « la croissance de la population entraîne la détérioration de l'environnement », et donc seule une réduction drastique de la croissance démographique permettrait d'éviter la catastrophe écologique (Sandron, 2005).

Le modèle malthusien, bien que ne traitant pas à l'origine de la relation entre la population et l'environnement, a constitué un cadre théorique pertinent pour l'analyse de ces deux processus. Darwin (1995) s'y est référé dans ses études et a donné naissance à la notion de « Capacité de charge ». Cette notion a constitué l'assise du courant néomalthusien actuel et compose deux idées : les ressources de la Terre sont limitées (paradigme de la « terre fixe » associé à la loi des rendements décroissants) et la sélection naturelle (les individus les mieux adaptés survivent et évoluent, les autres disparaissent[6]).

Pour les néomalthusiens, la capacité de charge se définit comme le maximum de population qui peut être indéfiniment supporté par l'environnement sans qu'apparaisse une dégradation des ressources naturelles susceptibles de remettre en cause la survie future de la population. Ainsi, afin d'éviter la catastrophe environnementale, la seule solution serait de réduire intentionnellement la pression démographique pour ne pas subir les

[6] Cette idée fait référence à ce qu'on appelle la *« trappe malthusienne »*.

mécanismes autorégulateurs tels que les famines, les épidémies ou les conflits armés à grande échelle (Michel et Sghaier, 2000).

Toutefois, la notion de capacité de charge aurait droit de cité dans un monde où les croissances démographiques évolueraient d'une manière uniforme et seraient confrontées à des ressources naturelles également réparties. Il s'agirait alors, pour le bien de l'humanité, de rechercher la population optimale en accord avec le potentiel des ressources. Or, il n'en est rien. Le monde regorge de beaucoup de divergence en matière de répartition de la population et de la richesse. À ce titre, les néomalthusiens tiennent compte du facteur « pauvreté » comme incitateur à la dégradation de l'environnement : les pauvres sont contraints à détruire l'environnement, à sacrifier ce qui forme l'assise de leur ressource pour prolonger leur survie, sacrifiant ainsi le futur au profit du présent (Michel et Sghaier, 2000).

- **Les thèses anti-malthusiennes**

Pour s'opposer aux théories néomalthusiennes, les anti-malthusiens regroupent deux courants de pensée plus ou moins différents : un courant populationniste dit boserupien et un courant moins populationniste dit institutionnaliste.

Le courant boserupien qui prend naissance des travaux de la sociologue Ester Boserup (1965) tient un raisonnement opposé au postulat néomalthusien. Pour celui-ci, la croissance démographique n'est plus un fléau pour l'environnement, au contraire, elle est le moteur de sa préservation (Sandron, 2005). Simon (1981) est l'un des partisans de ce courant. Il pose comme principe qu'il n'y a pas de problème de population, du moins lorsqu'elle s'accroit. Plus elle est nombreuse, plus sa capacité d'invention et d'innovation de technologies et particulièrement celles respectueuses de l'intégrité de l'environnement augmente (Michel et Sghaier, 2000).

Pour les institutionnalistes comme Sen (1990), la dégradation de l'environnement doit trouver son origine dans la structure institutionnelle de la société. En effet, selon ce courant, l'impact de l'accroissement démographique n'est qu'un facteur explicatif intermédiaire de la dégradation environnementale. La principale cause est à rechercher dans un contexte institutionnel où la majorité de la population se trouve privée de certains droits : manque d'emplois, de revenus monétaires, de protection sociale, etc. (Michel et Sghaier, 2000).

I.1.2. Les modèles d'évaluation de l'impact environnemental de la croissance de la population et de l'urbanisation

Bien que ces modèles aient été proposés à l'origine pour l'analyse de l'impact environnemental de la croissance de la population en général, ils ont été à la base théorique de la majorité des études portant sur l'analyse des effets de l'urbanisation sur la qualité de l'environnement (Martinez-Zarzoso, 2008 ; Poumanyvong et Kaneko, 2010 ; Zhang et Lin (2012). Le modèle original part des travaux d'Ehrlich et Holdren (1971) intitulé sous le label IPAT, ce modèle a constitué un grand tournant dans la littérature portant sur la démographie, l'économie et l'environnement. Toutefois, de nombreuses critiques ont valu son amélioration plus tard dans une version stochastique proposée par Dietz et Rosa (1994, 1997) et York et al. (2003).

- **Le modèle IPAT d'Ehrlich et Holdren (1971) et ses limites**

Au début des années 1970, Ehrlich et Holdren (1971) ont suggéré un cadre approprié pour l'analyse des déterminants de l'impact environnemental. Ils proposent un modèle susceptible d'expliquer comment la croissance de la population et les interactions des différentes activités qu'elle entretient affectent la qualité de l'environnement. Le modèle prend la dénomination IPAT (Environnemental Impact on Population, Affluence, and Technology) et est conceptualisé de la manière suivante :

$$I = P * A * T \qquad (1)$$

Où, I représente l'impact environnemental, Pest la taille de la population, A est le niveau d'affluence de la population ou le degré d'activité économique par personne, et T désigne le niveau de technologie dommageable à l'environnement. Les variables d'abondance A peuvent être définies comme le niveau de production ou de consommation par habitant et technologique T comme la pollution par unité de consommation d'énergie.

L'impact de l'activité humaine sur l'environnement est considéré comme le produit de ces trois facteurs.

Ce modèle est simple, car il incorpore les forces motrices anthropiques de l'impact environnemental avec précision, systématique, car il spécifie la relation mathématique entre ces différentes forces et l'impact, et robuste, car il peut être appliqué à tout type d'impact, y compris les émissions de GES (Dietz et Rosa, 1997). De plus, la relation montre clairement que les facteurs $P, A\ et\ T$ne peuvent influencer sur la qualité de l'environnement de manière indépendante. Une implication importante de la spécification de ce modèle est donc qu'aucun des facteurs ne peut détenir à lui seul la responsabilité de l'impact environnemental (York et al, 2003).

Toutefois, la méthodologie IPAT a été sujette à de nombreuses critiques. Pour MacKellar et al. (1995) par exemple, l'identité IPAT est certes une approche utile et suggestive qui montre que l'impact environnemental n'est pas dû à un seul facteur ; néanmoins, ils soulignent que le choix des unités émettrices de CO_2, par exemple, doit se faire au niveau des ménages ou de la communauté plutôt qu'au niveau individuel, et d'autre part, que le modèle IPAT ne contribue pas beaucoup à résoudre le débat opposant population et consommation, car différentes opinions[7] émergent des interactions entre les facteurs P, A et T. Une analyse de l'identité IPAT serait inconsistante pour résoudre ce débat, car les relations controversées ne sont pas explicites dans l'équation.

Une deuxième limite portée au modèle IPAT est qu'il s'appréhende juste à une identité comptable ou mathématique, et ne peut pas directement être utilisée pour tester des hypothèses sur l'impact de chacun des facteurs. De plus, il assume une proportionnalité dans la relation fonctionnelle entre les facteurs, c'est-à-dire qu'il considère que les élasticités de l'impact environnemental par rapport à chaque facteur P, A et T sont toutes égales à l'unité, et donc l'impact environnemental d'un facteur est statistiquement égal à celui d'un autre (Lin et al., 2017).

Une autre limite importante est que ces modèles ne permettent pas d'expliquer l'hypothèse de la Courbe de Kuznets Environnementale (CKE) proposée par Grossman et Krueger (1991) qui suppose que l'affluence économique peut avoir un double effet sur l'environnement[8].

- **Extension stochastique du modèle du modèle IPAT : le modèle STIRPAT**

Il est principalement question ici d'une part, à décrire spécifiquement le modèle STIRPAT, et d'autre part à interpréter économiquement les différents paramètres.

Spécification du modèle STIRPAT

Pour pallier les limites mentionnées ci-dessus, Dietz et Rosa (1994, 1997) ont reformulé le modèle IPAT dans un modèle stochastique, qui prend la dénomination STIRPAT (Stochastic Impact by Regression on Population, Affluence and Technologie). Ce modèle a fait l'objet de base théorique de nombreuses études sur les déterminants de l'impact environnemental.

Contrairement au modèle IPAT, le modèle STIRPAT n'est pas une équation comptable, mais plutôt un modèle stochastique pouvant être utilisé pour faire des tests d'hypothèses empiriques. Sa spécification est donnée par :

$$I_i = \alpha \, P_i^{\beta} A_i^{\gamma} T_i^{\delta} e_i \qquad (2)$$

7 Les opinions malthusiennes soutiennent que la croissance de la population diminue l'affluence et ainsi nuit au progrès technique. Les opinions boserupiennes quant à elles, soutiennent que la croissance de la population favorise le progrès technique et ainsi accroit l'affluence.

8 Le double effet est tel que, dans un premier temps, l'accroissement des revenus par d'un accroissement de la production va accentuer les dommages environnementaux, puis à partir d'un certain seuil de revenu, la tendance sera à l'inverse, grâce au progrès technologique, les réglementations institutionnelles ou le changement de comportement des consommateurs.

Où i désigne l'unité d'observation, $P, A\ et\ T$ sont les variables définies ci-dessus $\beta, \gamma, et\ \delta$ sont des paramètres à estimer, e le terme d'erreur et α une constante. Le modèle peut être mis sous forme linéaire de la manière suivante :

$$ln\ I_i = a + \beta\ ln\ P_i + \gamma\ ln\ A_i + \delta\ ln\ T_i + \varepsilon_i \qquad (3)$$

$$ln\ I_i = a + \beta\ ln\ P_i + \gamma\ ln\ A_i + \varepsilon_i \qquad (4)$$

L'équation (4) représente le cas où le facteur technologique serait incorporé dans le terme d'erreur. L'équation (3) ainsi linéarisée, les paramètres $\beta, \gamma, et\ \delta$ peuvent donc être interprétés comme des élasticités écologiques.

Plus tard, York et al. (2003) ont raffiné le modèle STIRPAT, en proposant un modèle conceptuel plus adéquat, donnant lieu à plusieurs spécifications. Cette version extensive du modèle STIRPAT présente plusieurs avantages analytiques. Le modèle permet notamment d'évaluer la contribution de chaque facteur à l'impact environnemental, d'expliciter les relations controversées entre les facteurs, de déterminer l'impact environnemental de la population pour des données de série temporelle ou de panel, d'introduire d'autres variables pouvant expliquer l'impact environnemental (variables politique, institutionnelle, muette, etc.).

De plus, il permet également l'INTRODUCTION des formes quadratiques pour les variables, permettant ainsi d'expliquer la possible existence de relation non linéaire entre l'impact environnemental et les différents facteurs moteurs. Ainsi, nous pouvons par exemple avoir la spécification suivante :

$$ln\ I_i = a + \beta\ ln\ P_i + \mu\ (ln\ P_i)^2 + \gamma\ ln\ A_i + \rho\ (ln\ A_i)^2 + \delta\ ln\ T_i + \varepsilon_i \qquad (5)$$

L'équation (6) permet grâce à la forme quadratique sûre A de vérifier l'hypothèse de la CKE de Grossman et Krueger (1991), et également la possible existence d'une relation non linéaire entre l'urbanisation (Population) et l'impact environnemental.

Interprétation économique des paramètres du modèle STIRPAT

Les paramètres du modèle STIRPAT sont interprétés comme les élasticités écologiques (EE).Une élasticité écologique peut être entendue comme le changement proportionnel de l'impact environnemental dû à un changement d'un facteur dans le modèle (York et al., 2003). Ainsi, les termes

EE_{IP} *et* EE_{IA} réfèrent à la sensibilité de l'impact environnemental suite à un changement de taille de la population et d'une mesure d'affluence économique respectivement[9]. Toutefois, les élasticités peuvent avoir des signes positifs ou négatifs, permettant ainsi de montrer que ces facteurs peuvent affecter positivement ou négativement la qualité de l'environnement. Ainsi,

- $EE_{IP} = 1$ $(respectivement, EE_{IP} = -1)$ suggère une relation proportionnelle positive$(respectivement, négative)$, indiquant qu'un accroissement en pourcentage de la population accroit $(respectivemnt, réduit)$ d'un pourcentage identique de l'impact environnemental

- $EE_{IP} > 1$ $(respectivement, EE_{IP} < -1)$, suggère une relation positivement $(respectivement, négativement)$ élastique, indiquant que l'impact croît $(respectivement, décroit)$, d'une proportion plus importante que l'accroissement de la population

- $0 < EE_{IP} < 1$ $(respectivemnt, -1 < EE_{IP} < 0)$, suggère une relation positivement $(respectivement, négativement)$ inélastique, indiquant que l'impact croît $(respectivement, décroit)$, d'une proportion moins grande que l'accroissement de la population.

Un avantage économique du modèle STIRPAT est que, contrairement au modèle IPAT, il peut être adéquat pour une meilleure compréhension de la relation entre la population et l'environnement. En effet, si l'élasticité écologique par rapport à la population est positive, alors l'accroissement de la population nuit à l'environnement et dans ce cas, les thèses néomalthusiennes sont justifiées. Au contraire, si l'élasticité est négative, alors l'accroissement de la population est bénéfique pour l'environnement conforme aux thèses boserupiennes. En somme, ce modèle montre donc clairement que la relation entre la population ou l'urbanisation (assimilable à l'accroissement de la population urbaine) peut être très variable d'une économie à une autre ou d'un pays à l'autre.

I.1.3. Analyse théorique de la relation entre l'urbanisation et l'environnement

L'urbanisation est abordée dans la littérature à la fois dans le contexte de la modernisation économique et en tant qu'indicateur démographique. La modernisation économique ici fait référence au fait que l'urbanisation soit considérée comme un moteur de transformation structurelle favorisant l'agglomération des personnes et des industries, le partage des connaissances, le développement infrastructurel, et ainsi améliore l'efficacité économique

---

[9] EE_{IP}: population elasticity of impact; EE_{IA}: Affluence elasticity of impact (York et al. 2003)

(Lewis, 1954 ; CEA, 2016). Cependant, l'urbanisation influence également sur la qualité de l'environnement. Poumanyvong et Kaneko (2010) mettent en exergue trois théories explicatives des effets de l'urbanisation sur l'environnement. De plus, ces effets peuvent être décomposés comme le montrent les travaux de Guo et al. (2016).

I.1.3.1. Les théories d'analyse de l'impact environnemental de l'urbanisation

À ce titre, trois théories ont été pertinentes pour expliquer les effets de l'urbanisation sur l'environnement ; la théorie de la modernisation écologique, la théorie de la transition environnementale urbaine et la théorie des villes compactes.

- **La théorie de la modernisation écologique**

Pour Mol (1995), la théorie de la modernisation écologique tire son origine des travaux de Huber (1982), en raison, de ses contributions théoriques au débat sur l'environnement et la société à partir des années 1980 (Zaccai, 2014). Dans le paysage de la pensée écologique, la modernisation écologique est une théorie optimiste et pragmatique. Elle suppose la possibilité d'une conciliation entre le développement industriel, la croissance économique et le respect de l'environnement (Zaccai, 2014). Comme décrit par Gouldson et Murphy (1997), la modernisation écologique vise un changement structurel au niveau macroéconomique. Elle cherche des secteurs industriels qui combinent des niveaux plus élevés de développement économique avec des niveaux plus faibles d'impact environnemental, en privilégiant les industries à forte intensité de services et de connaissances plutôt que des industries à forte intensité d'énergie et de ressources.

Sur un plan descriptif, la théorie de la modernisation écologique examine l'urbanisation comme un processus de transformation des formes de la société ; le passage d'une société traditionnelle à une société moderne plus prospère, caractérisée par un développement industriel, technologique, institutionnel, etc. Elle évoque également le fait que les problèmes environnementaux peuvent s'accentuer à mesure que les sociétés transitent des faibles niveaux de développement à des niveaux plus élevés, car à des niveaux plus faibles de développement économique, les sociétés ont généralement tendance à privilégier la croissance économique plutôt que la qualité de l'environnement. Cependant, lorsque les sociétés deviennent plus riches, elles deviennent également plus concernées par le dommage environnemental, et ainsi essaient de trouver les moyens de l'atténuer.

Ainsi, les dommages environnementaux pourraient disparaitre au fur et à mesure que les sociétés modernes intègrent les visées de protection de l'environnement dans tous les domaines politiques du gouvernement (Weale,

1992). Un grand accent est également mis sur l'invention, l'innovation et la diffusion de nouvelles technologies et la migration vers des services économiques de base. À ce titre, Huber (1982) promeut l'idée que les problèmes environnementaux pourraient être traités par la super-industrialisation, impliquant de s'attaquer aux problèmes environnementaux principalement par la transformation de la production via le développement et l'application de technologies plus sophistiquées, et plus propres.

Cette théorie reconnait que l'urbanisation peut avoir des impacts négatifs et positifs sur l'environnement, et que ces effets varient selon les divers niveaux de développement économique. Elle semble donc partisane de l'hypothèse de la Courbe de Kuznets Environnementale, car elle détermine une relation négative entre les différents stages du développement et la dégradation de l'environnement (Ekpeno Effiong, 2016). Toutefois, cette théorie s'est vue porter certaines critiques. Janicke (2008) souligne le fait que, pour des problèmes tels que la perte de la biodiversité ou le changement climatique, les solutions technologiques ne sont pas suffisantes et pas (suffisamment) rentables. Elle a également été critiquée pour son manque d'universalité, en raison des différences spécifiques des problèmes environnementaux entre pays industrialisés d'une part et entre pays riches et pays pauvres d'autre part (Fisher et Freudenburg, 2001).

- **La théorie de la transition environnementale urbaine**

La théorie de la transition environnementale urbaine développée par McGranahan et Songsore (1994) et McGranahan et al. (2001) est grandement similaire à la théorie précédente, néanmoins, elle se concentre principalement sur la recherche d'un lien entre la richesse croissante et les questions environnementales au niveau des villes (Satterthwaite, 1997). La théorie de la transition environnementale urbaine revêt deux aspects non pas totalement antagonistes dans l'analyse de la relation entre la prospérité des villes et le dommage environnemental.

D'un côté, conformément à la théorie de la modernisation écologique, elle soutient que si les sociétés transitent vers une économie industrielle et manufacturière, la pollution atmosphérique doit s'accentuer avec la prospérité de la ville. En effet, lorsque l'industrialisation prend une place importante dans les zones urbaines, les villes ont tendance à accumuler de la richesse ; la prospérité des villes accroit les demandes en infrastructure urbaine et les consommations d'énergie, ce qui aura tendance à accentuer les pressions sur l'environnement. Cependant, lorsque les villes deviennent plus prospères, et avec les nombreuses campagnes de sensibilisation environnementale, les citadins peuvent donc se sentir également concernés par les problèmes de l'environnement. Ainsi, le niveau de pollution pourrait s'estomper avec l'amélioration des régulations environnementales, les innovations technologiques et les changements structurels de l'économie (Shahbaz et al.,

2015 ; Ekpeno Effiong, 2016). Elle semble ainsi également vérifier l'hypothèse de la Courbe de Kuznets Environnementale.

D'un autre côté, la théorie de la transition de l'environnement urbain suggère qu'il existe une série de défis environnementaux différents, liés au développement et que tous ne suivent pas la trajectoire de la Courbe de Kuznets Environnementale (Marcotullio et Lee, 2003). Pour les villes à faible revenu, les défis environnementaux sont plus localisés, immédiats et menaçants pour la santé (accès à l'eau, assainissement, etc.). Ces problèmes tendent à disparaitre avec l'augmentation du niveau de revenu. Or pour les villes prospères, les charges environnementales sont globales, retardées et menaçantes pour les écosystèmes (gaz à effet de serre, pluie acide, etc.). Ce type de problèmes au contraire a tendance à s'accentuer au fur et à mesure que les revenus croissent (McGranahan, 2007).

L'importance de la théorie de la transition environnementale urbaine est au moins triple. Premièrement, il définit une relation entre la richesse et la qualité de l'environnement urbain. Deuxièmement, il souligne que les villes subissent une série de défis environnementaux, dont certains sont absents du programme mondial de développement durable (McGranahan et al., 1996). Troisièmement, la théorie a placé l'échelle de l'impact environnemental au centre de l'engagement politique (Marcotullio et Lee, 2003).

- **La théorie des villes compactes**

Idéologiquement opposée à la ville diffuse, favorisant les faibles densités urbaines, la ville compacte discute généralement des avantages environnementaux de l'urbanisation. Avec l'argument qu'une densité urbaine élevée facilite les économies d'échelle pour les infrastructures publiques urbaines et rabaisse ainsi les dommages et pressions sur l'environnement (Burton, 2000 ; Capello et Camagni, 2000).

En général, l'étalement urbain, qui se réfère à la configuration de la ville diffuse, s'entend comme l'urbanisation des terres rurales (Nicot, 1996). Il est assimilé à la forme *« dispendieuse »* de l'urbanisation (Ewing, 1997). Elle est principalement responsable du gaspillage d'espace, d'atteinte au patrimoine naturel, de la biodiversité et à la qualité des paysages, auxquels les individus qui en jouissent attribuent souvent une certaine valeur. Elle accroit également la consommation d'énergie et le coût des infrastructures, liés à l'expansion et la forte dépendance à l'automobile (Pouyanne, 2004).

Face au besoin de modèles *« durables »* pour le développement des villes, elle s'affirme comme une alternative à l'étalement urbain, elle est a contrario la forme *« économe »* de l'urbanisation. Elle postule qu'une urbanisation bien planifiée et bien gérée, peut atténuer, voire prévenir l'impact sur l'environnement. En effet, le développement urbain dense préserve la terre, favorisant ainsi la protection des milieux naturels et la préservation des sols cultivables, deux arguments évoqués dans les principes du développement durable. De plus, et les villes compactes et connectées ayant de bons systèmes de transport public facilitent la réduction des coûts liés à la distance et sont positivement associées à l'efficacité énergétique et à de faibles émissions de CO2.

Les avantages de la ville compacte peuvent se résumer à l'économie des sols non urbanisés, des coûts d'urbanisation et d'énergie liés au déplacement (Pouyanne, 2004). Cependant, une densité urbaine très élevée ne s'accompagnant pas d'un approvisionnement en infrastructures urbaines peut conduire à plus de dommage sur l'environnement (Burgess, 2000).

I.3.1.2. Décomposition des effets de l'urbanisation sur l'environnement

Comme le prévalent les théories précédentes, l'urbanisation peut avoir des impacts positifs ou négatifs sur l'environnement, malgré la difficulté de déterminer l'effet net à priori. À ce titre, pour le cas particulier des émissions de polluants industriels[10], Guo et al. (2016) suggèrent que l'effet environnemental de l'urbanisation peut être triple : un effet d'échelle, un effet d'intensité et un effet de structure.

Dans un premier temps, l'urbanisation entraîne une redistribution de la main-d'œuvre entre les zones rurales traditionnelles et les zones urbaines industrielles (Lewis, 1954), car les émissions de polluants industriels ont tendance à s'accentuer avec l'augmentation de la production industrielle. En second lieu, les effets économiques de l'agglomération seraient améliorés au cours du processus d'urbanisation, développant ainsi l'efficacité de la production (Nakamura, 1985), puisque les productivités urbaines plus élevées auront une tendance à réduire le niveau d'émission unitaire de polluants. De plus, en raison du développement économique et de la division du travail, la structure industrielle sera également améliorée ; ce qui affectera les émissions de polluants. Les hypothèses du modèle sont les suivantes :

Hypothèse 1 : l'effet d'échelle tend à augmenter les émissions de polluants industriels, car l'expansion de la production résultante de l'urbanisation tend à accroitre également le niveau d'utilisation d'énergie.

Hypothèse 2 : l'effet d'intensité tend à réduire les émissions de polluants industriels, car l'urbanisation favorise l'amélioration technologique et ainsi améliore l'efficacité productive et les rendements de la production.

Hypothèse 3 : l'effet de structure tend à réduire les émissions de polluants industriels, car l'urbanisation favorise le développement et l'amélioration de

[10] Les polluants industriels regroupent, les GES, les émissions de sulfure, nitrate, etc.

la structure industrielle, passant des secteurs à haute intensité de pollution à des secteurs à basse intensité.

Ainsi, l'association de ces trois effets montre clairement que l'incidence de l'urbanisation sur les émissions de polluants n'est pas linéaire, mais laisse plutôt entrevoir une forme en U-inversée, conforme à l'hypothèse de la CKE où dans un premier temps l'urbanisation aurait tendance à accroitre le dommage environnemental à cause des effets d'échelle et dans un second temps à le réduire grâce aux effets d'intensité et de structure.

I.2. Revue de la littérature empirique des effets de l'urbanisation sur l'environnement

Une vaste série d'études a été entreprise afin de tester la validité empirique des théories relatives à l'incidence de l'urbanisation sur l'environnement. La majorité de ces travaux émerge dès le début du 21e siècle, et s'est principalement axée dans le contexte des PED. De plus, depuis quelques années déjà, de nombreuses études revêtent un intérêt grandissant sur l'examen des différents mécanismes par lesquels l'urbanisation tend à affecter substantiellement la qualité de l'environnement au travers des différents niveaux de développement économique ou de revenu. Ces études ont donc, pour la plupart, cherché à vérifier l'hypothèse d'une Courbe de Kuznets Environnementale entre l'urbanisation et la dégradation de l'environnement. Les différentes études ainsi menées présentent de nombreuses divergences. D'une part, au niveau de la nature de la relation entre le niveau d'urbanisation et le niveau de dégradation environnementale. Si pour certaines, la relation semble être linéaire, pour d'autres en revanche, elle semble être non linéaire. D'autre part, au niveau du signe de l'effet attendu. Si pour certaines études, l'évidence d'une incidence négative de l'urbanisation sur la qualité de l'environnement est démontrée, pour d'autres en revanche, l'urbanisation semble être un moyen et un outil pour réduire ou limiter le rythme de dégradation environnemental. Ces résultats seront donc présentés successivement dans cette section.

I.2.1. Évaluation de l'effet de l'urbanisation sur la qualité de l'environnement : évidence d'une relation linéaire

L'abondance des travaux portant sur l'analyse de l'effet de l'urbanisation sur la qualité de l'environnement et particulièrement les émissions de GES laisse entrevoir pour plusieurs une relation linéaire entre l'urbanisation et la dégradation environnementale. Néanmoins, si pour certains l'urbanisation est quasiment un problème, car elle contribue à accentuer le dommage sur l'environnement, pour d'autres en revanche, elle peut être une opportunité pour réduire ou prévoir les dégradations de l'environnement.

I.2.1.1. Effets d'un accroissement du dommage environnemental

L'une des premières études à analyser l'impact environnemental de l'urbanisation est celle de Parikh et Shukla (1995). Afin d'examiner l'impact de l'urbanisation sur les émissions toxiques et la consommation d'énergie, ils ont basé leur étude sur les données de 83 pays développés et en développement pour l'année 1986. Ils trouvent que l'urbanisation a un impact positif et significatif sur les émissions de CO2, les émissions de méthane et de CFC.

L'étude de Cole et Neumayer (2004) a examiné le lien entre la taille de la population et d'autres facteurs démographiques sur les émissions de deux polluants ; le CO2 et le SO2, pour un panel de 86 pays pendant la période 1975-1998. L'étude conclut que les facteurs démographiques tels que la taille des ménages, la taille de la population, le niveau de revenu et également l'urbanisation ont un impact positif statistiquement significatif sur les émissions de CO2, mais que seules la population et la production d'électricité ont un impact significatif sur le SO2. Ils montrent ainsi qu'un fort niveau d'urbanisation augmente le taux d'émission de CO2. Les résultats économétriques montrent qu'un accroissement de 10% du niveau d'urbanisation tend à accroitre le niveau d'émission de carbone de 7%. Dans une étude sur les données du Pakistan pour la période 1971-2005, Alam et al. (2007) analysent l'impact de certaines variables d'abondance économique telles que la croissance économique, l'intensité énergétique et des variables démographiques notamment la croissance de la population et le niveau d'urbanisation sur le niveau de dégradation environnemental. Les résultats indiquent que les coefficients de co-intégration normalisés sont tels qu'un accroissement de 1% du taux d'urbanisation et du taux de croissance du PIB tend à accroitre le taux d'émission de CO2 de 0.55% et 0.84% respectivement. Cette étude montre clairement que l'urbanisation a eu un impact négatif sur la qualité de l'environnement au Pakistan.

Parmi les nombreuses études faisant référence au contexte de la Chine, figure les travaux de Zhang et Lin (2012). Leur étude vise principalement à analyser l'effet de l'urbanisation sur la consommation d'énergie et les émissions de CO2 en Chine, pour un échantillon de 29 provinces chinoises, sur la période 1995-2010. Cette étude fait partie de la longue lignée des études ayant utilisé la méthodologie STIRPAT pour l'évaluation de l'effet de la population et principalement de l'urbanisation sur la qualité de l'environnement. Plusieurs méthodes sont utilisées pour les estimations à l'instar de la Méthode des Moindres Carrés Généralisés réalisables (FGLS), la méthode de régression linéaire à effets fixes, la méthode de régression linéaire avec erreur standard Driscoll-kraay (DK). Les résultats démontrent que les niveaux élevés d'urbanisation contribuent à accroitre les niveaux de consommation d'énergie et d'émission de CO2. Plus précisément, dans l'échantillon national des 29 provinces, un accroissement de 1% du niveau d'urbanisation tend à accroitre le niveau de consommation d'énergie de 0.41% et le niveau d'émission de CO2 de 0.085%, toutes choses restant égales par ailleurs[11].

Les travaux de Poumanyvong et Kaneko (2010) s'enregistrent dans la vaste série d'études visant à analyser les effets de l'urbanisation sur la qualité de l'environnement, au travers des différents stages de développement économique. Les auteurs ont également utilisé l'approche STIRPAT pour analyser l'impact de l'urbanisation sur la consommation d'énergie et les émissions de CO2, pour un panel de 99 pays sur la période 1975-2005. Les résultats prouvent que l'impact de l'urbanisation sur les émissions de CO2 varie bel et bien selon le niveau de développement. Cependant, l'urbanisation affecte positivement les émissions de CO2 pour tous les groupes de pays, sauf que l'effet est plus accentué dans les pays à revenu intermédiaire que dans les autres groupes.

Pour l'une des rares études menées en Afrique, Adusha-Poku (2016) utilise les données d'un panel de 45 pays d'Afrique subsaharienne, sur la période 1990-2010, pour examiner empiriquement la relation entre l'urbanisation, la population et les émissions de CO2. L'auteur se base également sur l'approche STIRPAT pour la conception de son modèle empirique. De plus, pour examiner l'existence d'une relation d'équilibre de long terme entre les émissions de CO2 et les variables, Adusha-Poku (2016) utilise un estimateur nouvellement établi pour les panels hétérogènes dynamiques, l'estimateur PMG (PooledMean Group)[12] développé par Pesaran et Shin (1999). Les résultats indiquent que l'urbanisation et la population affectent positivement et significativement les émissions de CO2 à court et à long terme. De manière plus précise, à long terme, une augmentation de 1% du taux d'urbanisation tend à accroitre le niveau d'émission de CO2 de 0.2044% et vice versa, toute chose restante égale par ailleurs.

I.2.1.2. Effets d'une amélioration de la qualité de l'environnement

Bien que l'urbanisation ait souvent été considérée comme un fléau, et que les travaux sus mentionnés démontrent assez promptement son incidence

---

[11] Notons que plusieurs méthodes ont été utilisées pour cette estimation. Cependant, si tous les coefficients sont positifs et statistiquement significatifs pour la régression sur la consommation d'énergie, ce n'est pas totalement le cas pour la régression sur les émissions de CO2. En effet, bien que tous les coefficients soient positifs, seule la régression par la DK affiche un résultat significatif. Le coefficient ainsi estimé a pour valeur 0.085, preuve que l'urbanisation contribue à accroitre les émissions de polluants. Cette divergence de résultats statistiques semble confirmer les hypothèses de Sadorsky (2014), qui pense que selon la méthodologie, la méthode, la période ou les données utilisées, les signes attendus des effets peuvent ne pas être convergents même pour un pays similaire.

[12] L'estimateur PMG (Pooled Mean Group) est une version panel de l'approche ARDL (Auto Regressive Distributed Lage).

négative sur la qualité de l'environnement, certaines études montrent au contraire qu'elle peut grandement être bénéfique pour l'environnement. À cet effet, dans une étude, Sharma (2011) analyse les déterminants des émissions de CO2 à partir d'un panel dynamique de 69 pays, sur la période 1985-2005. L'étude tient également compte de l'hétérogénéité entre pays, et les pays sont donc regroupés selon leur niveau de développement économique. Le problème a été résolu en faisant recours à l'estimateur GMM de Arellano et Bond (1991). Il en résulte que les effets de l'urbanisation sur les émissions de CO2 varient également selon les niveaux de revenu, comme pour les travaux de Poumanyvong et Kaneko (2010).

Toutefois, l'impact est négatif pour les pays à revenu élevé, à revenu intermédiaire, à faible revenu et également pour l'ensemble du panel. Spécifiquement, un accroissement de la population urbaine de 1% tend à réduire le niveau d'émission de CO2 de 0.7484%, 0.1793%, 0.2825% et 0.5058% pour le panel global, les panels des pays à revenu élevé, à revenu intermédiaire et à revenu faible respectivement.

Une étude similaire menée dans le contexte de la Chine est celle de Hu et Tang (2013). Cette étude examine la relation entre l'urbanisation et les émissions résidentielles de CO2, pour un panel de 30 provinces chinoises et couvrant la période 1997-2011. L'étude s'est également basée sur l'approche STIRPAT, et de plus sur un modèle PTR (Panel Threshold Model) proposé par Candelon et al. (2012), qui permet de déterminer un seuil de revenu à partir des données. L'estimation par la méthode des MCO montre que l'impact de l'urbanisation sur les émissions résidentielles de CO2 est négatif quand le niveau de PIB par tête est inférieur au seuil de 25719.38. Le coefficient estimé de l'urbanisation exprime l'idée selon laquelle un accroissement de 10% du niveau d'urbanisation tend à diminuer le niveau d'émission de 1.2%. Cependant, ce coefficient n'est pas significatif. Par contre, il est clairement significatif et également négatif lorsque le niveau de revenu est supérieur au seuil. Ainsi, pour le groupe des provinces à revenu moyen et élevé, une augmentation de 10% du niveau d'urbanisation tend à réduire le niveau d'émissions résidentielles de CO2 de 8.8%. L'urbanisation a donc eu un effet bénéfique pour l'environnement dans certaines provinces en Chine.

Dans une étude menée en Iran sur la période 1975-2011, Soheilakhoshnevis et Bahram (2014) analysent la relation entre les émissions de carbone, la consommation d'énergie, la croissance économique, l'urbanisation, l'ouverture commerciale et le développement financier. Ils utilisent l'approche ARDL pour tester la cointégration entre les variables et l'approche de causalité de VECM Granger pour examiner la direction causale entre les séries. Les conclusions montrent que les coefficients estimés sont négatifs et statistiquement significatifs à long terme pour l'urbanisation et l'ouverture commerciale soit respectivement -1.57 et -0.35. À court terme, le coefficient estimé de l'urbanisation est significativement positif soit 0.92. Les résultats attestent également d'une double causalité positive entre l'urbanisation et les émissions de CO2. L'on peut donc comprendre ici que, bien que sur une période l'urbanisation semble avoir un impact négatif sur la qualité de l'environnement, elle se présente néanmoins comme avantageuse dans le long terme, car elle permet, pour une augmentation de 1% du niveau d'urbanisation, de réduire le niveau d'émission de CO2.

La littérature empirique ne présente pas une abondance d'études menées en Europe. L'une des études est celle d'Akif Destek et al. (2016) qui porte un échantillon de 10 pays d'Europe central et de l'Est. Elle vise à examiner la relation entre les émissions de CO2, la consommation d'énergie, l'urbanisation et l'ouverture commerciale et principalement l'existence d'une CKE pour l'échantillon étudié et couvre la période 1991-2011. Les coefficients à long terme sont estimés par les méthodes FMOLS et DOLS et[13] développées par Pedroni (2001). Les résultats révèlent que l'hypothèse de la CKE est vérifiée pour ces pays. De plus, si l'on s'accorde à l'estimateur DOLS, à long terme, une augmentation de 1% du niveau d'urbanisation et d'ouverture commerciale tend à réduire le niveau d'émission de CO2 de 1.1042 et 0.0968, respectivement. Le test VECM de Granger montre également aussi qu'il n'y a pas de preuve d'une relation de causalité à court terme entre l'urbanisation et les émissions de CO2.

Une étude portée sur les données de l'Afrique révèle des résultats similaires. En effet, Ekpeno Effiong (2016) examine le lien entre l'urbanisation et les émissions de CO2 et de PM10 pour 49 pays entre 1990 et 2010. Il utilise également l'approche STIRPAT et l'estimateur semi-paramétrique de panel à effet fixe de Baltagi et Li (2002) et trouve que l'impact est négatif et statistiquement significatif. Il trouve notamment qu'une augmentation de 1 point de pourcentage du taux d'urbanisation tend à réduire les émissions de CO2 de 0.3746%. En d'autres termes, l'urbanisation soutient l'amélioration de la qualité de l'environnement, ce grâce à des économies d'échelle d'une infrastructure publique adéquate et efficace.

I.2.2. Évaluation de l'effet de l'urbanisation sur la qualité de l'environnement : évidence d'une relation non linéaire

Quoique plusieurs études suggèrent qu'il existe une relation linéaire entre l'urbanisation et la qualité de l'environnement, le manque d'évidence claire a conduit certains chercheurs à considérer la possibilité d'une relation non linéaire entre les deux. Ainsi, la vérification de cette hypothèse a fait couler beaucoup d'encre chez les économistes et même les géographes. Cependant, ce courant ne présente pas toujours des conclusions similaires, notamment sur

[13] FMOLS : Fully Modified Ordinary Least Squares. DOLS : Dynamic Ordinary Least Squares.

la nature de la courbe. Dans plusieurs des cas, l'hypothèse de la Courbe de Kuznets Environnementale a été vérifiée, c'est-à-dire l'existence d'une courbe en U-inversé entre l'urbanisation et la qualité de l'environnement, néanmoins d'autres études présentent une relation en forme de U-direct entre l'urbanisation et la qualité de l'environnement.

I.2.2.1. Impact environnemental de l'urbanisation : vérification de l'hypothèse de la Courbe de Kuznets Environnementale

Depuis les travaux initiaux de Kuznets (1955), lesquels argumentent qu'il existe une relation en U-inversé entre le niveau de développement et les inégalités, ce phénomène a été adapté à différentes correspondances. L'hypothèse la plus répandue est sans doute celle de Grossman et Krueger (1991) qui arguent qu'il existe également une relation en U-inversé entre le niveau de développement économique et le niveau de dégradation de l'environnement, et le point de tournure se trouvant à un certain seuil de revenu élevé. Cette hypothèse corrobore les idées de Shafik (1994) puis Selden et Song (1995) selon lesquelles l'augmentation des revenus pourrait systématiquement modifier le comportement des individus à l'égard de l'environnement, les poussant ainsi à s'investir dans la préservation de celui-ci.

Ainsi, plusieurs études se sont penchées sur cette approche, pour essayer de montrer que l'impact environnemental de l'urbanisation pourrait varier selon le niveau de développement économique. L'une des premières études à considérer cette approche est celle de Martinez-Zarzoso (2008). Cette étude examine l'impact de l'urbanisation sur les émissions de CO2. Elle se base sur les données de 88 PED et couvre la période 1975-2005.

De plus, l'auteur tient compte de la présence d'hétérogénéité entre les pays et les classe en trois groupes selon leur niveau de revenu ou de développement[14]. Cet article a contribué à la littérature en utilisant un modèle de mélange semi-paramétrique qui permet des formes de distribution inconnues et classifie de manière endogène les pays en groupes homogènes.

L'approche STIRPAT est également privilégiée dans ces travaux. Un recours à l'estimateur des FOLS (Feasible Ordinary Least Squares) permet de montrer que l'impact de l'urbanisation sur les émissions de CO2 varie selon le niveau de développement. Pour les pays à bas revenu et à revenu intermédiaire inférieur, l'impact est positif, et les élasticités estimées sont 2.828 et 0.729 respectivement. Pour les pays à revenu intermédiaire supérieur, l'impact est négatif, avec une élasticité estimée égale à -0.246, signifiant que

[14] Le classement se base sur les données de la banque mondiale pour l'année 2005. Le premier groupe est celui des pays à bas revenu (RNB < 875 USD) ; le second est celui des pays à revenu moyen tranche inférieure (876 USD < RNB < 3 466 USD) et le troisième est celui des pays à revenu moyen tranche supérieure (3 467 USD < RNB < 10 725 USD).

pour ce groupe de pays, l'urbanisation tend à avoir des effets positifs sur la qualité de l'environnement.

Dans une étude similaire, Martinez-Zarzoso et Maruotti (2011) utilisent également l'approche STIRPAT dans un panel de 88 PED pour évaluer l'effet de l'urbanisation sur les émissions de CO2 entre 1975 et 2003. Le caractère dynamique et la présence d'hétérogénéité dans les échantillons de pays sont également pris en compte. Les résultats montrent une relation en U-inversé entre l'urbanisation et les émissions de CO2. L'impact de l'urbanisation diffère considérablement selon les groupes. Pour deux des groupes, un seuil est identifié au-delà duquel l'élasticité émission-urbanisation est négative, et de nouveaux accroissements des taux d'urbanisation ne contribuent pas à des émissions plus élevées. Par contre, pour le troisième groupe, il n'existe pas la preuve que l'urbanisation contribue à expliquer les émissions.

Cependant, l'étude de Li et Ma (2014) qui ne tient pas forcement compte des niveaux de développement économique ou une analyse groupée, confirme également qu'il existe une relation en U-inversé entre l'urbanisation et la dégradation de l'environnement.

Leur article utilise le modèle PER (Pression État Réponse) proposé conjointement par l'OCDE et le PNUE pour établir des indices de qualité environnementale, pour 30 régions administratives chinoises entre 2003 et 2011, et ainsi analyser les données du panel pour étudier les relations entre l'urbanisation, le développement économique et les changements environnementaux. En guise de méthodologie économétrique, l'estimateur des Moindres carrés Généralisés (MCG) est utilisé afin de limiter l'impact de l'hétéroscédasticité qui pourrait être causée par les données transversales. Les résultats révèlent une relation en forme de U inversé entre les taux d'urbanisation et les changements dans la qualité de l'environnement. Le point de tournure apparaît à proximité d'un taux d'urbanisation de 60.2%. De plus, une augmentation de 1 point du taux d'urbanisation tend à accroitre l'indice de dégradation environnementale de 39% en amont du point d'inflexion et à le réduire de 29% en aval. En ce qui concerne l'indice d'émission de GES, une courbe en U-inversé est également révélée, avec un point de tournure apparaissant à proximité d'un taux d'urbanisation de 46.7%. Et une augmentation de 1 point du taux d'urbanisation tend à accroitre le niveau des émissions de 13% en amont du point d'inflexion et à le réduire de 21% en aval. Li et Ma (2014) suggèrent ainsi que cette relation évolutive en forme de U-inversé entre l'urbanisation et la qualité de l'environnement est universellement applicable.

Un résultat similaire émane des travaux de Guo et al. (2016) qui examine les effets de l'urbanisation sur les émissions de polluants industriels pour un panel de 282 préfectures de villes chinoises pour la période 2003-2014. Cette étude contribuera à la littérature, car il permettra de décomposer les effets de l'urbanisation sur les émissions de polluants industriels. Elle met ainsi en évidence que ces effets peuvent se décomposer en un effet intensif, un effet de structure, et un effet d'échelle. Les estimateurs MCO, SLM (Spatial Lage Model) et SEM (Spatial Error Model) révèlent pour tous les polluants (eau, sulfure, suie) que les effets intensifs et d'échelle ont tendance à accroitre le niveau de pollution industrielle et les effets de structure quant à eux permettent d'atténuer le niveau de pollution. Les conclusions de cette étude indiquent donc qu'il existe une significative relation en U-inversé entre l'urbanisation chinoise et le volume de polluant industriel.

Dans le même sillage, Ehrhardt-Martinez et al. (2002) trouvaient déjà une évidence d'une relation en forme de U-inversé utilisée dans les modèles CKE, entre les taux d'urbanisation et les taux de déforestation dans les pays en développement. Ceci implique que les niveaux de déforestation s'accentuent dans les premières phases de l'urbanisation, mais les pressions sur les forêts se réduisent lorsque l'urbanisation est avancée. Ils attribuent ce phénomène aux effets des agglomérations urbaines et d'une dominance croissante du secteur des services dans les zones urbaines.

I.2.2.2. Impact environnemental de l'urbanisation : la controverse à l'hypothèse de la Courbe de Kuznets Environnementale

Certaines études ont révélé une dynamique inverse à l'hypothèse de la CKE, à l'instar de Shahbaz et al (2015). L'étude, basée sur les données de la Malaisie sur la période 1970-2011, vise à analyser l'impact de l'urbanisation sur les émissions de CO2 en s'appuyant également sur l'approche STIRPAT. En outre, ils utilisent l'approche de cointégration combinée de Bayer-Hanck (2013) pour examiner les relations de cointégration entre les variables. Pour l'estimation des relations de long terme, l'approche ARDL est privilégiée et la relation de causalité est vérifiée grâce au test de causalité VECM de Granger. Les résultats révèlent que la croissance économique est le facteur principal d'accroissement des émissions de CO2, mais plus important, ils révèlent que la relation entre l'urbanisation et les émissions de CO2 prend la forme d'une courbe en U. Le coefficient estimé de l'urbanisation, révèle qu'un accroissement de 1% du niveau d'urbanisation tend à réduire le niveau d'émission de CO2 de 12.39%, mais le coefficient positif de la forme quadratique, révèle qu'à un certain seuil, un accroissement du niveau d'urbanisation aura tendance à avoir des effets inverses et donc à accroitre le dommage environnemental.

Un résultat similaire émane des travaux de Poumanyvong et Kaneko (2012), qui fut l'une des premières études à analyser l'impact de l'urbanisation sur les émissions résidentielles de CO2. Ils construisent un modèle de régression pour les données de 88 pays, couvrant la période 1975-2005, pour examiner l'impact global de l'urbanisation sur les émissions résidentielles de

CO2. L'échantillon est réparti en trois groupes de pays, sélectionnés en fonction de leur niveau de revenu. Si pour le groupe des pays à revenu intermédiaire et à revenu élevé, la relation est linéairement positive et prend une forme en U-inversé, respectivement pour les pays à bas revenu et pour l'échantillon global la relation en forme de courbe en U, stipulant ainsi qu'à de faibles niveaux d'urbanisation, les émissions résidentielles de CO2 ont tendance à réduire, or qu'à de niveaux plus élevés d'urbanisation, elles auront tendance à s'accentuer.

II. URBANISATION ET ENVIRONNEMENT EN AFRIQUE : UNE ANALYSE EMPIRIQUE EN AFRIQUE

Pour ce faire, nous nous baserons comme précédemment sur les données de la Banque Mondiale (WDI, 2017) pour un échantillon de 35 pays sur la période 1991 - 2014.

II.1. Analyse de la corrélation entre l'urbanisation et les émissions de CO2 : cas général de l'Afrique

Dans cette rubrique, il est question d'examiner l'évolution du volume d'émissions de dioxyde de carbone (CO2) par tête en Afrique sur la période 1991-2014 d'une part, et d'analyser sa corrélation avec l'évolution du niveau d'urbanisation sur la même période d'autre part.

II.1.1. Évolution des émissions de CO2 par tête en Afrique : le message des chiffres

Sur la période 1991-2014, le volume moyen d'émission de CO2 par tête en Afrique est en moyenne de 0,9275 mt[15]. En effet, le volume d'émissions a évolué entre 0,8137 mt résultat obtenu pour l'année 1992 et 1,0859 mt résultat obtenu en 2014. Les périodes de fortes augmentations ont été 2013-2014 ; 2002-2003 et 2007-2008 avec des volumes en plus de

0,05421 mt ; 0,038 mt et 0,3403 mt respectivement. Sur l'ensemble de la période, nous pouvons décompter 7 temps seulement où le volume d'émissions de CO2 a été revu à la baisse. Les trois périodes de plus fortes récessions sont 1998-1999 ; 2001-2002 et 2010-2011 avec des résultats revus à la baisse de 0,0257 mt ; 0,0208 mt et 0,01775 mt respectivement.

Dans l'ensemble, on peut remarquer au regard du graphique ci-après que le volume des émissions de CO2 par tête a évolué de manière ascendante sur la période, avec de légères fluctuations, résultantes des légères baisses périodiques sus-citées.

[15] Tonne métrique

Graphique 1 : Évolution du volume d'émission de CO2 par tête en Afrique

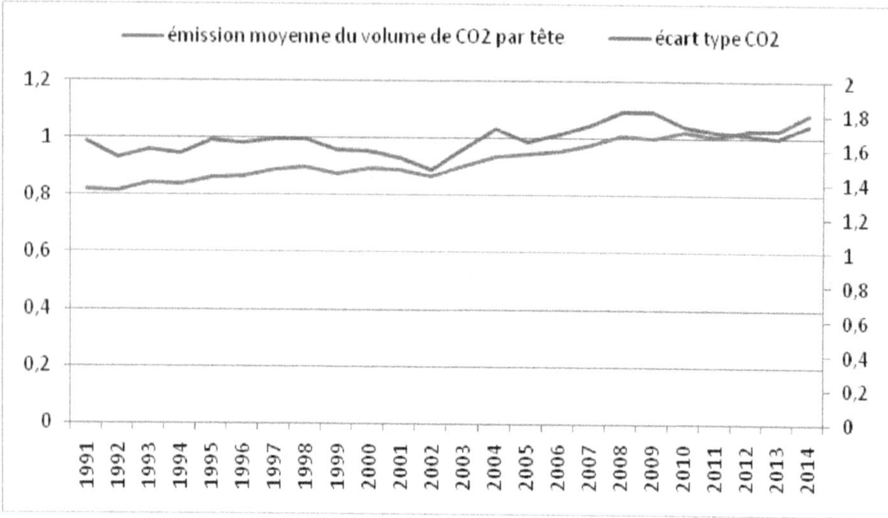

Source : Auteur, à partir des données de la Banque Mondiale (WDI, 2017)

Nous constatons bel et bien que le niveau d'émission de CO2 s'est beaucoup accru de manière considérable entre 1991 et 2014. Au regard des résultats moyens individuels en Afrique, 9 pays enregistrent un résultat supérieur à la moyenne enregistrée pour l'Afrique. Les volumes d'émission les plus importants sont accordés à l'Afrique du Sud, avec un résultat presque dix fois supérieur à la moyenne de l'Afrique, soit une moyenne de 8,676 mt. Suivent le Gabon, l'Algérie, l'île Maurice, la Tunisie et le Botswana avec des volumes d'émissions de CO2 estimés à 3,607 mt ; 3,1271 mt ; 2,4095 mt ; 2,1345 mt et 2,1211 mt respectivement. On peut donc comprendre que ce sont ces pays qui contribuent le plus au réchauffement climatique en Afrique. Cela peut s'expliquer par le fait que les économies de ces pays dépendent grandement de l'exploitation des ressources naturelles telles que les ressources minérales (principalement le pétrole) et minières, dont l'extraction et le traitement sont généralement source d'immenses quantités d'émissions de polluants atmosphériques. Réciproquement, parmi les pays les moins pollueurs du continent sur la période 1991-2014, 9 pays ont un niveau d'émission moyen inférieur à 0,1 mt. Les crédits les plus faibles sont accordés au Tchad, au Burundi, au Mali, à la République centrafricaine et au Rwanda, avec des émissions moyennes de 0,0 307 mt ; 0,03285 mt ; 0,0643 mt ; 0,0647 mt et 0,0668 mt respectivement.

II.1.2. Corrélation entre le niveau d'urbanisation et le volume d'émission de CO2 par tête en Afrique

L'urbanisation africaine suit une progression ascendante avec une pente quasiment constante. De plus, la rubrique précédente nous a révélé que le volume d'émissions de CO2 a également suivi une trajectoire ascendante sur l'ensemble de la période 1991-2014. En ce qui concerne la corrélation entre l'urbanisation et les émissions de CO2, le graphique ci-après nous révèle que le niveau d'urbanisation et le volume d'émission de CO2 par tête peuvent être fortement corrélés, et de manière positive, même si le volume des émissions réduit légèrement en certaines périodes. Ceci voudrait donc dire que l'augmentation du niveau d'urbanisation serait en partie responsable de l'augmentation du volume des émissions de CO2 en Afrique sur la période 1991-2014.

Ce triste constat peut être justifiable, car presque tous les pays africains n'ont pas des normes et des réglementations en matière d'émission de polluant. Ce manque de restrictions conduit au fait que les villes africaines sont souvent peuplées d'automobiles ayant des teneurs en émissions supérieures au taux optimal de pollution requis et des entreprises industrielles dont le seul souci est de créer de la valeur, sans toutefois se préoccuper des dommages que cela peut avoir sur l'environnement. De plus, l'urbanisation en Afrique favorise également la déforestation[16]. Les centres urbains en pleine croissance créent généralement des dynamiques et des besoins nouveaux en matière d'extension des villes, d'approvisionnement alimentaire (principalement l'agriculture) et de consommation d'énergie (principalement le charbon de bois). La satisfaction de ses besoins accentuera les pressions sur les forêts[17].

[16] La déforestation est définie comme une conversion à long terme ou permanente des terres forestières en terres non forestières (définition 11/CP7). La FAO considère la forêt comme une superficie d'au moins 0,5 hectare couvert à au moins 10% par des arbres dont la hauteur à maturité est d'au moins 5 mètres. Le PNUE utilise le seuil de 40 % pour les forêts fermées et de 10 à 40% pour les forêts ouvertes (Tchatchou et al., 2015).

[17] L'évolution de la déforestation en Afrique peut être examinée à l'annexe 1.4

Graphique 2 : Évolution du niveau d'urbanisation et du volume d'émission de CO2 par tête en Afrique

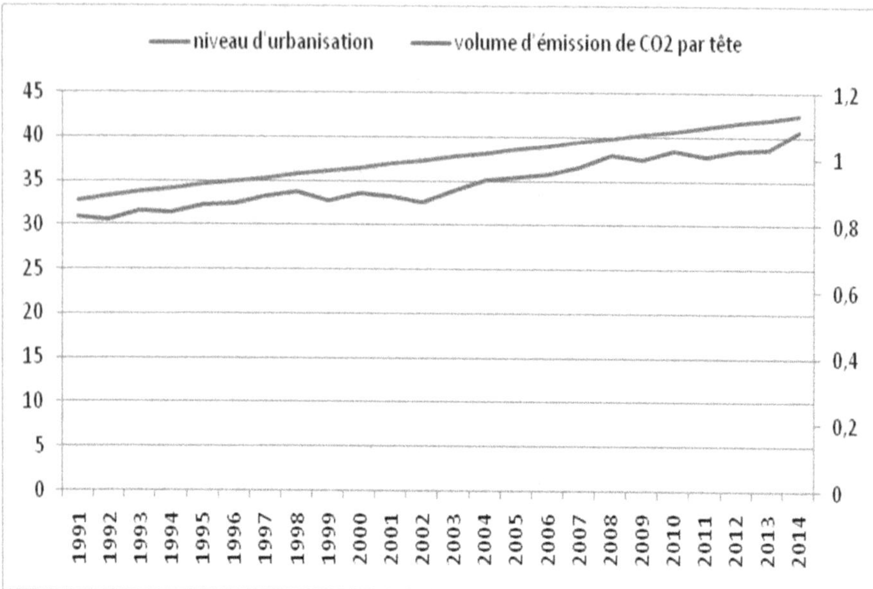

Source : Auteur, à partir des données de la Banque Mondiale (WDI, 2017)

Au regard du niveau moyen d'urbanisation en Afrique, nous pouvons constater que les 10 pays les plus urbanisés en Afrique enregistrent en moyenne un niveau d'émission de CO2 par tête de 2,2354 mt, ce qui est plus de deux fois supérieur au niveau moyen en Afrique. Le graphique d'évolution de niveau d'émission de CO2 dans ce groupe de pays montre que les émissions n'ont pas beaucoup varié sur la période 1991-2014. La pente de la courbe est proche de zéro, mais dans l'ensemble, nous remarquons que celle-ci est ascendante (Confère annexe 1.5). Ce schéma montre que dans l'ensemble, à des niveaux élevés d'urbanisation, il semble exister une corrélation positive entre l'urbanisation et les émissions de CO2 en Afrique.

De plus, parmi ces 10 pays les plus urbanisés, 6 pays font partie de la liste des 10 pays les plus pollueurs en CO2 du continent. Ce sont l'Algérie, l'Afrique du Sud, la Tunisie, le Botswana, le Gabon et le Maroc. Réciproquement, les 10 pays les moins urbanisés en Afrique affichent un résultat moyen de 0,1798 mt d'émission par tête, ce qui est plus de cinq fois moins que la moyenne d'émission de l'Afrique.

En outre, la plupart de ces pays font partie de la liste des 10 pays émettant le moins de CO2 en Afrique, soit exactement 6 pays. Madagascar, le Mozambique et le Mali qui sont respectivement les 11e ; 12e et 13e pays les moins urbanisés font également partie des 10 moins pollueurs en Afrique. Cela dit, il semblerait que, plus le niveau d'urbanisation est élevé, plus les émissions de CO_2 sont importantes en Afrique. Le graphique d'évolution du niveau d'émission de CO_2 dans le groupe des 10 pays les moins urbanisés en Afrique montre que les émissions ont d'abord diminué entre 1991 et 1993, puis se sont fortement accrues entre 1993 et 1997. Entre 1997 et 2011, la courbe a été décroissante, montrant dans l'ensemble la possible corrélation négative entre l'urbanisation et les émissions de CO_2 à de faibles niveaux d'urbanisation (Confère annexe 1.6).

II.2. Analyse de la corrélation entre l'urbanisation et les émissions de CO2 selon les niveaux de développement

La théorie de la modernisation écologique et la théorie de la transition environnementale urbaine font consensus sur le fait que l'impact environnemental de l'urbanisation devrait varier selon le niveau de développement économique. En effet, il devrait être négatif à des niveaux de développement plus faibles et positifs à des niveaux de développement plus élevés. Les pays africains sont à des stages de développement économique différents. Ainsi, l'analyse faite dans la présente rubrique se tient selon que les pays appartiennent à la catégorie des pays à faible revenu d'une part, et à la catégorie des pays à revenu intermédiaire d'autre part.

- **Corrélation entre l'urbanisation et les émissions de CO2 : cas des pays à bas revenu**

Le niveau d'émission de dioxyde de carbone dans le groupe de pays à faible revenu est estimé en moyenne à 0,133680 mt sur la période 1991 à 2014. Il varie en effet entre 0,1045 mt, résultat obtenu en 1992 et 0,191943 mt, résultat obtenu en 2014. Ce niveau plus ou moins élevé des émissions de CO_2 est principalement porté par le Bénin, le Togo, le Kenya et la Gambie, tous avec des niveaux d'émission moyens supérieurs à 0,2 mt soit respectivement 0,35 mt, 0,2742 mt, 0,2757 mt et 0,2111mt. La première place accordée au Bénin semble logique, car ce pays est parmi ceux-ci, celui qui a la taille du secteur industriel la plus importante. De plus, il est le pays le plus urbanisé dans cette catégorie. Les pays qui émettent le moins de CO_2 ici sur la période 1991-2014 sont le Tchad et le Burundi avec des volumes d'émission moyens inférieurs à 0,05 mt, soient 0,03 mt et 0,0328 mt respectivement. Avec le Burundi qui est le pays le moins urbanisé en Afrique, ces résultats révèlent ainsi que les volumes d'émission de CO_2 croissants peuvent grandement être déterminés par des niveaux croissants d'urbanisation.

Graphique 3 : Évolution du niveau d'urbanisation et du volume d'émission de CO2 par tête dans la catégorie des pays à bas revenu

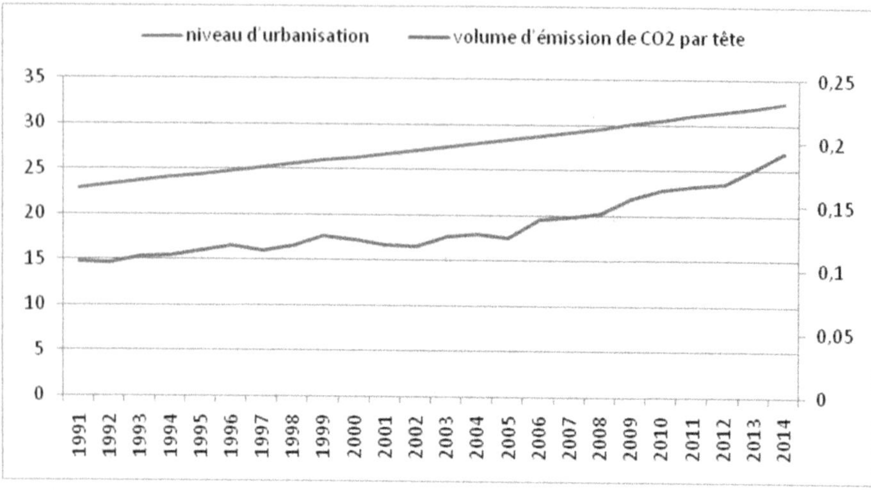

Source : Auteur, à partir des données de la Banque Mondiale (WDI, 2017)

Il est à noter que le niveau d'urbanisation sur la période 1991-2014 dans le groupe des pays à revenu faible suit une progression linéaire ascendante, avec une pente quasiment constante. Son niveau moyen s'établit à 27,40%. Au regard du graphique ci-dessus, on peut remarquer que le volume des émissions de CO2 suit une trajectoire quasiment ascendante également et à un point parallèle à celle de l'urbanisation. Il est donc clairement vu qu'à des niveaux d'urbanisation plus faibles, correspondent des volumes d'émissions moins importants. La corrélation ici semble donc fortement positive sur l'ensemble de la période. Les brèves chutes du volume d'émission parue aux périodes 1996-1997 et 1999-2002 ne semblent pas assez importantes ici pour faire état d'une corrélation ambigüe. À des niveaux faibles de revenu, l'urbanisation semble donc accroitre le niveau d'émission de CO2 en Afrique.

- **Corrélation entre l'urbanisation et les émissions de CO2 : cas des pays à revenu intermédiaire**

Dans cette rubrique, on analysera comme précédemment d'une part, la corrélation entre l'urbanisation et les émissions de CO2 pour les pays à revenu intermédiaire classe inférieure et d'autre part, la corrélation entre l'urbanisation et les émissions de CO2 pour les pays à revenu intermédiaire classe supérieure.

Cas des pays à revenu intermédiaire inférieur

Le niveau moyen d'émission de CO2 par tête pour le groupe des pays à revenu intermédiaire inférieur est estimé à 0,68826 mt, soit une moyenne comprise sur la période 1991-2014 entre 0,4863 mt, résultat estimé en 1991 et

0,846 mt, résultat estimé en 2012. Les pays qui émettent le plus de CO2 ici sont l'Égypte et le Maroc, qui sont les deux seuls pays à compter une moyenne d'émission supérieure à 1 mt, soit respectivement 1,9688 mt et 1,3815 mt. L'Égypte n'est pourtant pas le pays le plus urbanisé ici, le Cameroun qui est bien plus urbanisé que l'Égypte, avec un taux d'urbanisation estimé à 47,04% contre 42,95% sur la période 1991-2014, enregistre un volume d'émission de CO2 par tête de 0,2636 mt, soit le deuxième plus faible volume d'émission derrière le Soudan avec 0,2342 mt.

Graphique 4 : Évolution du niveau d'urbanisation et du volume d'émission de CO2 dans la catégorie des pays à revenu intermédiaire inférieur

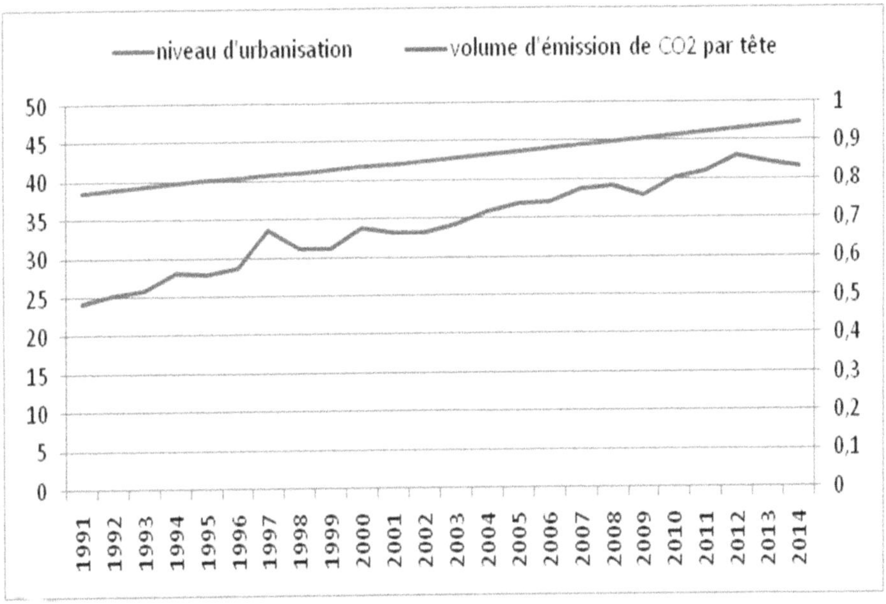

Source : Auteur, à partir des données de la Banque Mondiale (WDI, 2017)

Le niveau d'urbanisation sur la période 1991-2014 dans le groupe des pays à revenu moyen classe inférieure suit une progression linéaire ascendante, avec une pente quasiment constante, et son niveau moyen s'établit à 42,88%. Au regard du graphique ci-dessus, nous pouvons remarquer que le volume d'émission de CO2 suit également une trajectoire ascendante, avec une pente plus importante que celle du niveau d'urbanisation. Cela voudrait dire que le rythme de croissance des émissions de CO2 est plus élevé que celui de l'urbanisation. Ceux-ci sont estimés en moyenne sur la période 1991-2014 à 2,4% pour les émissions de CO2 et 0,89% pour l'urbanisation. Toutefois, l'évolution quasi similaire des deux trajectoires semble prédire une corrélation positive dans l'ensemble entre l'urbanisation et les émissions de CO2 dans ces pays. Seulement à partir de 2012, la corrélation semble changer de signe pour devenir négative.

Cas des pays à revenu intermédiaire supérieur

Le niveau moyen d'émission de CO2 par tête pour le groupe des pays à revenu intermédiaire supérieur est estimé à 3,3109 mt, soit une moyenne comprise sur la période 1991-2014 entre 3,0734 mt, résultat estimé en 1992 et 3,7475 mt, résultat estimé en 2014. Tous ces pays ont un niveau moyen d'émission de CO2 supérieur à la moyenne de l'Afrique et même que l'Afrique du Sud, le Gabon et l'Algérie ont des volumes moyens d'émission de CO2 supérieurs à 3 mt. Le plus bas taux d'émission revient à la Namibie, avec une moyenne de 1,1 mt. Notons tout de même que c'est le pays ayant le plus bas niveau d'urbanisation ici.

Graphique 5 : Évolution du niveau d'urbanisation et du volume d'émission de CO2 dans la catégorie des pays à revenu intermédiaire supérieur

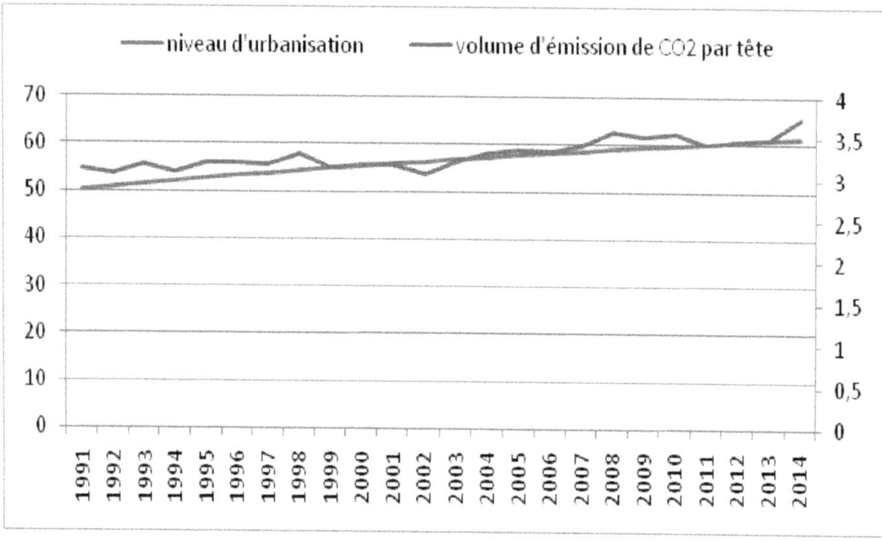

Source : Auteur, à partir des données de la Banque Mondiale (WDI, 2017)

Sur la période 1991-2014, le niveau d'urbanisation dans la catégorie des pays à revenu intermédiaire classe supérieure est en moyenne estimé à 56,426%. Sa trajectoire est également linéaire avec une pente quasiment constante. Au regard du graphique ci-dessus, on peut remarquer que la trajectoire d'évolution du volume d'émissions de CO2 et celle du niveau d'urbanisation sont à un point confondues, traduisant ainsi une forte corrélation positive probable entre l'urbanisation et les émissions de CO2 dans cette catégorie de pays.

Ainsi, l'urbanisation serait également responsable des émissions de CO2 croissantes dans cette catégorie de pays. À ce titre, les conclusions émanant de la théorie de la modernisation écologique et de la théorie de la transition environnementale urbaine semblent ne pas s'appliquer dans un contexte purement africain, car l'urbanisation serait grandement responsable des émissions de CO2, quel que soit le niveau de développement des pays.

II.3. Analyse économétrique du lien entre l'urbanisation et la qualité de l'environnement en Afrique

II.3.1. Approche méthodologique

Pour mieux appréhender le choix de la méthodologie adoptée dans cette étude, il convient d'apporter dans un premier temps une justification théorique du modèle, dans un second temps, de présenter les différentes variables utilisées et enfin de décrire la méthode d'estimation adoptée.

II.3.1.1. Justification du modèle

Le modèle de référence d'analyse des effets de l'accroissement de la population et principalement de l'urbanisation sur l'environnement est le modèle STIRPAT développé par Dietz et Rosa (1997) et raffiné par York et al. (2003). Il se rapproche d'un point de vue conceptuel, au modèle traditionnel IPAT développé par Ehrlich et Holdren (1971). Cependant d'un point de vue pratique, il est plus apte que le modèle IPAT à rendre compte des effets approximatifs des variables explicatives sur la qualité de l'environnement, et permet également de mieux entrevoir des politiques en matière de gestion urbaine et environnementale. En effet, le modèle IPAT traditionnel évoque le fait que l'impact environnemental des différentes variables explicatives : population (P), Affluence (A) et Technologique dommageable à l'environnement (T), est constant et égal à l'unité. Le modèle STIRPAT de Dietz et Rosa (1997) sera donc une réponse aux nombreuses critiques portée à ce modèle, car celui-ci stipule que les effets des différentes variables peuvent être aléatoires (positifs ou négatifs ; multiplicateur ou diviseur). Le modèle de Dietz et Rosa (1997) sera ensuite ajusté par York et al. (2003), donnant ainsi la possibilité d'introduire des variables supplémentaires et des formes quadratiques. Ce modèle raffiné constituera la base théorique de la quasi-totalité des études portant sur l'analyse de l'impact environnemental de l'urbanisation depuis plusieurs décennies déjà. Sa spécification est donnée par :

$$I_i = \alpha \ P_i^{\beta} A_i^{\gamma} \ T_i^{\delta} e_i \qquad (a1)$$

Avec I la mesure de l'impact environnemental, $P, A \ et \ T$ les variables représentant la population, l'abondance économique et la technologie dommageables à l'environnement. Aussi, i est un indice, α, β, γ et δ des paramètres et e un terme d'erreur.

Ainsi, en nous basant également sur l'approche STIRPAT dans le cadre de cette étude, et en privilégiant une approche en données de panel, notre modèle économétrique peut donc se spécifier comme suit :

$$Env_{i,t} = \alpha \ Pop_{i,t}^{\beta} Abon_{i,t}^{\gamma} Tech_{i,t}^{\delta} e_{i,t} \qquad (a2)$$

Avec i et t, les indices référant au pays et au temps respectivement, Env qui mesure l'impact environnemental, rapporté ici aux émissions de CO2 par tête, Pop est la variable population captant le niveau d'urbanisation, $Abon$ est la variable d'abondance qui sera captée par le PIB réel par tête, $Tech$ la technologie dommageable à l'environnement qui sera captée par le degré d'ouverture commerciale, la taille du secteur industriel et l'intensité énergétique et enfin e est le terme d'erreur tel que définit ci-haut. Spécifiquement, en considérant les variables dans leur logarithme naturel, on peut donc avoir :

$$CO2_{i,t} = \beta \ urbanisation_{i,t} + \gamma \ PIB \ réel_{i,t} + \delta_1 ouverture_{i,t} + \delta_2 industrie_{i,t} \\ + \ \delta_3 \ intensité \ énergetique_{i,t} + \lambda + \mu_i + \eta_t + \varepsilon_{i,t} \qquad (a3)$$

Où, μ_i et η_t représentent respectivement les effets spécifiques aux pays et au temps. Puisque le modèle $(a3)$ est exprimé en logarithme naturel, les coefficients des variables explicatives peuvent directement être interprétés comme des élasticités.

II.3.1.2. Champ de l'étude et présentation des variables

Dans le cadre de cette étude, les données utilisées couvrent un échantillon de 35 pays africains, qui seront répartis en trois groupes selon leur niveau de développement. En outre, la période va de 1991 à 2014.

Tableau 1 : Description des variables

Variables	Descriptions	Sources
CO2	Mesure le volume d'émission par tête de dioxyde de carbone en tonne métrique	WDI (2017)
Urbanisation	Mesure la part de la population vivant dans les zones urbaines dans la population totale	WDI (2017)
Ouverture commerciale	Mesure le degré d'ouverture d'un pays. Elle est donnée par la somme des exportations et des importations des biens et services (% PIB)	WDI (2017)
Taille du secteur industriel	Mesure la part de la valeur ajoutée du secteur industriel dans le produit intérieur brut (% PIB)	WDI (2017)
PIB réel	Mesure le volume de la production intérieure brute réelle par tête en Dollar US courant	WDI (2017)
Intensité énergétique	Mesure la consommation d'énergie par unité de production de biens et services	WDI (2017)

Notes : les différentes variables retenues ici sont issues des différents travaux menés sur cette thématique.

L'approche des données de panel est privilégiée dans le cadre de cette étude, car elle permet une analyse de données en double dimension. En effet, si les données en série temporelle permettent d'analyser l'évolution des relations dans le temps, elles ne tiennent néanmoins pas compte de l'hétérogénéité entre les individus. Réciproquement, les données en coupes transversales permettant d'analyser l'hétérogénéité entre les individus ne tiennent néanmoins pas compte des comportements dynamiques. Un avantage de l'utilisation des données de panel est donc qu'elle permet d'exploiter les deux sources de variation de l'information statistique : temporelle ou variabilité intra-individuelle et individuelle ou variabilité interindividuelle (Goaied et Sassi, 2012).

II.3.2. Méthode d'estimation

Pour estimer le modèle présenté ci-dessus, nous nous sommes inspirés des travaux de Martinez-Zarzoso (2008) qui a analysé l'impact environnemental de l'urbanisation pour un panel de 88 pays en développement et privilégié une approche par niveau de développement. En effet, Martinez-Zarzoso (2008) a soulevé le fait que la modélisation en données de panel, portée sur une longue période, pourrait être sujette à plusieurs problèmes : premièrement, la présence d'effets spécifiques individuels et temporels non observables caractérisant ainsi la forte hétérogénéité entre les individus ; deuxièmement, la présence d'une corrélation sérielle, car les études portant sur une période de plus de 20 ans donnent presque certainement d'une corrélation sérielle dans les données ; troisièmement, la présence d'hétéroscédasticité dans les termes spécifiques aléatoires individuels. Ces deux derniers problèmes rendent en général les estimateurs (MCG) du modèle à erreurs composées inefficaces.

Face à ces problèmes, les estimateurs de MCO (spécifiques au modèle de panel à effets fixes) sont donc inefficaces à rendre fidèlement compte de la pertinence des variables du modèle. Et comme Martinez-Zarzoso (2008), nous avons opté pour la technique des Moindres Carrés Généralisés Réalisables (MCGR) pour l'estimation de notre modèle, car celle-ci permet de corriger l'inefficacité de la méthode des MCG (spécifique au modèle de panel à erreurs composées ou effets aléatoires), en tenant compte lors de l'estimation des problèmes d'hétéroscédasticité et de corrélation sérielle. En outre, la structure du modèle à erreurs composées est faite à l'aide du test de Breusch-Pagan (Multiplicateur de Lagrange LM test). Si la *p-value* <0.05 alors les effets aléatoires spécifiques seront présents dans le modèle.

Le test Wooldridge d'autocorrélation pour données de panel est également effectué pour vérifier la présence de corrélation sérielle dans les données et enfin le test Likelihood Ratio (LR) pour le contrôle de l'hétéroscédasticité. Les critères de décision pour ces deux tests sont tels que si la probabilité *p - value* < 0.05, alors cela confirme la présence d'une corrélation sérielle et d'une hétéroscédasticité dans le modèle respectivement pour les deux tests.

III. PRÉSENTATION DES RÉSULTATS ET INTERPRÉTATION

Cette section porte principalement sur la vérification de l'hypothèse émise dans cette étude. Elle est scindée d'une part, par la présentation des différents résultats économétriques et d'autre part par les interprétations de ceux-ci.

III.1. Résultats des estimations

Pour analyser les effets de l'urbanisation sur la qualité de l'environnement en Afrique, nous nous sommes amenés à procéder à une série de plusieurs d'estimations.

Tableau 2 : Présentation des résultats pour l'Afrique

	(1)	(2)	(3)
Variables		Émission de CO2 par tête	
Urbanisation	0.241*** (0.0778)	0.412*** (0.0766)	1.415*** (0.0218)
Ouverture commerciale	0.353*** (0.0462)	0.350*** (0.0476)	0.308*** (0.0135)
Taille du secteur industriel	0.0415 (0.0404)	0.0682 (0.0416)	0.181*** (0.0120)
PIB réel	0.0471** (0.0183)	0.0831*** (0.0184)	0.426*** (0.00678)
Intensité énergétique	-0.295*** (0.0420)	-0.297*** (0.0430)	-0.234*** (0.0109)

Constance	-3.362***	-4.277***	-10.49***
	(0.391)	(0.403)	(0.112)
B/ P LM test	*p-value = 0.00*		
Hausman test	*p-value = 0.00*		
Observations	840	840	840
Nombres de pays	35	35	35
RMSE	0.2401	0.249	
Wald/Fisher	*p-value = 0.00*	*p-value = 0.00*	*p-value = 0.00*
R-carré	0.197		
Wooldridge test		*p-value = 0.00*	
LR test		*p-value = 0.00*	

Notes : les valeurs entre parenthèses représentent les écarts-types. *** p<0.01 significatif à 1% ; ** p<0.05 significatif à 5%.

Source : auteur, à partir des données de la Banque Mondiale (WDI, 2017)

III.2. Interprétations des résultats

Le modèle a premièrement été estimé en considérant la totalité de l'échantillon des pays retenus (Tableau 3). Nous avons considéré une structure à effets fixes (1) d'une part, et une structure à erreurs composées (2) d'autre part. Le test de Breusch-Pagan sur le modèle à erreurs composées confirme bel et bien l'existence d'effets spécifiques. Seulement, le test de Hausman réalisé montre que seules les estimations à effets fixes sont cohérentes.

Cependant, les tests Wooldridge et Likelihood Ratio confirment la présence d'une corrélation sérielle et d'une hétéroscédasticité respectivement dans les données. Les estimateurs MCO du modèle à effet fixe peuvent donc être biaisés. Nous avons procédé à l'estimation par la technique des MCGR, en supposant une hétéroscédasticité et une auto corrélation AR (1) spécifique au panel (3). Deuxièmement, le modèle a été estimé pour chaque groupe de revenu, pour essayer d'apporter une contribution à la théorie économique et s'engager dans la lignée des différents travaux menés dans ce cadre. L'estimation (3) a été retenue pour les groupes des pays à revenu faible et intermédiaire inférieur, mais pour le groupe des pays à revenu intermédiaire inférieur, l'absence de corrélation sérielle a conduit à une estimation tenant compte uniquement de la présence d'hétéroscédasticité (Confère annexe 2). En outre, tous les modèles sont globalement significatifs, car les probabilités associées au test de Fisher/Wald sont toutes égales à zéro, soit < 5%.

Les résultats seront interprétés économiquement d'abord pour chaque variable du panel d'ensemble et ensuite pour les variables des panels de chaque groupe de revenu sur la période 1991-2014.

III.2.1. Interprétations des résultats pour l'Afrique

Les résultats présentés par le tableau 3 montrent certains écarts au niveau des signes des coefficients des variables par rapport à l'un ou l'autre des modèles retenus. Si les signes des coefficients des variables : ouverture commerciale, intensité énergétique et PIB réel sont les mêmes pour tous les modèles, les coefficients d'urbanisation et de la taille du secteur agricole par contre ne sont pas similaires pour tous les modèles. Cependant pour tenir compte de la présence d'hétorscédasticité et de corrélation sérielle, seuls les coefficients de la colonne (3) seront interprétés.

- **Effet de l'urbanisation sur les émissions de CO_2**

Au regard du tableau 3, l'élasticité émission urbanisation estimée est significativement positive à 1%, soit une valeur égale 1,415. Ceci implique donc l'existence d'une relation positive entre le niveau d'urbanisation et le volume d'émissions de CO2 par tête en Afrique. En d'autres termes, ce résultat qu'une augmentation de 1% du niveau d'urbanisation en Afrique contribue à accroitre le volume d'émission de CO2 par tête de 1,415%, toutes choses restant égales par ailleurs. Le signe de l'effet attendu est donc observé et l'hypothèse retenue à cet égard est vérifiée. Ce résultat est conforme à ceux trouvés dans les travaux de Martinez-Zarzoso (2008) sur une analyse de l'impact environnemental de l'urbanisation pour les données de 88 pays en développement. En effet, les résultats montrent également que l'impact est positif et légèrement supérieur à l'unité, soit 1,418. En ce qui concerne les travaux menés en Afrique, ce résultat est également en conformité avec les travaux d'Adusha-Poku (2016) sur les données de 45 pays d'Afrique subsaharienne entre 1990 et 2010, mais s'oppose à celui obtenu par Ekpeno Effiong (2016) sur les données de 45 pays africains entre 1990 et 2010.

- **Effet de l'ouverture commerciale sur les émissions de CO2**

Théoriquement, il est admis que les effets de l'ouverture commerciale sur la qualité de l'environnement peuvent se décomposer en trois effets : un effet d'échelle, qui se définit comme une intensification du dommage environnemental dû à une intensification de l'activité économique, un effet de composition ou de structure qui décrit la manière dont l'ouverture commerciale peut influer sur la taille des différents secteurs de production d'une économie et un effet technique qui décrit la manière dont les améliorations technologiques peuvent être adoptées pour réduire l'intensité des émissions dues à la production des biens et services (Grossman et Krueger, 1991 ; Antweiller et al, 1998).

Au regard des résultats présentés au tableau 4, le coefficient estimé relatif à l'ouverture commerciale est positif et significatif. En d'autres termes, une augmentation de 1% du degré d'ouverture commerciale tend à accroitre le niveau des émissions de CO2 de 0,308% ; ceci implique donc conformément au modèle d'Antweiller et al. (1998) que les effets d'échelle dominent sur les effets techniques. Ce résultat rentre en conformité avec les résultats obtenus par Adusha-Poku (2016) toujours dans le cas des pays d'ASS, mais se révèle contraire à celui trouvé par AkifDestek et al. (2016) pour le compte de 10 pays d'Europe centrale et de l'Est, où le coefficient estimé de l'ouverture commerciale était significatif et négatif, soit –0,0968. Ces divergences peuvent donc se justifier par le fait que, contrairement aux pays développés d'Europe, les pays africains accusent encore un grand retard technologique, et particulièrement les technologies propres pour l'environnement.

➢ Effet de la taille du secteur industriel sur les émissions de CO2

Au regard du tableau ci-dessus, le coefficient estimé relatif à la taille du secteur industriel est positif et significatif au seuil de 1%, s'établissant à 0,181. Ce résultat révèle que le secteur industriel peine à intégrer la préservation de la qualité de l'environnement dans ses activités. Ce résultat pourrait s'expliquer à deux niveaux : premièrement, le manque de compétitivité entre industries manufacturières. Or une forte compétitivité pourrait les pousser à recourir à des technologies plus propres afin de satisfaire une demande déjà grandissante de biens et services intégrant les préoccupations environnementales. En second lieu, la dépendance de certaines économies africaines aux ressources naturelles oblige à développer de plus en plus des industries extractives. L'exploitation de ces ressources réduit ainsi leur quantité, pendant que la pollution issue de ces activités reste très importante. En outre, ce résultat est conforme à celui trouvé dans les travaux de Martinez-Zarzoso (2008), où l'effet a été également positif et significatif.

➢ Effet d'accroissement du PIB réel sur les émissions de CO2

Le signe du coefficient du PIB est positif, significatif et conforme à la théorie selon laquelle les vastes programmes de croissance économique auront un effet multiplicateur sur la dégradation de l'environnement (Li et Ma, 2014). En effet, le résultat montre qu'un accroissement de 1% du niveau de la production réelle tend à accroitre le niveau des émissions de CO2 de 0.426%, toutes choses restant égales par ailleurs. Ce résultat est similaire à ceux trouvés dans les travaux d'Adusha-Poku (2016), Martinez-Zarzoso (2008) et Akif Destek et al. (2016). Cependant, cet effet pourrait changer à partir d'un certain seuil conformément à l'hypothèse postulée par Grossman et Krueger (1991) au travers de la Courbe de Kuznets Environnementale. Cette hypothèse a été confirmée dans les travaux d'AkifDestek et al. (2016) qui ont trouvé un coefficient négatif pour la forme quadratique du PIB.

➢ Effet de l'intensité énergétique sur les émissions de CO2

L'intensité énergétique mesure la consommation d'énergie par unité de PIB. Le résultat du tableau 3 montre que l'élasticité des émissions de CO2 par rapport à l'intensité énergétique est significativement négative et s'établit à –0,234. Ceci implique qu'un accroissement de 1% de l'intensité énergétique tend à réduire le niveau d'émission de 0,234%. Ainsi, l'on peut présumer ici qu'au fil du temps, la production d'un bien consomme de moins en moins d'énergie. Ce résultat est contradictoire à celui obtenu par Alam et al. (2007) qui a obtenu un signe positif.

Toutefois, comme le laps de temps est important, la stationnarité de la série est une autre préoccupation. Si les séries sont non-stationnaires, les résultats pourraient montrer des relations fausses. Bien que ce problème soit considérablement réduit avec l'utilisation de données de panel, une manière d'aborder cette question est d'estimer le modèle pour un échantillon de pays pour chaque année et voir si les résultats tiennent (Martinez-Zarzoso, 2008). Ainsi, au regard de l'annexe (2.3.1), l'on peut remarquer que l'urbanisation contribue aux émissions de CO2 à des taux presque constants et supérieurs à l'unité. Le PIB et le secteur industriel contribuent également aux émissions de CO2 à des taux presque constants, sauf qu'ici inférieurs à l'unité. Et dans l'ensemble, les contributions annuelles décrivent les contributions sur l'ensemble de la période, pour la plupart des variables, quel que soit le groupe de revenu considéré (Confère annexe 2.3. -).

III.2.2. Interprétations des résultats pour chaque groupe de revenu

Les interprétations ici se feront simultanément pour les variables et pour les différents groupes de revenus. Au regard du tableau des résultats des estimations pour chaque groupe de revenus (annexe 2.2), l'on peut constater que les effets du PIB sont positifs et aussi statistiquement significatifs pour tous les groupes de revenus. Les résultats obtenus pour le cas du PIB sont conformes à ceux obtenus par Martinez-Zarzoso (2008), Poumanyvong et Kaneko (2010) et Sharma (2011).

Cependant, le fait que le signe reste positif pour chaque niveau de revenu semble infirmer l'hypothèse d'une Courbe de Kuznets Environnementale pour les pays africains. L'augmentation du niveau de revenu n'a pas un effet revers sur la dégradation de l'environnement comme stipulé par la CKE.

En outre, les coefficients relatifs à l'ouverture commerciale sont positifs dans le groupe des pays à revenu faible et à revenu intermédiaire inférieur, révèlent que les effets d'échelle dominent sur les effets techniques. Par contre, dans le groupe à revenu intermédiaire inférieur, il est négatif et significatif à 1%, indiquant que les effets techniques dominent sur les effets d'échelle. A priori, le commerce extérieur permet donc ici d'acquérir des technologies propres pour l'environnement.

Lorsque l'on considère principalement les effets de l'urbanisation sur les émissions de CO2 pour chaque niveau de développement, les résultats des estimations montrent que les signes sont positifs pour tous les groupes, néanmoins il est non significatif dans le groupe des pays à revenu intermédiaire inférieur. Ces résultats sont totalement similaires à ceux trouvés dans les études de Poumanyvong et Kaneko (2010) où l'urbanisation affecte positivement les émissions de CO2 pour tous les groupes, totalement opposés aux études de Sharma (2011) où les effets étaient négatifs, partant à vérifier les avantages de l'urbanisation pour l'environnement.

Toutefois, l'on peut constater que les effets négatifs de l'urbanisation sont plus accentués pour le groupe à revenu intermédiaire supérieur que pour les groupes à plus faible revenu, soit un accroissement de 1% du niveau d'urbanisation tend à accroitre le niveau des émissions de CO2 de 0,795%, et 1,488%, toutes choses étant égales par ailleurs pour les groupes à bas revenu et à revenu intermédiaire supérieur respectivement. Ainsi, l'hypothèse d'une courbe en forme de U-inversé entre l'urbanisation et la dégradation de l'environnement le long des voies de développement préconisée par la théorie de la transition environnementale urbaine et la théorie de la modernisation écologique semble ne pas s'appliquer en Afrique. En ce qui concerne les coefficients estimés relatifs à la taille du secteur industriel, ils sont positifs pour les groupes de pays à bas revenu et à revenu intermédiaire inférieur.

Cependant, dans ce dernier groupe, il est non significatif. Pour le cas des pays à revenu intermédiaire supérieur, le coefficient est négatif et significatif. Ainsi, un accroissement de 1% de la taille du secteur industriel tend à accroitre le volume d'émission de CO2 par tête de 0,0428% et à réduire de 0,550% pour le groupe des pays à bas revenu et le groupe à revenu intermédiaire supérieur, respectivement. Ces résultats démontrent qu'en Afrique, les industries dans les pays à bas revenu se préoccupent moins des problèmes environnementaux que ceux dont les revenus sont plus élevés. Pour le cas des élasticités estimées des émissions de CO2 par rapport à l'intensité énergétique, les résultats des estimations montrent que celles-ci sont positives pour le groupe des pays à revenu intermédiaire supérieur et à bas revenu, mais négatif dans le cas des pays à revenu intermédiaire inférieur.

CONCLUSION

Au terme de cette étude qui a consisté à analyser les effets de l'urbanisation sur la qualité de l'environnement en Afrique, il est à retenir que le volume d'émission de CO2 par tête et d'urbanisation, le niveau d'urbanisation sont des variables à prendre en compte en matière de dégradation de l'environnement. La méthodologie a consisté d'une part, à faire une étude de corrélation entre les deux à l'aide de graphique et d'autre part, à analyser économétriquement ces effets.

De plus, l'analyse s'est faite pour l'ensemble du panel et également par groupes repartis selon le niveau de développement économique des pays, afin de tenir compte de l'hétérogénéité observable entre les pays et d'essayer de vérifier les hypothèses des différentes théories relatives à l'impact environnemental de l'urbanisation. Il en ressort ici que les corrélations semblent être positives pour l'Afrique et pour tous les groupes de revenus. Ces résultats ont été vérifiés économétriquement pour l'Afrique, le groupe à faible revenu et le groupe à revenu intermédiaire supérieur où les effets de l'urbanisation sur les émissions de CO2 étaient positifs et significatifs et confirmant ainsi notre hypothèse. Pour le groupe à revenu intermédiaire inférieur, l'effet estimé est positif et non significatif. Ces résultats sont contraires aux hypothèses avancées par la théorie de la modernisation écologique et de la transition environnementale urbaine, car bien que l'effet semble varier selon les niveaux de développement, il n'est pas bénéfique pour les niveaux plus élevés de revenu, au contraire le dommage environnemental est plus accentué.

BIBLIOGRAPHIE

Adusah-Poku, F. (2016), Carbon dioxide emissions, urbanization and population : empirical evidence from Sub-Sahran Africa‖, *Energy Economics Letters*, Vol. 3 (1) : pp. 1–16.

Akif Destek, M., Ballı, E., & Manga, M. (2016), « The Relationship between CO2 Emission, Energy Consumption, Urbanization and Trade Openness for Selected CEECs », *Research in World Economy,* Vol. 7, No. 1.

Banque Mondiale(2017), World Bank list of economies (June 2017) ‖

Boden, G., Marland, & Andres, R. (2011), « Global, Regional, and National Fossil-Fuel CO2 Emissions », *Centre d'analyse des informations relatives au dioxyde de carbone,* Laboratoire national d'Oak Ridge, ministère de l'Énergie des États-Unis.

Brundtland Commission (1987), Report of the World Commission on Environment and Development : Our Common Future‖, *Oxford University Press.*

CEA-UN (2016), L'urbanisation : un impératif pour la transformation structurelle de l'Afrique‖.

CMED (1989), « Notre avenir à tous », *Éditions du Fleuve*, p. 51

Cole, M., & Neumayer, E. (2004), —Examining the impact of demographic factors on air pollution, *Population and Environment*, vol. 26 (1), pp. 5-21.

Dietz, T., & Rosa, A. (1994), « Rethinking the environmental impacts of population, affluence and technology‖, *Human Ecology Review*, Vol. 1, pp. 277-300.

Dietz, T., & Rosa, A. (1997), Effects of population and affluence on CO2 emissions‖, In: Proceedings of the National Academy of Sciences, USA, Vol. 94 (1), pp. 175-179.

Duarte, C. (2015), « la Banque africaine de Développement : le moteur de la transformation de l'Afrique ».

Ekpeno Effiong (2016), Urbanization and Environmental Quality in Africa‖, *Munich Personal RePEc Archive (MPRA)*

Fujita, M., et Thisse, F. (2003), « Économie des villes et de la localisation », collection « Économie, société, région », Bruxelles, De BoCEK.

Gendreau, F., Gubry, P., et Veron J. (1996*),* « Populations et environnement dans les pays du Sud », Paris, Karthala-CEPED.

Gibbs, D. (2000), Ecological modernization, regional economic development and regional development agencies‖, *Geoforum*, Vol. 31, pp. 9-19.

GIEC (2013), Climate change 2013: The Physical Science Basis‖, Contribution of Working Group I to the fifth Assessment Report of the Intergovernmental Panel on Climate Change

Grossman, G. & Krueger, A. (1993), Environmental impacts of a North American free trade agreement‖, In Conference on the Mexico-US Free Trade Agreement 1993 ; *MIT Press: Cambridge,* MA, USA, 1993 ; pp. 13–56.

Grossman, G., & Krueger, A. (1991), Environmental Impacts of a North American Free Trade Agreement‖, *NBER Working Paper*, No. 3914, Washington.

Gubry, P. (1996), « L'environnement urbain », paru dans Gendreau, F., Gubry, P., et Veron J. (1996 *), « Populations et environnement dans les pays du Sud »*, pp. 273-288

Guo, J., Xu, Y., & Pu, Z. (2016), Urbanization and Its Effects on Industrial Pollutant Emissions : An Empirical Study of a Chinese Case with the Spatial Panel Model, *sustainability*

Hart, R. (2002), Growth, environment, and culture-encompassing competing ideologies in one new growth model, *Ecological Economics*, Vol. 40(2), pp. 253-267.

Hu, Z., & Tang, L. (2013), Exploring the relation between urbanization and residential CO2 emissions in China: a PTR approach‖, *MPRA*, College of Finance and Statistics, Hunan University

Janicke, M. (2008), Ecological modernisation: new perspectives, *Journal of Cleaner Production,* 16, pp557-565.

Landry, G. (2013), « *L'environnement »,* bibliothèque nationale du Québec.

Ledent, J. (1990), « Théorie et modèle de l'urbanisation : un survol dans croissance démographique et urbanisation : politique de peuplement et aménagement du territoire », *AIDF*, séminaire international de rabat, No5, pp.265

Lewis, A. (1954), « Economic Development with Unlimited Supply of Labour », *The Manchester School of Economic and Social Studies*, Vol. 47 (3), pp. 139-191.

Li, S., & Ma, Y. (2014), « Urbanization, Economic Development and Environmental Change », *Sustainability*.

MacKellar L., Lutz W., & Prinz C, (1995), Population, households and CO2 emissions, *Population and Development Review*, Vol. 21 (4), pp.849-865

Marcotullio, P. & Lee, Y. (2003), Urban Environmental Transitions and Urban Transportation Systems: A Comparison of the North American and Asian Experience‖, *Institute for Global Environmental Strategies.*

Martin (2008), National growth versus spatial equality? A cautionary note on the new trade-off 'thinking in regional policy discourse‖, *Regional Science Policy and Practice*, Vol 1, pp. 3–13.

Martínez-Zarzoso, I. (2008), The impact of urbanization on CO2 emissions: evidence from developing countries‖, *CESIFO working paper*, No. 2377

Martınez-Zarzoso, I., & Maruotti, A., (2011), The impact of urbanization on CO2 emissions: evidence from developing countries‖, *Ecological Economics*, Vol. 70, pp.1344– 1353.

McGranahan, G (2007), "Urban transitions and the spatial displacement of environmental burdens", Published by Earthscan with UNU-IAS and IIED

McGranahan, G., & Songsore, J. (1994), Wealth, health, and the urban household: weighing environmental burden in Jakarta, Accra, Sao Paulo‖, *Environment,* 36(6), pp.4- 11, 40 – 45

McKinsey et Company (2014), Europe-Afrique : nouvelles connexions, nouveaux partenariats‖ A presentation at the Aspen Europe-Afrique 2014, Paris, France.

Michel, P & Sghaier, M. (2000), Les relations populations-environnement : l'émergence d'hypothèses alternatives, collectif DYPEN

Moore, M., Gould, P., & Keary, B. (2002), « Global urbanization and impact on health », *International Journal of Hygiene and Environmental Health*, 206, pp. 269-278

PEA (2016), « villes durables et transformation structurelle ».

Pinson, D. (2004), « Environnement et urbanisation », paru *dans* environnement et populations : la durabilité en question, *L'Harmattan*, Paris, 2004, pp. 32-51

PNUE (2007), « Factsheet : Climate Change in Africa – Whatisatstake ? », extrait des rapports du GIEC, de la Convention et du PAD.

Polèse, M. (2010), « le rôle des villes dans le développement économique : un autre regard », *INRSW or King Paper, n° 2010-4*, Centre-Urbanisation Culture Société.

Poumanyvong, P. & Kaneko, S. (2010), Does urbanization lead to less energy use and lower CO2 emissions: a cross country analysis‖, *Ecological Economics*, 70, 434-444.

Poumanyvong, P., Kaneko, S., & Dhakal, S. (2012), « Impacts of urbanization on national residential energy use and CO2 emissions: Evidence from low-, middle- and high-income countries, *IDEC DP2 Series*, Vol.2 no. 5, pp. 1-35.

Sandron, F. (2005), « Population et environnement : le paradigme de la complexité », *Travaux et Documents*, n°2, Programme 4D, Institut Catholique de Madagascar et Institut de Recherche pour le Développement, 18 pp., Antananarivo

Selden, M., & Song, D. (1995), Environmental-quality and development, is there a Kuznets Curve for air pollution emissions, *Journal of Environment and Economic Management,* No. 29, pp. 162-168.

Shafik, N (1994), Economic-development and environmental-quality, an econometrical analysis‖, *Oxford Economics Papers. -New Series,* No. 46, pp. 757-773.

Sharma, S. (2011), Determinants of carbon dioxide emissions: empirical evidence from 69 countries‖, *Appl. Energy,* Vol. 88, pp. 376–382.

Soheilakhoshnevis, Y., & Bahram, S. (2014), The Econometric Model for CO2 Emissions, Energy Consumption, Economic Growth, Foreign Trade, Financial Development and Urbanization of Iran‖, *Journal of Environmental Research and Development,* Vol. 8, No. 3A.

Wang, Y., Han, R., & Kubota, J. (2016), Is there an Environmental Kuznets for SO2 emissions ? A semi-parametric panel data analysis for China, Renewable and with fixed effects‖, *Annals of Economics and Finance*, Vol. 3, pp. 103–116.

Weale, A. (1992), —The New Politics of Pollution‖, *Manchester University Press.*

Weber, J. (1995), « Gestion des ressources renouvelables : fondements théoriques d'un programme de recherche »

World Bank (2009), World Development Report 2009 : Reshaping Economic Geography, Banque Mondiale, Washington, DC.

York, R., Rosa, E., & Dietz, T. (2003), STIRPAT, IPAT and ImPACT: analytic tools for unpacking the driving forces of environmental impacts‖ *Ecological Economics,* 46 (3), 351– 365.

Zaccai, E. (2014), La modernisation écologique, Université Libre de Bruxelles (ULB), Cours Géohistoire des problèmes de l'environnement, novembre 2014

Zhang, C., & Lin, Y. (2012), « Panel estimation for urbanization, energy consumption and CO2 emissions: A regional analysis in China‖, *Energy Policy,* Vol. 49 (2012) pp. 488–498

Zheng, S., & Kahn, M (2013), « Understanding China's urban pollution dynamics », *Journal of Economic Literature*, vol. 51/3, pp. 731-772.

URBANISATION ET CROISSANCE ÉCONOMIQUE

Jacob TCHE

jacobtche1985@gmail.com

Didier NGANDEU

didier_ngandeu@yahoo.com

Résumé

L'analyse des effets de l'urbanisation sur la croissance économique en Afrique est l'enjeu primordial de cette contribution, tout en contrôlant également les effets selon le niveau de développement sur la période 1991-2014. Les données sont issues de la WDI sur 35 pays d'Afrique malgré une épuration de 11 pays pour fautes de données. Les pays ont été regroupés en trois groupes selon leur niveau de revenu. Nous nous sommes reposés sur le modèle néoclassique de Solow-Swan (1956) comme cadre méthodologique d'analyse et avons eu recours à la méthode des Doubles Moindres Carrés pour les estimations. Il en est ressorti ici que dans l'ensemble, l'urbanisation a négativement contribué à la croissance économique en Afrique pendant cette période. De plus, pour les groupes à faible revenu, à revenu intermédiaire inférieur et à revenu intermédiaire supérieur, l'urbanisation a également négativement influencé la croissance économique. La contribution de cette étude est d'abord théorique, car elle participe du débat portant sur les déterminants du développement durable. En effet, si les enjeux économiques de l'urbanisation semblent diviser le corps scientifique, le contexte du changement climatique nécessite de porter également davantage d'attention sur ses enjeux environnementaux. Ensuite, d'un point de vue pratique, elle permettra aux gouvernements de prendre de meilleures politiques en matière de gestion et de gouvernance urbaine. Ceci pour permettre aux sociétés modernes de répondre aux devoirs d'amélioration du bien-être des populations.

Mots clés : Urbanisation, croissance économique, Afrique, DMC.

Abstract

This article aims to analyze the effects of urbanization on economic growth in Africa, while also controlling for the effects according to the level of development over the period 1991-2014. The data comes from the WDI on 35 African countries despite a purge of 11 countries for data errors. Countries were thus grouped into three groups according to their level of income. We relied on the neoclassical model of Solow-Swan (1956) as a methodological framework for analysis and used the method of Double Least Squares for the estimations. It emerged here that overall, urbanization contributed negatively to economic growth in Africa during this period. Moreover, for low-income, lower-middle-income and upper-middle-income groups, urbanization has also negatively influenced economic growth. The contribution of this study is first theoretical, it contributes to the debate on the determinants of sustainable development. Indeed, if the economic stakes of urbanization seem to divide the scientific body, the context of climate change also requires paying more attention to its environmental stakes, then from a practical point of view, it will allow governments to take better policies for urban management and governance. This to allow modern societies to meet the duties of improving the well-being of populations.

Keywords : Urbanization, economic growth, Africa, 2LS

INTRODUCTION

Depuis le début des années 1960, le monde a connu des combinaisons successives de problèmes sociaux et environnementaux, tels que l'accentuation des inégalités entre pays riches et pays pauvres, l'épuisement des ressources naturelles, l'accumulation des déchets, la pollution de l'eau ; mais également des dérèglements globaux tels que le trou dans la couche d'ozone, les pluies acides et le changement climatique. Ces dommages environnementaux ont rapidement développé de fortes contestations et interrogations sur le mode de développement mis en place dans les pays développés au cours de la période post-industrielle[18] (Baker, 2006 ; Class Zero Emission, Dossier pédagogique N° 5).

Face à ces inquiétudes grandissantes, un nouveau modèle de développement prend naissance, et se labélise sous le concept de *« développement durable »*. Ses prémices remontent à la fin des années 1960, avec les travaux du Club de Rome[19] (1968) et la publication en 1972 du célèbre rapport Meadows, avec l'idée d'un développement pouvant réduire les inégalités sociales et la pression sur l'environnement. Dès lors, le développement durable est devenu une grande préoccupation pour la communauté internationale. Ce qui vaudra en 1983, suite à l'adoption de la résolution 38/161 de l'Assemblée générale des Nations Unies, la création de la Commission Mondiale sur l'Environnement et le Développement (CMED), dont le but principal est d'assurer un développement durable de la planète, en proposant des stratégies à long terme en matière d'environnement, tout en

---

[18] Ce mode de développement, qui prônait notamment une croissance économique effrénée, avec un accent mis sur la production et la consommation de biens matériels.

[19] Le club de Rome est créé en 1968 et compose un groupe de scientifiques, d'économistes, de fonctionnaires nationaux et internationaux de 52 pays, préoccupés par les problèmes auxquels les sociétés sont confrontées. Dans son rapport, il mettait déjà la communauté internationale en garde contre les effets pervers de la croissance démographique sur les ressources naturelles qui sont pourtant limitées.

assurant une coopération étroite entre les pays développés et en développement (Brochard, 2011).

Le développement durable est aujourd'hui une préoccupation tant pour les pays développés d'Europe et d'Amérique du Nord que pour les pays en développement et particulièrement les pays africains. En effet, malgré la pauvreté et la misère qui demeurent préoccupantes en Afrique, la quasi-totalité des pays africains a ratifié les principales conventions internationales sur l'environnement, notamment la Convention Cadre des Nations Unies sur le Changement Climatique (CCNUCC, 1992) et les mécanismes de Réduction des Émissions issues de la Déforestation et de la Dégradation (REDD) des Nations Unies, s'engageant ainsi dans le développement durable comme le suggèrent les données du PNUD (Demaze, 2010).

Même si le continent a connu une forte dépression économique dans les années 1990, il affiche néanmoins des résultats économiques impressionnants depuis le début du 21e siècle. La croissance du Produit Intérieur Brut (PIB) en volume est estimée à 4,9% entre 2000 et 2013 contre une performance à peine supérieure à 2% entre 1980 et 1990. Seule l'Asie égale cette performance (McKinsey et Company, 2014). Ce taux de croissance s'est maintenu à 4% en 2013, soit 1% supérieur à la moyenne mondiale. Et, plus de 40 pays africains ont enregistré une croissance économique supérieure à 3%, dont 7 d'entre eux affichent une croissance d'au moins 7% (Duarte, 2015). En parallèle, bien qu'ayant augmenté en volume, le niveau de pauvreté a grandement chuté dans la même période, passant de 55,6% en 2002 à 41% en 2013 (REA, 2017). Or, avec la dépression économique parue entre 1990 et 2002, le taux de pauvreté avait augmenté, passant de 54,3% à 55,6%. En dépit d'une conjoncture internationale plutôt défavorable et des chocs régionaux, les performances économiques de l'Afrique sont restées solides en 2015. Avec une croissance du PIB s'établissant à environ 3,6%, soit mieux que la zone euro à 1,5% ou même la moyenne mondiale à 3,1% (PEA, 2016).

La définition de l'urbanisation revêt deux aspects : l'un se limitant à la dimension démographique et l'autre incluant davantage la dimension économique. Ainsi, sur le plan démographique, l'urbanisation peut simplement s'appréhender comme un processus de transformation graduelle d'une population rurale en une population urbaine, c'est-à-dire un accroissement de la part de population urbaine dans la population totale (Ledent, 1990 ; Arouri et al., 2014). Mais au sens économique du terme, elle peut s'apparenter à un aboutissement des processus économiques en cours, aussi bien ceux qui s'inscrivent dans une logique de développement que ceux qui relèvent d'une déstructuration des sociétés rurales (Gubry, 1996). L'urbanisation ne saurait se résumer à un simple accroissement démographique des populations urbaines, mais plutôt à un processus de développement des villes s'accompagnant de profonds changements structurels et économiques (Xu, 2008).

L'urbanisation de l'Afrique a connu une forte progression depuis la deuxième moitié du 20e siècle. En effet, avec un niveau d'urbanisation s'élevant à 14% en 1950, l'Afrique dépasse rapidement les 30% de population urbaine en 1990, et compte en 2010 le taux de croissance urbaine le plus élevé au monde, soit 4,5% (CEA, 2016). Le taux d'urbanisation passait alors de 23% en 1970 à environ 40% en 2010, et ce processus devrait se poursuivre et se stabiliser à environ 60% en 2050 (World Urbanization Prospects, the 2009 revision). De plus, l'urbanisation de l'Afrique aurait progressé de 5,9 points de pourcentage entre 2000 et 2015, ce qui la place derrière l'Asie avec 10,7 points sur la même période (PEA, 2016). Néanmoins, cette tendance commune ne décrit pas les écarts entre les sous-régions[20]. En 2009, le taux d'urbanisation au niveau mondial est de 50,1% et bon nombre de pays africains affichaient déjà un niveau d'urbanisation bien supérieur à cette moyenne. C'est le cas notamment de l'Algérie (66,8%) ; du Cap Vert (61,01%) ; du Congo (67%) ; du Gabon (85,31%) ; de Djibouti (76%) ou de la Gambie (55,55%) pour ne citer que ceux-là (WDI, 2016). De plus, selon les perspectives des Nations Unies (2010), une croissance démographique de 2.3 milliards de personnes est prévue entre 2009 et 2050. Cette croissance sera majoritairement repartie en Asie et en Afrique, soit 2.1 milliards (PEA, 2016).

Dans son contour, le développement durable se compose en trois dimensions à savoir : l'économie, le social et l'environnement. Les principes de base sont ainsi : améliorer l'efficacité économique, assurer l'équité sociale et conserver l'intégrité de l'environnement. En outre, de nombreuses études suggèrent que les pays en développement (PED) pourraient rattraper le rang des pays développés et ainsi réduire les écarts de revenu, s'ils parvenaient à une croissance économique soutenue. De plus, même si la croissance économique n'est pas une fin en soi, elle donne aux sociétés des opportunités d'atteindre leurs visées en matière de pauvreté, de santé, d'éducation et d'autres intérêts du développement durable (Commission sur la Croissance et le Développement, 2008 ; Ravallion et al., 2007). De plus, si l'efficacité économique permet en partie de résoudre les problèmes sociaux, il ne serait donc pas aberrant en faisant une analyse du développement durable de s'appuyer principalement sur les dimensions économique et environnementale, c'est-à-dire, identifier les facteurs susceptibles d'améliorer l'efficacité économique, tout en tenant compte de la protection de l'environnement.

---

[20] En 2010, les taux d'urbanisation sont : Afrique de l'Est (23,72%) ; Afrique centrale (42,93%) ; Afrique du Nord (52%) ; Afrique australe (58,78%) ; Afrique de l'Ouest (44,63%). Statistiques de l'ONU, *WUP, the 2009 revision.*

À cet effet, un vaste champ d'études s'est particulièrement démarqué depuis les années 1980, soulevant l'idée de l'urbanisation et la ville comme facteurs déterminants du développement économique (Polèse, 2010). L'on note par exemple, Duranton (2000), qui soutient que la ville est non seulement l'unique lieu où le développement se fait, mais le moteur premier du développement. Plus tard, Rosenthal et Strange (2004) stipuleront que doubler la taille des villes peut entraîner une hausse de la productivité de l'ordre de 3% à 8%.

Théoriquement, il faut se retourner vers les économistes de l'école classique pour trouver les premiers arguments selon lesquels l'urbanisation et la ville constitueraient un atout pour la croissance économique. Smith (1776) notamment considérait la ville comme le lieu de rencontre entre les produits primaires et manufacturier et du commerce extérieur. Marshall (1890) a intitulé la notion de « districts industriels » et fait valoir que les villes sont des lieux d'innovation, de transferts de connaissance, créant des effets à l'échelle locale et favorisant la croissance (Hatti et Rauhut, 2017). Aussi dit, le lien entre l'urbanisation et la croissance économique a souvent été présenté comme automatique et inévitable, comme une sorte de loi universelle régissant un processus historique indéfectible (Turok et McGranahan, 2013). Toutefois, les faits constatés dans le monde montrent que cette relation est moins évidente qu'elle ne le parait.

D'une part, certains faits renforcent l'optimisme accordé à l'urbanisation comme l'un des éléments déclencheurs de la croissance économique. En Europe, par exemple, les cités grecques antiques constituaient de vastes marchés où le commerce prospérait. L'urbanisation de l'Athènes antique a créé des ouvriers et des artisans hautement qualifiés. Cette division et cette spécialisation du travail ont contribué à la croissance et au succès économique des villes (Thomsen, 1985). Un autre exemple est celui de la Chine qui a connu une forte croissance urbaine avec un taux d'urbanisation de 50% en 2011 pour seulement 20% en 1980. L'urbanisation a fortement influencé l'industrialisation et partant, la croissance économique, car les revenus moyens des ménages urbains sont pratiquement trois fois supérieurs à ceux des ménages ruraux (Ravallion et Martin, 2009).

D'autre part, il y a des faits plus ou moins controversés. Dans un article publié en 2010, Polèse fait remarquer que la Hollande, qui était comptée parmi les pays les plus urbanisés d'Europe dans la deuxième moitié du 17e siècle avec un niveau d'urbanisation établi à 45% en 1675, n'a pourtant pas connu une croissance soutenue. Au contraire, l'économie a connu un long déclin jusqu'à la deuxième moitié du 19e siècle. Dans une étude menée au Pakistan, Alam et al. (2007) ont pu vérifier que l'urbanisation avait négativement affecté la croissance économique entre 1971 et 2005. Pour Williamson (1965), ces effets négatifs de l'urbanisation peuvent résulter des économies d'agglomération qui l'accompagnent : surpopulation, congestion urbaine[21], encombrement, emploi informel, etc. Il souligne également que ceux-ci ont tendance à prendre le dessus sur les économies d'agglomération au fur et à mesure que les sociétés transitent d'un faible niveau de développement à un niveau plus élevé, comblant ainsi les effets positifs qu'elles peuvent engendrer.

Bien plus, il semblerait donc que l'urbanisation soit une condition nécessaire, mais pas suffisante pour stimuler la croissance (Henderson, 2003). Son potentiel à stimuler la croissance doit éventuellement dépendre de la disponibilité de biens publics adéquats, d'un cadre institutionnel efficace et d'emplois productifs (Turok et McGranahan, 2013). En Chine par exemple, le gouvernement investit massivement dans les infrastructures urbaines, soit 12.6% de son PIB ce qui serait le double de l'Inde, où la congestion urbaine, les conditions de vie pénible, la pauvreté sont monnaie courante (Bardhan et Pranab, 2010). Ces résultats mitigés justifient la position de certains économistes tels que Liddle (2013), Polèse (2010) et Gibbs (2000) qui soutiennent qu'au contraire, c'est la croissance économique au travers de l'industrialisation qui conduit à l'urbanisation et non l'inverse.

Afin de discuter des enjeux de l'urbanisation pour la croissance économique en Afrique, il semble donc légitime pour nous de nous poser la question suivante : quel est l'effet de l'urbanisation sur la croissance économique en Afrique ? Afin de répondre à cette préoccupation, notre but sera d'analyser les effets de l'urbanisation sur la croissance économique en Afrique en vérifiant l'hypothèse selon laquelle l'urbanisation stimule la croissance économique en Afrique.

I. REVUE DE LA LITTÉRATURE

I.1. Revue de la littérature théorique du lien entre l'urbanisation et la croissance économique

Les recherches dans le domaine du développement urbain et de l'économie géographique, portant sur l'urbanisation et la croissance économique, s'attardent presque toutes à répondre à une question centrale : de l'urbanisation ou de la croissance économique, laquelle est la cause et laquelle est la conséquence ?

En effet, l'histoire économique révèle que l'urbanisation, l'industrialisation et la croissance économique tendent à être des processus parallèles (Castells et Royuela, 2011). Il a été très souvent souligné que la

[21] Les congestions sont généralement associées à l'insuffisance de la capacité routière, les problèmes pour tous les types d'infrastructure, étant inclus, l'eau, l'électricité, la télécommunication, les ports, les chemins de fer, les aéroports, etc. (Nguyen et Nguyen, 2016).

croissance économique a favorisé l'urbanisation dans presque tous les pays, notamment au Royaume-Uni. Cependant, certaines théories positives du développement urbain soutiennent que l'urbanisation devrait au travers de mécanismes directs ou indirects affecter positivement les performances économiques. En outre, il existe certaines thèses justifiant que l'urbanisation pourrait éventuellement avoir des effets controversés inattendus sur la croissance économique. Dans l'ensemble, l'on peut dénombrer quatre discours plus ou moins antagoniques portant sur la relation entre ces deux processus. L'objet de cette section est donc de passer en revue ces différents discours. Il consiste d'une part à présenter le dilemme de causalité entre l'urbanisation et la croissance et d'autre part, à présenter certains modèles de synthèse et certaines thèses controversées.

I.1.1. Le dilemme de causalité entre l'urbanisation et la croissance économique

Historiquement, l'urbanisation est allée de pair avec la croissance économique et la transformation. Les villes ont pendant longtemps joué un rôle crucial, en tant que lieux où diverses formes d'organisations économiques et d'activités économiques ont évolué et gagné en valeur (Pollard, 1981). Cependant, la causalité entre l'urbanisation et la croissance économique n'a pas toujours fait l'unanimité dans le corps scientifique. Soit l'urbanisation est le résultat du processus général de développement économique, soit elle est une cause de la croissance rapide du niveau de revenu et de développement économique. Alors les questions sont de savoir : est-ce que l'urbanisation est une condition nécessaire à la croissance économique et ainsi devrait être adoptée comme partie intégrante des stratégies de développement dans les pays en développement ? Mieux, est-ce que la croissance économique est un préalable pour que l'urbanisation se passe et quels sont les mécanismes de transfert d'une population rurale en une population urbaine (Narayan, 2014) ? La réponse à ces questions a généré un grand débat dans la littérature économique.

Reconnaitre que l'urbanisation a un rôle important à jouer dans les progrès économiques et sociaux semble difficilement réfutable. En effet, il semblerait qu'aucun pays n'ait jamais soutenu une croissance économique ou un développement social rapide sans urbanisation (UN-HABITAT, 2008). Si l'on s'accorde avec Bao et He (2015) et Arouri et al. (2014), les effets positifs de l'urbanisation sur la croissance économique peuvent être analysés au travers de trois théories : la théorie de l'agglomération économique, la théorie des pôles de croissance et la théorie de la croissance endogène.

I.1.2. Rôle de la croissance économique dans le processus d'urbanisation

La théorie économique prévaut largement sur une causalité positive allant de l'urbanisation vers la croissance économique. Si Jacobs (1984) est l'un des premiers à soutenir cette opinion, en considérant l'environnement urbain, comme une condition préalable à l'émergence de nouvelles idées, aux transferts de connaissance et d'information, ayant un impact sur la croissance économique et le développement, il semble toutefois que ce soutien soit partiel, car il laisse également comprendre que la croissance économique peut également être un facteur pertinent de la croissance de l'urbanisation (Hatti et Rauhut, 2017).

Dans la lignée des travaux mettant en relief le fait que l'urbanisation est le résultat de la croissance économique, Liddle (2013), soutient notamment l'argument que, l'urbanisation n'est pas un catalyseur pour la croissance, car elle semble uniquement accompagner les périodes de croissance économique soutenue. Ainsi, il approuve que l'urbanisation est bien plus un indicateur de la croissance économique qu'un outil. Cette idée est également soutenue par les théoriciens de la modernisation comme Gibbs (2000), qui soutient que l'urbanisation est un sous-produit du développement économique et de la croissance. Dans le même sillage, les études de Tolley (1987) avaient également démontré qu'un des déterminants majeurs de l'urbanisation est le degré avec lequel les pays seront aptes à promouvoir la croissance de la productivité urbaine. De ce fait, la faiblesse de la croissance de la productivité agricole conduira à accentuer les pressions sur l'urbanisation (Narayan, 2014).

Une des raisons principales pour lesquelles l'urbanisation tend à accompagner la croissance est le processus d'industrialisation par lequel la main-d'œuvre rurale migre vers les usines de fabrication urbaines. Au-delà des perspectives d'emploi, le développement peut encourager l'urbanisation pour d'autres opportunités telles que l'accès à la culture, à l'éducation et au soin de santé (Liddle et Messinis, 2013). Pour bien des auteurs, c'est l'industrialisation qui conduit à l'urbanisation et non l'inverse. C'est le cas de Polèse (2010) qui soutient que les villes n'ont pas eu de rôle à jouer dans l'essor des économies d'Europe occidentale, mais qu'elles sont plus le résultat ou la conséquence de l'industrialisation et de la croissance économique. Cette conclusion se rapproche de celle de Bairoch (1985) selon laquelle, « paradoxalement, la ville ne semble pas avoir eu un rôle primordial, ni dans le déclenchement de la révolution industrielle en Angleterre ni dans la transmission spatiale… au futur monde développé » (Polèse, 2010).

Dans son analyse, Polèse (2010) part de l'idée développée par Fujita et Thisse (2003) selon laquelle l'agglomération et le développement économique sont indissociables. Cependant, l'interrogation est de savoir laquelle est la cause ,et laquelle la conséquence. En considérant l'expérience de nombreuses villes dans le monde, il montre que l'urbanisation n'a participé aucunement au développement industriel et économique, mais était plutôt la résultante de ce dernier. En exemple, l'Angleterre qui a connu une révolution industrielle début du 18e siècle, n'était pas à cette période le pays le plus urbanisé. Le mérite revenait à cette époque à la Chine et la Turquie, où Pékin et Istanbul étaient les deux plus grandes villes du monde et dans le contexte européen à la Hollande, le pays le plus urbanisé d'Europe en 1700 (Chandler, 1987 ; Greenfeld, 2001). Cependant, ces pays n'ont pas connu de révolution industrielle ou une croissance soutenue, et pire encore pour la Hollande, son économie a connu un long déclin, avant de remonter vers la fin du 19e siècle (Greenfeld, 2001). Toutefois, ce n'est qu'autour de 1825 que Londres s'est affirmée parmi les plus grandes villes du monde ; preuve que la croissance urbaine est davantage une conséquence du développement, qu'elle en est une cause.

De même, Bloom et al. (2008) soutiennent que les autorités qui ont l'intention de stimuler une croissance économique soutenue (à plus long terme) en favorisant ou en dissuadant l'urbanisation devraient échouer dans leur mission. En général, ce sont les facteurs économiques et les opportunités du marché du travail qui constituent des éléments centraux dans l'analyse de la migration rurale et urbaine et de l'urbanisation. La forte croissance économique dans les villes portées par l'industrialisation, et les opportunités quasi inexistantes dans les zones rurales à forte population ont tendance à pousser les individus à migrer vers les villes. C'est le mécanisme d'attraction et de répulsion *« pull-push »*[22] (Xu, 2008).

Le développement précédent confirme bien que non seulement l'urbanisation et le développement économique sont étroitement liés, mais également que la détermination de l'origine et la conséquence restent ambigües. À cet égard, certains modèles macroéconomiques ont essayé d'apporter une synthèse à ce dilemme.

I.1.3. Les modèles de synthèses néoclassiques et les thèses controversées

Le dilemme de la causalité a particulièrement marqué la littérature sur la relation entre l'urbanisation et la croissance économique. Dans la seconde moitié du 20e siècle, certains modèles macroéconomiques ont essayé de

---

22 Le mécanisme d'"attraction" réfère à un accroissement de la taille des villes due au fait que les villes offrent plus de possibilités économiques. Engels a mis en évidence le rôle de l'industrialisation dans la croissance rapide de la ville de Manchester. Le mécanisme de "répulsion" réfère à un accroissement de la taille des villes dû au fait que les possibilités économiques soient plus limitées en zone rurale. Ravenstein (1885), souligne que la migration rurale urbaine était conduite par la croissance démographique et le manque de terres agricoles (Xu, 2008).

trancher ce débat. En outre, il est paru un grand nombre d'auteurs évoquant que l'effet positif de l'urbanisation sur la croissance économique n'est pas toujours automatique. L'urbanisation peut autant avoir une incidence positive qu'un impact grandement négatif sur la croissance économique.

I.1.3.1. Les modèles de synthèses néoclassiques

L'urbanisation est considérée comme partie intégrante du développement économique, et les raisons de la migration vers les centres urbains sont fortement d'ordre économique. Cette idée a été développée par Lewis (1954) et plus tard par Haris et Todaro (1970), qui ont mis les bases théoriques de l'approche néoclassique des migrations en général, et des migrations rural-urbain en particulier.

a) Les modèles de « l'économie dualiste » de Lewis (1954)

Les modèles de « l'économie dualiste » furent initiés par Lewis (1954), puis ont été développés par Ranis et Fei (1961). Ils constituent l'une des théories classiques du développement et servent de base aux théories expliquant l'urbanisation (Xu, 2008). Leur caractère dual émane du fait que les économies, notamment celles des pays en développement, sont supposées être composées de deux secteurs : d'un côté, un secteur traditionnel dit de subsistance et essentiellement agricole, typique aux zones rurales où le facteur travail surabonde, mais la productivité marginale par conséquent assez basse ; d'un autre côté, un secteur moderne ou capitaliste, typique aux zones urbaines, caractérisé par l'industrialisation, où la productivité est plus forte et les salaires plus élevés.

Le développement est perçu ici comme l'expansion du secteur moderne au détriment du secteur traditionnel. Et une hypothèse importante dans ces modèles est que l'offre de travail serait illimitée. La surpopulation du secteur traditionnel rend sa productivité presque nulle. Par ailleurs, le secteur moderne peut embaucher la main-d'œuvre à sa guise et à un niveau de salaire fixe (Guillaumont, 1985).

En conséquence de la différence de salaire entre les deux secteurs, il existe une grande incitation des travailleurs du secteur traditionnel à migrer vers le secteur moderne. La forte productivité et prospérité du secteur moderne conduira donc à un transfert graduel de la main-d'œuvre du secteur rural vers le secteur urbain. Toutefois, la croissance de la population dans les zones urbaines conduira aussi bien à l'amélioration de la productivité à court terme qu'à la croissance de long terme, dans la mesure où elle accroit le taux d'accumulation du capital dans l'économie (Xu, 2008). De plus, l'accumulation du capital, et la croissance qui s'en suit inciteront également à la création de nouveaux emplois dans le secteur moderne, et donc au maintien de la migration rurale urbaine et de l'urbanisation (Williamson, 1988).

Les modèles de *« l'économie dualiste »* montrent clairement que l'urbanisation et la croissance économique sont étroitement liées, et qu'elles le sont par des relations de cause à effet réciproques. Cependant, hormis les nombreuses critiques soulignées à ces modèles, principalement concernant ses hypothèses plus ou moins restrictives, ils s'avèrent également impuissants à expliquer la coexistence d'une urbanisation massive et d'un chômage urbain dans la majorité des pays en développement depuis les années 1960. Les modèles de migration rurale urbaine de Harris et Todaro (1970) en seront une tentative de clarification.

b) Les modèles de migration rurale urbaine de Harris et Todaro (1970)

Le modèle probabiliste[23] de Harris et Todaro (1970) essaie d'apporter, dans une vision statique, une claire explication de l'accélération des migrations des zones rurales vers les zones urbaines dans les pays en développement, malgré la persistance d'un chômage urbain important. Pour cela, Harris et Todaro (1970) incorporent l'idée de *« risque d'obtention d'emploi »* dans un modèle d'équilibre de migration à deux secteurs.

Leur modèle suppose que la probabilité d'obtenir un emploi urbain (p) est une fonction monotone positive du taux d'emploi urbain ($p = \frac{L_u}{L_u+mN}$), les salaires ruraux (w_r) sont déterminés par les forces du marché et correspondent à une fraction fixe des salaires urbains. Le taux de salaire urbain (w_u) est fixé à un minimum rigide, par les autorités institutionnelles. Bien plus, toute distorsion dans le marché du travail, affecte principalement le secteur moderne, où la rigidité des salaires conduit à une allocation sous optimale des ressources du travail à travers les secteurs et donc au chômage (Zénou, 1995).

Avec m le taux de migration, L_u et N le taux d'emploi urbain et la population active respectivement. Puisque la sélection pour un emploi urbain suit un processus aléatoire et que les agents sont parfaitement mobiles, neutres au risque et rationnels, ils vont maximiser les gains nets actualisés de la migration, en égalisant le salaire rural moyen au salaire urbain anticipé (w_u^a). Ainsi, on pourra obtenir :

$$m = f\left(\frac{L_u}{L_u + mN}, \frac{w_u}{w_r}, T\right) \qquad (1)$$

[23] Ces modèles sont appelés probabilistes, car ils ne considèrent plus seulement les différences de salaires entre zones rurale et urbaine, mais aussi le différentiel de revenus anticipés entre les deux zones, c'est-à-dire le différentiel de salaires ajusté par la probabilité de trouver un emploi (Zénou, 1995).

Avec T, un ensemble de facteurs déterminants du taux de migration,

$$w_r = w_u^a (2), \qquad où, \qquad w_u^a = w_u * \frac{L_u}{L_u + mN} \qquad (3)$$

En simplifiant, on obtient :

$$m = \frac{w_u - w_r}{w_r} * \frac{L_u}{N} \qquad (4)$$

Ainsi, l'on démontre facilement que :

$$\frac{\partial m}{\partial L_u} > 0, \qquad \frac{\partial m}{\partial w_u} > 0, \qquad et, \qquad \frac{\partial m}{\partial w_r} < 0 \qquad (5)$$

En somme, le modèle de Harris et Todaro (1970) explique l'impact d'une création d'emploi sur le taux d'emploi urbain. Il prédit ainsi que plus le taux de création d'emplois urbains est important, plus les taux de migration et de chômage le seront également (Zénou, 1995).

I.1.3.2. Évaluations théoriques des effets de l'urbanisation sur la croissance

a) Évaluation des effets négatifs de l'urbanisation sur la croissance

Une urbanisation non gérée peut poser de nombreux défis socioéconomiques. Un exemple peut être illustré par le fait que l'urbanisation entraîne généralement une prolifération des activités de l'économie informelle dans les villes. Et le fait que ces activités ne soient le plus souvent pas contrôlées par les autorités étatiques a tendance à limiter les recettes fiscales. Le manque de recette fiscale conduira les gouvernements à accroitre les dépenses publiques non financées par les recettes, et dans certains cas, à solliciter des aides à des agences donatrices pour la fourniture des services de base. Il convient également de souligner que l'urbanisation prive le secteur agricole de jeunes débrouillards, et faute d'équipements agricoles modernes, réduit les chances de ce secteur à approvisionner le pays (Sackey et al., 2012).

De plus, les villes ne sont pas nécessairement des îlots de vie sains comme on le suppose traditionnellement, et l'état de santé dans les villes n'est pas nécessairement reparti de manière uniforme. L'urbanisation est également susceptible d'affecter négativement sur la qualité de la santé et l'espérance de vie. Une croissance urbaine rapide et souvent non planifiée est à l'origine de nombreux risques environnementaux auxquels sont confrontées les villes, particulièrement celle du monde en développement. Les logements insalubres sur les terres marginales, le surpeuplement, les niveaux croissants de pollution atmosphérique, la pollution et la surconsommation d'eau, les services d'assainissement inadéquats, l'accumulation des déchets solides et la circulation automobile sont quelques-uns des facteurs associés à la croissance rapide des centres urbains (Moore et al, 2002).

b) Les effets controversés de l'urbanisation sur la croissance économique

Certains faits dans le monde montrent que le développement n'a pas toujours suivi l'urbanisation, principalement dans les pays en développement (Fay et Opal, 2000). En effet, il n'est pas souvent souligné les conditions qui permettent à l'urbanisation et aux villes de renforcer l'efficacité économique. Les économies d'agglomération peuvent éventuellement présenter certaines limites. En outre, les thèses malthusiennes soulignent généralement les conséquences négatives de la croissance démographique. Dans ce sillage, certains auteurs soutiennent que l'urbanisation au contraire, pourrait constituer une plaie pour les économies.

I.2. Revue de la littérature empirique du lien entre l'urbanisation et la croissance économique

I.2.1. Revue de quelques études menées à l'échelle mondiale

La recherche des déterminants de la croissance économique a fait couler beaucoup d'encre parmi les économistes. En ce qui concerne l'urbanisation, une grande vague d'études a été menée dans le monde. Ces études ont été une tentative de réponse aux questions citées plus haut. Dans l'ensemble, ces études montrent qu'il y a des arguments pour affirmer que l'urbanisation affecte la croissance économique, mais elles montrent une divergence claire au niveau des effets attendus.

Plusieurs études menées au niveau mondial ont pu apporter des preuves empiriques que l'urbanisation affecte positivement la croissance économique. L'un des premiers travaux est celui de Laidlaw et Stockwell (1979). Dans leur étude sur un ensemble de PED, ils ont montré une association positive, bien que faible pour les pays d'Asie et d'Afrique, mais assez modérée pour ceux de l'Amérique du Sud. Cependant, ce travail fait partie d'une longue série de travaux ayant analysé la relation entre l'urbanisation et le développement économique dans une perspective bivariée. Cette approche considère un modèle où seules la variable explicative d'intérêt et la variable expliquée sont représentées, sans incorporation d'autres variables.

Toutefois, cette approche est critiquée, car elle est entachée d'un biais d'omission de variable. L'un des travaux ayant abordé une approche multivariée est celui de McCoskey et Kao (1999). Leur travail avait pour but d'analyser les effets de long terme de l'urbanisation sur la production par travailleur. Ils ont conceptualisé un modèle, partant d'une fonction de production Cobb-Douglas, avec comme variables explicatives le niveau d'urbanisation et le capital par tête. L'étude s'étalait sur la période 1965 à 1989 et couvrait deux groupes de pays. Un premier groupe composé de 30 pays en développement et un second de 22 pays développés. Les auteurs ont appliqué la procédure d'estimation à long terme de Pesaran et Smith (1995) et l'estimateur des MCO, et ont observé que l'urbanisation a un effet à long terme sur la production par travailleur. Les coefficients d'estimation étant de 0.8954 et 0.5519 pour les PED et les pays développés respectivement.

Parmi les nombreuses études menées dans le contexte de la Chine, Bao et He (2015) ont cherché à analyser la relation de causalité entre la croissance économique, le niveau d'urbanisation et le niveau d'utilisation totale d'eau, au niveau national et au niveau régional également, dans 31 provinces administratives pour la période de 1997 à 2013. Ils appliquent un test de cointégration et le test de causalité VECM (Vector Error Correction Model), et les résultats montrent en général que l'urbanisation a un effet positif sur la croissance du PIB.

Pour les effets à long terme, bien qu'au niveau national, l'effet de l'urbanisation soit positif et non significatif au seuil de 10%, sur le plan régional par contre, il s'est avéré significativement positif pour 25 des 31 régions administratives étudiées. Cependant à court terme, les effets sont tous non significatifs aussi bien au niveau national qu'au niveau régional. En outre, l'urbanisation affecte positivement et de manière significative la consommation d'eau en Chine sur cette période.

I.2.2. Effet mitigé de l'urbanisation sur la croissance économique

Plusieurs études n'ont pas pu mettre en évidence cette causalité positive de l'urbanisation sur la croissance. Si certaines ont montré une incidence négative, d'autres ont souligné le fait que les effets peuvent varier selon les niveaux de développement ou ne pas être significatifs.

Singh et al. (2014) ont fait une étude pour les données de l'économie de trois îles du Pacifique : Fidji, Vanuatu et Salomon. En guise de méthodologie, les auteurs sont partis du modèle de croissance développé par Mankiw et al. (1992), et ont supposé que l'urbanisation conduise à l'amélioration des infrastructures, expose les agents à de meilleures perspectives de revenu, ce qui pourrait favoriser et stimuler des méthodes efficaces de production. La fonction de production a été estimée à l'aide de l'approche ARDL dynamique de LSE-Hendry (1984) avec deux retards de chaque variable. Les résultats montrent l'existence de relation de long terme entre le niveau d'urbanisation et le niveau PIB per capita. Toutefois, les estimations approuvent que les effets sont positifs pour les îles Fidji et Vanuatu, mais négatifs pour les îles Salomon. Les auteurs concluent donc que l'urbanisation joue un rôle déterminant dans la promotion de la croissance, mais que pour les pays ayant un niveau de développement économique relativement faible, offrant une des opportunités d'emploi et des infrastructures limitées, l'urbanisation a des effets adverses sur la croissance économique.

Cette relation négative a également pu être vérifiée dans les travaux de Abdel-Rahman (2006) qui se sont concentrés sur les données de 35 pays en développement et ont montré que l'urbanisation était négativement corrélée à la croissance économique. De même, Alam et al. (2007), qui ont utilisé les données du Pakistan pour analyser le lien entre l'urbanisation, la croissance, l'intensité énergétique, la population et la dégradation environnementale sur la période 1971-2005, font la conclusion que l'urbanisation a négativement influencé la croissance économique (Hatti et Rauhut, 2017).

I.2.3. Évidence d'une relation non linéaire entre urbanisation et croissance

Brulhart et Sbergami (2009) ont mené une étude qui avait pour ambition d'examiner les potentiels déterminants de la croissance économique au sens de Sala-i-martin et al. (2004)[24], et particulièrement les indicateurs de concentration spatiale sur la croissance économique. En utilisant un modèle de panel dynamique et en appliquant l'approche GMM en système initialement proposée par Arelano et Bover (1995), sur un échantillon de 105 pays, et couvrant la période 1960-1996, Brulhart et Sbergami (2008) ont montré que l'urbanisation était positivement liée à la croissance économique jusqu'à un seuil de 10 000 USD, tandis que les dépenses publiques lui étaient négativement liées. Ce résultat semble confirmer les hypothèses de Williamson (1965), qui considère que les économies d'agglomération (d'urbanisation) boostent la croissance du PIB, uniquement jusqu'à un certain seuil du développement économique.

Liddle (2013) a examiné la relation entre l'urbanisation et la croissance économique tout en intégrant la consommation d'énergie dans la fonction de production néoclassique pour 79 pays. Les résultats suggèrent que l'urbanisation est importante et corrélée avec la croissance économique.

---

[24] Les travaux de Sala-i-Martin et al. (2004) identifient plusieurs déterminants de la croissance parmi lesquels la population, le degré de primauté, l'expérience de vie, l'éducation, l'exploitation minière, etc.

Cependant, l'impact de l'urbanisation sur la croissance économique varie fortement selon le niveau de développement des pays ou des régions. En effet, les résultats ont révélé que l'urbanisation a un impact positif sur la croissance économique dans les pays à revenu élevé et intermédiaire, mais a un impact plutôt négatif sur les pays à faible revenu. Liddle (2013) postule alors que l'urbanisation a un impact « échelle » sur la croissance économique. Ceci signifie que l'influence positive qu'a l'urbanisation sur la croissance économique tend à être plus prononcée dans les pays développés plutôt que dans les PED.

Dans le même sillage, Liddle et Messinis (2013) suggèrent que l'urbanisation et la croissance économique ont soit co-évolué dans les pays à revenu faible et à revenu élevé, soit les deux processus ont été découplés pour les pays à revenu intermédiaire et les pays d'Amérique latine. Toutefois, les résultats démontrent que l'urbanisation ait un effet négatif sur la croissance pour de faibles niveaux de développement alors que la causalité inverse est positive. Or dans les pays à revenu élevé, il y a une causalité positive bidirectionnelle entre l'urbanisation et la croissance.

I.2.4. Effet non significatif sur la croissance

Plusieurs études analysant les corrélations entre des variables d'agglomération comme la taille ou la densité de la ville et des mesures du développement économique comme la croissance de la production montrent qu'il n'existe aucune relation entre l'urbanisation et la croissance économique (Martin, 2008). Ceci n'est pas anodin, car une grande partie de la théorie économique suggère que l'urbanisation en soi n'est pas porteuse de croissance économique (Henderson, 2003). À cet égard, Bloom et al. (2008) ont examiné la relation entre l'urbanisation et la croissance économique dans 180 pays. Ils ont employé la régression de croissance de type de Barro (1990) et ont constaté qu'il n'existe aucune causalité de l'urbanisation au PIB par tête. Cependant, ils soulignent également l'importance d'une spécification correcte afin d'obtenir des résultats crédibles.

Également, Bertinelli et Strobl (2003) ayant utilisé une technique d'estimation semi-paramétrique pour examiner le lien entre l'urbanisation, la concentration urbaine et la croissance économique, sur un panel de 39 pays en développement, pour la période 1960-1990, attestent qu'il existe un piège de concentration urbaine, selon lequel des augmentations marginales de la concentration urbaine, réduiraient la croissance d'environ un tiers de leur échantillon. Ainsi, les auteurs réfutent l'existence de toute relation systématique entre l'urbanisation et la croissance économique.

I.2.5. Revue de quelques études menées dans le contexte africain

Il n'existe pas un grand nombre d'études qui se soient intéressées à cette thématique dans le contexte particulier de l'Afrique. Parmi celles qui ont été menées, certaines s'appuient sur des données régionales, particulièrement en Afrique subsaharienne, et d'autres tiennent d'un contexte national. Toutefois, si certaines études permettent d'entrevoir un certain optimisme par rapport aux enjeux socioéconomiques de l'urbanisation, d'autres en revanche, accentuent davantage le pessimisme qu'a longuement suscité l'urbanisation africaine.

I.2.5.1. Effet d'un accroissement de la production

Des études menées en Afrique, la majorité révèle que l'urbanisation contribue à stimuler la croissance économique. Parmi celles qui tiennent des économies régionales, Njoh (2003) a poursuivi une étude dans un échantillon de 40 pays d'Afrique subsaharienne, avec pour but de tester l'hypothèse d'un lien positif entre l'urbanisation et le développement économique. L'auteur mesure le niveau d'urbanisation par la proportion d'habitants d'un pays vivant dans des villes d'au moins 20 000 habitants et le niveau de développement par l'indicateur de développement humain (IDH) du PNUD. En utilisant la méthode des MCO pour l'estimation des paramètres et un *t-test* pour la significativité, le résultat montre bel et bien une corrélation positive de coefficient égal à 0.542 entre l'urbanisation et l'IDH. Une autre étude en ASS est celle de Kessides (2007), qui trouve une relation positive entre l'urbanisation et la croissance économique dans 15 des 24 pays examinés entre 1990 et 2003. Elle montre également que la croissance provient essentiellement des industries urbaines et soutient ainsi les villes comme moteur du développement.

Parmi les études considérant les données nationales, Shahbaz et Lean (2012) ont examiné l'interaction entre la consommation d'énergie, le développement financier, la croissance économique, l'industrialisation et l'urbanisation en Tunisie sur la période 1971-2008. L'approche de cointégration autorégressive (ARDL) et le test de causalité de Granger sont employés pour l'analyse. Les résultats confirment l'existence d'une relation de long terme entre les variables, et particulièrement une causalité bidirectionnelle entre l'urbanisation et le niveau de PIB par tête. Les résultats du test VECM de Granger, montrent que la causalité allant de l'urbanisation vers la croissance économique a pour coefficient estimé 8.8627, significatif au seuil de 1% et la causalité inverse admet un coefficient estimé de 3.8143 significatif au seuil de 5%. Ce résultat corrobore avec le débat largement discuté dans la littérature sur la conséquence ou la cause entre la croissance économique et l'urbanisation, sans toutefois apporter une clarification.

Un résultat similaire émane des travaux de Solarin et Shahbaz (2013), qui examinent le lien entre la croissance économique, l'urbanisation et la consommation d'électricité en Angola, durant la période 1971-2009. Les approches ARDL et VECM de Granger sont également utilisées pour tester statistiquement les relations à long terme entre les variables. Les résultats du test de Granger montrent une causalité bidirectionnelle à court et à long terme entre les variables. De plus, les élasticités à long et à court terme du PIB par rapport au niveau d'urbanisation sont respectivement 0.2 et 13.47 par l'approche ARDL, suggérant qu'un accroissement de 1% du niveau d'urbanisation, tend à accroitre le niveau de PIB de 0.2% et 13.47% à long et à court terme respectivement.

I.2.5.2. Effet négatif sur la croissance

Bien qu'important à souligner, peu d'études ont vérifié l'existence d'une corrélation négative entre l'urbanisation et la croissance en Afrique. Dans un contexte d'économie sectorielle comme présenté par Satterthwaite (2007), Bruckner (2012) a examiné le lien entre l'urbanisation et la croissance économique et un indicateur du secteur agricole comme variable de conditionnement pour un panel de 41 pays africains pour la période de 1960 à 2007. Les conclusions montrent que l'augmentation des taux d'urbanisation entraîne un renversement de la croissance économique dans le secteur agricole. De plus, les résultats fournissent des preuves solides de la rétroaction de la croissance économique à l'urbanisation, qui s'est révélée significative lorsque les changements conditionnels dans l'agriculture ont été ignorés. Dans une étude menée pour les données de 32 pays africains, Bouaré (2006) trouve que pour 71% des pays analysés, il existe une corrélation négative entre l'urbanisation et le PIB sur la période 1985-2000. Il conclut à cet effet, que cela puisse être dû au fait que les populations aient quitté les zones rurales à cause de la pauvreté ou de la crise. L'exode vers les zones urbaines conduit à une congestion urbaine ou à un détournement des ressources publiques vers le financement des infrastructures sociales. Cette orientation des dépenses publiques vers des secteurs non productifs au détriment des secteurs productifs mine en conséquence les performances économiques (Turok et McGranahan, 2013).

II. URBANISATION ET CROISSANCE ÉCONOMIQUE EN AFRIQUE : UNE ANALYSE EMPIRIQUE

Il est à noter que la majorité des études menées à cet effet a cherché à examiner une double causalité entre les deux processus. Mais cet article se veut d'analyser uniquement les effets de l'urbanisation sur la croissance, tout en contrôlant également ces effets pour trois groupes de pays repartis en fonction de leur niveau de revenu. Ce dernier aspect n'a à notre connaissance pas encore été exploré dans un contexte typiquement africain. Ainsi, cette analyse permettra d'apporter un argument additionnel à la littérature économique sur l'urbanisation et le développement économique. Pour ce faire, nous nous baserons principalement sur les données de la Banque Mondiale (WDI, 2017) pour un échantillon de 35 pays sur la période 1991-2014. La taille de l'échantillon et la période de l'étude ont été élaborées compte tenu de la disponibilité des données. L'analyse se fera en deux sections. La première section consacrée à l'analyse de la corrélation entre l'urbanisation et la croissance économique et la seconde, à l'analyse économétrique du lien entre l'urbanisation et la croissance économique.

II.1. Analyse de la corrélation entre l'urbanisation et la croissance économique en Afrique

L'Afrique et l'Asie constituent aujourd'hui l'épicentre de l'urbanisation mondiale. Avec un taux d'urbanisation de 23% en 1970, l'Afrique compte déjà en 1990 un niveau d'urbanisation de 31%, et près de 40% en 2010. Certes, l'urbanisation de l'Afrique peut constituer d'énormes défis, mais l'on reconnait fort également que celle-ci pourrait offrir un potentiel de stimulation de la croissance et de la transformation inclusive. De prime à bord, cette idée est loin d'être utopique, car il a largement été avancé dans la littérature que l'urbanisation peut stimuler la croissance via l'agglomération d'industries ou l'accumulation de capital humain. Toutefois, certaines théories économiques suggèrent que les effets de l'urbanisation sur la croissance peuvent aller, d'une inexistence complète à une incidence négative passant par une variation selon les niveaux de développement économique. Ainsi, la présente section consiste à analyser d'une part, la corrélation entre l'urbanisation et la croissance économique en Afrique, et d'autre part, la corrélation entre l'urbanisation et la croissance économique selon les catégories de revenu en Afrique.

II.1.1. Analyse de la corrélation entre l'urbanisation et la croissance économique : cas général de l'Afrique

Dans cette rubrique, il est question d'examiner l'évolution d'un indicateur de la croissance économique, mesuré par le niveau de PIB réel[25]. Ensuite, il s'agira d'analyser sa corrélation avec un indicateur de l'urbanisation, mesuré par le niveau d'urbanisation[26] (part de la population urbaine dans la population totale) pour l'Afrique sur la période de 1991 à 2014.

---

[25] La prise en compte du PIB réel permet de capter simultanément l'évolution du PIB et l'évolution de l'inflation. De plus, elle permet d'être conforme avec la définition de la croissance selon Kuznets (1969).

[26] Le niveau d'urbanisation est privilégié par rapport à la taille de la population urbaine, car, la taille de la population urbaine ne donne pas forcement état du degré d'urbanisation d'un pays

II.1.1.1. Évolution de la croissance économique en Afrique : le message des chiffres

Une raison importante de considérer le PIB réel par tête comme mesure de la croissance économique est qu'il permet d'évaluer la richesse réelle d'un pays tout en éliminant les effets de l'illusion monétaire[27]. Sur la période allant de 1991 à 2014, le PIB réel par tête en Afrique tourne en moyenne entre 1272,6066 cUSD résultat obtenu en 2002 et 5024,2144 cUSD[28] résultat acquis au début de la période, en 1991. Le résultat moyen sur la période est en outre de 2051,4872 cUSD. On peut donc avoir l'impression que la croissance économique a dans l'ensemble régressé au cours de cette période.

Au regard de diagramme d'évolution du PIB réel par tête moyen en Afrique sur la période 1991 à 2014, on peut constater que la croissance économique a connu une forte baisse entre 1991 et 2002. La régression a évolué de manière constante sans période de reprise. De 1997 à 2002, les performances économiques étaient bien inférieures à la moyenne de l'Afrique sur la période, avec des résultats de 2030,163 cUSD ; 1813,539 cUSD ; 1684,7913 cUSD ; 1499,4013 cUSD ; 1345,0984 cUSD et 1272,6066 cUSD pour les années 1997 ; 1998 ; 1999 ; 2000 ; 2001 et 2002. La reprise économique en Afrique s'est amorcée après 2002, mais très faiblement, car de 2003 à 2011 bien que la courbe d'évolution du niveau de PIB réel moyen soit ascendante, elle est néanmoins de faibles pentes et les résultats économiques malgré la reprise, tous inférieurs à la moyenne de l'Afrique sur toute la période. Notons qu'une faible dépression émane encore peu après 2011.

Graphique 1 : Évolution du niveau de PIB réel par tête moyen en Afrique

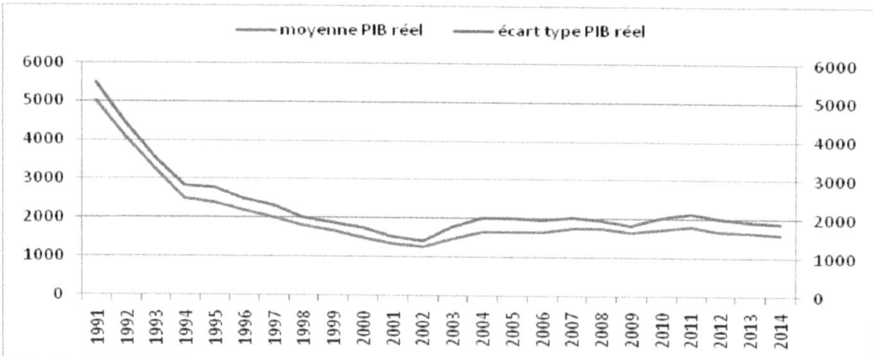

Source : calcul de l'auteur, à partir des données de la Banque Mondiale (WDI, 2017)

(Polèse, 2010). Un pays peut avoir une population urbaine importante, mais avec également une forte population totale, ce qui réduirait davantage son niveau d'urbanisation

[27] Les individus y sont généralement victimes lorsqu'il considère la valeur nominale d'un bien sans tenir compte des prix.

[28] Dollar US courant.

Au regard des performances économiques moyennes en Afrique couvrant la période d'analyse, seulement 13 pays ont eu un niveau moyen de croissance économique supérieur à la moyenne de l'Afrique. Les résultats les plus élevés reviennent à l'Afrique du Sud, l'Île Maurice, le Botswana, le Gabon et la Namibie avec des niveaux moyens de PIB réel sur la période 1991-2013 de 8039,38 cUSD ; 6414,44 cUSD ; 6128,837 cUSD ; 5992,39 cUSD et 5422,015 cUSD respectivement. Parmi les pays qui affichent les performances économiques moyennes les plus faibles, Madagascar occupe la première place avec un niveau de PIB réel par tête moyen de 28,297 cUSD sur la période. Ce résultat est le seul qui soit en dessous de 100 cUSD, car les quatre pays que sont : le Burkina Faso, la Centrafrique, le Togo et le Burundi ont des performances économiques moyennant entre 354,29 cUSD et 384,93 cUSD.

II.1.1.2. Corrélation entre les niveaux d'urbanisation et de PIB réel en Afrique

La forte dépression économique au cours de la période 1991-2002 couvrant significativement la faible ascension parue entre 2003 et 2011 rend fidèlement compte de la négativité du taux moyen de croissance économique, qui s'établit sur la période 1991-2014 à -4,213%. Ce résultat est loin d'être utopique, car 7 pays seulement ont un taux moyen de croissance économique positif[29]. En ce qui concerne la corrélation entre le niveau d'urbanisation et le niveau de PIB réel par tête en Afrique, le graphique ci-dessous révèle l'existence d'une corrélation aussi ambigüe qu'elle parait inexistante. Dans l'ensemble, le niveau d'urbanisation suit une progression ascendante quasiment linéaire, car les taux de croissance de l'urbanisation moyenne oscillent entre 1,17% et 1,87%. Or, comme démontré précédemment, la croissance économique suit une forte dépression avant de connaitre une ascendance faible.

Ainsi, on pourrait entrevoir ici qu'entre 1991 et 2002, l'urbanisation et la croissance économique semblent corrélées, mais de manière négative et entre 2002 et 2011, elle semble positive. On pourrait penser que pour des niveaux faibles d'urbanisation, l'incidence sur la croissance serait négative. Or, à des niveaux plus élevés, l'impact serait positif, formant ainsi une courbe en forme de U entre les deux. Cependant, la brève récession parue après 2011 et l'évolution toujours constante de l'urbanisation semblent révéler que dans l'ensemble, la corrélation n'est pas claire. Ce dernier constat semble également se vérifier lorsqu'on considère l'évolution des taux moyens de croissance pour les deux indicateurs. L'évolution simultanée des deux taux ne confirme pas à priori l'hypothèse d'existence d'une corrélation entre l'urbanisation et la croissance économique en Afrique (Confère annexe 1.1).

[29] Ce sont le Maroc (2,67%) ; le Tchad (1,62%) ; l'Île Maurice (1%) ; le Burkina Faso (0,99%) ; le Mali (0,2%) ; le Bénin (0,123%) et la Tunisie (0,1%).

Graphique 2 : Évolution des niveaux moyens d'urbanisation et de PIB réel par tête en Afrique

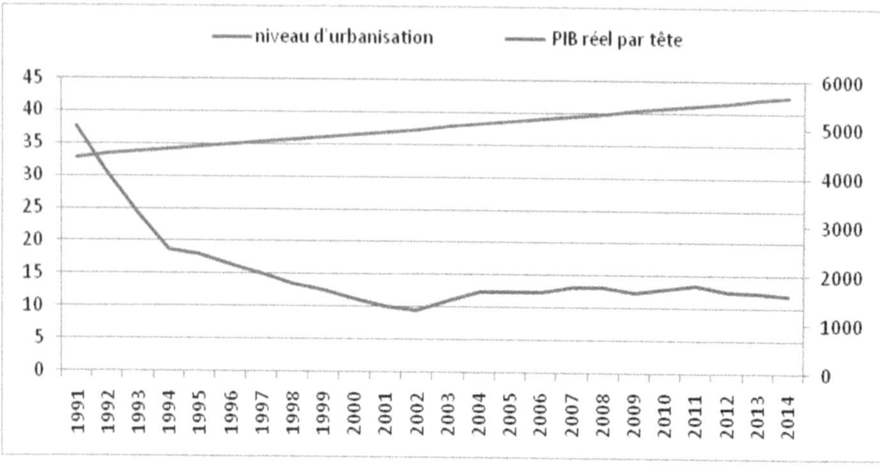

Source : calcul de l'auteur, à partir des données de la Banque Mondiale (WDI, 2017)

Au regard du niveau moyen d'urbanisation en Afrique, nous pouvons constater que les 10 pays les plus urbanisés enregistrent une croissance moyenne de 3183,6147 cUSD, ce qui est bien supérieur à la moyenne africaine. Le graphique d'évolution du niveau de la croissance économique dans ce groupe de pays montre que la courbe a évolué de façon presque similaire avec celle de l'Afrique (Confère annexe 1.2). Cependant, parmi ceux-là, seulement 4 pays font partir des 10 pays ayant enregistré les plus fortes croissances sur la période allant de 1991 à 2014. Ce sont l'Afrique du Sud, le Botswana, le Gabon et la Tunisie. Le Gabon qui est le pays le plus urbanisé d'Afrique n'occupe que la 4e place parmi les pays les plus performants. Ce constat semble montré que même si l'urbanisation est source de croissance économique, elle parait l'être de manière très faiblement significative. De manière similaire, parmi les 10 pays les plus urbanisés, 7 pays font partir des 10 pays ayant les tailles du secteur industriel[30] les plus importantes. Cette tendance semble confirmer l'idée largement avancée dans la théorie selon laquelle l'urbanisation permet l'agglomération des industries.

Réciproquement, nous constatons que les 10 pays les moins urbanisés enregistrent une croissance moyenne de 1223,6989 USD sur la période 1991 à 2014 ; ce qui est bien inférieur à la moyenne africaine. Au regard de l'évolution de la croissance économique dans ce groupe, on peut constater que la croissance a également chuté sur la période 1991-2002, avant d'être plus ou moins constante jusqu'en 2014 (Confère annexe 1.3). Cependant, parmi eux,

---

[30] La taille du secteur industriel se mesure par la part de la valeur ajoutée du secteur industriel dans la production intérieure brute totale (Martinez-Zarzoso, 2008).

5 font partie des 10 pays ayant enregistré les performances économiques les plus faibles et 6 pays des 10 pays ayant les tailles du secteur industriel les plus faibles. Toutefois, certaines exceptions se posent ici. Le Swaziland qui est le 8e pays le moins urbanisé en Afrique, avec un taux d'urbanisation de 22,28%, se compte 6e parmi les pays ayant enregistré les plus forts niveaux de croissance économique. Par contre, le Congo qui occupe la 4e place des pays les plus urbanisés avec un taux d'urbanisation de 59,83% se place 9e parmi les pays ayant enregistré les plus faibles niveaux de croissance. Ces exceptions semblent ainsi confirmer la relation plus que mitigée qui existe entre l'urbanisation et la croissance économique.

II.1.2. Analyse de la corrélation entre l'urbanisation et la croissance économique selon le niveau de développement

Si l'on s'en tient aux arguments d'Henderson (2003) et Rice et Venables (2004), les effets de l'urbanisation sur la croissance économique devraient varier selon les niveaux de développement, décrivant dans ce cas une liaison non linéaire ayant une forme d'U-inversé. Selon la Banque Mondiale (2015), les pays africains sont à des niveaux différents de développement, dont une grande majorité de pays est comptée dans la catégorie des pays à bas revenu, et les autres répartis dans la catégorie des pays à revenu intermédiaire[31]. Ainsi, l'analyse dans cette rubrique sera faite selon que les pays se retrouvent dans la catégorie des pays à bas revenu et des pays à revenu intermédiaire.

II.1.2.1. Corrélation entre l'urbanisation et le PIB réel : cas des pays à bas revenu

Selon la Banque Mondiale (2015), un pays est considéré comme étant dans la catégorie des pays à bas revenu si son revenu national par tête en 2014 est inférieur à 1 045 \$. Dans notre panel Afrique, 18 pays sont enregistrés. Le niveau moyen de croissance économique dans cette catégorie est de 714,7621 cUSD, fluctuant entre 398,94 cUSD en 2002 et 2613,3331 cUSD en 1991. Ce résultat confirme clairement la place occupée par ces pays en tant que pays à revenu faible. Cette croissance est particulièrement portée par le Malawi et le Kenya, qui sont les seuls pays enregistrant un niveau moyen de PIB réel supérieur à 1000 cUSD sur la période, avec 2971,5414 cUSD et 1097,7941 cUSD, respectivement. Les résultats les plus dérisoires sont accordés à Madagascar avec un score de 28,297 cUSD, ce qui est la moyenne la plus faible du groupe et en Afrique et au Burkina Faso, avec un score de 354,2941 cUSD.

31 Confère appendice : les pays sont repartis par catégories de revenu en fonction de leurs résultats pour l'exercice 2014

Graphique 3 : Évolution du niveau d'urbanisation et du niveau de PIB réel dans la catégorie des pays à bas revenu

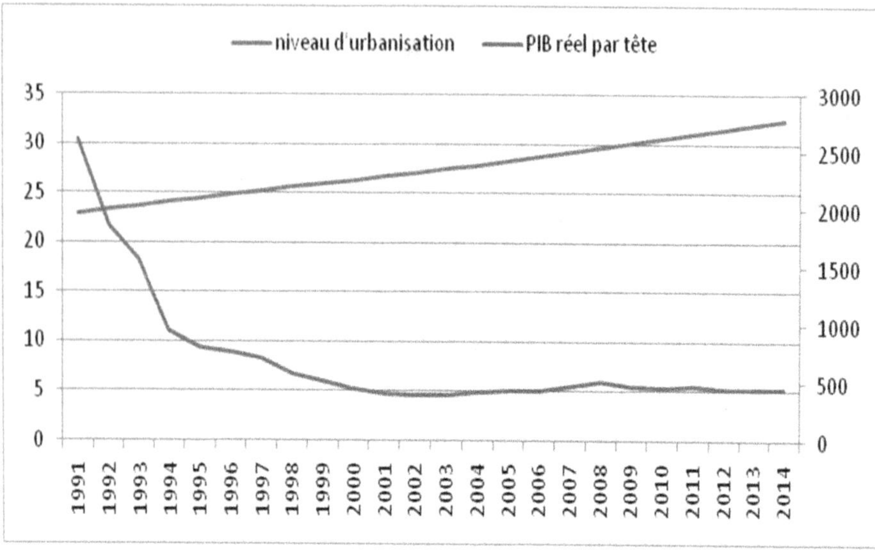

Source : calcul de l'auteur, à partir des données de la Banque Mondiale (WDI, 2017)

Le niveau d'urbanisation sur la période 1991-2014 dans le groupe des pays à revenu faible suit une progression linéaire ascendante, avec une pente quasiment constante. Son niveau moyen s'établit à 27,40%. Au regard du graphique d'évolution du niveau d'urbanisation et du niveau de PIB réel, on peut déjà remarquer que la croissance a connu une dépression jusqu'en 2002, passant ainsi de 2613,331 cUSD à 398,94 cUSD. Par la suite, elle suit une évolution plus ou moins constante, avec des performances moyennant 457,729 cUSD.

Avec la courbe croissante de l'urbanisation et celle décroissante de la croissance sur la période 1991-2002, on peut présumer l'existence d'une corrélation négative entre les deux. Cependant, après 2003, l'existence d'une corrélation entre les deux semble très douteuse, car l'urbanisation évolue de manière ascendante alors que le niveau de la croissance semble rester constant.

II.1.2.2. Corrélation entre l'urbanisation et le PIB réel : cas des pays à revenu intermédiaire

Dans cette catégorie en Afrique, les pays peuvent encore être répartis en deux groupes : les pays à revenu intermédiaire inférieur et les pays à revenu intermédiaire supérieur.

a) Cas des pays à revenu intermédiaire inférieur

Cette catégorie rassemble les pays dont le revenu par habitant en 2014 est compris entre 1 045 $ et 4 125 $ (Banque Mondiale, 2015). Dans notre panel Afrique, 10 pays y sont enregistrés. Le niveau moyen de croissance économique dans cette catégorie est de 2104,133 cUSD, fluctuant entre 1241,271 cUSD en 2002 et 6577,223 cUSD en 1991. Ce résultat confirme clairement la place occupée par ces pays en tant que pays à revenu moyen classe inférieure. Cette croissance est particulièrement portée par le Swaziland, l'Égypte, le Ghana et le Nigéria qui sont les seuls pays enregistrant un niveau moyen de PIB réel supérieur à 3000 cUSD sur la période, avec les scores de 4281,715 cUSD, 3382,017 cUSD, 3328,577 cUSD et 3303,363 cUSD respectivement. Notons également que ces pays enregistrent des moyennes de croissance économique bien plus forte que la moyenne africaine. Les résultats les plus dérisoires sont accordés au Congo avec un score de 599,4945 cUSD, ce qui est la moyenne la plus faible du groupe et au Sénégal, avec un score de 709,5153 cUSD. Notons également que ces deux pays sont les seuls n'enregistrant pas une croissance moyenne supérieure à 1000 cUSD.

Graphique 4 : Évolution du niveau d'urbanisation et du niveau de PIB réel dans la catégorie des pays à revenu intermédiaire inférieur

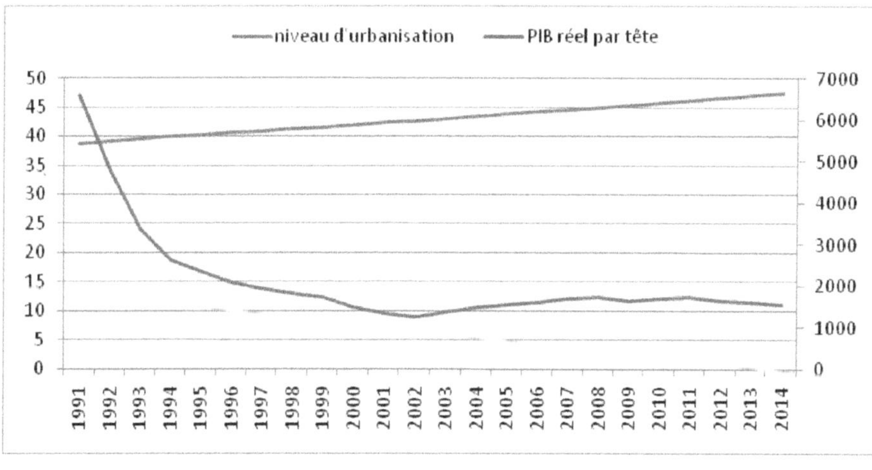

Source : calcul de l'auteur, à partir des données de la Banque Mondiale (WDI, 2017)

Le niveau d'urbanisation sur la période 1991-2014 dans le groupe des pays à revenu moyen classe inférieure suit une progression linéaire ascendante, comme pour le groupe précédent, avec également une pente quasiment constante. Son niveau moyen s'établit à 42,88%. Au regard du graphique d'évolution du niveau d'urbanisation et du niveau de PIB réel, on peut également remarquer que la croissance a connu une dépression jusqu'en 2002, passant ainsi de 6577,223 cUSD à 1241,271 cUSD. Par la suite, elle s'est faiblement améliorée avec une pente quasiment constante jusqu'en 2011, où le niveau moyen de PIB s'établit à 1720,161 cUSD. Peu après, elle tend encore légèrement à la baisse. Ainsi, avec la courbe croissante de l'urbanisation et celle décroissante de la croissance sur la période 19912002, on peut présumer l'existence d'une corrélation négative entre les deux. Cependant, après 2003, les deux courbes semblent évoluer avec des directions presque parallèles jusqu'en 2011, présumant l'existence d'une corrélation en la maintenant positive sur cette période. Peu après 2011, la corrélation reprend son sentier négatif, car les deux courbes ont des allures opposées.

b) Cas des pays à revenu intermédiaire supérieur

Cette catégorie rassemble les pays dont le revenu national par tête en 2014 est compris entre 4 126 $ et 12 746 $ (Banque Mondiale, 2015). Seulement 7 pays dans le panel Afrique font partie de cette catégorie. Le niveau moyen de croissance économique dans cette catégorie est de 5413,573 cUSD, fluctuant entre 3563,94 cUSD en 2002 et 9005,043 cUSD en 1991. Ce résultat confirme clairement la place occupée par ces pays en tant que pays à revenu moyen classe supérieure. Seuls deux pays ici affichent un résultat économique inférieur à la moyenne : il s'agit de la Tunisie et de l'Algérie avec des performances économiques s'établissant à 3716,534 cUSD et 2181,403 cUSD respectivement. Trois pays affichent réciproquement un niveau de croissance économique supérieure à 6000 cUSD. Ce sont l'Afrique du Sud, l'île Maurice et le Botswana.

Le niveau d'urbanisation sur la période 1991-2014 dans le groupe des pays à revenu moyen classe supérieure suit une progression linéaire ascendante, comme pour les groupes précédents, avec également une pente quasiment constante. Son niveau moyen s'établit à 56,426%. Au regard du graphique d'évolution du niveau d'urbanisation et du niveau de PIB réel présenté ci-dessous, on peut également remarquer que la croissance a connu une forte dépression jusqu'en 2002. Passant ainsi, de 9005,043 cUSD à 3563,94 cUSD. L'ascension commence entre 2002 et 2004, puis la tendance devient constante jusqu'en 2008. Au-delà de 2008, la croissance semble évoluer en dent-de-scie. Cette configuration semble être la plus instable de toutes les catégories. La corrélation entre l'urbanisation et la croissance économique semble donc difficilement appréhendable dans ce cas. Si la croissance du niveau d'urbanisation sur toute la période semble présager une corrélation négative avec la croissance économique entre 1991 et 2002, la corrélation semble en outre difficilement observable avec des signes positifs et négatifs alternés de manière non uniforme jusqu'en 2014.

Graphique 5 : Évolution du niveau d'urbanisation et du niveau de PIB réel dans la catégorie des pays à revenu intermédiaire supérieur

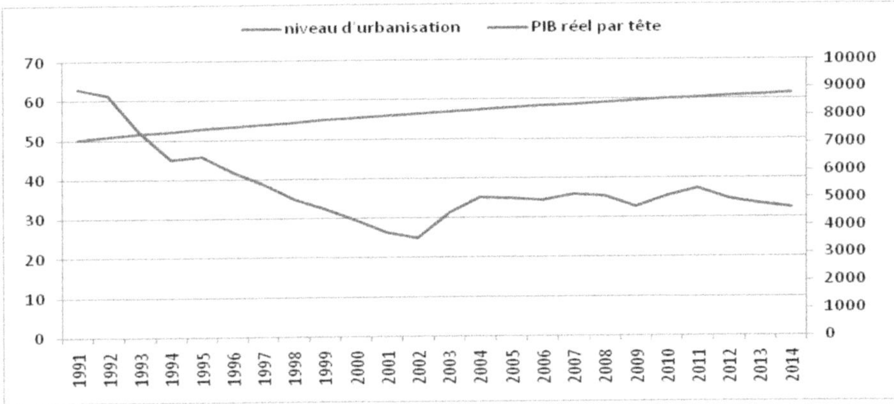

Source : calcul de l'auteur, à partir des données de la Banque Mondiale (WDI, 2017)

En somme, au regard de ces différentes configurations, nous pourrions penser que toutes les catégories de pays ont suivi une progression à un point près similaire à celle de l'Afrique. Cependant, la corrélation entre l'urbanisation et la croissance économique n'est pas très claire et reste ambigüe. Toutefois, il y a lieu de remarquer que les catégories des pays à plus fort niveau de développement économique sont également celles qui enregistrent les plus forts niveaux d'urbanisation, montrant de manière assez abstraite une relation de causalité entre l'urbanisation et la croissance économique.

II.2. Analyse économétrique du lien entre l'urbanisation et la croissance économique en Afrique.

II.2.1. Justification du modèle

L'exposition néoclassique de Solow (1956) fut une grande percée des modélisations empiriques soutenant la littérature sur la croissance. Néanmoins, elle semble peu consistante à des fins politiques, car le progrès technique, seul déterminant de la croissance économique de long terme, reste exogène, avec ses déterminants inconnus des décideurs. L'avancement des théories de la croissance endogène a en partie levé cette limite, en postulant que le progrès technique pouvait être produit, et de ce fait être endogène (Romer, 1986 ; Lucas, 1988 ; Barro, 1990). À cet effet, Singh et al. (2014) qui cherchaient à examiner les effets de l'urbanisation sur la croissance économique, soutiennent que l'urbanisation conduit à l'amélioration des infrastructures et expose les individus à de meilleures perspectives de revenu, ce qui pourrait favoriser les méthodes efficaces de production. Ils postulent ainsi que les effets de l'urbanisation sur la croissance peuvent être captés par ses effets sur la productivité globale à long terme, donc sa capacité à améliorer le progrès technique.

Le modèle de Solow peut être spécifié comme suit :

$$Y_t = A(t)\, K_t^{\alpha} L_t^{1-\alpha} \qquad (1)$$

Où Y représente le niveau de production, K le facteur capital, L le facteur travail et A capte le progrès technique. Il repose sur quelques hypothèses relatives aux facteurs, parmi lesquelles, le progrès technique et le travail croissent aux taux g et n respectivement, le capital représente une part s_K de Y et se déprécie au taux δ et également sur le principe des rendements décroissants des facteurs. Le modèle réduit est décrit comme suit :

$$y_t = A\, k_t^{\alpha} (2)$$

Avec $y_t = \frac{Y_t}{L_t}$ et $k_t = \frac{K_t}{L_t}$, qui représentent respectivement le niveau de production par tête et de capital par tête. Cependant, ce modèle n'intègre qu'un seul type de capital. Le Modèle ajusté de Solow-Swan (1956) permettra de capter les effets de plusieurs types de capitaux. On peut l'écrire comme suit :

$$y_t = A(t) f(k) \qquad (3)$$

D'après Singh et al. (2014), l'urbanisation améliore l'indice technologique et peut être captée par l'équation ci-après :

$$A(t) = A_0 e^{(g_0 + g_1 urbanisation)t} \qquad (4)$$

Ainsi, si l'on remplace l'indice technologique par sa valeur dans l'équation (3), et que l'on considère que chaque type de capital utilisé pour expliquer la croissance peut être mesuré par la variable exprimée en logarithme naturel, le modèle économétrique adopté dans le cadre de cette étude dans un contexte de données de panel peut être spécifié comme suit :

$$y_{i,t} = \alpha\ URB_{i,t} + \beta\, X_{i,t} + \lambda + \mu_i + \eta_t + \varepsilon_{i,t} \qquad (a1)$$

Où y capte le niveau de PIB réel par tête, URB le niveau d'urbanisation et X un vecteur de variables de contrôle. En outre, λ est une constante, μ et η représentent respectivement les effets spécifiques individuels et temporels inobservés et ε est le terme d'erreur. Les indices i et t représentent respectivement les individus et les années. De manière plus spécifique, le modèle peut s'écrire

$$PIB\ réel_{i,t} = \alpha\ urbanisation_{i,t} + \beta_1 industrie_{i,t} + \beta_2 ouverture\ commerciale + \beta_3 développement\ financier_{i,t} + \beta_4 ressource\ naturelle + \beta_5 investissement_{i,t} + \lambda + \mu_i + \eta_t + \varepsilon_{i,t} \qquad (a2)$$

II.2.2. Champ de l'étude et présentation des variables

Dans le cadre de cette étude, les données utilisées couvrent un échantillon de 35 pays africains, qui seront répartis en trois groupes selon leur niveau de développement. En outre, la période va de 1991 à 2014.

Tableau 1 : Descriptions des variables

Variables	Descriptions	Sources
PIB réel	Mesure le volume de la production intérieure brute réelle par tête en Dollar US courant	WDI (2017)
Urbanisation	Mesure la part de la population vivant dans les zones urbaines dans la population totale	WDI (2017)
Ouverture commerciale	Mesure le degré d'ouverture d'un pays. Elle est donnée par la somme des exportations et des importations des biens et services (% PIB).	WDI (2017)
Taille du secteur industriel	Mesure la part de la valeur ajoutée du secteur industriel dans le produit intérieur brut (% PIB)	WDI (2017)
Ressources naturelles	Mesure le degré d'exploitation des ressources naturelles et est capté par la rente totale des ressources naturelles (% PIB)	WDI (2017)
Développement financier	Mesure le ratio de crédit accordé au secteur privé sur le PIB. Il met en évidence le rôle prépondérant des intermédiaires financiers dans le financement du secteur productif (% PIB)	WDI (2017)
Investissement	Mesure le flux entrant d'investissement domestique qui est capté ici par la Formation Brute de Capital Fixe (FBCF) (% PIB)	WDI (2017)

Notes : les différentes variables retenues ici sont issues des différents travaux menés sur cette thématique.

II.2.3. Méthode d'estimation

Les études de Shahbaz et Lean (2012) et celles de Solarin et Shahbaz (2013) ont révélé l'existence d'une double causalité entre l'urbanisation et la croissance économique. Cette double causalité peut également se vérifier au travers de l'accumulation du capital dans le modèle dualiste de Lewis (1954). En effet, l'urbanisation augmente le taux d'accumulation du capital dans l'économie, grâce au transfert du travail des zones rurales pour les zones urbaines, ce qui doit améliorer la productivité (industrielle et de services principalement) à court terme et soutenir la croissance de long terme. L'accroissement de la production va à son tour, augmenter le niveau de l'épargne et de l'investissement. Ceci va permettre la création d'emploi dans le secteur moderne et la persistance des migrations rurales urbaines et de l'urbanisation (Williamson, 1998). Ainsi, le modèle peut donc soulever un problème d'endogénéité. Ceci pourrait être dû à trois facteurs principaux : l'omission de variables pertinentes dans la spécification du modèle ; les erreurs de mesures sur les variables expliquées et explicatives du modèle et la présence d'une double causalité entre variables explicatives et variables expliquées.

Dès lors, la technique d'estimation standard des Moindres Carrés Ordinaires (MCO) ne peut fournir des résultats cohérents, puisqu'une hypothèse de base de cette méthode à savoir l'éxogénéité des variables explicatives du modèle n'est plus vérifiée. Pour corriger ce problème, nous allons recourir à la méthode des Doubles Moindres Carrés (DMC), développée par Basmann (1957) et Theil (1961). Cette méthode consiste à utiliser pour chaque variable soupçonnée d'être à l'origine de biais d'endogénéité, un ou plusieurs instruments avec lequel la variable est corrélée sans toutefois l'être avec le terme d'erreur.

Dans cette étude, il a été retenu conformément aux hypothèses de Lewis (1954), la formation brute de capital comme variable à l'origine du biais d'endogénéité et utilisé ses valeurs retardées comme instruments. En outre, le modèle sera estimé en considérant tour à tour une spécification à effets fixes et à effets aléatoires. Le choix entre les deux modèles se fera en effectuant le test de Hansen (1978), qui préconise pour les probabilités $< 5\%$ de considérer les estimations du modèle à effets fixes. La validité de l'instrument utilisée sera vérifiée par le test de robustesse de Sargan-Hansen, qui voudrait pour les probabilités $> 5\%$ que l'hypothèse nulle de validité des instruments ne soit pas rejetée.

III. PRÉSENTATION DES RÉSULTATS ET INTERPRÉTATION

Cette rubrique porte principalement sur la vérification de la première hypothèse formulée dans cette étude. Elle traite d'une part de la présentation des différents résultats économétriques et, d'autre part, des interprétations de ceux-ci.

III.1. Résultats des estimations

Pour analyser les effets de l'urbanisation sur la croissance économique en Afrique nous nous sommes amenés à procéder à une série de plusieurs estimations. Premièrement, le modèle a été estimé en considérant les effets fixes et les effets aléatoires pour le panel global

(Afrique) ce qui est confiné au tableau 2 ci-après. Ensuite, dans le but d'explorer les effets selon le niveau de développement, le modèle a également été estimé pour les trois groupes de revenu retenus. Les résultats de ceux-ci sont donnés en annexe (Confère annexe 2). Pour chaque groupe, les spécifications à effets fixes et à effets aléatoires ont également été testées, et le test de Hausman est spécifique au résultat de chaque groupe.

Tableau 2 : Résultats des estimations pour l'Afrique (1991-2014)

Variables	PIB réel par tête	Effet fixe	Effet aléatoire
Urbanisation		-1.033***	-0.727***
		(0.133)	(0.127)
Investissement		-0.0278	-0.0543
		(0.0714)	(0.0735)
Développement financier		0.0862**	0.108***
		(0.0408)	(0.0412)
Ressources naturelles		0.0464*	0.00313
		(0.0279)	(0.0275)
Ouverture commerciale		-0.245***	-0.192**
		(0.0948)	(0.0959)
Taille du secteur industriel		0.256***	0.332***
		(0.0663)	(0.0681)
Constante		10.46***	9.016***
		(0.489)	(0.490)
Observations		765	765
Nombre de pays		35	35
Wald/Fisher		*p-value* = *0.00*	
R-carré overall		0.1	0.01
Sargan-Hansen test		*p-value* = *0.5359*	
Hausman test		*p-value* = *0.00*	

Notes : les valeurs entre parenthèses représentent les écarts-types. *** p<0.01, significatif à 1% ; ** p<0.05, significatif à 5% ; * p<0.01, significatif à 10%

Source : auteur, à partir des données de la Banque Mondiale (WDI, 2017)

III.2. Interprétations des résultats

Les résultats seront interprétés premièrement pour chaque variable du panel d'ensemble et deuxièmement pour les variables des panels de chaque groupe de revenu sur la période 1991-2014.

III.2.1. Interprétations des résultats pour l'Afrique

D'un point de vue économétrique, les résultats recueillis dans le tableau 2 montrent que le test de Hausman a une probabilité égale à zéro, ce qui signifie que pour l'Afrique, ce sont les estimations du panel à effet fixe qui sont cohérentes. Le test de suridentification de Sargan-Hansen également atteste la validité des instruments utilisés dans le modèle, car la probabilité ici est supérieure à 5%. De plus, le modèle est globalement significatif, car la probabilité du test de Fisher/Wald est égale à zéro, soit inférieure à 5%, signifiant qu'au moins une des variables présentes dans l'équation permet d'expliquer le modèle. D'un point de vue de la théorie économique, les signes des effets et leurs significativités ne sont pas toujours ceux attendus. Les interprétations se feront tour à tour, pour toutes les variables.

➢ **Effet de l'urbanisation sur la croissance économique**

Les résultats présentés dans le tableau 2 révèlent que l'élasticité estimée de la production par l'urbanisation est négative et significative au seuil de 1%, quel que soit le modèle considéré. Au regard des estimations du modèle à effets fixes, l'on peut conclure qu'une augmentation de 1% de niveau d'urbanisation tend à réduire le niveau du PIB réel de 1,033%. Si l'on s'accorde aux effets des économies d'agglomération et des économies de congestion évoquées par Williamson (1965), les externalités négatives de l'urbanisation, portées par le secteur informel, le manque d'infrastructures urbaines adéquates est donc plus important que les externalités positives. Ce résultat rentre en conformité avec les études de Kamete et al. (2001) qui concluent qu'il existe généralement une corrélation positive entre l'urbanisation et la croissance économique, mais cela ne semble pas s'appliquer en Afrique. Néanmoins, ce résultat ne devrait pas s'établir pour tous les pays africains, car Shahbaz et Lean (2012) et Solarin et Shahbaz (2013) ont trouvé une corrélation positive entre l'urbanisation et la croissance pour les données de la Tunisie et de l'Angola, respectivement.

➢ **Effet de la taille du secteur industriel sur la croissance économique**

L'industrialisation et particulièrement l'industrie manufacturière est généralement perçue comme le moteur premier du développement (Perroux, 1982). Le tableau 2 révèle que le coefficient estimé relatif à la taille du secteur industriel est positif et significatif au seuil de 1% quel que soit le modèle considéré. Le modèle à effet fixe indique que lorsque la taille du secteur industriel augmente de 1% en Afrique, cela conduira à une augmentation de 0,256% du niveau de PIB réel, toutes choses restant égales par ailleurs. Ce résultat confirme le bienfondé de l'industrialisation comme principal moteur de la croissance économique. Ce résultat rentre en conformité avec les travaux de Shahbaz et Lean (2012) pour les données de la Tunisie, qui ont montré que l'industrie était corrélée positivement et significativement au seuil de 5% à la croissance économique, soit des coefficients relatifs estimés à 0,213 et 0,2352 respectivement à long et à court terme.

➢ **Effet de développement financier sur la croissance économique**

Au regard des résultats présentés dans le tableau 2, les coefficients estimés relatifs au développement financier sont positifs et significatifs, quel que soit le modèle considéré. Toutefois, le degré de significativité s'établit à 5% pour le modèle à effet fixe préconisé par le test de Hausman. Ce résultat implique plus concrètement que sur la période 1991-2014, une augmentation de 1% du niveau de crédit accordé au secteur privé conduit à un accroissement de 0,0862% du niveau de PIB réel toutes choses restant égales par ailleurs. En outre, il confirme le rôle prépondérant accordé aux intermédiaires financiers dans le développement du continent. Toutefois, le résultat trouvé dans les études de Shahbaz et Lean (2012) a révélé que le développement financier contribue positivement et de manière significative à la croissance économique en Tunisie entre 1971 et 2008, ce qui montre que ce résultat est également vérifié pour des cas spécifiques.

➢ **Effet de l'ouverture commerciale sur la croissance économique**

Le commerce international est un moyen pour les économies de diversifier et de prolonger leur marché, d'améliorer leur compétitivité et, partant, la croissance. Dès lors, une économie devrait s'engager dans les échanges uniquement s'ils lui permettent d'améliorer son efficacité économique. Sur la période 1991-2014, les résultats du tableau 2 révèlent que l'ouverture commerciale a été négativement corrélée à la croissance, quel que soit le modèle considéré. De plus, le coefficient estimé du modèle à effet fixe est significatif à 1%, indiquant qu'une augmentation de 1% du degré d'ouverture commerciale tend à réduire le niveau de la production de 0,245%. Ce résultat montre que dans l'ensemble, l'ouverture commerciale nuit aux économies africaines. Dans ce sillage, Shahbaz et al. (2013) qui ont contrôlé les effets de l'ouverture commerciale sur la croissance pour l'Indonésie entre 1971 et 2009 ont également trouvé une corrélation négative à court et à long terme et les coefficients estimés étaient significatifs à 10%.

➢ **Effet des ressources naturelles sur la croissance économique**

La majorité des économies africaines repose sur l'exploitation des ressources naturelles. Cependant, cela peut ne pas toujours avoir une incidence positive sur la croissance.

Théoriquement, si l'on s'accorde à Sachs et Warner (1995), les économies fortement dépendant en ressources naturelles devraient enregistrer des performances économiques plus faibles dans le long terme que celles ayant une faible dépendance. L'on a modélisé ce phénomène sous l'étiquette de *« malédiction des ressources naturelles »*. Cette relation négative peut trouver sa source à trois niveaux : premièrement, la *« maladie hollandaise »*, qui suppose que lorsque le secteur des ressources naturelles connait un boom économique, cela conduit à un déplacement des facteurs de production des autres secteurs de l'économie, notamment les industries manufacturières et le secteur services pour le secteur des ressources fragilisant ainsi la compétitivité de ces secteurs. Deuxièmement, « la volatilité des prix », qui suppose que les fluctuations à la baisse des prix de ressources naturelles au niveau mondial, devraient agir négativement sur les performances économiques. Enfin, *« la mauvaise gouvernance »* : en effet, les revenus accrus de l'exploitation des ressources conduisent généralement à des dépenses publiques excessives ou à des détournements des rentes à des profits personnels.

Au regard du tableau 2, les coefficients estimés relatifs à l'exploitation des ressources naturelles sont positifs quoique faiblement lorsqu'on considère les deux modèles, mais la significativité n'est vérifiée que pour le modèle à effet fixe, ce au seuil de 10%. Alors, l'exploitation des ressources naturelles contribue positivement à la croissance entre 1991 et

2014. Ce résultat infirme donc au moins sur cette période l'hypothèse d'une malédiction de ressources naturelles en Afrique.

➢ **Effet de l'investissement domestique sur la croissance économique**

L'investissement domestique donne la capacité des résidents d'un pays à accumuler du capital. L'équation d'équilibre macroéconomique montre que l'investissement domestique devrait agir positivement sur le niveau de la production. Cependant, les résultats du tableau 2 révèlent que l'investissement domestique est négativement corrélé à la croissance en Afrique sur la période 1991-2014, néanmoins le coefficient estimé est non significatif. Cette négativité peut a priori signifier que les investissements n'ont pas été orientés vers des secteurs productifs.

III.2.2. Interprétations des résultats pour chaque groupe de revenu

D'un point de vue économétrique, en ce qui concerne les résultats pour chaque catégorie de revenu, les modèles pour chaque groupe sont globalement significatifs. Le test de sur identification de Sargen-Hansen atteste également la validité des instruments utilisés dans le modèle. En outre, le test de Hausman valide l'utilisation du modèle à effet fixe pour le groupe des pays à revenu intermédiaire supérieur et inférieur, car les probabilités du test sont inférieures à 5% pour ces deux groupes. En revanche, il est indécis sur la structure des effets à considérer pour le groupe des pays à faible revenu. Ainsi, les interprétations économiques seront faites en fonction du modèle à effet aléatoire pour ce dernier, car il affiche un R-carré plus élevé.

Au regard des résultats des estimations révélées sur chaque groupe de revenu, on peut donc remarquer que l'urbanisation a eu des effets négatifs et significatifs au seuil de 1%, pour tous les trois groupes de revenus sur la période 1991-2014. En effet, une augmentation de 1% du niveau d'urbanisation tend à réduire le niveau du PIB réel d'environ 0,895%, 1,182% et 1,988% respectivement pour le groupe à faible revenu, le groupe à revenu intermédiaire inférieur et le groupe à revenu intermédiaire supérieur. Ce résultat réfute donc une partie de l'hypothèse avancée par Williamson (1965), notamment l'hypothèse selon laquelle l'urbanisation aurait un impact positif sur la croissance pour des niveaux de développement faibles puis négatifs dans les stages plus avancés de développement économique. Cependant, les externalités négatives de l'urbanisation semblent devenir de plus en plus importantes au fur et à mesure que l'on progresse d'un niveau de développement faible à un niveau plus élevé, ce qui confirme donc la seconde partie de l'hypothèse de Williamson (1965) selon laquelle les externalités négatives de l'urbanisation s'accroissent avec le niveau de développement. En somme, l'urbanisation aurait donc un effet négatif sur la croissance économique en Afrique, quel que soit le niveau de développement économique.

Lorsqu'on considère les coefficients relatifs à la taille du secteur industriel, on peut clairement constater que le secteur industriel affecte positivement et significativement la croissance économique pour les groupes des pays à bas revenu, à revenu intermédiaire inférieur et à revenu intermédiaire supérieur au seuil de 1%, de 5% et de 5% respectivement sur la période 1991-2014. De ce fait, une augmentation de 1% de la taille du secteur industriel aura tendance à accroitre le niveau de PIB réel de 0,338%, 0,236% et 0,446% respectivement pour le groupe à faible revenu, le groupe à revenu intermédiaire inférieur et le groupe à revenu intermédiaire supérieur. L'industrialisation joue bien son rôle d'investigateur de la croissance, quel que soit le niveau de développement des pays.

En considérant les coefficients estimés relatifs à l'ouverture commerciale sur la période 1991-2014, l'on peut remarquer qu'ils sont négatifs et significatifs pour les groupes des pays à revenu intermédiaire inférieur et supérieur, indiquant que l'ouverture commerciale influence négativement sur la croissance économique pour ces groupes. En revanche, pour le groupe à faible revenu, l'effet de l'urbanisation sur la croissance est certes négatif, mais non statistiquement significatif. En ce qui concerne le développement financier, les résultats des estimations montrent que l'effet sur la croissance est positif pour tous les groupes de revenus, néanmoins il n'est significatif que pour le groupe à faible revenu. Soit de manière concrète, un accroissement de 1% du niveau d'urbanisation accroit le niveau de la production de 0,134% pour ce dernier.

Lorsqu'on examine les coefficients relatifs aux ressources naturelles, on peut remarquer que les effets sur la croissance sont positifs et significatifs pour les groupes à bas revenu et à revenu intermédiaire supérieur. L'exploitation des ressources naturelles affecte donc positivement la croissance, soit une augmentation de 1% de la rente des ressources naturelles tend à accroitre le niveau de la croissance de 0,201% et 0,0624% pour ces groupes, toutes choses restant égales par ailleurs. Néanmoins, l'on ne peut pas présumer l'existence d'une malédiction de ressources naturelles dans ces groupes. Par contre, pour le groupe à revenu intermédiaire inférieur, les effets sont non significatifs. Cependant, en examinant le modèle à effet aléatoire ici, le coefficient est négatif bien que non significatif, présumant l'existence d'une malédiction des ressources naturelles. En ce qui concerne l'investissement domestique, l'effet sur la croissance est positif et statistiquement significatif dans le groupe de pays à revenu intermédiaire supérieur, soit une augmentation de 1% du volume de l'investissement domestique et tend à accroitre de 0,487% le niveau de PIB réel toutes choses restant égales par ailleurs. Par contre, dans le groupe à revenu intermédiaire inférieur et à faible revenu, les effets bien que positif sur la croissance sont non significatifs.

CONCLUSION

Il a été question dans cet article d'analyser les effets de l'urbanisation sur la croissance économique en Afrique. Il a été retenu à ce titre comme variables de croissance, le niveau de PIB réel par tête et d'urbanisation, le niveau d'urbanisation. La méthodologie a consisté d'une part, à faire une étude de corrélation entre les deux à l'aide de graphique et d'autre part, à analyser économétriquement ces effets. De plus, l'analyse s'est faite pour l'ensemble du panel et également par groupes repartis selon le niveau de développement économique des pays, afin de tenir compte de l'hétérogénéité observable entre eux et d'essayer de vérifier les hypothèses des différentes théories relatives à Williamson (1965) et Henderson (2003). Il en ressort donc ici que l'urbanisation a eu un effet négatif sur la croissance économique sur la période 1991-2014 en Afrique et pour tous les groupes de revenu. L'hypothèse de Williamson (1965) selon laquelle les économies d'agglomération l'emporteraient sur les déséconomies de congestion pour de bas niveaux de développement économique semble donc ne pas se vérifier en Afrique durant cette période.

BIBLIOGRAPHIE

Aghion, P., & Howitt, P. (2009), The Economics of Growth‖, *MIT Press.*

Arouri M., Ben Youssef M., Nguyen-Viet C. & Soucat, A. (2014), Urbanization in Africa : Resolving the Puzzle of Urbanization without Growth‖, *PGDA Working Paper N°. 119.*

Baker, S (2006), « Sustainable Development » London, Routledge p. 245

Banque Mondiale(2015), World Bank list of economies (January 2015)

Banque Mondiale(2017), World Bank list of economies (June 2017)

Bao, C., & He, D. (2015), The causal relationship between urbanization, economic growth and water use change in Provincial China‖, *soutenability.*

Bardhan, & Pranab K. (2010), « Awakening Giants, Feet of Clay: Assessing the Economic Rise of China and India », *Princeton University Press*, Princeton, 172 pages.

Bertinelli, L. & Black, D. (2004), Urbanization and Growth‖, *Journal of Urban Economics*, vol. 56, pp. 80-96.

Bertinelli, L., & Strobl, E. (2003), Urbanization, Urban Concentration and Economic Growth in Developing Countries. *CORE Discussion Paper*, 2003/76.

Bloom, D., Canning, D. & Fink, G. (2008), Urbanization and the Wealth of Nations. *Science*, February, pp. 772-775.

Brülhart, M., &Sbergami, F. (2009), Agglomeration and growth: Cross-country evidence‖, *Journal of Urban Economics*, Vol. 65(1), pp. 48–63.

Brundtland Commission (1987), Report of the World Commission on Environment and Development: Our Common Future‖, *Oxford University Press.*

Capello, R., & Camagni, R. (2000), Beyond optimal city size: an evaluation of alternative urban growth patterns‖, *Urban Studies* Vol.37 (9), pp.1479–1496.

Castells, D. (2011), Agglomeration, Inequality and Economic Growth: Cross-section and panel data analysis‖, *Research Institute of Applied Economics Working Paper2011/14.*

Castells, D. & Royuela, V. (2016), Agglomeration, Inequality and Economic Growth‖, *Research Institute of Applied Economics,* Working Paper 2011/14, pp. 2

CEA-UN (2016), L'urbanisation : un impératif pour la transformation structurelle de l'Afrique‖.

Chen, M., Huang, B., Tang, P., Lu, D., Liu, H., & Ma, L. (2014), The provincial pattern of the relationship between urbanization and economic development in China‖, *Journal of Geographic Science,* vol. 4, pp. 33–45.

CMED (1989), « Notre avenir à tous », *Éditions du Fleuve*, pp.51

Collier, P. (2016), « African urbanization : An analytic policy guide », *International Growth Centre,*

Duarte, C. (2015), « la Banque Africaine de Développement : le moteur de la transformation de l'Afrique ».

Duranton, G (2000), « Urbanization, Urban Structure, and Growth » dans Huriot J. M. et Thisse, J.F., op. cit., 2000.

Duranton, G., & Puga, D. (2004), « Micro-foundations of urban agglomeration economies », in Henderson, J.V. et J.F. Thisse (éd.), Handbook of Regional and Urban Economics.

Ehrlich, P. &Holdren, J. (1971), Impact of population growth‖, *Science.*

Fay, M., & Opal, C. (2000), « Urbanization without growth: A not-so-uncommon phenomenon », *Policy Research Working Paper*, no. 2412: The World Bank.

Ferrera De Lima, J. (2005), Notes sur les pôles de croissance et les stratégies territoriales au Québec‖, *Canadian Journal of Regional Science*, Vol. 28, pp. 161-171

Fujita, M., et Thisse, F. (2003), « Économie des villes et de la localisation », collection « Économie, société, région », Bruxelles, De BoCEK.

Glaeser, E. (1998), Are cities dying ? ‖ *Journal of Economics Perspecive,* Vol. 12, pp. 139– 160.

Glaeser, L., Rosenthal, S., & Strange, W. (2010), Urban economics and entrepreneurship‖, *Journal of Urban Economics,* Vol. 67, pp. 1-14

Gubry, P. (1996), « L'environnement urbain », paru dans Gendreau, F., Gubry, P., et Veron J. (1996 *), « Populations et environnement dans les pays du Sud »*, pp. 273-288

Guillaumont, P. (1985), *Économie du développement,* Tome 2, Paris : Presses universitaires de France, 605 p.

Harris J., & Todaro M. (1970), « Migration, Unemployment and Development : A Two Sectors Analysis », American Economic Review vol. 60, No. 1, pp. 126-142.

Hatti, N., & Rauhut, D. (2017), Cities and Economic Growth: A Review‖, *Social Science Spectrum*, Vol. 3, p. 115.

Henderson, V. (2003), The urbanization process and economic growth. The so-what question‖, *Journal of Economic Growth,* Vol. 8, pp. 47-71.

Krugman, P. (1991), « Increasing returns and economic geography », *The Journal of Political Economy*, vol. 99/3, pp. 483-499.

Krugman, P. (1991b), Geography and trade‖, *MIT Press.*

Kumar, & Kober (2012), Urbanization, human capital, and cross-country productivity differences‖, *Economics Letters*, Volume 117, Issue 1, October 2012, pp. 14–17.

Kuznets, S. (1955), Economic growth and income inequality‖, *The American economic review*, Vol. 45(1), pp. 1-28.

Ledent, J. (1990), « Théorie et modèle de l'urbanisation : un survol dans croissance démographique et urbanisation : politique de peuplement et aménagement du territoire », *AIDF*, séminaire international de rabat, No 5, pp. 265

Lewis, A. (1954), « Economic Development with Unlimited Supply of Labour », *The Manchester School of Economic and Social Studies*, Vol. 47 (3), pp. 139-191.

Liddle, B. (2013), The energy, economic growth, urbanization nexus across development: Evidence from heterogeneous panel estimates robust to cross-sectional dependence‖, *Energy Journal,* N-34, pp. 223–244.

Liddle, B., & Messinis, G. (2013), Which comes first-Urbanization or economic growth ? Evidence from heterogeneous panel causality tests‖, *MPRA Paper*, No. 61271.

Lo, F. D. (2010), Urbanization and Economic Growth: Testing for Causality‖, 16thAnnual Pacific Rim Real Estate Conference, January24th – 27th 2010, Wellington, New Zealand.

Martin (2008), National growth versus spatial equality ? A cautionary note on the new trade-off 'thinking in regional policy discourse‖, *Regional Science Policy and Practice*, Vol 1, pp. 3–13.

McCoskey, S., & Kao, C. (1999), Testing the stability of a production function with urbanization as a shift factor‖, *Oxford Bulletin of Economics and Statistics*, Vol. 61(S1), 671–90.

Narayan, L. (2014), Urbanization and Development‖, *International Journal of Research (IJR)*, Vol-1, Issue-8, ISSN 2348-6848

Nguyen, H., & Nguyen, L. (2016), "The relationship between urbanization and economic growth: an empirical study on ASEAN countries", *International Journal of Social Economics.*

Nicot, B., (1996), « Une mesure de l'étalement urbain en France, 1982-1990 », *Revue d'Économie Régionale et Urbaine*, 1, pp. 71-98.

Njoh, J. (2003), Urbanization and development in sub-Saharan Africa‖, *Cities* Vol. 20, No. 3, pp. 167–174.

OECD (2006), "Competitive Cities in a Global Economy‖, OECD, Paris, 446 pages

PEA (2016), « villes durables et transformation structurelle ».

Perroux, F. (1982), « Dialogue des monopoles et des nations : équilibre ou dynamique des unités actives ? », Grenoble : Presses universitaires de Grenoble.

Polèse, M. (2010), « le rôle des villes dans le développement économique : un autre regard », *INRS Working Paper, n° 2010-4*, Centre-Urbanisation Culture Société.

Pouyanne, G. (2004), Des avantages comparatifs de la ville compacte à l'interaction forme urbaine - mobilité. Méthodologie et premiers résultats », *les Cahiers Scientifiques du Transport,* N° 45/2004, pp. 49-82

Quigley, J. M. (2009), « Urbanization, Agglomeration and Economic Development », paru dans Spence et al. (2009) « Urbanization and Growth », *commission on growth and development*, pp. 115-152

REA (2017), L'industrialisation et l'urbanisation au service de la transformation de l'Afrique‖

Rice, P., & Venables, A. (2004), « Spatial determinants of productivity: Analysis for the regions of Great Britain », *CEPR Discussion Paper* ,4527

Romer, P. (1986), Increasing returns and long run growth‖, *Journal of political Economy*, No. 94, 1002-10037

Rosenthal, S., & Strange, W. (2004), Evidence on the Nature and Sources of Agglomeration Economics‖, *Handbook and regional economics*, Amsterdam, Elsevier

Sackey, J., Liverpool-Tasie, S., Salau, S., &Awoyemi, T. (2012), « Rural-urban transformation in Nigeria », *Journal of African Development*, Vol. 14(2), pp. 131–168.

Singh, R.; Prasad, B.; & Swami, N. (2014), Urbanization and Economic Growth: An Empirical Study of Pacific Island Economies‖, *School of Economics Working Paper* No. 1, School of Economics, the University of the South Pacific

Solarin, A., &Shahbaz, M. (2013), Trivariate causality between economic growth, urbanisation and electricity consumption in Angola: Cointegration and causality analysis‖ *Energy Policy,* vol. 60, 876–84.

Solow (1956), « A Contribution to the theory of economic Growth », *Quarterly Journal of Economics,* Vol70 (1), pp. 65–94.

Tamang, P. (2013), Urbanisation and Economic Growth: Investigating Causality‖ dans, Nguyen, H., & Nguyen, L. (2016), "The relationship between urbanization and economic growth: an empirical study on ASEAN countries", *International Journal of Social Economics.*

Turok, I. & McGranahan, G. (2013), Urbanization and economic growth: the arguments and evidence for Africa and Asia‖, *Environment and Urbanization*, Vol. 25, pp. 465–482.

Weber, J. & Bailly, (1993), « Prévoir c'est gouverner », *Nature, Science, Société*, No. 1,

Williamson, J. (1965), Regional inequality and the process of national development‖, *Economic Development and Cultural Change,* Vol. 13 (4), pp. 3-45

World Bank (2009), World Development Report 2009: Reshaping Economic Geography, Banque Mondiale, Washington, DC.

Xu, Z. (2008), « Urbanisation et Croissance des Villes en Chine », *Sciences de l'Homme et Société*, Université d'Auvergne - Clermont-Ferrand I, HAL.

Zénou, Y. (1995), Chômage urbain et migration dans les pays en développement : une approche théorique‖, *Revue d'économie politique*, Vol. 105, No. 2, pp. 293-314

EXPLOITATION FORESTIÈRE ET QUALITÉ DE L'ENVIRONNEMENT EN AFRIQUE SUBSAHARIENNE

Jacob TCHE

jacobtche1985@gmail.com

Lionel Junior ATANGANA OTTOU

lioneljunioratangana@gmail.com

Résumé

Cette étude analyse l'influence de l'exploitation de la biodiversité forestière sur la qualité de l'environnement en Afrique subsaharienne. À partir des données de la Banque Mondialesur la période 2002-2017 et à l'aide de la méthode des Doubles Moindres Carrés (DMC), l'étude contribue principalement au débat portant sur l'abondance des ressources forestières et l'impact de la déforestation sur l'environnement des populations tributaires desdites ressources, raison pour laquelle elle s'articule pour deux groupes de pays répartis selon leur niveau de dotation en ressources forestières. Les résultats indiquent que l'exploitation forestière affecte significativement la qualité de l'environnement en Afrique subsaharienne. Il est donc nécessaire pour les gouvernements africains d'élaborer des stratégies pour une gestion durable du secteur forestier. Il en ressort ici que l'exploitation forestière influence positivement les émissions de CO2 dans l'atmosphère.

Mots clés : Exploitation de la biodiversité, qualité de l'environnement, DMC, ASS

Abstract

The present study analyses the influence of the exploitation of forest biodiversity on the quality of the environment in Sub-Saharan Africa. Based on World Bank data for the period 2002-2017 and using the Double Least Squares (DMC) method, the study mainly contributes to the debate on the abundance of forest resources and the impact of deforestation on the environment of resource-dependent people endowment. The results indicate that logging significantly affects the quality of the environment in Sub-Saharan Africa. It is therefore necessary for African governments to develop strategies for sustainable management of the forest sector. It appears here that logging both on inclusive growth and on CO2 emissions. It is therefore necessary for African governments to develop strategies for sustainable management of the forest sector.

Keywords : Exploitation of biodiversity, quality of the environment, DMC, ASS

INTRODUCTION

La préservation d'un environnement de qualité est un impératif pour la communauté internationale, ainsi, il est donc impérieux pour les chercheurs de trouver les éléments qui entravent la qualité de l'environnement d'où notre contribution dans cet article qui consiste à voir l'effet des ressources forestières sur l'environnement dans le contexte africain et notamment en Afrique subsaharienne.

Le secteur forestier dans la région Afrique subsaharienne représente un enjeu économique et environnemental très important, autant pour le rôle des ressources forestières dans la création de la valeur ajoutée que pour les services écosystémiques[32] fournis par ces dernières. À ce titre, il contribue à une grande part du PIB et des emplois de la plupart des pays africains[33]. En Afrique du Sud, par exemple, l'industrie des produits forestiers contribue à 9% des exportations des produits manufacturés. En Afrique centrale, les forêts du Bassin du Congo contribuent à 18% du PIB en République centrafricaine, et 20% des recettes en devises étrangères au Cameroun (Zallé, 2019). Globalement, de 2005 à 2015, la rente forestière a contribué à au moins 5% du PIB de 21 pays africains dotés d'importantes surfaces boisées. En outre, la rente forestière a contribué à 32% du PIB au Libéria, à 23% du PIB au Burundi à 19% en République Démocratique du Congo et 17% en Éthiopie (BAD, 2018). En ce qui concerne l'énergie, la biomasse d'origine forestière représente la principale source d'énergie en Afrique subsaharienne. Près de 93% des ménages ruraux et 58% des ménages urbains en dépendent d'une façon ou d'une autre. En outre, la valeur économique de l'industrie du charbon de bois en Afrique subsaharienne pourrait dépasser les 12 milliards de dollars d'ici 2030, et fournir des emplois à près de 12 millions de personnes.

Duguma (2009) fournit une définition simpliste de la déforestation et de la dégradation en les considérant comme des formes de conversion anthropique directe des terres forestières en terres non forestières, qui réduisent la capacité des forêts à fournir des biens et services naturels. Malgré les politiques de reboisement et de gestion communautaire des forêts, en 2018, le monde a perdu environ 3,64 millions d'hectares de forêts tropicales primaires selon le World Ressources Institute (2018). Les pays les plus concernés sont le Brésil ;

[32] Les services d'approvisionnement, les services de régulation et les services de soutien

[33] Perspectives économiques en Afrique centrale (BAD, 2018)

la République Démocratique du Congo, le Gabon, et la Colombie. Le Brésil avec un taux de déforestation de 54% en 2018 détient le record des pays ayant perdu une importante partie de son couvert forestier. De même, le Congo et le Gabon ont respectivement connu des taux de déforestation de 26% et de 18% entre 2017 et 2018 selon les données de la même institution tandis qu'en Colombie la perte de forêt tropicale aurait augmenté de 9%.

A fortiori, ces taux élevés de déforestation et de dégradation des forêts représentent une menace pour l'environnement, pour la biodiversité, et les équilibres climatiques mondiaux, en ce sens que la déforestation est considérée comme la deuxième source d'émission de gaz à effet de serre après la combustion des énergies fossiles (Shackleton, 2018). En effet, outre sa capacité à réguler les températures, le service naturel le plus important rendu par la forêt tropicale est la rétention du gaz carbonique. Il s'agit du gaz à effet de serre qui contribue le plus au réchauffement de la Terre. Grâce à leur capacité à absorber le gaz carbonique de l'atmosphère, les forêts apparaissent comme les poumons de la planète (Constantini, 2008). S'il est vrai que l'Afrique représente moins 4% des émissions mondiales de gaz à effet de serre, ses émissions se sont multipliées pour atteindre les 300millions de tonnes de Carbonne (Crespo et al, 2017). Selon les perspectives du PNUE, la hausse moyenne des températures en Afrique devrait être comprise entre 1.5°C et 3°C d'ici l'horizon 2035 ; et si le changement climatique garde le même rythme, d'ici 2100, la majorité des pays africains connaitront un niveau de pauvreté et d'inégalités plus sévère qu'aujourd'hui (Arbenethy et al, 2016).

La protection de l'environnement est aujourd'hui admise comme une condition primordiale d'une croissance de qualité. Ce qui suppose aujourd'hui que chaque pays doit intégrer une politique économique et une politique environnementale dans sa stratégie de développement. En effet, il s'agit d'éviter une croissance sans création d'emplois ; celle qui accroit les inégalités ; et qui dilapide les ressources nécessaires aux générations futures dans le but de parvenir à un développement inclusif durable (Kararach et al, 2018).

Lors de la conférence de Rio en 1992, deux grands courants de pensée se sont affrontés sur la perception des rapports de l'homme avec la nature. Le mouvement conversationniste s'inscrivant dans la théorie de la nature sauvage prônait la protection de la nature contre l'homme, considéré comme son principal prédateur, et le courant utilitariste qui défendait l'utilisation rationnelle de la nature tout en la préservant pour les générations présentes et à venir (Moore et al, 2011). Le consensus s'est formé autour de l'idée selon laquelle les ressources naturelles d'une manière générale, ne pouvaient être gérées aux dépens des populations tributaires de ces ressources. Ce compromis est le point de départ de la gestion participative sous les différentes formes que nous la connaissons aujourd'hui.

Ce nouveau cadre de gestion participative se matérialise par la prise en compte des populations locales dans la gestion des ressources forestières, leur permettant ainsi d'en être les acteurs au même titre que les exploitants forestiers. L'on remarque avec les travaux de Kamanga (2009) que les revenus forestiers issus principalement de la commercialisation du bois contribuent aussi bien à la croissance économique qu'aux stratégies de diversification des moyens d'existence des populations rurales.

Du point de vue environnemental, les préoccupations croissantes quant à la menace du changement climatique ont amené à se préoccuper de plus en plus de la possibilité d'encourager la croissance des forêts comme moyen d'éliminer le dioxyde de carbone (CO2) de l'atmosphère (Singh, 2015). Des études ont montré que la séquestration du carbone provenant de la foresterie était un moyen relativement peu coûteux de réguler les émissions de carbone des pays développés par rapport à d'autres moyens de réduction du carbone (Huang et al, 2018).

Les enjeux environnementaux de l'exploitation de la biodiversité forestière étant déjà mesurés, il serait donc essentiel dans un contexte de changement climatique de faire une analyse de l'incidence de l'exploitation de la biodiversité forestière sur la qualité de l'environnement en Afrique subsaharienne.

Des efforts substantiels ont été déployés pour garantir le potentiel de séquestration du carbone des pays d'Afrique subsaharienne. Cela inclut la mise en œuvre de projets qui permettront de réduire la déforestation, la dégradation, et favoriser la reforestation, dans le but de réduire l'empreinte carbone dans le monde, en particulier pour les pays fortement émetteurs de carbone. En raison de ces problèmes environnementaux urgents auxquels fait fait face la planète, l'utilisation extrêmement efficace et rationnelle des ressources forestières est fortement recommandée, car il est admis que la forêt est essentielle à la santé de l'écosystème local et à la protection de l'environnement. (Megevand, 2013).

De ce qui précède, il semble donc que la relation entre l'exploitation de la biodiversité forestière et l'environnement soit tout aussi ambigüe, il s'avère nécessaire de nous poser la question suivante : quel est l'effet de l'exploitation forestière sur la qualité de l'environnement en Afrique subsaharienne ? Dès lors, répondre à cette question consiste à analyser l'effet de l'exploitation de la biodiversité forestière sur la qualité de l'environnement en Afrique subsaharienne tout en vérifiant l'hypothèse selon laquelle l'exploitation forestière contribue à la dégradation de l'environnement en Afrique subsaharienne. La suite de notre analyse portera sur une brève revue de la littérature, puis sur l'évaluation empirique de l'exploitation de la biodiversité sur la qualité de l'environnement, puis nous présentons les résultats et les interprétons avant de conclure.

I. REVUE DE LA LITTÉRATURE

I.1. Revue de la littérature théorique des effets de l'exploitation forestière sur l'environnement

Une question importante toujours d'actualité, encore plus dans un contexte de crise économique, est de savoir si les visées environnementales et économiques sont des visées compatibles. La dégradation des écosystèmes forestiers a fait l'objet d'une attention croissante, en particulier avec la reconnaissance du rôle des forêts dans le cycle mondial du carbone. En effet, des développements récents dans la littérature sur le changement climatique ont mis en avant le rôle potentiel des forêts dans l'atténuation du changement climatique (Kartensen, 2013). L'impulsion a été donnée par le dispositif de « Réduction des Émissions résultant du Déboisement et de la Dégradation des forêts » (REDD+) proposé pour la première fois pour négociation lors de la Conférence des Parties à Montréal en 2005. La feuille de route de Bali adoptée en 2007 va au-delà du concept REDD+ en renforçant d'autres visées telles que la gestion durable des forêts. Comme le soulignent Geist et Lambin (2001), le rôle des forêts dans l'atténuation des menaces environnementales mondiales telles que le changement climatique et l'érosion de la biodiversité est un impératif de recherche et doit motiver des efforts considérables pour la compréhension des modèles et des conséquences de la déforestation dans le but d'aboutir à des implications politiques.

I.1.1. Analyse théorique de la relation exploitation forestière et qualité de l'environnement

Une analyse de la littérature des effets de l'exploitation des forêts doit marquer un temps d'arrêt sur la notion d'externalité, omniprésente dans les études sur la qualité de l'environnement. À ce titre, nous présenterons tour à tour le cadre théorique des externalités et ses implications dans le secteur forestier.

I.1.1.1. Cadre théorique des externalités

Initialement proposé par Sidgwick dans les années 1880, et Marshall dans les années 1890, puis développé par Pigou (1920), le concept d'externalité permet de rendre compte des interdépendances et des interactions hors marché entre les fonctions d'utilité ou de production (Damon, 2012). Il correspond généralement à une situation dans laquelle l'utilité d'un agent économique est influencée par un vecteur d'activités sous son contrôle, mais aussi par une ou plusieurs activités sous le contrôle d'un autre agent (Randall, 1993). Plus formellement, la fonction d'un agent comprend des arguments dont les valeurs sont déterminées par d'autres agents qui ne reçoivent ni compensation (en cas de bénéfices), et qui ne paient de pénalités (en cas de coûts) pour ces valeurs.

Cependant, la défaillance du marché peut justifier l'intervention de l'État pour compenser les perdants (en cas d'externalités négatives) ou faire participer les gagnants (en cas d'externalités positives), voire pour prendre en charge la production du bien en cas de fortes externalités positives.

Pearce (1976) a introduit une distinction particulièrement importante en matière d'environnement, entre externalités statiques et externalités dynamiques. Les premières sont en général spécifiques, localisées et réversibles, et leur solution relève de l'internalisation entre agents économiques. Les secondes impliquent des effets écologiques prolongés sur l'environnement et ne peuvent être réduites à une relation hors marché entre agents. Par conséquent, la solution relève d'autres méthodes que de la simple internalisation (Damon et al, 2012).

Une dernière distinction qui mérite d'être signalée est celle d'externalité privée et d'externalité publique matérialisée par Baumol et Oates (1988). Les externalités publiques caractérisent les effets externes non rivaux, c'est à dire pour lesquels le préjudice subi (ou le bénéfice retiré) par un agent ne diminue pas le préjudice subi (ou le bénéfice retiré) par un autre agent. Seulement, en cas d'externalités négatives l'économie ne se retrouve plus dans une situation optimale, d'où la nécessité d'internaliser ces effets externes. Le mode d'internalisation proposé par Pigou (1920) est de faire payer une taxe ou une redevance à l'émetteur de la nuisance dont le montant est égal à la différence entre le coût social et le coût privé. Cette taxe qualifiée de pigouvienne permet d'ajuster les activités polluantes dans le but de maximiser le bien-être collectif. C'est la taxe du « pollueur-payeur ».

Pour Coase (1960), l'internalisation ne peut provenir que d'une négociation bilatérale entre émetteur et victime, c'est-à-dire d'un marchandage entre agents économiques concernés, pourvu que le coût d'organisation d'une telle négociation ne soit pas trop élevé et en tout cas ne dépasse pas le gain social qu'on peut en attendre ou encore que la réglementation n'empêche pas à ces accords d'émerger.

Les effets de l'exploitation de la biodiversité forestière quant à eux s'inscrivent dans la logique des externalités environnementales.

I.1.1.2. Cas spécifiques des externalités environnementales

La théorie des externalités environnementales considère la pollution comme le pendant environnemental le plus important de la perspective d'analyse de l'incidence de l'exploitation de la biodiversité forestière sur la qualité de l'environnement. Selon l'approche économique classique, les nuisances environnementales causées par l'activité forestière se traduisent par des coûts qui ne sont pas supportés par l'entreprise ni intégrés dans le prix de ses produits à l'instar de la détérioration d'un site récréatif ou encore l'épuisement des ressources forestières (Jack, 2017). Ces coûts sont donc externalisés, c'est-à-dire reportés à la charge de la collectivité ou des populations. Les politiques environnementales et les normes réglementaires vont conduire les entreprises à internaliser ces coûts par des actions visant à réduire leurs impacts sur le milieu naturel. Ces actions de dépollution vont ainsi se traduire par des charges liées en particulier à l'acquisition d'équipements plus soucieux de l'environnement.

Toutefois, la théorie nous renseigne qu'il existe un niveau optimal de pollution, défini comme le niveau à partir duquel les coûts marginaux pour réduire l'impact sur l'environnement deviennent supérieurs aux coûts initiaux de dégradation de l'environnement (Candau et al., 2017). Ce niveau considère implicitement que les actions de dépollution entraînent invariablement des charges supplémentaires. En contrepartie, les externalités négatives (dommages pour l'environnement, risques pour la santé, détérioration des biens publics) tendent à diminuer lorsque les dépenses pour la dépollution augmentent (Aldy, 2012). Il existe donc un niveau de pollution permettant d'équilibrer les coûts supportés par le pollueur et les dommages subis par la collectivité. Outre les études traditionnelles d'analyse d'impact, ces dommages peuvent être évalués, selon certains auteurs, à partir du prix que les citoyens sont prêts à payer pour la protection de l'environnement (Angelsen, 2014). Cette analyse coûts-avantages, qui est généralement critiquée par les environnementalistes, suppose qu'il est possible de donner un prix à la nature. Or les écosystèmes et l'environnement en général n'ont pas en soi de prix, puisqu'ils échappent à la rationalité économique, fondée sur la valeur d'échange des biens (Aldy, 2012).

I.1.2. Théories d'analyse de l'impact environnemental de l'exploitation de la biodiversité forestière

À ce titre, deux théories s'avèrent pertinentes pour expliquer les effets de l'exploitation forestière sur l'environnement ; la théorie de la transition forestière et la théorie de la modernisation écologique.

I.1.2.1. La théorie de la transition forestière

La dynamique du couvert forestier est principalement saisie dans sa dimension temporelle. La transition forestière est utilisée pour décrire plusieurs séquences dans l'évolution de la couverture forestière. Cette théorie, introduite par Mather (1992), fournit des indications sur les modèles qui pourraient s'appliquer à un pays forestier lorsqu'il progresse le long de sa courbe de développement. D'après la théorie de la transition forestière, dans les premières étapes de leur développement économique, les pays forestiers sont caractérisés par une couverture forestière élevée et un faible taux de déforestation. La déforestation tend ensuite à augmenter au fil du temps et avec le développement économique jusqu'à ce qu'une couverture forestière minimale soit atteinte. Finalement, les pays ralentissent la déforestation en même temps que l'économie se diversifie et que le bien-être des populations dépend moins des forêts, et de la biodiversité forestière. En clair, la théorie de la TF met d'abord en évidence la corrélation entre le développement et la couverture forestière dans un pays (Angelsen, 2009).

Une autre compréhension de cette théorie repose sur la mutation du couvert forestier, passant d'une diminution des zones forestières à leur expansion ou encore le passage de la déforestation au reboisement. La transition se produit lorsque la tendance à la baisse du couvert forestier s'inverse en une tendance à la hausse du couvert forestier. À ce titre, Angelsen (2009) décrit plus en détail cet aspect de la transition forestière en suggérant qu'une augmentation de la rente forestière pourrait stimuler la transition en encourageant la plantation forestière ou le reboisement conduisant par ricochet à l'amélioration du couvert forestier.

La transition forestière est généralement considérée comme se déroulant en un cycle de transition, du couvert forestier élevé au point le plus bas, puis à l'augmentation à nouveau de ce couvert forestier. Ainsi, ce modèle de courbe en forme de U se compose essentiellement de deux tendances ou périodes : le dépérissement forestier et la régénération forestière, généralement sous la forme d'une courbe en U ou en J inversé (Singh, 2015). Pour la plupart des pays, la diminution du couvert forestier est un effet inévitable de leurs processus de développement. Au début du développement, l'augmentation de la population et de la demande de produits alimentaires exerce une forte pression sur les terres forestières en raison de l'expansion des terres agricoles. Enfin, au fur et à mesure que les pays se développent et se diversifient, une demande croissante de produits et services forestiers encouragera le processus de reboisement.

Plusieurs études récentes appliquent la théorie de la transition forestière pour analyser l'utilisation des terres ou les changements du couvert forestier à différentes échelles. À cet effet, Barbier et al. (2017) explorent un modèle à long terme de transition forestière en Europe et en Asie et y trouvent la présence d'un cycle répété dans ces régions. En analysant le cas de la déforestation dans les forêts amazoniennes, une étude d'Araujo et al, (2019) montre que la politique gouvernementale peut jouer un rôle important dans la transformation de la couverture forestière en une couverture forestière plus étendue. Au niveau national, une étude de Singh et al, (2017) montre comment les changements des facteurs sociodémographiques et institutionnels peuvent déterminer le modèle de transition forestière en Inde. Au niveau mondial, Lewis et al (2015), en explorant les données nationales pour 58 pays dans le monde au cours de la période 1990-2010, confirment que la transition forestière mondiale s'est traduite par un déclin uniforme des forêts.

Dans l'intérêt du domaine académique, l'approche de la transition forestière permet d'expliquer l'évolution dans le temps de deux éléments importants : le couvert forestier et la déforestation. Une autre position importante de cette théorie est qu'elle peut être associée à d'autres variables explicatives. Par conséquent, les décideurs politiques sont en mesure d'en déduire des alternatives politiques à partir de cette théorie. D'une manière générale, deux grandes orientations politiques peuvent être dégagées, à savoir les politiques visant à enrayer la déforestation et les politiques visant à accélérer la transition vers un couvert forestier croissant (Singh et al, 2017). Néanmoins, la réalité nous renseigne que l'efficacité de la promotion du couvert forestier dépendra fortement de la concurrence des valeurs entre les différentes utilisations des terres (Barbier et al, 2010).

I.1.2.2. La théorie de la modernisation écologique

Discutée dans les arènes internationales de recherche en sociologie de l'environnement et en sciences économiques, la notion de modernisation écologique connait également un succès dans la littérature sur la qualité de l'environnement. En proposant une approche de la protection de l'environnement compatible avec le développement économique et technologique, cette notion trouve, dans les années 1990, un écho favorable auprès des décideurs qui voient en elle une justification théorique à la mise en œuvre du concept naissant de développement durable (Shimamoto, 2008). Par la suite, la notion de modernisation écologique a fait l'objet de développements analytiques permettant de décrire des processus de transformation des modalités de gestion des questions environnementales. De l'autre côté, elle est également utilisée de manière normative pour promouvoir le passage d'une écologie de résistance, à une écologie de proposition marquée, entre autres, par un souci d'apporter des solutions technologiques à la crise environnementale et par une montée en puissance des logiques marchandes dans la régulation de l'environnement (Peyron, 2012).

La paternité du terme modernisation écologique est généralement attribuée à Joseph Huber (1985) et Martin Jänicke (1985), qui figurent parmi les pionniers d'une approche sociologique de la réforme environnementale (Peterson, 1997). Selon cette approche, l'étude de l'environnement ne doit pas se limiter à l'analyse des dégradations environnementales ou de leur traitement, mais plutôt à la manière dont les acteurs publics et privés construisent la problématique environnementale. La modernisation écologique est une notion qui exprime l'idée d'une nouvelle conceptualisation des questions environnementales et de leur traitement. Le statut de l'environnement sur les agendas politiques est renforcé, son appréhension est modifiée avec la reconnaissance du caractère structurel de la problématique environnementale et son traitement est *« modernisé »* par une intégration de l'environnement dans les dynamiques de marché. (Riggs et al, 2018).

Sur le plan prescriptif, les dommages environnementaux pourraient être progressivement atténués au fur et à mesure que les sociétés intègrent les visées de protection de l'environnement dans tous les domaines politiques. Un grand accent est également mis sur l'invention, l'innovation, la diffusion de nouvelles technologies et la migration vers des services économiques plus soucieux de l'environnement. À ce titre, Huber (1982) promeut l'idée que les problèmes environnementaux pourraient être traités par l'industrialisation, en suggérant de s'attaquer aux problèmes environnementaux principalement par la transformation de la production via le développement et l'application de technologies plus soucieuses de l'environnement.

I.2. Revue de la littérature empirique sur la relation exploitation de la biodiversité forestière et qualité de l'environnement

I.2.1. Vérification de l'hypothèse de la Courbe environnementale de Kuznets

S'il est vrai que de nombreuses réflexions suggèrent l'existence d'une relation linéaire et positive entre l'exploitation forestière et la dégradation de l'environnement, l'absence de vérification dans certaines régions a conduit certains chercheurs à émettre l'hypothèse d'une relation non linéaire entre ces deux variables. Ainsi, la vérification de cette hypothèse a donné naissance à une querelle de travaux. Dans plusieurs cas, l'hypothèse de la Courbe environnementale de Kuznets a été vérifiée, c'est-à-dire l'existence d'une courbe en U inversé entre l'exploitation forestière et les émissions de gaz à effet de serre. Néanmoins, d'autres études présentent une relation en forme d'U-direct entre l'exploitation forestière et la qualité de l'environnement.

I.2.1.1. Contexte historique et empirique de la CEK

Le concept de CEK est apparu au début des années 1990 avec l'étude pionnière de Grossman et Krueger (1991) sur les impacts potentiels du développement économique sur la qualité environnementale et celle de Shafik (1994) sur le développement durable dans le monde. Cependant, l'idée que la croissance économique est nécessaire pour maintenir ou améliorer la qualité de l'environnement est un argument essentiel avancé par les chercheurs (Franckel et al, 2012). D'autres ont exposé cette position avec encore plus de force, affirmant qu'il est évident que, si la croissance économique entraîne généralement une dégradation de l'environnement aux premiers stades du processus, le meilleur et probablement le seul moyen d'obtenir un environnement décent dans la plupart des pays est finalement de devenir un pays riche (Wei et al., 2016).

La CEK a pour origine les travaux de Kuznets (1955) qui faisait initialement l'hypothèse d'une relation entre l'inégalité dans la répartition du revenu et la croissance du revenu sous la forme d'une courbe en U inversé. Autrement dit, le progrès économique irait de pair avec une croissance des inégalités de niveau de vie, mais au-delà d'un certain niveau de développement, le passage à une économie industrialisée s'accompagnerait au contraire d'une réduction des inégalités.

Par la suite, la CEK a été appliquée au secteur forestier, connu sous le nom de Courbe environnementale de Kuznets pour la déforestation. Théoriquement, le concept de la CEK pour la déforestation a été discuté par Lopez (1994), qui suggère qu'au fur et à mesure que la croissance des revenus augmentera, la déforestation diminuera lorsque les effets des stocks de ressources forestières sur la production agricole seront internalisés. Selon cette thèse, la déforestation est une fonction du revenu ou de la croissance économique formant une courbe en U inversé. Dans la phase initiale du développement, lorsque le niveau de revenu ou la croissance du PIB est relativement faible, l'augmentation du revenu par habitant accélérera le taux de déforestation jusqu'à un certain point tournant. À ce stade précoce, la déforestation est probablement l'une des conséquences négatives du développement ; puis, à mesure que les revenus augmenteront, le taux de déforestation diminuera. L'augmentation des revenus inciterait ainsi les gens à améliorer la gestion des ressources forestières et la qualité de l'environnement.

Depuis la conceptualisation théorique de la CEK pour la déforestation, de nombreuses études empiriques ont été menées à différents niveaux. Avant les années 1990, une étude d'Allen et Barnes (1985) portait sur la croissance économique et la déforestation ; leur approche est un modèle linéaire utilisant les données de la FAO de 1968-1978 qui montre que le PIB par habitant n'est pas significativement corrélé avec le changement total des forêts. Ils trouvent par contre une relation significative entre la déforestation et le taux de croissance démographique sur la période étudiée pour un panel de 39 pays d'Asie, d'Amérique et d'Afrique. Une étude transnationale réalisée par McNicol et al. (2018) à partir des données de la FAO (1970-2013) ont révélé l'importance de l'effet du revenu sur la déforestation en Afrique. En outre, une analyse chronologique par pays menée par Franckel et al (2012) révèle l'existence d'une courbe en U inversé entre la déforestation et le revenu par habitant avec un point tournant autour de 24 555 USD/habitant dans le cas du Brésil. Jalil et al. (2009) quant à eux, soutiennent que l'existence de la CEK pour la déforestation devrait être attribuée aux pays développés au sein desquels les importations de produits forestiers entraînent la déforestation dans les pays plus pauvres. Cependant, ces auteurs postulent que la courbe est utile pour voir les progrès des programmes de conservation dans les pays en développement. Un autre résultat intéressant d'une étude empirique montre que la déforestation dans les pays en développement a eu lieu à un stade de développement précoce à l'industrialisation (Kartensen, 2013). Enfin, Choumert (2012), examine l'impact des facteurs institutionnels spécifique sur la relation de la CEK pour la déforestation dans les pays d'Amérique latine, d'Afrique et d'Asie. Les résultats des pays d'Amérique latine démontrent de manière significative une relation entre la déforestation et les niveaux de revenu et la pertinence des facteurs institutionnels pour réduire le taux de déforestation. Les résultats de cette étude suggèrent également que l'impact de la perte du couvert forestier sur la qualité de l'environnement pourrait diminuer en renforçant les facteurs institutionnels.

I.2.1.2. Les controverses empiriques de la CEK

La présente sous partie examine les critiques récentes qui ont été formulées à l'encontre de la CEK pour des raisons essentiellement empiriques. À cet effet, Arrow et al (1995) ont critiqué le fait que le modèle de la CEK présenté dans le Rapport sur le développement dans le monde et ailleurs suppose qu'il n'y a pas de rétroaction des dommages environnementaux sur la production économique. L'hypothèse est que les dommages environnementaux ne réduisent pas suffisamment l'activité économique pour ralentir le processus de croissance et que toute irréversibilité ne semble pas être trop grave pour réduire le niveau de pollution. En d'autres termes, ils supposent que l'économie est continue, peu importe le dommage environnemental.

Un problème plus fondamental est la nécessité de démontrer la causalité entre le revenu et la variable environnementale d'intérêt. Ce problème affecte la plupart des modèles de forme réduite d'un pays à l'autre qui examine la croissance et n'est donc pas propre aux fondements d'une éventuelle relation CEK. Récemment, des tests utilisant la définition de Granger de la causalité (Perman et Stern, 2003) ont été effectués, mais les résultats sont problématiques, car on démontre que des variables clés comme le revenu sont intégrées, ce qui donne à penser que les régressions CEK peuvent produire de faux résultats (Carson, 2009). De plus, les premiers travaux sur la CEK n'ont pas pris au sérieux la structure chronologique des données. Pourtant, toute la notion conceptuelle qui sous-tend la CEK était une relation d'équilibre à long terme dans laquelle l'augmentation des revenus conduirait, après le tournant de la CEK, à une réduction de la pollution générée.

Certaines des premières études de CEK ont montré qu'un certain nombre d'indicateurs : les émissions de SO2, de NO2 et la déforestation atteignent leur maximum avec le revenu moyen par habitant. Les résultats des estimations économétriques disponibles auraient pu nous amener à penser que, compte tenu des niveaux futurs probables du revenu moyen par habitant, la dégradation de l'environnement devrait diminuer à partir de maintenant (Candau et al, 2017). Cette interprétation est évidente dans le Rapport sur le développement 1992 de la Banque Mondiale (BIRD, 1992). Cependant, le revenu n'est pas normalement réparti, mais il est très asymétrique, le nombre de personnes dont le revenu par habitant est inférieur au revenu moyen par habitant étant beaucoup plus élevé qu'il ne l'est au-dessus. Par conséquent, c'est le revenu médian plutôt que le revenu moyen qui est la variable pertinente (Stern et al, 1996). Selden et Song (1994) et Stern et al (1996) ont effectué des simulations qui, en supposant que la relation CEK soit valide, ont montré que la dégradation de l'environnement mondial allait s'aggraver pendant encore longtemps.

I.2.2. Les hypothèses d'une atténuation du dommage environnemental

Bien que plusieurs études démontrent l'existence d'une relation linéaire entre l'exploitation forestière et la qualité de l'environnement, l'ampleur de la préoccupation environnementale a conduit certains chercheurs à considérer des hypothèses d'amoindrissement des dégâts causés à l'environnement.

I.2.2.1. Foresterie communautaire et gestion durable des forêts

La foresterie dans un cadre communautaire et la gouvernance forestière locale constituent un autre enjeu majeur pour non seulement inclure les peuples autochtones parmi les acteurs clés, mais également pour gérer durablement les espaces forestiers. L'incidence directe de cette inclusion est une exploitation contrôlée des forêts et par conséquent une pérennisation de la qualité de l'environnement dans le temps.

De nombreux auteurs soulignent la nécessité d'instaurer au sein de l'exploitation des forêts un mécanisme d'intervention des communautés locales. Par exemple, Buyse (2005) assure que le renforcement du pouvoir des communautés forestières inverserait les dynamiques de prédation et de destruction des forêts tropicales. Les exemples sont multiples et flagrants, démontrant que les structures institutionnelles obsolètes conduisent à une gouvernance forestière souvent inefficace et à une dilapidation des ressources forestières. Selon Megevand (2013), la gestion communautaire favorise la prise en charge locale, la responsabilité et le contrôle pour la protection et la gestion durable des ressources forestières. La foresterie communautaire a été promue en Amérique latine et dans le monde par les agences multilatérales, les organisations non gouvernementales, et les gouvernements comme un moyen de promouvoir la conservation et l'utilisation durable des forêts tropicales, de consolider les droits sur les terres et ressources traditionnelles, de baisser les coûts de protection des ressources forestières et de réduire la pauvreté rurale (Gelo, 2014). Partout dans le monde, il y a un nombre croissant d'études qui mettent en évidence les réussites de la gestion forestière à base communautaire. Ainsi, une étude de 163 forêts effectuée dans 13 pays n'a montré aucune différence dans l'état des forêts entre les aires protégées et les forêts contrôlées par des groupes autochtones (FAO, 2011). C'est une preuve irréfutable de l'enjeu de la foresterie communautaire dans la protection de l'environnement.

D'autres travaux produisent des résultats probants dans la réduction de la déforestation et la conservation des forêts à base de la gestion communautaire des forêts (Réné O, 2005). Une étude comparative menée au Mexique a relevé des taux de déforestation plus bas dans les zones de gestion communautaire (0,002 % entre 2000 et 2004) que dans la réserve (0,7 % entre 2000 et 2004) (Bernard et al, 2012). Au Cambodge, les zones de la réserve des *Bosawas* gérées et contrôlées par la communauté indigène du même nom ont été déboisées 16 fois moins que les zones hors de leur contrôle (Riggs et al, 2018). La couverture forestière sur l'île de Java est passée de 1,27 million à 1,57 million d'hectares entre 1985 et 1997, et ce, en grande partie grâce au développement de l'agroforesterie communautaire et aux jardins forestiers (UICN, 2009). En Inde, 21 millions d'hectares de forêts sont protégés par 100 000 villages qui ont substantiellement contribué à stabiliser la couverture forestière de ce pays après des décennies de déforestation (UICN, 2009).

I.2.2.2. Fiscalité forestière et gestion durable des forêts

Comme nous l'avons mentionné dans la section précédente, les dommages environnementaux engendrés par l'activité humaine doivent être internalisés pour améliorer la qualité de l'environnement. Le mode d'internalisation proposé par Pigou (1920) consiste à faire payer une taxe ou une redevance à l'émetteur de la pollution dont le montant est égal à la différence entre le coût social et le coût privé. À cet effet, la fiscalité forestière est une fiscalité spécifique qui est depuis son origine une fiscalité environnementale (Philippot, 2011). Par opposition à la conception orthodoxe de la fiscalité selon laquelle une taxe doit avoir pour unique ambition de produire des recettes de la façon la plus efficace possible, la fiscalité environnementale ou écologique quant à elle suggère que les taxes environnementales doivent influencer directement ou indirectement les comportements et les pratiques habituelles des utilisateurs de la forêt. La fiscalité forestière doit donc avoir un effet incitatif sur les comportements des exploitants forestiers (Philippot, 2011). Par exemple, pour la FAO (2016), une augmentation des redevances à la superficie des forêts en Afrique centrale, vise principalement à diminuer la demande de surface par les exploitants et à les inciter à rationaliser leurs prélèvements. De plus, elle facilitera la gestion économique de la ressource-bois, limitant toute forme de gaspillages et contribuant à l'atténuation du dommage environnemental.

Toutefois, l'effet de la fiscalité forestière sur les pratiques d'exploitation et de gestion des forêts tropicales fait l'objet d'appréciation contradictoire.

Peterson (1977) précise que les taxes et les redevances forestières peuvent avoir une influence négative si elles ne sont pas assises de manière adéquate. Leruth et al. (2000) considèrent que si la taxe portait effectivement sur le dommage environnemental, elle pourrait avoir un rôle incitatif. Mais dans la mesure où la taxe porte sur l'exploitation elle-même, elle n'aura aucun effet, pire elle contribuera à accroitre les mauvaises pratiques d'exploitation forestière. De plus, pour ces auteurs, la réduction de la rente par l'accroissement de la pression fiscale pousse les exploitants à réduire le coût des opérations en optant pour des méthodes, moins coûteuses à l'instar de celles qui accroissent les dommages aux écosystèmes forestiers et réduisent la valeur future de la ressource. Pour d'autres auteurs, la fiscalité forestière contribue à la gestion durable des forêts (Philippot, 2011). Autrement dit, elle constitue un instrument nécessaire à l'état pour une allocation efficace des terres et une bonne gestion forestière, éléments pertinents pour l'atténuation de la dégradation des forêts. Une autre étude menée en Asie du Sud-Est par la Banque Mondiale (1991) montre qu'une diminution des profits engendrée par une pression fiscale constante devrait inciter les opérateurs à rechercher plus systématiquement des moyens de productivité minimisant les dégâts à court terme.

II. EXPLOITATION FORESTIÈRE ET QUALITÉ DE L'ENVIRONNEMENT EN AFRIQUE SUBSAHARIENNE : UNE ANALYSE EMPIRIQUE

Des efforts considérables ont été déployés pour assurer le potentiel de séquestration du carbone par les forêts des pays d'Afrique subsaharienne. Il s'agit notamment de la mise en œuvre de projets visant à réduire la déforestation, et à accroitre le reboisement dans l'optique de préserver l'environnement comme le prévoient, par exemple, les ambitions de la Tropical Forest Alliance 2020 et la Déclaration de New York sur les forêts (2014), ainsi que les ambitions du développement durable de l'ONU visant à enrayer la déforestation avant 2020 (McNikol et al, 2018). Il sera donc question dans cet article d'analyser économétriquement les effets de l'exploitation de la biodiversité forestière sur les émissions de CO_2 à l'aide de données de la Banque Mondialesur la période 2002-2017 en Afrique subsaharienne et dans les pays du Bassin du Congo.

II.1. Analyse de la corrélation entre l'exploitation de la biodiversité forestière et la qualité de l'environnement en Afrique

II.1.1. Analyse de la relation entre l'exploitation forestière et les émissions de CO2 en Afrique subsaharienne

Dans cette partie, il est question d'examiner l'évolution du volume d'émission du dioxyde de carbone (CO2) par tête en Afrique subsaharienne sur la période 2002-2017 d'une part et d'analyser sa corrélation avec l'évolution de la surface des forêts et la rente forestière d'autre part.

- **Analyse de l'évolution des émissions de CO2 par tête en Afrique : le message des chiffres**

Sur la période 2002-2017, le volume moyen d'émission de CO2 par tête en Afrique est en moyenne de 0,3413 mt ; ce niveau moyen a nettement diminué sur la période 2004-2009 allant de 0,3448 à 0,31188 ainsi qu'entre 2011 et 2012. Par contre, les périodes de forte augmentation ont été de 2002 à 2004 2009 à 2011 ; et de 2012 à 2016 avec des volumes de 0,3498mt ; 0,3487mt ; 0,3521mt respectivement.

Sur l'ensemble de la période, nous pouvons décomposer 4 périodes seulement où le volume d'émissions a été revu à la baisse. Ces périodes sont 2003 à 2004,2005 à 2007, 2007 à 2009, 2011 et 2012 avec des résultats de 0,3311mt ; 0,3355mt ; 0,32188 respectivement. D'une manière globale, nous constatons avec ce graphique que le volume d'émissions de CO2 est croissant ces dernières années notamment depuis 2010.

Graphique 7 : Évolution des émissions de CO2 par tête en Afrique

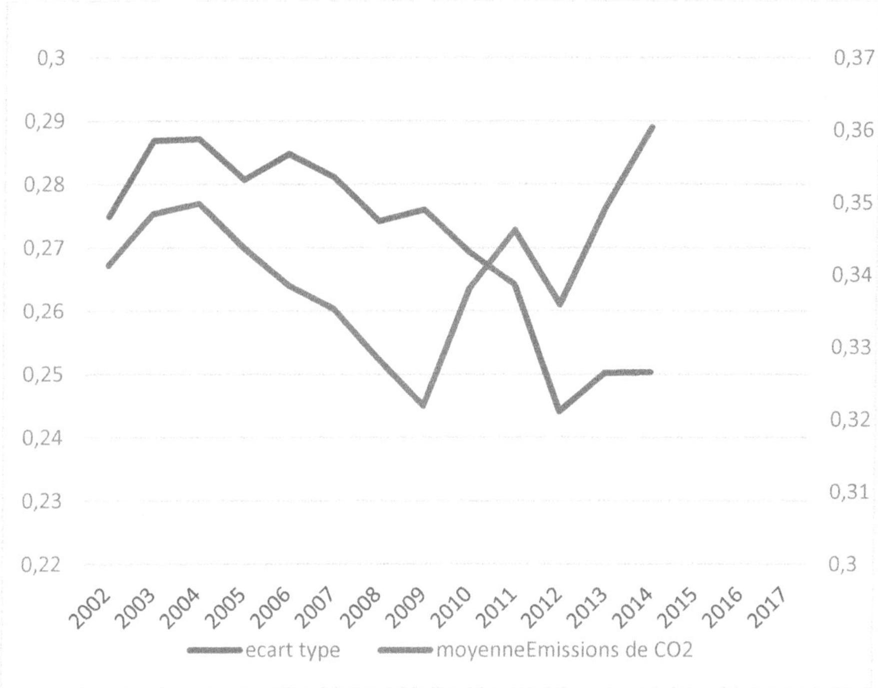

Source : Auteur, à partir des données de la Banque Mondiale (WDI 2018)

Au regard des résultats moyens individuels en Afrique subsaharienne, 4 pays enregistrent un résultat supérieur à la moyenne enregistrée pour l'ASS. Les volumes d'émissions les plus importants sont accordés à l'Afrique du Sud, avec un résultat véritablement supérieur à la moyenne pour l'Afrique subsaharienne, soit une moyenne de 8,676mt. Ensuite, viennent le Gabon et le Botswana avec des volumes moyens d'émissions de CO2 par tète estimés à environ 3,607mt et 3,1271mt respectivement. On peut donc comprendre que ce sont ces pays qui contribuent le plus au réchauffement climatique en Afrique. Cela peut s'expliquer par le fait que les économies de ces pays dépendent grandement de l'exploitation des ressources naturelles telles que les ressources minérales et de la biodiversité, dont l'extraction et le traitement sont généralement source d'immenses quantités d'émissions de polluants atmosphériques. De même, parmi les pays les moins pollueurs du continent sur la période 2002-2004 ; cinq pays ont un niveau d'émission moyen inférieur à 0,1mt. Il s'agit du Tchad, du Burundi, du Mali, de la République Centrafricaine et du Rwanda, avec des émissions moyennes de 0,030mt ; 0032mt ; 00643mt ; 0,0647 et 0,0668mt respectivement.

II.1.2. Corrélation entre la surface des forêts et le volume d'émission de CO2 par tête

La rubrique précédente nous révèle à suffisance que le volume d'émission de CO2 a suivi une trajectoire ascendante ces dernières années notamment sur la période 2011-2016. Par ailleurs, la rente forestière provenant de l'exploitation des surfaces des forêts a suivi une trajectoire similaire. Pour ce qui est de la relation entre la surface forestière en Afrique subsaharienne et les émissions de CO2 ; le graphique ci-après nous démontre que les émissions de CO2 par tête peuvent être fortement corrélées et de manière positive même si le volume des émissions a connu des phases de récessions durant certaines périodes.

Graphique 8 : Évolution de la surface des forêts et le volume d'émissions de CO2 par tête en Afrique subsaharienne

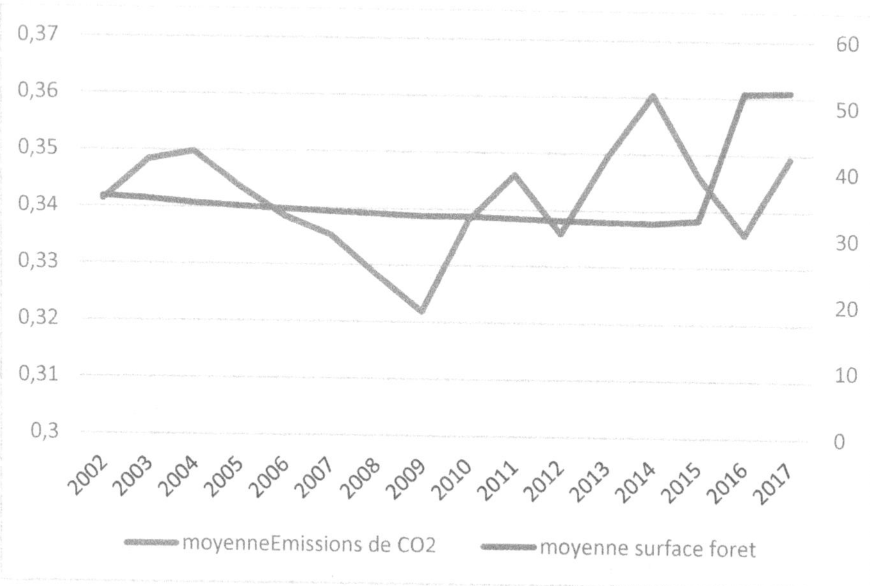

Source : Auteur, à partir des données de la Banque Mondiale (WDI 2018)

Ceci semble donc soutenir l'argument selon lequel l'exploitation de la biodiversité forestière serait en partie et probablement responsable des émissions de CO2 en Afrique subsaharienne. Cette observation peut se justifier, car presque tous les pays africains n'ont pas des normes et des réglementations en matière d'émissions de polluant. Ce manque de restriction conduit les exploitants à extraire de manière abusive et illégale les ressources ; la seule préoccupation étant d'engranger les recettes sans toutefois se soucier des dommages que cela peut avoir sur l'environnement. Au regard de ce graphique, le constat qui se dégage est le suivant, dans l'ensemble il semble existier une corrélation positive entre la surface forestière et les émissions de CO2 en Afrique subsaharienne. Les pays connaissant une déforestation soutenue, et une perte de leur couvert forestier enregistrent un niveau d'émissions moyen de 0,512mt ce qui est supérieur au niveau moyen de l'Afrique subsaharienne. Il s'agit principalement du Gabon et du Botswana avec des volumes d'émission de CO2 estimés à 0,432mt et 0,351mt respectivement. Cet état de choses pourrait s'expliquer par le fait que les économies de ces pays dépendent grandement de l'exploitation des ressources naturelles à l'instar des ressources forestières dont l'extraction et le traitement génèrent d'immenses quantités d'émissions de polluants atmosphériques. Réciproquement, on note que les pays les moins pollueurs du continent sur la période d'étude ont des taux de déforestation et des niveaux d'émissions de CO2 très faibles. Il s'agit du Rwanda, du Nigéria et de Madagascar qui ont des volumes d'émissions de 0,1238 ; 0,10235 et 0,1141

II.1.3. Analyse de la corrélation entre l'exploitation et les émissions de CO2 selon la dotation en ressources forestières

Cette sous-partie est consacrée à l'analyse de la corrélation entre l'exploitation forestière et les émissions de CO2 en fonction de la dotation en ressources forestières en Afrique subsaharienne.

- **Corrélation entre la surface forestière et les émissions de CO2 : cas du Bassin du Congo**

Le niveau d'émission de dioxyde de Carbonne dans le groupe des pays du Bassin du Congo est estimé en moyenne à 0,244461mt sur la période 2002-2014. Il varie entre 0,235724297, résultat obtenu en 2002 et 0,263805007, résultat obtenu en 2014. Ce niveau plus ou moins élevé des émissions de CO2 est principalement porté par le Gabon, la Tanzanie, le Congo avec tous des niveaux d'émissions supérieurs à la moyenne pour toute la sous-région. La première place accordée au Congo semble logique, car ce pays est parmi ceux qui connaissent une forte diminution de la surface des forêts. On pourrait donc penser que les volumes d'émissions de CO2 croissants peuvent être associés à une forte baisse de la surface des forêts. La courbe de la surface des forêts connait une régression qui va de 34,4563818 en 2002 à près de 30,3289613% de la surface totale des différents pays.

Graphique 9 : Corrélation des émissions de CO2 par tête et la surface des forêts

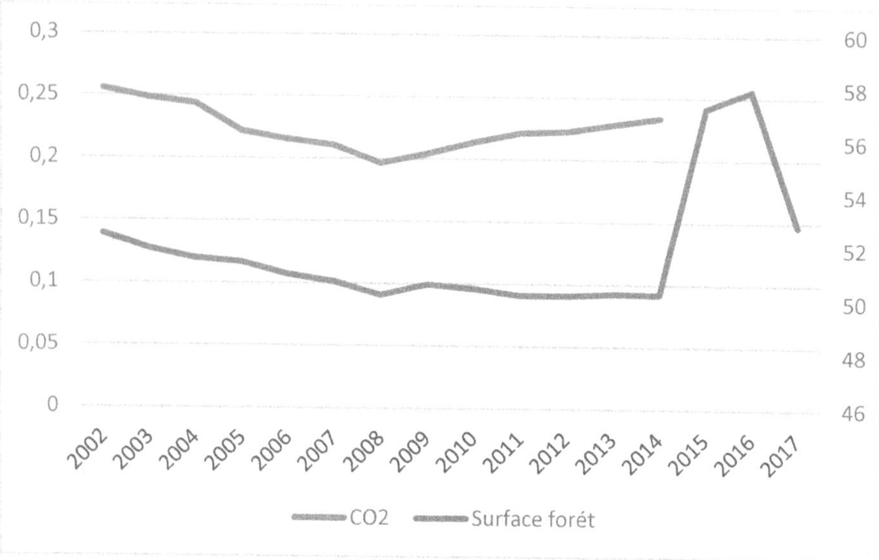

Source : Auteur, à partir des données de la Banque Mondiale (WDI 2018)

Cependant, l'on observe une reprise brutale de la courbe de la surface forestière en 2015 passant de 30,3289613% de la surface totale à 52,0801%. Pourtant, la courbe des émissions de CO2 suit une trajectoire quasiment ascendante durant cette période, ce qui rend l'interprétation de la corrélation entre ces deux indicateurs ambigus.

- **Corrélation entre la surface forestière et les émissions de CO2 : Cas des pays hors Bassin du Congo**

Graphique 10 : Corrélation des émissions de CO2 par tête et la surface des forêts

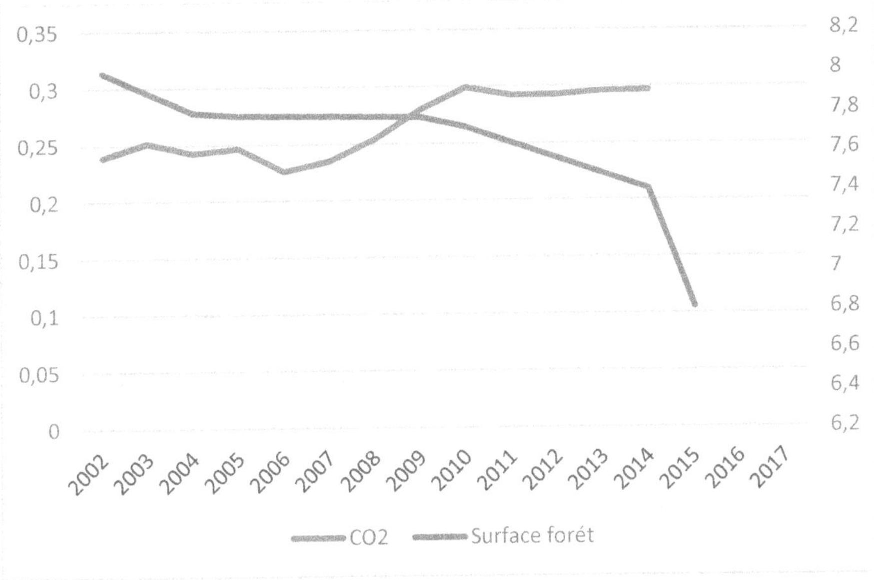

Source : Auteur, à partir des données de la Banque Mondiale (WDI 2018)

Nous avons retenu une dizaine de pays faiblement dotés en ressources forestières et n'appartenant pas au Bassin du Congo. À l'observation des courbes des indicateurs, il semble se dégager une corrélation négative. En effet, une baisse de la surface des forêts a tendance à accroitre le niveau d'émission de CO2. Le niveau d'émission de dioxyde de Carbonne dans le groupe des pays hors du Bassin du Congo est estimé en moyenne à 0,24161mt sur la période 2002-2014. Il varie entre 0,228629, résultat obtenu en 2002 et 0,273805007, résultat obtenu en 2014. Ce niveau plus ou moins élevé des émissions de CO2 est principalement porté par le Burkina Faso et le Mali, bien que les niveaux d'émissions soient inférieurs à la moyenne pour la partie des pays du Bassin du Congo. La courbe de la surface des forêts connait une régression qui va de 34,4563818 en 2002 à près de 30,3289613% de la surface totale des différents pays.

Sur la période 2002-2014, le niveau d'émissions de C02 n'a cessé de croître tandis que la surface moyenne des forêts n'a fait que décroître dans les pays n'appartenant pas au Bassin du Congo. On s'attendrait alors à une relation négative entre ces deux indicateurs. La section suivante sera consacrée à une analyse empirique de ladite relation entre ces deux indicateurs.

II.2. Approche méthodologique

Pour mieux cerner les contours du choix de la méthodologie adoptée dans le cadre de cette section, il est nécessaire dans un premier temps d'apporter une justification théorique du modèle et dans un second temps de présenter les différentes variables

II.2.1. Justification du modèle

La littérature sur la dégradation de l'environnement laisse transparaitre l'hypothèse de la Courbe environnementale de Kuznets comme le cadre empirique de référence d'analyse des effets de cette activité économique sur la qualité de l'environnement. Toutefois, la portée des analyses relatives à l'exploitation de la biodiversité forestière est vaste et variée. Certaines études représentent la dégradation de l'environnement en utilisant comme variable dépendante les émissions de $CO2$ de l'ensemble de l'économie (Kartensen et al, 2013), ou de $N2O$ de l'agriculture (Pendrill et al, 2019). Un autre corpus de la littérature illustre la dégradation de l'environnement par les taux de déforestation. En effet, certaines études ont considéré le taux de déforestation comme un indicateur de la dégradation de l'environnement et ont estimé la relation entre croissance économique et déforestation dans le temps (Van der werf et al, 2009).

Dans le cadre de notre étude, nous nous inspirons des travaux de Parajuli et Joshi (2019) sur l'impact des terres forestières et agricoles sur les émissions de $CO2$ pour un panel de 86 pays sur la période 1991-2014 dans le cadre de la Courbe environnementale de Kuznets. La spécification du modèle est donc la suivante :

$$CO2_{i,t} = \alpha + \beta_1 (rente\ forestière)\ i,\ t + \beta_2 (surface\ for)\ i,\ t + \mu_1 (FBCF)\ i,\ t + \mu_2 (urban)\ i,\ t + \mu_3 (exp\ agricole)\ i,\ t + \mu_4 (régulation)\ i,\ t + \phi (var\ muettes)\ i,\ t + \Omega i, + \varepsilon i,\ t \quad (4)$$

La présentation des variables ci-dessus se fera dans le tableau 3 qui suit.

II.2.2. Champ de l'étude et présentation des variables

Dans le cadre de notre étude, les données utilisées couvrent un échantillon de 39 pays d'Afrique subsaharienne qui seront répartis en deux groupes selon leur dotation en ressources forestières. Par ailleurs, la période d'étude s'étend de 2002 à 2017.

Tableau 3 : Description des variables

Variables	Description	Sources
CO2	Mesure le volume d'émission de dioxyde de carbone par tête	WDI (2018)
Rente forestière	Mesure le degré d'exploitation des ressources forestières et capte son poids dans le PIB	WDI (2018)
Surface forêt	Mesure l'évolution de la superficie des forêts dans le temps	WDI (2018)
Urbanisation	Mesure la part de la population vivant dans les zones urbaines dans la population totale	WDI (2018)
Expansion agricole	Mesure la proportion des terres agricoles par rapport à la surface totale	WDI (2018)
Qualité de la régulation	Mesure la capacité des pouvoirs publics à élaborer et appliquer de bonnes politiques et réglementation favorables au développement du secteur privé. Cet indicateur prend des valeurs comprises entre -2,5 et +2,5.	WGI (2018)

L'approche en données de panel est privilégiée dans le cadre de cette étude, car elle permet une analyse de données en double dimension. En effet, si les données en série temporelle permettent d'analyser l'évolution des relations dans le temps, elles ne tiennent pas compte de l'hétérogénéité entre les individus, et ne tiennent également pas compte des comportements dynamiques. Un avantage de l'utilisation des données de panel est donc qu'elle permet d'exploiter les deux sources de variation de l'information statistique : variabilité temporelle et variabilité inter-individuelle (Goaied et al, 2012).

II.2.3. Méthode d'estimation

II.2.3.1. Principe de l'estimation

Sur le plan économétrique, ce modèle met en exergue un problème d'endogénéité. À ce titre, Jalil (2009), établit une relation de causalité bilatérale entre la surface forestière et les émissions de CO2. Du point de vue économétrique, il existe trois principales sources d'endogénéité : l'omission de variables explicatives pertinentes dans la spécification du modèle ; la simultanéité qui apparaît lorsque la variable dépendante et certaines variables explicatives sont déterminées ensemble ; ou encore les erreurs de mesures sur les variables indépendantes ou de la variable dépendante. L'hypothèse d'exogénéité des variables explicatives n'étant plus vérifiée, il n'est plus opportun de recourir à la méthode des Moindres Carrés Ordinaires (MCO). Ainsi, pour corriger le problème d'endogénéité, nous optons pour la méthode des Doubles Moindres Carrés (DMC).

Cette méthodologie admet de consacrer à chaque variable soupçonnée de subir par le biais d'endogéneité, au moins une variable instrumentale. La variable instrumentale est une variable corrélée avec la variable source d'endogénéité, mais qui n'est pas corrélée avec le terme d'erreur. Dans le cas des DMC, outre les variables instrumentales exogènes au modèle, il est également possible d'utiliser les variables retardées des variables endogènes comme instruments, puisque celles-ci sont supposées non corrélées avec les résidus. Au total, il existe plusieurs estimateurs des DMC parmi lesquels on peut citer l'estimateur DMC à effets fixes et l'estimateur DMC à effets aléatoires. Pour ce dernier, on distingue l'estimateur DMC de Balestra et Varadharajan-Krishnakumar (1987) et l'estimateur EC2SLS (2008).

Le choix entre le modèle à effets fixes et celui à effets aléatoires nécessite que soit effectué au préalable un test de spécification ; le test recommandé est celui de Hausman. Lorsque la probabilité du test est inférieure au seuil de 10%, alors on réfute l'hypothèse nulle d'absence de corrélation entre l'effet spécifique et les variables indépendantes et le modèle choisi est celui à effets fixes. Si par contre cette probabilité est supérieure au seuil de 10%, alors on ne peut rejeter l'hypothèse nulle. Dès lors, le test ne permet pas de différencier le modèle à effets fixes du modèle à effets aléatoires.

II.2.3.2. Principaux tests de robustesse

Le principal test de robustesse est le test de validité des instruments de Sargan/Hansen. Si la probabilité dudit test est supérieure au seuil de 10%, alors on ne peut rejeter l'hypothèse nulle et l'on conclut que nos instruments sont valides. En outre, notons que pour le modèle à effets fixes, le R2 le plus pertinent est le R2-within, car il donne une idée sur la variabilité intra-individuelle de la variable indépendante expliquée par celles des variables explicatives. Le R2-between quant à lui donne une idée de la contribution des effets fixes des individus au modèle. En revanche, pour le modèle à effets aléatoires, le R2 le plus pertinent est le R2-between, car il donne une idée de la variabilité interindividuelle de la variable dépendante expliquée par celles des variables explicatives. Le R2-within quant à lui donne une idée des effets aléatoires du pays au modèle.

II. PRÉSENTATION DES RÉSULTATS ET INTERPRÉTATION

Cette section est consacrée à la vérification de l'hypothèse émise dans le cadre de notre étude. Elle est scindée en deux rubriques, d'une part la présentation des différents résultats économétriques et d'autre part par les interprétations de ceux-ci. En outre, les résultats sont présentés suivant les trois estimations effectuées dans les trois différents modèles à effets fixes à l'instar du modèle pour l'Afrique subsaharienne (I) ; pour les pays du Bassin du Congo (II) et pour les pays n'appartenant pas au Bassin du Congo (III).

II.1. Présentation des résultats

Tableau 4 : Résultats des estimations

Variables dépendantes	*(I) Émissions de CO2*	*(II) Émissions de CO2*	*(III) Émissions de CO2*
Variables			
Rente forestière	*0.0369****	*0,00252****	*0.000742***
	(0.00472)	*(0,00413)*	*(0.00175)*
Surface des forêts	*-0.0723****	*-0.0198***	*0.00962*
	(0.00534)	*(0.00527)*	*(0.00915)*
Urbanisation	*0.0478****	*0.00299***	*0.00944***
	(0.00560)	*(0.00273)*	*(0.00976)*
FBCF	*0.0560****	*0.001311*	*-0.000897*
	(0.00227)	*(0.0008266)*	*(0.00278)*
Expansion agricole	*-0.00481****	*0.0215***	*0.00162 ****
	(0.000678)	*(0.00830)*	*(0.00505)*
Qualité de la régulation	*0.164*	*-0.0874*	*0.0465*
	(0.0431)	*(0.025)*	*(0.0636)*
Constante	*-4.297****	*-1.501****	*-1.136****
	(1.454)	*(0.459)*	*(0,425)*
Observations	*449*	*120*	*116*
Nombre de Pays	*39*	*10*	*10*
Fischer (p-value)	*0.0000*	*0.000*	*0,000*
Test de Sargan/Hansen	*0.412*	*0.747*	*0,613*
R^2 (overall)	*0,0241*	*0.01842*	*0,0212*
Hausman test (p-value)	*0,721*	*0,301*	*0,152*

Source : *Auteur, estimations réalisées à partir des données de la Banque Mondiale.*
Notes : les valeurs entre parenthèses correspondent à l'écart-type corrigé de l'hétéroscédasticité.
**** p<0.01 significatif à 1%, ** p<0.05 significatif à 5%, * p<0.1 significatif à 10%,*

II.2. Interprétation des résultats

Pour analyser la relation entre l'exploitation forestière et les émissions de CO2 par tête, nous avons procédé à trois estimations. Nous avons d'abord examiné l'effet de la perte du couvert forestier sur les émissions de CO2 par tête pour toute l'Afrique subsaharienne (I), ensuite analyser cette relation pour les pays du Bassin du Congo fortement dotés en ressources forestières (II), et enfin évaluer cette relation pour les pays n'appartenant pas au Bassin du Congo, et regroupés dans un ensemble de pays faiblement dotés en ressources forestières.

II.2.1. Interprétation des résultats pour l'Afrique subsaharienne

Sur le plan économétrique, le test de Fisher est concluant pour l'ensemble des estimations puisque sa probabilité est inférieure au seuil de 1%. Cela signifie donc que nos modèles sont globalement significatifs. De plus, le test de suridentification de Sargan/Hansen est lui aussi concluant et permet de valider nos instruments. En effet, la p-value de cette statistique est supérieure au seuil de 10% dans toutes les régressions, ce qui ne permet pas de rejeter l'hypothèse nulle de validité des instruments. Nous avons également fait le test de spécification de Hausman pour savoir lesquels des modèles à effets fixes ou des modèles à effets aléatoires sont pertinents pour notre étude. Dans le cas de la relation d'exploitation de la biodiversité forestière et les émissions de CO2 par tête, les différentes probabilités obtenues sont Prob > Chi2= 0,721 ; 0,301 ; 0,152 pour les modèles (I) et (II) et (III) respectivement. Le fait que ces probabilités soient toutes supérieures au seuil de 10% implique que le test de Hausman permet dans ce cas de figure de choisir les modèles à effets aléatoires comme étant plus pertinent dans notre cas.

- **Effet de la rente et de la surface forestière sur les émissions de CO2 par tête**

Au regard du précédent tableau, le coefficient estimé de la rente forestière est significativement positif au seuil de 1%, ceci implique donc l'existence d'une relation positive entre le niveau de revenu forestier provenant de l'exploitation forestière et le volume des émissions de CO2 par tête en Afrique. En d'autres termes, ce résultat suppose qu'une augmentation de la rente forestière en Afrique subsaharienne contribue à accroitre le volume d'émission de CO2 par tête, toutes choses restant égales par ailleurs. Cependant, le coefficient estimé de la surface des forêts est négatif et significatif au seuil de 1%. On pourrait déduire qu'il existerait une corrélation négative entre la superficie forestière et les émissions de CO2. Ce résultat est conforme à ceux trouvés dans les travaux de Parajuli et al (2019) sur la relation entre les émissions de CO2 et les terres forestières et agricoles pour les données de 86 pays dans le monde sur la période 1990-2014. Ce résultat suggère qu'une diminution de la surface forestière accroit les émissions de CO_2 par tête en ASS. Toutefois, selon ces auteurs, ce résultat est mitigé lorsque les analyses sont étendues à des groupes de pays en fonction de leur situation géographique et de leurs conditions économiques. L'estimation du coefficient associé aux terres forestières est négative et statistiquement significative pour les pays africains et ceux d'Amérique latine, mais l'estimation des superficies forestières s'avère statistiquement insignifiante dans les pays européens.

➢ **Effet de l'urbanisation sur les émissions de CO2**

Le processus d'urbanisation est reconnu comme l'un des principaux moteurs de la perte des forêts compte tenu de l'aménagement permanent de nouveaux espaces urbains. Une urbanisation non gérée peut poser de nombreux défis socioéconomiques. À ce titre, par exemple, l'urbanisation non contrôlée entraîne généralement une prolifération des activités de l'économie informelle. Le signe du coefficient estimé est positif et significatif au seuil de 1%. Ceci implique l'existence d'une relation positive entre le niveau d'urbanisation et le volume d'émissions de CO_2. Ce résultat est conforme aux travaux de Bruckner (2012) sur la croissance, l'urbanisation et les émissions de CO_2 en Afrique. Par ailleurs, il semble conforme aux théories malthusiennes selon lesquelles un accroissement de la population entraîne une pression croissante sur l'environnement (Van der Ploeg ; 2011). Ce résultat est similaire à ceux trouvés par Martinez-Zarzoso (2008), sur une analyse de l'impact environnemental de l'urbanisation pour les données de 88 pays en développement. Par ailleurs, en ce qui concerne les travaux menés en Afrique, ce résultat est également en conformité avec les travaux d'Adusha-Poku (2016) sur les données de 45 pays d'Afrique subsaharienne entre 1990 et 2016 ; mais s'oppose à celui obtenu par Ekpeno Effiong (2016) sur les données de 45 pays africains entre 1990 et 2010.

➢ **Effet de l'investissement et de l'expansion agricole sur les émissions de CO2**

Au regard du tableau des résultats des estimations précédentes, les coefficients estimés pour l'investissement et l'expansion agricole sont significatifs au seuil de 1% en Afrique subsaharienne. Seulement, les signes de ces coefficients sont différents. Ces résultats révèlent que les investissements domestiques sont positivement corrélés avec les émissions de CO_2 par tête. Bien que les travaux ayant démontré ce résultat sont relativement rares, on pourrait déduire que les investissements domestiques en ASS sur la période d'étude ont du mal à intégrer la préservation de la qualité de l'environnement dans l'implémentation des projets, ce qui pourrait expliquer ce résultat. Pour ce qui est de l'expansion agricole, son coefficient estimé montre que l'expansion agricole est négativement corrélée aux émissions de CO_2. Autrement dit, l'augmentation des terres consacrées à l'agriculture est de nature à réduire les émissions de CO_2 en ASS. Un argument en faveur de ce résultat serait que l'expansion agricole conduit les populations à diversifier leurs revenus et par conséquent à dépendre faiblement de la biodiversité forestière pour survivre. Ce résultat s'oppose avec les travaux de Pendrill et al. (2019), qui examinent l'hypothèse de la Courbe de Kuznets Environnementale pour le Brésil, la Russie, l'Inde, la Chine et l'Afrique du Sud (BRICS) sur la période 1990-2014, tout en considérant les activités agricoles, comme moteurs des émissions de CO_2.

II.2.2. Interprétations des résultats pour le groupe de pays

Les interprétations se feront simultanément pour les variables et pour les deux groupes de pays à l'instar des pays du Bassin du Congo (I) et les pays n'appartenant pas au Bassin du Congo (II). Ainsi au regard du tableau des résultats des estimations ; l'on peut constater que les coefficients de la rente forestière sont positifs et significatifs au seuil de 1% et de 5% pour le premier groupe de pays (I) et le second (II) respectivement. On déduit que la rente forestière est positivement corrélée avec les émissions de CO_2 dans les deux groupes de pays. Pour ce qui est des coefficients estimés de la superficie forestière, on observe que seul le coefficient du groupe de pays du Bassin du Congo est significatif au seuil de 5%, mais négativement corrélé aux émissions de CO_2. Intuitivement, ce résultat est identique à celui trouvé pour l'Afrique subsaharienne et suggère qu'une augmentation de la superficie forestière favorise la réduction des émissions de CO_2.

De même, les coefficients relatifs à l'urbanisation sont tous significatifs au seuil de 5% pour les deux modèles et sont de signe positif. Ce qui implique que l'urbanisation accentue les émissions de CO_2 dans le Bassin du Congo et dans les pays n'appartenant pas au Bassin du Congo. Ce résultat est également identique au précédent. Pour ce qui est des coefficients relatifs à l'expansion agricole, ils sont également significatifs au seuil de 5% pour nos deux modèles. De plus, ces signes sont positifs et traduisent une relation positive entre l'expansion agricole et les émissions de CO_2 par tête. En outre, les signes sont conformes à ceux trouvés par Pendrill et al. (2019). Ce résultat suggère que l'expansion agricole accroit la pression sur les forêts, et favorise les émissions de CO_2.

Lorsque l'on considère principalement les effets de la déforestation sur les émissions de CO_2 en fonction de la dotation naturelle en ressources forestières, les résultats montrent que les signes de certaines variables sont différents pour les différents groupes. Néanmoins, ces effets sont moins importants dans le groupe des pays à faible dotation forestière. Toutefois, on peut constater que les effets négatifs de l'exploitation forestière sur les émissions de CO_2 sont plus accentués pour les pays du Bassin du Congo qui connaissent des taux de déforestation importants. Ainsi l'hypothèse d'une courbe en forme d'U-inversé pour la déforestation le long des voies de développement préconisé par la théorie de la transition forestière et la théorie de la modernisation écologique semble ne pas s'appliquer en Afrique subsaharienne.

CONCLUSION

Il a été principalement question dans cet article d'aborder les effets de l'exploitation économique de la biodiversité forestière sur la qualité de l'environnement en Afrique subsaharienne. Nous avons retenu comme variable de dégradation environnementale le volume d'émission de CO_2 par tête et comme variables de l'exploitation forestière, de la rente forestière et de la surface des forêts. L'approche méthodologique a consisté d'une part à faire une étude de la corrélation entre les deux indicateurs à l'aide de graphique et d'autre part, à analyser économétriquement ces effets. De plus, l'analyse s'est faite pour l'ensemble du panel et également pour deux groupes en l'occurrence pour les pays du Bassin du Congo et pour les pays n'appartenant pas à cette région de l'Afrique subsaharienne afin de tenir compte de l'hétérogénéité observable entre les pays et d'essayer de vérifier les hypothèses des différentes théories relatives à l'impact environnemental de l'exploitation économique des forêts. Il en ressort que la corrélation entre la rente forestière et les émissions de CO_2 est positive pour l'Afrique subsaharienne et dans le Bassin du Congo. Ces résultats ont été économétriquement vérifiés pour l'Afrique, où l'effet de la rente forestière et de la diminution de la surface des forêts étaient significatifs ; confirmant ainsi notre deuxième hypothèse de recherche. Pour les pays du Bassin du Congo, l'effet estimé est également positif et significatif.

BIBLIOGRAPHIE

ABERNETHY, K., F. MAISELS, ET L. J. T. WHITE. (2016) : "Environmental Issues in Central Africa," *Annual Review of Environment and Resources*, 41, pp.1–33.

ADAMS, S., ET C. NSIAH. (2019) : "Reducing carbon dioxide emissions; Does renewable energy matter?", *Science of The Total Environment*, 693, pp. 133-288.

AFRICA, U. N. E. C. F. (2016) : *Rapport économique sur l'Afrique*, 2015.

ANGELSEN, A., P. JAGGER, R. BABIGUMIRA, B. BELCHER, N. J. HOGARTH, S. BAUCH, J. BÖRNER, C. SMITH-HALL, ET S. WUNDER. (2014) : "Environmental Income and Rural Livelihoods: A Global-Comparative Analysis," World Development, 64, pp. 12–28.

ANTOCI, A. (2009) : "Environmental degradation as engine of undesirable economic growth via self-protection consumption choices," *Ecological Economics*, 68, pp. 1385–1397.

ARROW, K., B. BOLIN, R. COSTANZA, P. DASGUPTA, C. FOLKE, C. S. HOLLING, B.-O. JANSSON, ET AL. (1996) : "Economic growth, carrying capacity, and the environment," *Environment and Development Economics*, 1, pp. 104–110.

ASAKO, K. (1980) : "Economic Growth and Environmental Pollution under the Max- Min Principle," *Journal of environmental economics and management*, 7, 157–183.

ASONGU, S. A., ET N. M. ODHIAMBO. (2019) : "Income Levels, Governance and Inclusive Human Development in Sub-Saharan Africa," *Applied Research in Quality of Life*.

ATHUKORALA, W., C. WILSON, ET S. MANAGI. (2017) : "Social welfare losses from groundwater over-extraction for small-scale agriculture in Sri Lanka: Environmental concern for land use," *Journal of Forest Economics*, 29, pp. 47–55.

BANQUE INTERNATIONALE POUR LA RECONSTRUCTION ET LE DEVELOPPEMENT (2008) : *L'agriculture au service du développement, Washington ; Bruxelles : Banque Mondiale*, De BoCEK.

BARBIER, E. B. (2010) : "Poverty, development, and environment," *Environment and Development Economics,* 15, pp. 635–660.

BAUMOL, W. & OATES, W. (1988) : " The theory of environmental policy" Cambridge University Press

BRUNDTLAND COMMISSION (1987) : "report of the world commission on environment and development: our common futur", oxford university press.

CANDAU, F., ET E. DIENESCH. (2017) : "Pollution Haven and Corruption Paradise," *Journal of Environmental Economics and Management*, 85, pp. 171–192.

CAVIGLIA-HARRIS, J. L., D. CHAMBERS, ET J. R. KAHN. (2009) : "Taking the 'U' out of Kuznets," *Ecological Economics*, 68, pp. 1149–1159.

CERUTTI, P. O., P. SOLA, A. CHENEVOY, M. IIYAMA, J. YILA, W. ZHOU, H. DJOUDI, ET AL. (2015): "The socioeconomic and environmental impacts of wood energy value chains in Sub-Saharan Africa: a systematic map protocol," *Environmental Evidence*, 4.

COSTANTINI, V., ET S. MONNI. (2008) : "Environment, human development and economic growth," *Ecological Economics*, 64, pp. 867–880.

DAMETTE, O. (2017) : "Présentation. Ressources naturelles et développement : un nouvel éclairage entre malédiction des ressources, financiarisation et changement climatique," Mondes en développement, n° 179, 7.

DAMON, M., ET T. STERNER. (2012) : "Policy Instruments for Sustainable Development at Rio +20," *The Journal of Environment & Development*, 21, pp. 143–151.

DEMPSEY, J. (2015): "Fixing biodiversity loss," *Environment and Planning A: Economy and Space*, 47, 2555–2572.

DING, H., ET P. A. L. D. NUNES. (2014): "Modeling the links between biodiversity, ecosystem services and human wellbeing in the context of climate change: Results from an econometric analysis of the European forest ecosystems," *Ecological Economics*, 97, pp. 60–73.

DREWS, S., M. ANTAL, ET J. C. J. M. VAN DEN BERGH. (2018) : "Challenges in Assessing Public Opinion on Economic Growth Versus Environment: Considering European and US Data," *Ecological Economics*, 146, pp. 265–272.

DUGUMA, L., J. ATELA, P. MINANG, A. AYANA, B. GIZACHEW, J. NZYOKA, ET F. BERNARD. (2019) : "Deforestation and Forest Degradation as an Environmental Behavior: Unpacking Realities Shaping Community Actions," *Land*, 8, pp. 26.

FISHER, B., AND T. CHRISTOPHER. (2007): "Poverty and biodiversity: Measuring the overlap of human poverty and the biodiversity hotspots," *Ecological Economics*, 62, pp. 93–101.

FUJINO, M., K. KURIYAMA, ET K. YOSHIDA. (2017) : "An evaluation of the natural environment ecosystem preservation policies in Japan," *Journal of Forest Economics*, 29, pp. 62–67.

GIBSON, J. (2018): "Forest Loss and Economic Inequality in the Solomon Islands: Using Small-Area Estimation to Link Environmental Change to Welfare Outcomes," *Ecological Economics*, 148, pp. 66–76.

GODARD, O. (2015) : "Environnement et développement durable," Une approche métaéconomique, De BoCEK.

GROSSMAN, C. ET KRUEGER, A. (1991):" Environmental impacts of a North American Free Trade Agreement" *NBER Working paper*, No. 3914, Washington

HOFF, R. VAN DER, R. RAJÃO, ET P. LEROY. (2019): "Can REDD+ still become a market? Ruptured dependencies and market logics for emission reductions in Brazil," Ecological Economics, 161, pp. 121–129.

HOLTZ-EAKIN, D., NEWEY, W. & ROSEN, H. S. (1988), "Estimating Vector Autoregressions with Panel Data", *Econometrica*, Vol. 56, N° 6, pp. 1371-1395.

HUANG, C.-H., ET B. A. BAGDON. (2018) : "Quantifying environmental and health benefits of using woody biomass for electricity generation in the Southwestern United States," *Journal of Forest Economics*, 32, pp. 123–134.

JACK, B. K. (2017): "Environmental economics in developing countries: An INTRODUCTION to the special issue," *Journal of Environmental Economics and Management*, 86, 1–7.

JALIL, A., ET S. F. MAHMUD. (2009) : "Environment Kuznets curve for CO2 emissions: A cointegration analysis for China," *Energy Policy*, 37, pp. 516–772.

KARSTENSEN, J. PETERS, G. AND ANDREW, R. M. (2013):" Attribution of CO2 emissions from Brazilian deforestation to consumers between 1990 and 2010" *Environmental Research Letter*, Center for International Climate and Environmental Research—Oslo (CICERO), Norway

LONG, X., ET X. JI. (2019): "Economic Growth Quality, Environmental Sustainability, and Social Welfare in China - Provincial Assessment Based on Genuine Progress Indicator (GPI)," *Ecological Economics*, 159, pp. 157–176.

MANTOVANI, A., ET C. VERGARI. (2017) : "Environmental vs hedonic quality: which policy can help in lowering pollution emissions?," *Environment and Development Economics*, 22, pp. 274–304.

MARCHIORI, L., J.-F. MAYSTADT, ET I. SCHUMACHER. (2012): "The impact of weather anomalies on migration in sub-Saharan Africa," *Journal of Environmental Economics and Management*, 63, pp. 355–374.

MAUREEN CROPPER, ET CHARLES GRIFFITHS. (1994) : "The Interaction of Population Growth and Environmental Quality," *POPULATION ECONOMICS*, 84, pp. 250–254.

MUGIDO, W., ET C. M. SHACKLETON. (2018): "Price Determination of Non-timber Forest Products in Different Areas of South Africa," *Ecological Economics*, 146, pp. 597–606.

NORDHAUS. (2007): "A Review of the Stern Review on the Economics of Climate Change," *Journal of Economic Literature*, pp. 686–702.

NORTH, D.C (1994): "Economic performance through time", American Economic Review, Vol.84, N°3, pp. 361-398.

ORDAS CRIADO, C., S. VALENTE, ET T. STENGOS. (2011): "Growth and pollution convergence: Theory and evidence," *Journal of Environmental Economics and Management*, 62, pp. 199–214.

PARAJULI 1. R., JOSHI O. AND MARASENI T. (2019):" Incorporating Forests, Agriculture, and Energy Consumption in the Framework of the Environmental Kuznets Curve: A Dynamic Panel Data Approach " *Ecological Economics*

PEARCE, D. (1976): "The limits of cost-benefit analysis as a guide to environmental policy "*Global Environmental Change*, vol 29, pp. 97-112

RAMANKUTTY, N., H. K. GIBBS, F. ACHARD, R. DEFRIES, J. A. FOLEY, AND R. A. HOUGHTON. (2007): "Challenges to estimating carbon emissions from tropical deforestation," *Global Change Biology*, 13, pp. 51–66.

RAMON, L. (1993): "The environment as a factor of production the Effect of economic Growth and trade liberization," *Journal of Environmental Economics and Management*, 27, 163–184.

REZAI, A., L. TAYLOR, AND D. FOLEY. (2018): "Economic Growth, Income Distribution, and Climate Change," *Ecological Economics*, 146, pp. 164–172.

RICARDO D. (1817):"On the Principles of Political Economy and Taxation", London.

RIEKHOF, M.-C., E. REGNIER, ET M. F. QUAAS. (2018) : "Economic growth, international trade, and the depletion or conservation of renewable natural resources," *Journal of Environmental Economics and Management.*

SHACKLETON, R. T., R. BIGGS, D. M. RICHARDSON, ET B. M. H. LARSON. (2018): "Social-ecological drivers and impacts of invasion-related regime shifts: consequences for ecosystem services and human wellbeing," *Environmental Science & Policy*, 89, pp. 300–314.

THOMAS, V., M. DAILAMI, A. DHARESHWAR, AND D. KAUFMANN (2000) : "The Quality of Growth", New York, Oxford University Press.

TIMOTHEE FOMETE ET, ET JAAP VERMAAT. (2001) : "Réseau de foresterie pour le développement rural,"

UNITED NATIONS DEVELOPMENT PROGRAMME. (2017) : "rapport sur le développement humain 2016." *Place of publication not identified: United Nations.*

VAN DER PLOEG F. (2011):"Natural Resources : Curse or Blessing?" *Journal of Economic Literature, American Economic Association*, Vol. 49, No. 2, pp. 366-420

WILLIAMSON J., (1965):" regional inequality and the process of national development" *Economic Development and Cultural Change*, vol 134, pp. 3-5

EXPLOITATION DE LA BIODIVERSITÉ FORESTIÈRE ET CROISSANCE INCLUSIVE EN AFRIQUE SUBSAHARIENNE

Jacob TCHE

jacobtche1985@gmail.com

Lionel Junior ATANGANA OTTOU

lioneljunioratangana@gmail.com

Résumé

L'effet de l'exploitation de la biodiversité forestière sur la croissance inclusive en Afrique subsaharienne est analysé dans ce papier à partir des données de la Banque Mondialesur la période 2002-2017, grâce à la Méthode des Moments Généralisés (GMM) en panel dynamique. Il a été retenu comme variable captant cette dimension, l'Indice de Développement Humain et en ce qui concerne les variables de l'exploitation forestière, la rente forestière et la surface des forêts ont été utilisées. La méthodologie a consisté d'une part à faire une étude de la corrélation entre ces trois variables à l'aide de graphique et d'autre part à analyser économétriquement les effets de leur interaction. De plus, l'analyse s'est faite pour l'ensemble du panel et également par groupes répartis selon le niveau de dotation en ressources forestières des différents pays, afin de tenir compte de l'hétérogénéité observable entre les pays et d'essayer de vérifier les hypothèses des différentes théories relatives à l'abondance des ressources naturelles (Sachs et Warner, 1997). L'idée selon laquelle les revenus forestiers contribuent à l'Indice de Développement Humain semble être vérifiée en Afrique subsaharienne durant la période 2002-2017. Seulement, la surface des forêts est négativement corrélée à cet Indice de Développement Humain dans le Bassin du Congo, ce qui explique certainement l'effet pervers de l'abondance et de la dépendance à l'égard de ces ressources forestières sur la croissance inclusive et le développement humain. Ainsi, l'exploitation forestière affecte significativement la croissance inclusive en Afrique subsaharienne. Au final, ce travail contribue à la littérature sur le développement durable spécialement sur la gestion durable des écosystèmes forestiers.

Mots clés : Biodiversité forestière, croissance inclusive, GMM.

Abstract

The present article analyses the effect of the exploitation of forest biodiversity on inclusive growth in Sub-Saharan Africa based on World Bank data over the period 2002-2017, using the Generalized Moments Method. (GMM) in dynamic panel. It was retained as a variable capturing this dimension, the human development index and with regard to the variables of logging, the forest rent and the surface of the forests were used. The methodology consisted on the one hand in making a study of the correlation between these three variables using graphs and on the other hand in analyzing econometrically the effects of their interaction. In addition, the analysis was carried out for the entire panel and also by groups divided according to the level of forest resource endowment of the different countries, in order to take into account, the observable heterogeneity between the countries and to try to verify the hypotheses of the various theories relating to the abundance of natural resources (Sachs and Warner, 1997). The idea that forest revenues contribute to the human development index seems to be verified in sub-Saharan Africa during the period 2002-2017. However, the area of forests is negatively correlated with this human development index in the Congo Basin, which certainly explains the perverse effect of the abundance and dependence on these forest resources on inclusive growth and human development. Thus, logging significantly affects inclusive growth in Sub-Saharan Africa. Ultimately this work contributes to the literature on sustainable development, especially on the sustainable management of forest ecosystems.

Keywords : Forest biodiversity, inclusive growth, GMM.

INTRODUCTION

Au cours des deux dernières décennies, une attention particulière s'est tournée vers les écosystèmes forestiers par la prise de conscience effective des menaces liées à la perte de la biodiversité d'une part et de l'impact de cette dernière sur les changements climatiques et sur le bien-être des populations tributaires des forêts d'autre part. En effet, la dégradation forestière, engendrée par l'avancée effrénée des exploitations agricoles et forestières, contribue à l'augmentation des gaz à effet de serre dans l'atmosphère et par ricochet à accentuer les changements climatiques (Long et al, 2019). De plus, les populations humaines autochtones, largement tributaires des forêts, sont souvent victimes de discriminations de la part de grandes compagnies forestières et minières exploitant leurs moyens de subsistance sans que leurs conditions de vie ne soient pas améliorées (Miyamoto et al, 2014). Ce sont certainement les raisons pour lesquelles les approches en faveur d'une croissance économique de qualité sont de plus en plus pertinentes dans le monde.

À ce titre, la mobilisation de la communauté scientifique et des acteurs du développement a conduit tour à tour à la publication en 1972 du célèbre

Rapport Meadows, issue des travaux du Club de Rome avec l'idée d'un développement pouvant simultanément réduire la pauvreté et la pression sur l'environnement. Cependant, c'est véritablement lors de la conférence de Rio[34] en 1992 plus connue sous le nom de Sommet de la terre que s'amorce une prise de conscience collective sur la problématique liée à la dégradation des forêts avec l'éclosion des mécanismes de réduction des émissions liées à la déforestation et à la dégradation des forêts (REDD+) et des projets de gestion participative des écosystèmes forestiers, tous compatibles avec une croissance de qualité.

Fréquemment, les pays d'Afrique subsaharienne à fort taux de pauvreté se superposent aux régions forestières. À ce titre, depuis les années 2000, de nombreuses études se sont penchées sur la corrélation spatiale et économique entre la forêt et les populations pauvres. Par exemple, pour Loisel (2018), 1,2 milliard de personnes vivant dans des pays en développement dépendent des forêts pour survivre. Par ailleurs, Brown (2002) fait le constat selon lequel près de 66% des populations camerounaises résidant dans les zones forestières vivent sous le seuil de pauvreté. D'autres réflexions menées par le Centre pour la Recherche forestière internationale au Vietnam et à Madagascar notamment aboutissent au constat similaire selon lequel une frange de la population des PED vivant à l'intérieur ou à proximité des forêts est dans la pauvreté (Araujo, 2019).

Les théories explicatives de la croissance et du développement économique postulent qu'il n'est pas possible de développer la production sans investissement en moyens matériels et humains conséquents pour une exploitation efficace des ressources naturelles (Agnani et al, 2005). Ces dernières sont en effet considérées comme des intrants indispensables à la production. Ces réflexions laissent entendre que les pays doivent être capables de les valoriser à travers la création de richesses. Théoriquement, il faut remonter aux économistes de l'école classique et aux physiocrates pour établir un parallèle sur une probable incidence de la rente forestière sur le bien-être économique. Si pour Quesnay (1759), dans son tableau économique, il n'y a de richesse que la terre, car unique actif capable de produire de la valeur et donc un supplément net de revenu, Smith (1776) quant à lui considérait que la richesse des nations, est constituée par un flux qui pourrait être assimilé au revenu national produit pendant une période ou plus exactement par les biens de consommation annuellement produits par le travail de la société. Pour Ricardo (1815), la rente agricole liée à la différence de fertilité des sols successivement mis en valeur, participe de la création de la valeur et également de sa répartition (Barbier et al., 2010). Seulement, le lien entre les ressources naturelles à l'instar des ressources forestières et le bien-être économique semble se confirmer dans les études empiriques récentes. À cet effet, Veded (2007) démontre que 20 à 25% des revenus des populations en

---

34 Conférence des Nations Unies sur l'environnement et le climat (1992)

voie de développement proviennent des ressources forestières. En outre, Angelsen et Wunder (2003) décrivent comment les rentes forestières contribuent à la sécurité alimentaire et sociale des ménages ruraux. Au regard de ce qui précède, on serait tenté de penser qu'une forte dotation de ressources forestières garantirait le développement économique des pays et le bien-être des ménages pour l'Afrique.

Malheureusement, l'expérience a prouvé que l'abondance de ressources naturelles est très souvent associée à des guerres civiles, à la misère des populations locales et à la mauvaise gouvernance (Naidoo, 2004). Les chercheurs ont ainsi pu observer que l'abondance des ressources naturelles n'a pas toujours été le gage d'une croissance saine et soutenable, mais plutôt source de plusieurs maux qui ont transformé la bénédiction de la nature en ce qu'ils ont convenu d'appeler la malédiction des ressources naturelles (Van Der Ploeg, 2011). La malédiction des ressources naturelles est née des observations d'Auty (1990) qui utilise ce terme pour qualifier le phénomène de *« contre intuitif »* qui fait que dans les régressions de croissance, les pays richement dotés en ressources naturelles soient ceux-là mêmes qui peinent à connaitre une croissance économique soutenue. D'un côté, on a des pays pauvres en ressources tels que Singapour, Hong Kong, la Taiwan, ou le Japon qui du point de vue de la croissance se démarquent positivement. Tandis que le Nigéria, le Gabon, ou le Congo qui sont plutôt bien dotés en ressources naturelles, réalisent des performances médiocres et stagnent depuis les indépendances (Frankel, 2012).

Historiquement, la relation entre ressources naturelles et développement économique au sens large constitue un des grands paradoxes de la macroéconomie du développement. La littérature économique s'est en effet principalement intéressée au lien qui unit ressources naturelles et développement à travers la littérature dite de la *« malédiction des ressources »*, qui veut que les pays richement dotés en ressources naturelles d'une manière générale, connaissent un niveau de développement plus faible que les pays ne disposant pas d'assez de ressources naturelles (Mideska, 2013). Pour d'autres auteurs, les ressources naturelles sont indispensables à la croissance. Si l'on raisonne au niveau global, il ne saurait y avoir d'activité économique sans matière première.

Ce sont donc ces controverses qui nous motivent à étudier la relation entre ressources forestières et la croissance inclusive par le truchement de la contribution de l'exploitation de la biodiversité forestière à un indicateur social de la qualité de croissance à l'instar de l'indice du développement humain ; d'où la question suivante : quel est l'effet de l'exploitation des ressources forestières sur la croissance inclusive en Afrique subsaharienne ? L'objet de cet article est donc d'analyser l'effet de l'exploitation forestière sur la croissance inclusive en Afrique subsaharienne et de vérifier l'hypothèse selon laquelle l'exploitation forestière influence positivement la croissance inclusive en Afrique subsaharienne. Cette étude contribue à enrichir davantage la littérature sur la problématique de croissance inclusive dans la considération de la richesse de la biodiversité en Afrique. Les études ont abordé la notion de croissance inclusive, ignorant l'apport de la biodiversité dans les conditions de vie des populations, alors qu'elle est la première à intégrer la biodiversité forestière en Afrique subsaharienne. Cette réflexion s'articulera donc tour à tour sur une brève revue de la littérature, l'analyse de la relation empirique avec quelques outils descriptifs et la méthodologie, enfin la présentation des résultats.

I. REVUE DE LA LITTÉRATURE

Dans le domaine académique, l'exploitation des forêts par le biais de la déforestation a initié des recherches et des études pluridisciplinaires encore plus nombreuses que ce soit au niveau africain ou mondial. En effet, le secteur forestier n'est plus une préoccupation essentiellement environnementale, mais surtout une aubaine multisectorielle qui s'étend aux sphères économiques et sociales (Indarto, 2016). Par conséquent, comprendre la théorie est essentiel non seulement pour appréhender les circonstances existantes, mais aussi pour prédire les résultats économiques du futur état des forêts.

Malgré le consensus général de la communauté scientifique paru ces dernières années, d'après lequel les ressources naturelles influencent positivement la croissance économique, il demeure néanmoins une question fondamentale liée à l'exploitation de la biodiversité forestière, celle de savoir quels sont les déterminants qui justifient l'utilisation des forêts. Il a été très souvent souligné qu'il existe des facteurs médiats et immédiats qui engendrent l'exploitation forestière. L'objet de cette section est de fournir une explication théorique à la nécessité d'utiliser les forêts. Ceci passe par conséquent par un rappel des facteurs directs et sous-jacents de la déforestation. Seulement, il est opportun de présenter au préalable les modèles théoriques qui soutiennent l'économie forestière ainsi que les théories y relatives.

I.1. Revue de la littérature théorique du lien entre l'exploitation forestière et la croissance inclusive

I.1.1. Le modèle de Faustmann (1849)

Dans son célèbre article[35], Faustmann (1840) présente une théorie générale de la valeur des forêts et établit une relation entre la valeur de ces dernières et les revenus futurs qui peuvent être générés de leur utilisation (Peyron et al,

---

4 *Calcul de la valeur que possèdent du point de vue de l'économie forestière, les sols forestiers ainsi que les peuplements non encore exploitables* », 1840 (Traduction française)

1999). Ce modèle considère la valeur d'un bien simplement comme la somme des bénéfices futurs actualisés que ce bien s'avère susceptible d'engendrer.

De plus, cette valeur pourrait être augmentée en choisissant une gestion adéquate, symbolisée par exemple par l'âge de récolte sous-tendue par l'idée que le sol sera perpétuellement affecté à l'exploitation forestière et restera en mesure d'engendrer des bénéfices périodiques et identiques d'une période à l'autre. À partir de la valeur du peuplement forestier, la comparaison peut être faite entre la valeur économique et valeur de consommation qui résulterait d'une exploitation. Si la valeur de consommation s'avère supérieure à la valeur économique, alors l'âge d'exploitabilité a vraisemblablement été dépassé. Il n'existe plus aucun intérêt, du point de vue de la production de bois, à laisser le peuplement sur pied puisque sa plus grande valeur est celle que consacre la récolte (Peyron et al, 1999). On voit bien ainsi tout l'intérêt qui peut être tiré de ce modèle, non seulement pour connaitre la valeur d'un peuplement, mais plus encore pour en optimiser la gestion.

Cette thèse défendue par Faustmann (1849) semble bien être la première à avoir vu aussi clairement que les deux problèmes de la valeur d'une forêt et de l'optimisation de sa gestion admettaient une seule et même solution :la valeur d'une forêt dépend des revenus nets que celle-ci est en mesure d'engendrer dans le futur et donc de son aménagement. Optimiser la gestion d'une forêt, c'est tout simplement choisir le mode de traitement qui en maximise la valeur. Cette unification de ce qui apparaissait auparavant comme étant deux démarches différentes confère, après analyse, une indéniable généralité doublée d'une grande cohérence à la théorie de Faustmann (Naidoo, 2004).

Cependant, cette théorie connaitra de nombreuses controverses dont les plus importantes sont relatives aux résultats obtenus. En effet, pour des taux identiques à ceux du marché financier, l'économiste Hartman (1976) trouve que la formule de Faustmann' conduit à des âges d'exploitabilité jugés trop courts par rapport aux pratiques, et donc irréalistes. La réponse à cette objection est délicate, mais réside sans doute dans la nécessité de prendre en compte l'ensemble de l'économie des peuplements forestiers et d'attacher une grande attention au choix du taux d'actualisation. En outre, une contribution majeure est venue mettre un terme à la majorité de ces débats, celle de Samuelson (1976). Selon lui, les idées du modèle sont pertinentes, en particulier pour l'optimisation de la gestion forestière qui doit être préférée à la maximisation des bénéfices moyens annuels (Tahvonen, 2018).

I.1.2. Les théories relatives à l'exploitation économique des forêts

L'exploitation forestière a également fait l'objet d'études théoriques stimulantes, axées sur la manière dont la surface du couvert forestier pourrait générer des rentes et améliorer le bien-être des populations locales.

Comprendre la théorie est un élément fondamental et important pour poser les bases de la contribution du secteur forestier à la qualité de la croissance. Cette sous-section traite de quelques grandes théories de l'exploitation économique de la biodiversité forestière.

I.1.2.1. La théorie de la rente foncière pour l'exploitation forestière

L'approche de la rente forestière est profondément enracinée dans le cadre de la valeur foncière développée par les physiocrates et les classiques. L'idée de base de cette théorie économique pour les physiocrates est que la terre constitue un actif, plus, est le facteur de production essentiel pour l'économie. Quesnay (1759), le chef de file du mouvement estimait que seule la production agricole permet de dégager un produit net, ou un surplus, ou encore une multiplication spontanée des quantités physiques produites grâce au don de la nature que procure la terre (Grimaud et al, 2003).

Plus tard, avec l'avènement de l'école classique, la terre est une ressource naturelle marchande et par conséquent appréhendée par l'analyse économique puisqu'elle est limitée en quantité et peut être appropriée. Elle garde un rôle moteur dans l'économie, à la fois dans le secteur agricole et dans le secteur industriel. Mais contrairement aux physiocrates, les classiques tels que Smith (1776) complètent le modèle de Faustmann en suggérant que la richesse n'est plus seulement foncière ou bien forestière, mais elle est produite, et elle est réelle, car la valeur d'échange d'un bien est déterminée par la quantité de travail nécessaire à sa production. (Indarto et al, 2016).

Par ailleurs, David Ricardo (1817) et J. H. Von Thünen (1826) considèrent que la rente foncière repose sur les différences de fertilité des terres. En clair, les propriétaires fonciers obtiendront une rente d'autant plus élevée que leurs terres sont plus fertiles. Ainsi, par supposition, les terres forestièrement fertiles, c'est-à-dire recouvertes par d'importants peuplements forestiers, sont susceptibles de générer des rentes plus élevées. Pour Thünen spécifiquement, sa théorie spatiale de l'utilisation des terres suggère qu'une parcelle de terre devrait être affectée à l'utilisation qui générerait le loyer potentiel le plus élevé. Sur le plan spatial, la distance ou le coût du transport occupe une place importante dans cette compétition d'utilisation du sol. En résumé, en supposant une motivation à maximiser les profits, la concurrence entre les utilisations des terres sera déterminée par l'utilisation de celles qui produisent le loyer foncier le plus élevé.

Adoptant cette théorie pour le secteur forestier, certains chercheurs ont développé son explication théorique. Toutefois, il convient de noter un document de travail de Grimaud (2003) qui considère déjà le modèle de Von Thünen pour sa recherche forestière comme la clé pour expliquer les changements dans l'utilisation et la couverture des terres forestières. En particulier, la forêt pourrait être exploitée lorsque l'utilisation des terres à des fins forestières peut générer la valeur maximale par rapport à d'autres utilisations possibles des terres. D'un autre côté, le reboisement pourrait être encouragé sur une terre donnée si son utilisation pour le reboisement peut concurrencer d'autres utilisations de la terre (Angelsen et al, 2014).

I.1.2.2. La théorie du commerce international et de l'ouverture commerciale

Les différences de dotation en ressources naturelles entre les pays et la répartition géographique inégale de ces ressources sont deux éléments essentiels pour expliquer le commerce international (OMC, 2010). Initialement élaborée pour démontrer les avantages du commerce international et de la spécialisation, la théorie des avantages comparatifs de D. Ricardo (1817) est toujours d'actualité pour définir comment un pays riche en ressources forestières peut en tirer avantage dans le commerce mondial. En effet, dès lors qu'un pays regorge d'une superficie forestière élevée ; il dispose d'un certain avantage sur les produits finis incorporant les dérivés ligneux et non ligneux (Indarto et al, 2016). Une politique permettant de pratiquer des prix faibles sur cette ressource à l'intérieur du pays peut constituer une base pour l'émergence d'un secteur de transformation.

Dans sa définition des avantages comparatifs, Ricardo insiste sur les gains tirés d'une telle structuration du commerce mondial, chaque État se spécialisant dans les produits sur lesquels il jouit d'un avantage comparatif de productivité. Ce processus favorise la répartition plus efficace des ressources qui contribue elle-même à l'amélioration du bien-être mondial. De même, la théorie d'Heckscher-Ohlin démontre qu'un pays exportera le bien dont la production nécessite l'utilisation intensive du facteur qui est relativement abondant dans le pays et importera le bien dont la production nécessite l'utilisation intensive du facteur relativement rare. Conformément à cette théorie, Peterson (1977) constate que l'abondance relative de charbon et de minéraux conduit à des exportations nettes des matières qui engendrent l'entrée des devises nécessaires pour impulser le développement social.

I.1.2.3. L'approche de la valeur économique totale

Il est de plus en plus reconnu que la valeur économique des forêts comprend des avantages allant du bois d'œuvre et de divers produits non ligneux à une foule de services et de fonctions moins souvent mesurés, notamment l'écotourisme, la conservation de l'eau, la séquestration du carbone et la protection de la biodiversité. Gomez et al. (2018) a décrit le rôle évolutif d'une myriade de ressources vertes dans l'influence de l'attitude des citoyens au Portugal et au Chili face à l'importance de la conservation des forêts. Li et al, (2019) quant à eux, ont examiné le rôle des forêts dans le bien-être économique dans le contexte des pays en développement. Ils se sont concentrés sur les contributions non ligneuses des forêts aux villageois et ont conclu que le rendement financier des utilisations non ligneuses jouait un rôle crucial dans les économies rurales.

L'une des questions épineuses permettant de comprendre le rôle des forêts dans le développement économique et l'amélioration du bien-être humain est liée à la difficulté d'estimer correctement la valeur des biens et services forestiers. Dokken et Angelsen (2015) ont démontré les étapes importantes de l'évaluation d'une forêt en Tanzanie. Leurs résultats ont confirmé l'importance des forêts tropicales pour la population locale. Pour évaluer les flux de bénéfices qui découlent des forêts, une nouvelle approche connue sous le nom de Valeur économique totale (VET) est apparue récemment, qui vise à évaluer les valeurs économiques globales des forêts à grande échelle. La VET est justifiée par la multiplicité des forêts, c'est-à-dire la capacité de générer une gamme de valeurs d'usage direct et indirect et de valeurs de non-usage qui comportent des valeurs d'option, de legs et d'existence.

I.1.3. Les déterminants de l'exploitation forestière et la croissance inclusive

L'exploitation forestière implique divers facteurs non seulement sociaux et économiques, mais aussi démographiques et politiques. Ils sont imbriqués les uns dans les autres dans une interaction linaire complexe. Les chercheurs ont essayé de comprendre cette complexité en développant une classification des variables attribuées à la déforestation et qui sont généralement regroupées en deux groupes : les facteurs immédiats ou directs et les facteurs médiats ou indirects.

I.1.3.1. Les facteurs immédiats

Plusieurs causes directes littérature ont été identifiées dans la littérature et sont rassemblées par Geist (2001) en trois grands groupes en l'occurrence l'expansion agricole, la commercialisation du bois, le développement des infrastructures.

- **L'expansion agricole**

L'expansion de l'agriculture constitue le facteur prépondérant de la déforestation, qu'il s'agisse de l'agriculture de rente et de l'élevage en forêt amazonienne ou en Asie du Sud-Est ou de l'agriculture itinérante en Afrique subsaharienne (Maskey, 2006). Plusieurs auteurs ont identifié l'expansion agricole comme étant la cause immédiate de la déforestation dans le monde tropical (Geist et al, 2001). Elle peut être subdivisée en plusieurs types d'activités pouvant toutes entraîner une conversion des forêts et une amélioration probable des moyens d'existence ruraux (Kamanga 2009) ; il s'agit de l'agriculture familiale à vocation vivrière telle que l'agriculture intensive sur brûlis et les cultures agro-industrielles.

➢ L'extraction et la commercialisation du bois

D'après Barbier (2010), les forêts tropicales auraient été exploitées pour leur bois précieux puis pour leur bois d'œuvre et enfin pour la production de pâte à papier, mais l'exploitation aurait été différente sur les trois continents du fait de la répartition des essences. En Afrique, on dénombre un grand nombre d'essences avec une densité spécifique faible, les arbres sont donc difficiles à localiser et à extraire. A contrario en Asie, l'éventail des espèces est plus faible, la forêt est plus homogène et donc relativement facile à exploiter. En Amérique latine, l'éventail spécifique semble plus proche de la forêt asiatique, mais les forêts sont plus hétérogènes. (Barbier, 2010). Le bois de feu est un combustible ligneux brûlé sous forme de bois ou de charbon et fournissant l'énergie nécessaire à la cuisson des aliments et la transformation des produits agricoles.

D'après la FAO (2005), 80 à 90% du bois prélevé en Afrique et en Asie du Sud-Est servirait de combustible pour la préparation des repas ou serait utilisé comme bois de chauffe. D'après Indarto (2016), jusqu'à la grande période de sècheresse des années 1960, le bois de feu était généralement considéré comme une ressource infinie en Afrique subsaharienne, l'offre étant bien plus élevée que la demande. Le bois était au Sahel pratiquement la seule source d'énergie utilisée en milieu rural et urbain. La sècheresse des années 1960 a entre autres provoqué un exode rural entraînant une concentration de la population dans les milieux urbains ainsi qu'une forte demande en bois d'énergie. À l'heure actuelle, le bois et le charbon répondent encore à plus de 90% des besoins en énergie des populations rurales et urbaines des pays d'Afrique subsaharienne, cette valeur ayant peu évolué sur les 50 dernières années (Angelsen et al 2014).

➢ Le développement des infrastructures

Le développement des infrastructures englobe l'urbanisation, les infrastructures de transport, de communication, de production, et de conduction d'énergie. L'expansion des villes provient d'un impact direct sur les forêts (Zhang et al, 2006), mais aussi d'un impact indirect par l'augmentation des besoins en bois de feu et en produits agricoles pour alimenter la population urbaine (Maureen et al, 1994). En clair, il s'agit d'une conséquence de l'utilisation de forêts. Pour ce qui est des infrastructures, l'Afrique subsaharienne est l'une des régions les moins bien desservies au monde du fait de la faible pénétrabilité de l'environnement forestier. Or les gouvernements voient cependant les infrastructures comme une nécessité, dans une perspective de croissance inclusive, mais aussi de contrôle stratégique. De nombreuses études rapportent l'impact de l'ouverture des routes et des chemins de fer sur la migration des populations. (Bruckner et al 2012). En effet, le but du désenclavement des régions où les populations pratiquent une agriculture de subsistance s'emboite avec la stratégie de réduction des coûts et temps de transport.

I.1.3.2. Les facteurs médiats

La déforestation étant un processus multiforme, les relations causales et les liens avec ses causes sous-jacentes sont souvent ambigus, et non linéaires. Geist et al, (2001) regroupent ces dernières dans les processus économiques à travers la croissance économique, le développement technologique et les facteurs institutionnels.

- **Les effets de la croissance économique**

Selon la littérature, les facteurs sous-jacents les plus importants seraient attribués d'une manière globale aux processus économiques au rang desquels figure la croissance économique. Cette dernière apparaît donc comme une cause et une conséquence de l'exploitation des forêts. Si l'on se positionne dans l'optique en cause, la croissance économique peut affecter l'exploitation des forêts en deux effets : un effet positif et un effet négatif (Indarto 2016).

Effet positif

Cet impact positif se matérialise principalement à travers deux théories : la théorie des frontières et la théorie de l'appauvrissement. Pour la théorie des frontières, l'augmentation des capitaux investis dans les zones forestières frontalières accroit la pression sur les forêts. En effet, les exploitants, les bûcherons et les petits agriculteurs travaillent de concert pour étendre leur emprise dans les zones forestières. D'un autre côté, les paysans ruraux et les paysans pauvres sont organisés par des réseaux plus ou moins importants pour exploiter de façon optimale les ressources forestières.

La théorie de l'appauvrissement développée par Rodbertus (1871), postule que les pauvres ont tendance à extraire davantage les ressources naturelles pour satisfaire leurs besoins, ce qui entraîne par ricochet une expansion de l'exploitation des forêts (Araujo et al, 2019).

En outre, la croissance économique accroit la demande de produits forestiers qui se traduit par une pression sur les forêts. Aisbett et al, (2007) montrent que le facteur économique le plus puissant pour expliquer la déforestation serait la demande, qu'il s'agisse de la demande pour les biens inférieurs que pour des demandes plus superficielles. Ces demandes s'expriment sur les marchés globaux ou locaux et influencent la conversion des forêts en zones agricoles.

Effet négatif

Certains travaux démontrent par contre que les processus économiques peuvent prévenir voire ralentir l'empreinte humaine sur les espaces forestiers. Par exemple, la croissance économique pourrait prévenir la recrudescence de la déforestation en facilitant la création des emplois non agricoles. (Indarto2016). En effet, une étude sur les déterminants de la déforestation en Amazonie a mis l'accent sur le rôle joué par les revenus non agricoles. Les résultats suggèrent que des revenus non agricoles plus élevés sont associés à des taux de déforestation réduits. (Araujo et al 2018). Par ailleurs, les revenus non agricoles plus élevés pourraient faire augmenter le coût d'opportunité lié aux activités agricoles. En clair, un niveau de richesse élevé permet à la société de développer une meilleure gestion des forêts et de renforcer la sensibilisation des populations locales pour la conservation des forêts.

➢ **Les facteurs technologiques sous-jacents**

Les avancées technologiques permettent à la fois de procéder à des prélèvements massifs, mais aussi plus sélectifs des ressources. L'exploitation liée à l'utilisation des équipements lourds a entraîné le déclin des forêts en Amazonie et en Afrique (Ajakaiye et al., 2012). Par ailleurs, l'avènement des nouvelles technologies agricoles avec la révolution industrielle a permis une intensification de la production sur les terres non urbanisées les plus adaptées et l'abandon des terres les moins productives.

➢ **Les facteurs institutionnels**

L'aspect politico-institutionnel constitue une autre variable explicative de la déforestation. Il est généralement admis qu'une meilleure gouvernance et un pays démocratique sont associés à une réduction du taux de déforestation. Ainsi, une société dans laquelle les lois et règlements ne sont pas respectés, dans laquelle la crainte d'être puni en raison des poursuites judiciaires est moins grande peut probablement occasionner une exploitation illégale des ressources forestières (Assa, 2018). Les facteurs culturels ou sociopolitiques sont souvent négligés. Toutefois, ils conditionnent l'attitude et le comportement de la sphère publique par rapport à l'environnement forestier. On peut remarquer que la perception publique de la forêt peut passer d'une perception utilitaire en termes de terres agricoles potentielles ou de bois de feu à un environnement plus utile en tant que tel pour les activités récréatives (Withney et al., 2018).

I.2. Revue de la littérature empirique sur la relation exploitation forestière et croissance inclusive

I.2.1. Revue de quelques études menées à l'échelle mondiale

L'amélioration du bien-être des populations dépendantes des espaces forestiers reste une thématique importante. En effet, de nombreuses études empiriques sur le plan mondial se sont penchées sur les liens entre la pauvreté et les écosystèmes forestiers. Si certaines études ont remis en question les liens simplistes qui existaient entre la pauvreté et la dégradation des forêts, d'autres travaux démontrent qu'un niveau élevé de la vie peut aussi bien être une cause et une conséquence de l'exploitation des forêts (Wei et al, 2016).

I.2.1.1. Revenus forestiers et moyens d'existence ruraux

On s'accorde de plus en plus à reconnaitre que les ressources forestières peuvent contribuer à réduire la pauvreté des ménages ruraux (Angelsen et Wunder, 2003). Dans une étude menée auprès de six ménages en Bolivie, Uberhuaga et al., (2012) estime la part moyenne des revenus forestiers dans le revenu annuel total des ménages à 20%. En outre, l'ajout de ce revenu environnemental a augmenté la moyenne à environ 26% et est resté relativement constant. En utilisant la régression des moindres carrés, cette étude démontre également que les déterminants significatifs du revenu forestier absolu sont la taille du ménage, le sexe du chef du ménage, et la superficie des terres cultivées.

Par contre, les déterminants significatifs de la dépendance à l'égard de la forêt étaient le niveau d'instruction, le fait que le ménage soit né dans le village et l'autosuffisance du ménage. D'autres résultats tirés de cette étude suggèrent que les ménages plus aisés ont pu tirer un revenu monétaire des forêts tandis que les ménages les plus pauvres en particulier s'ils avaient à leur tête une femme étaient davantage tributaires d'un revenu forestier de subsistance. Globalement, cette étude ajoute au corpus émergent de connaissances quantitatives sur l'importance économique absolue et relative des forêts tropicales pour les ménages.

Des travaux similaires ont été menés par Lopez-Feldman et al. (2007) sur des forêts au Mexique, afin d'examiner les effets de l'extraction des ressources sur le bien-être rural. Les résultats de ces travaux suggèrent que l'extraction des ressources naturelles réduit à la fois l'inégalité des revenus et la pauvreté. En outre, les simulations au niveau communautaire indiquent que la pauvreté peut être réduite à court terme par les augmentations du prix d'un produit forestier non ligneux. Toutefois, à long terme, la hausse soutenue du prix de ce dernier pourrait conduire à une surexploitation de la ressource, ce qui aggraverait la situation des ménages.

De même, dans une étude menée auprès des ménages en Inde, Narnain et al. (2007) révèlent que la relation entre la dépendance des ménages ruraux à l'égard des ressources forestières et le revenu de ces ménages est beaucoup plus complexe que les études antérieurement effectuées. Les résultats de cette étude suggèrent que pour les ménages ruraux la dépendance présente une relation en forme de U avec le revenu. Autrement dit, les ménages plus pauvres et les plus riches dépendant davantage des ressources que les ménages à revenu intermédiaire. De plus, selon ces travaux, les ménages les plus pauvres et les ménages les plus riches sont également les moins susceptibles de collecter cependant, indiquant que l'utilisation des ressources aux extrêmes des catégories de revenu est nulle ou supérieure à la moyenne. C'est dire que la dépendance vis-à-vis du bois de feu, par exemple, diminue avec le revenu. Ces conclusions montrent que les ressources forestières sont une source de revenus productive non seulement pour les pauvres, mais aussi pour les riches et que l'amélioration des stocks de ces ressources peut potentiellement constituer la base des efforts de réduction de la pauvreté dans ces économies. Reddy et Chakravarty (1999), ont également constaté en Inde que si le revenu tiré de la foresterie était fixé à zéro, la pauvreté pourrait augmenter de 28%. Ils concluent qu'une augmentation de 10% des autres sources de revenus ne suffirait pas à neutraliser l'effet sur la pauvreté de la suppression de l'accès aux zones de propriété commune.

Kar et Jacobson (2012) quant à eux effectuent une étude sur le marché des produits non ligneux en Asie et trouvent que les systèmes de marché des produits non ligneux souffrent de la médiocrité des installations de communication et de transport, de l'accès au capital financier ou au crédit ainsi que de l'information sur le marché ce qui empêche celui-ci de contribuer efficacement à l'amélioration des conditions de vie des ménages efficacement à l'amélioration des conditions de vie des ménages. En outre, la connaissance du marché et de ces produits est fortement influencée par divers facteurs tels que l'éducation des membres du ménage ; le revenu du ménage et la distance du marché à l'accès routier.

I.2.1.2. Approche participative de la gestion forestière et bien-être local

La foresterie sociale est apparue dans les années 1970 et a rapidement pris diverses formes, notamment la gestion communautaire des forêts qui implique une participation tous azimuts des populations locales (Lescuyer et al, 2019). De nombreuses études se sont penchées sur l'approche participative comme une solution pour atteindre les ambitions de développement durable à l'instar de l'inclusion et le bien-être des populations locales par le transfert des pouvoirs de gestion et la reconnaissance des droits coutumiers sur les terres et les ressources. Seulement, les avantages de ces programmes d'approche participative ne sont pas toujours quantifiables et souvent abstraits. Il existe une littérature très riche qui théorise que le succès de la foresterie communautaire est régi par l'établissement préalable d'un cadre institutionnel adéquat (Timothée Fometé, 2001).

Il est reconnu comme un consensus avec les travaux fondateurs d'Acemoglu (2003) qu'une gouvernance de qualité et des institutions fortes représentent des conditions sine qua non de la performance économique. Par exemple, Thirtle (2007) part de l'hypothèse qu'une dotation en ressources naturelles est une source potentiellement importante de création de richesse pour les pays pauvres, mais que la richesse ne se matérialise jamais dans de nombreux cas en raison de problèmes de gouvernance, comme la corruption et l'exclusion des populations.

Dans une étude de la littérature portant sur la foresterie communautaire, Hajjar et al. (2016) ont examiné 697 cas de gestion communautaire des forêts en Amérique latine, et ont montré que dans 30 à 40% de ces cas, des résultats en matière de moyens d'existence étaient significatifs. Baynes et al. (2015) identifient les facteurs clés influençant le succès de la foresterie communautaire dans les pays en développement. Il s'agit principalement du soutien gouvernemental aux groupes forestiers communautaires en termes d'appui matériel, du statut socio-économique des populations et de la garantie des droits de propriété. À titre d'illustration, les droits de propriété donnent aux membres de la communauté des droits de récolte. Cela ouvre la voie aux droits d'accès en ce sens que lorsque les membres de la communauté forestière jouissent effectivement de ces droits, ils sont motivés à participer aux processus et aux activités de prise de décision sur les forêts communautaires, améliorant ainsi l'esprit de la gouvernance.

Par ailleurs, dans les travaux menés dans les forêts d'Amazonie brésilienne par Humphries et al. (2018), il en ressort théoriquement que la gestion communautaire des forêts contribue à l'amélioration des moyens d'existence locaux et aux initiatives de conservation des forêts tropicales. À ce titre, de nombreuses communautés forestières sont passées d'une participation passive à une des initiatives gouvernementales contrôlant activement les ressources forestières. Ces communautés ont alors obtenu davantage des droits de gestion forestière et par conséquent, plus d'autonomie sur leurs ressources forestières leur permettant de participer aux marchés officiels du bois.

I.2.2. Revue de quelques études menées dans le contexte africain

Il existe également de nombreuses réflexions menées dans le contexte africain qui suggèrent de résultats pertinents pour la compréhension de cette thématique. Quantifier la contribution relative et absolue du revenu environnemental au portefeuille de revenu total est important pour comprendre les moyens de subsistance des populations rurales, l'étendue et les déterminants de la pauvreté et des inégalités sur le bien-être et pour concevoir des stratégies efficaces de développement.

I.2.2.1. Revenus forestiers et moyens d'existence ruraux

Les chercheurs sont de plus en plus conscients de l'importance et de la valeur des ressources environnementales pour les moyens de subsistance des communautés rurales pauvres des pays en développement. La littérature identifie en effet trois rôles principaux pour le revenu forestier dans le soutien des moyens de subsistance en milieu rural, si pour certains les revenus issus de ces ressources soutiennent la consommation actuelle des ménages

(Angelsen et al. 2014), pour d'autres, le revenu environnemental est perçu comme un filet de sécurité contre les chocs et une opportunité de fournir un moyen de sortir de la pauvreté (Ntuli et al. 2016).

En effet, dans une étude menée auprès des communautés rurales pauvres vivant à proximité d'un parc national au Zimbabwe, Ntuli et al. (2016) démontre l'importance de la faune dans le portefeuille des revenus environnementaux pour les moyens d'existence de ces communautés rurales. Les résultats montrent que les ménages plus riches utilisent plus de ressources fauniques au total que les ménages relativement pauvres. Toutefois, les ménages les plus pauvres tirent un avantage proportionnel plus important que les ménages plus riches de l'utilisation des ressources fauniques. L'exclusion de la faune sous-estime la contribution relative des ressources environnementales tout en surestimant la contribution du revenu agricole et salarial. En utilisant la méthode du coefficient de GINI pour déterminer si le revenu faunique réduit l'inégalité rurale, Ntuli et al. montrent que le revenu de la faune à lui seul représente une réduction d'environ 5,5% de la proportion de la population vivant sous le seuil de pauvreté.

De plus, les revenus fauniques ont un effet égalisateur, entraînant une réduction de 5,4% de l'inégalité mesurée. L'analyse de la régression suggère que la probabilité d'appartenir à une catégorie de revenu plus riche augmente avec une augmentation du revenu environnemental. D'autres résultats tirés de cette étude montrent que la richesse des ménages influe de manière significative et positive sur le revenu environnemental généré par les ménages. Toutefois, une réforme forestière doit donner l'opportunité aux ménages ruraux d'agir sur leurs moyens d'existence. Par ailleurs, en utilisant un échantillon de 213 ménages du Zimbabwe rural, Cavendish et Campbell (2002), ont constaté que le revenu environnemental entraîne une réduction de 30% des inégalités.

Angensel et al (2014) présentent des résultats d'une analyse comparative des revenus environnementaux d'environ 8000 ménages dans 24 pays en développement sur la base des données recueillies du CIFOR. Les résultats suggèrent que les revenus environnementaux représentent 28% du revenu total des ménages, dont 77% proviennent essentiellement des forêts naturelles. En Afrique, la part de ce revenu forestier est estimée à 21,4% du revenu moyen des ménages. Cette étude trouve également qu'au Cameroun une part des revenus de la forêt supérieure s'élève à 59%, attribuable à la collecte du bois, ainsi qu'à la viande de brousse et de fruits sauvages de grande valeur. En effet, les pauvres dépendent davantage des produits de subsistance tels que le bois de feu et les aliments sauvages, ainsi que des produits provenant des zones naturelles autres que les forêts. Alors que le revenu forestier est le principal contributeur au revenu environnemental, le revenu non forestier joue également un rôle important dans les moyens de subsistance en milieu rural.

À ce titre, les ménages de l'échantillon utilisent une grande variété de produits dont beaucoup sont des produits forestiers non ligneux susceptibles de contribuer à la satisfaction des besoins nutritionnels. Il faut cependant noter qu'en estimation de valeur, le bois de chauffage et les produits structurels tels que les matériaux de construction sont les produits forestiers dominants et représentent près de 60% de la valeur de tous les produits forestiers.

Une autre étude réalisée auprès des communautés rurales au Nigéria par Fonta et al. (2011) examine les implications de la répartition des revenus forestiers sur la pauvreté et l'inégalité des revenus. En utilisant des techniques de Gini et de décomposition de la pauvreté l'étude révèle que les revenus forestiers réduisent à la fois, l'inégalité des revenus et la pauvreté au Nigéria. De plus, en analysant les déterminants de l'exploitation des forêts en utilisant le modèle de sélection d'échantillons en deux étapes de HCEKman, les résultats indiquent que la décision de participer aux programmes d'extraction forestière augmente avec un meilleur accès aux zones forestières. En outre, les revenus forestiers se sont révélés positifs et significatifs pour les ménages dirigés par des hommes. D'autres simulations de résultats montrent que le bien-être des ménages dans les zones rurales du Nigéria pourrait être amélioré grâce à des politiques et des programmes qui peuvent stimuler l'augmentation des revenus tirés des ressources forestières et des sources alternatives telles que l'agriculture.

Des résultats similaires émanent des travaux de Kamanga et al. (2009) qui examinent la relation entre les revenus forestiers et les moyens d'existence ruraux de 160 ménages au Malawi. L'un des grands enseignements à tirer de cette étude est que la restriction de l'accès des populations aux ressources forestières peut avoir des effets considérables sur les moyens d'existence et le bien-être des ménages.

I.2.2.2. Approche participative de la gestion forestière et bien-être local

Plusieurs outils matérialisent la volonté des institutions à promouvoir une véritable gestion participative en Afrique : la mise en place des forêts communales, des forêts communautaires, des territoires de chasse communautaires, et le partage de certaines taxes forestières entre l'État, les collectivités décentralisées et les communautés riveraines des lieux exploités avec pour corollaire la gestion décentralisée des forêts. En Afrique centrale, le Cameroun est considéré comme le premier pays à avoir légalement adopté et mis en œuvre le modèle de gestion participative des forêts depuis les années 1990, dans le but d'exploiter durablement les ressources forestières au profit des communautés et, dans une certaine mesure, selon leurs propres règles (Ekoko, 2000).

En effet, avec les travaux de René Oyono (2005) menés au Cameroun, la foresterie communautaire repose sur l'hypothèse que les communautés sont étroitement liées aux forêts environnantes, non seulement pour leur subsistance quotidienne, mais aussi à des fins culturelles et religieuses. Ils sont donc appelés à jouer un rôle important dans les procédures communes de prise de décision et de mise en œuvre des activités forestières. Mais dans les sociétés rurales pauvres, comme dans la zone forestière du Cameroun, l'engagement des populations dans la foresterie communautaire est motivé par leur désir d'améliorer leur niveau de vie (De Jong et al. 2018). Selon le cadre des moyens d'existence durables, les moyens d'existence ruraux sont constitués de cinq types d'actifs, dont deux sont axés sur les conditions matérielles des communautés : le capital physique, c'est-à-dire la base de capital qui est essentielle à la poursuite de toute stratégie de subsistance et le capital financier, c'est-à-dire le revenu, l'épargne, le crédit et autres apports.

Seulement, Lescuyer (2019) révèle trois raisons de l'échec de l'essor de ces actifs dans la foresterie communautaire au Cameroun. Tout d'abord, les coûts de démarrage d'une forêt communautaire sont hors de portée des populations locales : il faut dépenser plus de 30 000 $US avant même de signer l'entente de gestion des FC avec l'administration.

Ensuite, le faible niveau de profit (et parfois négatif) a été une critique courante de la foresterie communautaire au Cameroun. L'exploitation forestière est la principale source de revenus des communautés, mais cette activité reste marginale, avec un chiffre d'affaires global au Cameroun d'environ 2 millions de dollars US par an (Lescuyer et al. 2016). Les populations locales restent les principales bénéficiaires de la foresterie communautaire, principalement en raison des revenus générés par l'exploitation forestière et distribués aux travailleurs. Ces revenus individuels sont très faibles lorsqu'ils sont répartis également entre les membres de la communauté.

Enfin, peu d'investissements collectifs ont été financés par les revenus tirés de l'exploitation des FC en raison du faible niveau du bénéfice net et des problèmes institutionnels au sein du comité de gestion des forêts communautaires.

Lescuyer (2019) étend son étude sur la pratique de la forêt communautaire au Congo. Les résultats suggèrent trois enseignements importants pour faire de la foresterie communautaire une option financièrement viable pour les communautés. Tout d'abord, il y a tout un consensus sur la nécessité d'un soutien initial de la part des gouvernements et d'autres partenaires pour le capital de démarrage, l'accès subventionné à la formation et à l'assistance technique, et la gestion de systèmes bureaucratiques complexes, sans que ce soutien soit transformé en substitution et dépendance pour les communautés. Deuxièmement, il est crucial d'analyser comment les systèmes productifs locaux peuvent être intégrés dans des chaînes de valeur durables et lucratives. Troisièmement, la mise en œuvre d'une analyse ex ante du rendement financier avant de s'engager dans les opérations permettrait aux collectivités et à leurs partenaires de s'engager dans des activités qui ne sont pas non rentables à moyen terme.

II. EXPLOITATION FORESTIÈRE ET CROISSANCE INCLUSIVE EN AFRIQUE SUBSAHARIENNE : UNE ANALYSE EMPIRIQUE

Pour satisfaire à bien ce travail, nous nous basons principalement sur les données de la Banque Mondiale (WDI, 2018) pour un échantillon de 39 pays sur la période 2002-2017. La taille de l'échantillon et la période de l'étude ont été choisies eu égard aux données disponibles. L'analyse se fera en deux sections dans lesquelles nous présenterons tour à tour une analyse descriptive et une analyse économétrique du lien exploitation forestière et croissance inclusive.

II.1. Analyse descriptive de la relation exploitation forestière et croissance économique inclusive en Afrique subsaharienne

II.1.1. Analyse de la corrélation entre l'exploitation forestière et la croissance inclusive en Afrique subsaharienne

Cet arrêt nous donne l'occasion d'examiner l'évolution d'un indicateur de la croissance inclusive, qui est mesuré dans le cadre de notre étude par l'Indice de Développement Humain. Ensuite, il s'agira d'analyser la corrélation de cet indicateur avec ceux de l'exploitation forestière à l'instar de la rente forestière et de la surface des forêts pour l'Afrique subsaharienne pour la période 2002-2017.

II.1.1.1. Évolution de l'Indice de Développement Humain en ASS : le message des chiffres

Une raison importante de considérer l'Indice de Développement Humain comme mesure de la croissance inclusive provient du fait qu'il permet d'évaluer l'état de bien-être ou de progrès d'une société. En effet, il s'agit d'un indice composite variant entre 0 et 1 qui intègre les dimensions sociales de la croissance économique[36]. Sur notre période d'étude qui s'étend de 2002 à 2017, l'Indice de Développement Humain tourne en moyenne autour de 0,421472 résultat obtenu en 2002 et 0,5215 résultat acquis en 2017 vers la fin de la période. La moyenne de cet indicateur au cours de la période est de

[36] Il s'agit principalement du niveau d'éducation et de l'espérance de vie.

0,0475449. On peut donc avoir l'impression que le développement humain a progressé au cours de cette période.

En effet, au regard de l'évolution de l'Indice de Développement Humain moyen en Afrique subsaharienne sur la période 2002-2017, on peut constater que la courbe de l'Indice de Développement Humain est essentiellement ascendante. Cette croissance a par ailleurs évolué de manière constante sans période de baisse, ce qui démontre les efforts dans l'investissement en capital humain.

Au regard des performances économiques moyennes en Afrique couvrant la période d'analyse, seulement 15 pays ont eu un niveau moyen d'IDH, supérieur à la moyenne pour l'Afrique subsaharienne. Les résultats les plus élevés reviennent au Botswana, au Congo, à la Guinée équatoriale, au Gabon, au Nigéria et au Rwanda avec des niveaux moyens d'indices de développement humain de 0,6493125 ; 0,5755625, 0,5501875 ; 0,66675 ; 0,494733333 et 0,5953125. Globalement, ces pays ont connu une évolution de leur Indice de Développement Humain.

Graphique 1 : Évolution de l'IDH moyen en Afrique subsaharienne

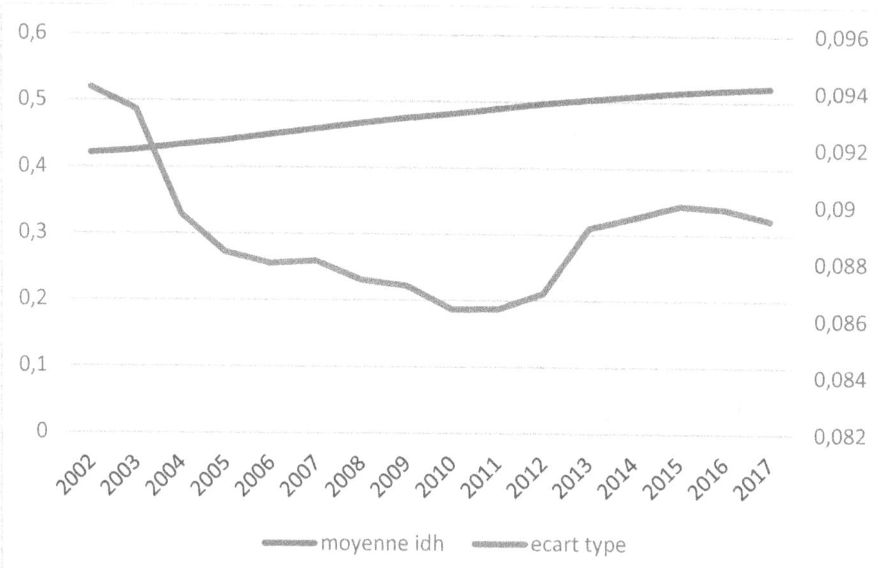

Source : calcul de l'auteur, à partir des données de la Banque Mondiale (WDI ,2018)

II.1.1.2. Évolution de la rente forestière en AS

Exprimée en pourcentage du PIB ; la rente forestière désigne habituellement l'ensemble des loyers provenant de l'exploitation des ressources forestières. Sur notre période d'étude, le revenu moyen provenant de la foresterie oscille autour de 7,21354 avec une valeur moyenne de

7,233005486 pour l'année 2002 et une valeur moyenne de 7,51599188 en 2017. Pour ce qui est de l'évolution de la rente forestière en Afrique subsaharienne ; sur la période 2002-2017, sa courbe représentative montre successivement des phases de régression et d'expansion. En effet, cette régression a évolué entre 2003 et 2006 avec une légère reprise en 2007 pour encore décroître entre les années 2008 et 2010. Cependant, les phases d'accroissement (cinq au total) sont plus fréquentes que les phases de récession (3).

Graphique 2 : Évolution de la rente forestière en Afrique subsaharienne

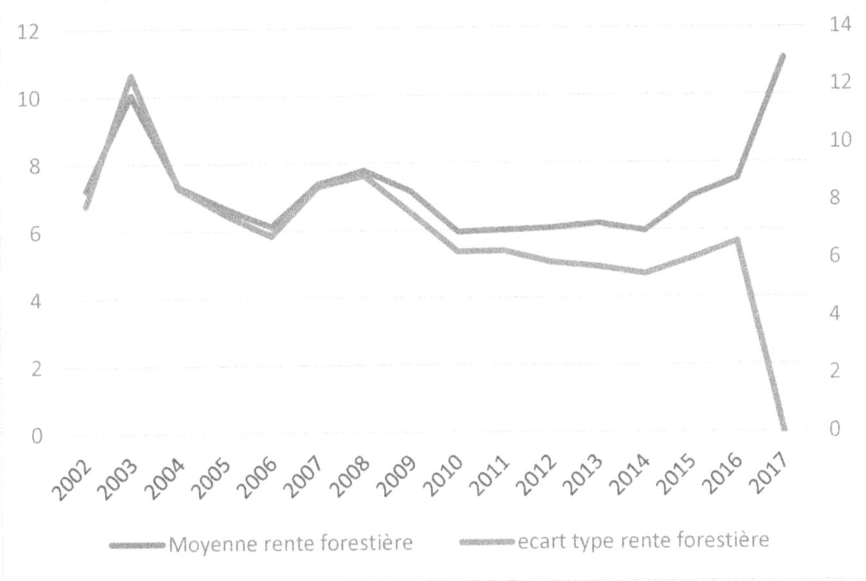

Source : calcul de l'auteur, à partir des données de la Banque Mondiale (2018)

Toutefois, le niveau de rente connait une hausse soutenue allant de 2011 à 2017 avec des pourcentages de valeur de 5,99169484 à près de 11,08220667 par rapport au PIB. Les pays enregistrant des pourcentages élevés de rente forestière sont naturellement pourvus d'une biodiversité forestière. Il s'agit du Gabon, de la Guinée équatoriale, du Congo et du Rwanda avec des pourcentages de 7,319782978 ; 6,667123158 ; 7,368721798 et 7,157449978 respectivement. Il parait opportun à présent de s'appesantir sur la nature de la corrélation entre ces niveaux de rente forestière relativement élevés et l'Indice de Développement Humain.

II.1.1.3. Corrélation entre la rente forestière et l'indicateur de développement humain en ASS

En ce qui concerne la corrélation, entre le niveau de développement humain et la rente forestière en Afrique subsaharienne, le graphique ci-dessous révèle l'existence d'une corrélation autant ambigüe qu'elle parait inexistante. Dans l'ensemble, le niveau de développement humain en Afrique subsaharienne semble suivre une progression ascendante quasiment linéaire avant de se stabiliser dans les années 2016 - 2017 ; car les niveaux moyens de développement humain oscillent entre 0,5755625 et 0,5501875. Or comme nous l'avons démontré précédemment, la rente forestière fait face à des tendances descendantes avant de connaitre des phases ascendantes.

Graphique 3 : Évolution de la rente forestière et de l'IDH en Afrique subsaharienne

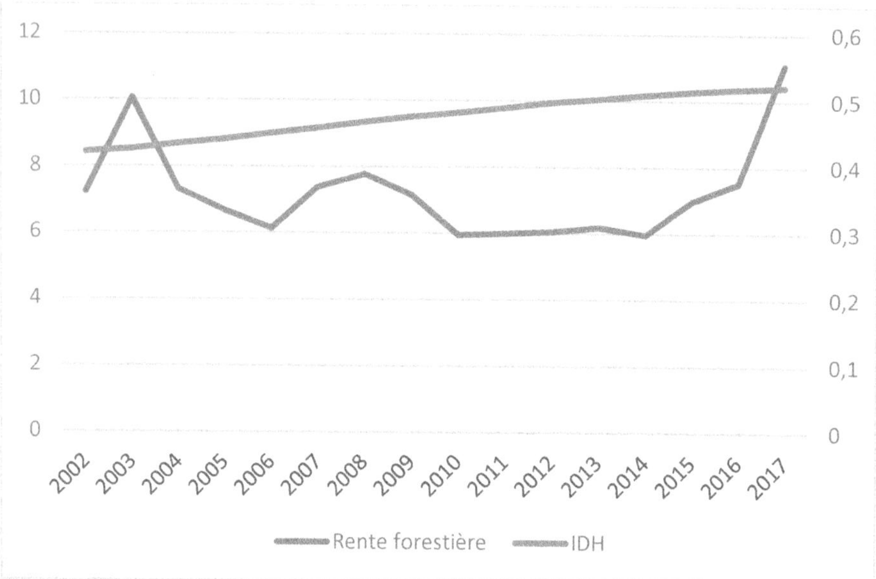

Source : calcul de l'auteur, à partir des données de la Banque Mondiale (WDI ,2018)

À ce titre, on pourrait apercevoir ici qu'entre 2002 et 2003 le développement humain et l'exploitation forestière semblent être corrélés de façon positive. Il en est de même pour la période allant de 2012 à 2016. On pourrait penser que pour des niveaux de rente forestière élevés, l'incidence sur le développement humain serait positive. Or à des niveaux faibles, l'impact serait négatif. Ce dernier constat semble se vérifier lorsqu'on considère l'évolution des taux moyens de croissance pour ces deux indicateurs. L'évolution simultanée des deux taux ne confirme pas a priori l'hypothèse d'une corrélation entre l'exploitation forestière et le développement humain en Afrique subsaharienne.

Par ailleurs, au regard du niveau moyen des loyers forestiers en Afrique subsaharienne ; nous constatons que cinq pays enregistrent un pourcentage moyen de loyers forestiers de 7,8314% ce qui est bien supérieur à la moyenne africaine. Parmi ces pays, nous avons le Gabon et la Guinée équatoriale qui font partie des pays présentant les lus taux les plus élevés en matière de développement humain. Réciproquement, nous constatons également que les cinq pays enregistrant des pourcentages faibles de loyers forestiers tournent autour de 2,141%, ce qui est bien inférieur à ma moyenne de l'Afrique subsaharienne. Aussi, ces pays enregistrent des performances économiques faibles en matière de développement humain. Mais des exceptions existent, car un pays comme l'Afrique du Sud qui n'engrange pas suffisamment des recettes forestières des (2,471% en moyenne) enregistre par contre de forts niveaux de développement humain dont la moyenne avoisine les 0,65671. Ces exceptions semblent ainsi confirmer la relation plus que mitigée entre l'exploitation forestière et la croissance inclusive.

I.1.1.4. Corrélation entre la surface des forêts et l'indicateur de développement humain en ASS

L'observation du graphique 3 laisse transparaitre une évolution ascendante de l'IDH par de 2002 à 2017 se situant autour de 0,521472 résultat obtenu en 2002 et 0,7215 résultat acquis en 2017 respectivement, avant de connaitre une stabilisation assez considérable de 2010 à 2011 avec une valeur de 0,5616 entre 2015 et 2017.

La surface des forêts affiche quant à elle aussi un comportement instable avec une phase de reprise durant notre période d'étude, alors qu'il est établi qu'entre 2002 et 2015, l'indicateur de la surface des forêts connait une régression qui va de 34,4563818 en 2002 à près de 30,3289613% de la surface totale des différents pays. Cependant, l'on observe une reprise brutale de la courbe de la surface forestière en 2015 passant de 30,3289613% de la surface totale à 52,0801%. Ceci peut s'expliquer en partie par la mise sur pied des politiques de reboisement et de protection des espaces forestiers en Afrique subsaharienne. Pour ce qui est de la corrélation, entre le niveau de développement humain et la surface forestière en Afrique subsaharienne, le graphique ci-dessus révèle l'existence d'une corrélation mitigée.

Graphique 4 : Évolution de la surface forestière et de l'IDH en Afrique subsaharienne

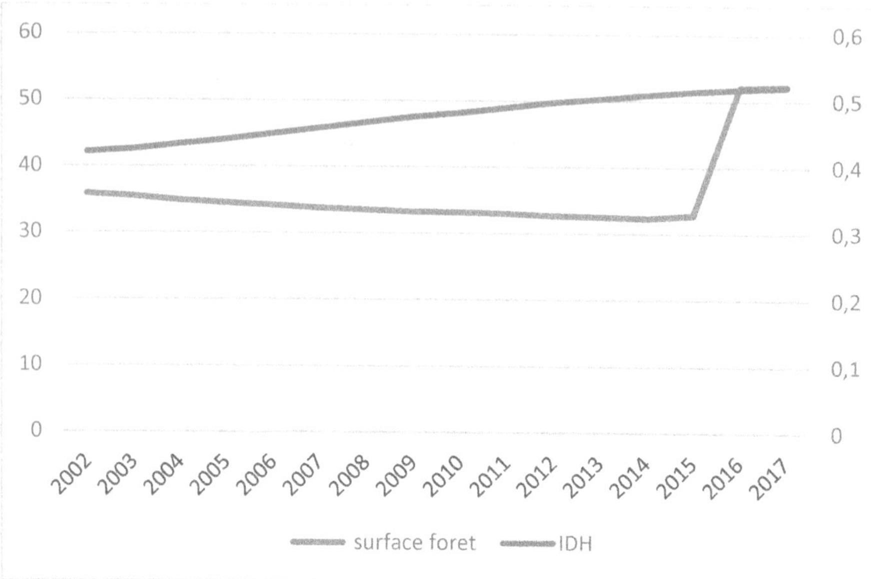

Source : calcul de l'auteur, à partir des données de la Banque Mondiale (WDI, 2018)

On s'aperçoit ici qu'entre 2002 et 2015, le développement humain et la surface forestière semblent être corrélés, mais de façon négative. Il en est de même pour la période allant de 2015 à 2017. On pourrait penser que pour une baisse de la surface des forêts, l'incidence sur le développement humain serait positive. Or à des niveaux élevés, l'impact serait négatif, voire inexistant. Ce dernier constat semble se vérifier lorsqu'on considère l'évolution des taux moyens de croissance pour ces deux indicateurs. L'évolution simultanée des deux taux ne confirme pas à priori l'hypothèse d'une corrélation entre l'exploitation forestière et le développement humain en Afrique subsaharienne.

II.1.2. Analyse de la corrélation entre l'exploitation forestière et la croissance inclusive selon la dotation en ressources forestières

La corrélation entre l'Indice de Développement Humain et le couvert forestier établie, il convient de déterminer l'ampleur de la dépendance à l'égard des ressources forestières pour impulser le développement humain en Afrique subsaharienne. Pour cela, nous étudions l'évolution de l'Indice de Développement Humain en fonction de la dotation en ressources forestières.

II.1.2.1. Corrélation entre la rente forestière et l'Indice de Développement Humain dans les pays du Bassin du Congo

Selon la FAO (2012), les forêts du Bassin du Congo constituent le deuxième massif forestier tropical du monde. S'il est vrai que les trajectoires des courbes de la rente forestière et de l'IDH pour le Bassin du Congo sont presque similaires à celles de l'Afrique, dans cette région d'Afrique subsaharienne, le niveau moyen de rente forestière fluctue entre 16,96% en 2002 et 14,74% en 2017, ce qui est supérieur à la moyenne pour l'Afrique. Ce résultat semble confirmer la dépendance à l'égard des ressources forestières dans le Bassin du Congo.

Graphique 5 : Évolution de la surface forestière et de l'IDH dans le Bassin du Congo

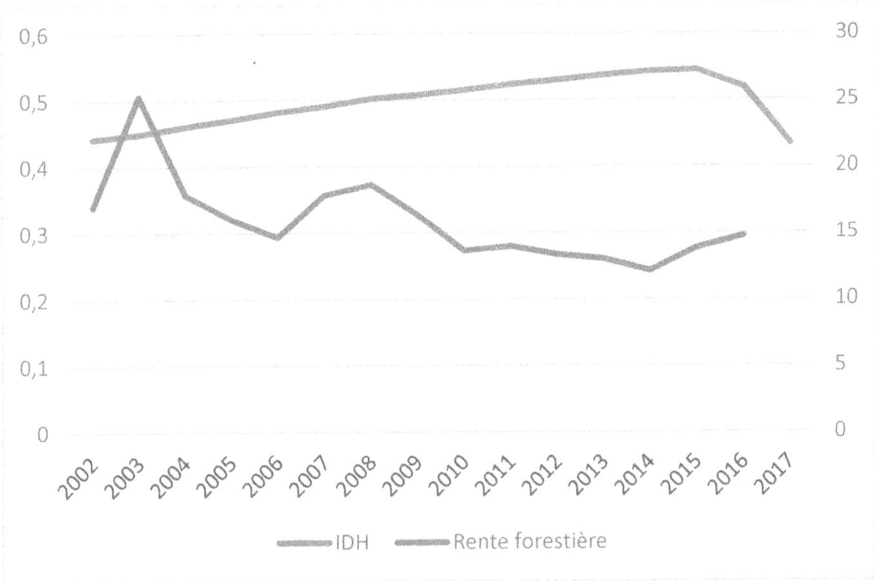

Source : calcul de l'auteur, à partir des données de la Banque Mondiale (WDI ,2018)

Les niveaux de développement humain, sur la période 2002-2017 dans les pays du Bassin du Congo, suivent une progression linéaire ascendante avec une pente quasiment constante. Son niveau moyen s'établit à 0,49668. Au regard du graphique de l'évolution du niveau de rente forestière et du niveau de développement humain, on peut remarquer que la rente forestière a connu plus de phases de dépression que d'augmentation sur la période. On peut présumer l'existence d'une corrélation négative entre les deux sur la période 2003-2015.

II.1.2.2. Corrélation entre la rente forestière et l'Indice de Développement Humain dans les pays n'appartenant pas au Bassin du Congo

Parmi ces pays, nous avons principalement retenu les pays n'ayant pas une surface forestière abondante et par conséquent un niveau de rente forestière peu élevé pour mieux apercevoir l'évolution du développement humain en présence d'un faible couvert forestier. En effet, au regard de l'évolution de l'Indice de Développement Humain moyen dans ces pays sur la période 2002-2017, on peut constater que la courbe de celui-ci est essentiellement ascendante. Cette croissance a par ailleurs évolué de manière constante sans période de baisse. Pour ce qui est de l'évolution de la rente forestière dans ces pays, sur la période 2002-2017. Sa courbe représentative montre successivement des phases de régression et d'expansion. En effet, cette régression a évolué de manière constante entre 2003 et 2006 avec une légère reprise en 2007 pour encore décroître entre les années 2009 et 2011. La corrélation entre ces deux indicateurs dans ces pays semble inexistante. On pourrait apercevoir ici qu'entre 2002 et 2003 le développement humain et l'exploitation forestière semblent être corrélés de façon positive. Il en est de même pour la période allant de 2012 à 2016.

On pourrait penser que pour des niveaux de rente forestière élevés, l'incidence sur le développement humain serait positive. Or à des niveaux faibles, l'impact serait négatif. Par contre entre 2003 et 2006, la diminution du niveau de la rente forestière s'accompagne d'une hausse de l'Indice de Développement Humain.

Graphique 6 : Évolution de la rente forestière et de l'IDH hors du Bassin du Congo

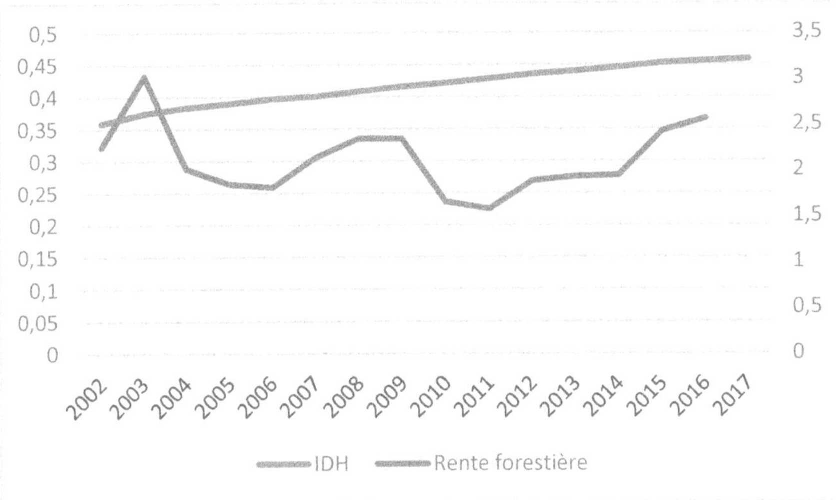

Source : calcul de l'auteur, à partir des données de la Banque Mondiale (WDI, 2018)

Ce dernier constat semble se vérifier lorsqu'on considère l'évolution des taux moyens de croissance pour ces deux indicateurs. L'évolution simultanée des deux taux ne confirme pas à priori l'hypothèse d'une corrélation entre l'exploitation forestière et le développement humain en Afrique subsaharienne. En somme, au regard des différentes configurations, nous pourrions penser que les pays du Bassin du Congo et ceux n'appartenant pas à ce groupe ont suivi une progression à un point près, similaire à celle de l'Afrique. Cependant, la corrélation entre l'exploitation forestière et le développement humain n'est pas très claire et demeure ambigüe. Toutefois, il y a lieu de remarquer que parmi les deux catégories étudiées ici, les pays à fort couvert forestier enregistrent les plus forts niveaux de développement humain montrant de manière abstraite une relation de causalité entre l'exploitation forestière et le développement humain.

II.2. Analyse économétrique du lien entre l'exploitation forestière et la croissance inclusive en Afrique subsaharienne

II.2.1. Justification du modèle

En nous inspirant des travaux de Ntuli et al. (2017) sur la relation entre les revenus fauniques et le bien-être des populations en Afrique du Sud ainsi que des travaux de Cockx et al (2014) sur le lien entre les ressources naturelles et le capital humain ; nous nous concentrons plus particulièrement sur le lien entre l'extraction des ressources forestières et le développement humain à travers l'Indice de Développement Humain.

Bien qu'il ne soit pas question pour nous de faire recours à des équations simultanées, nous opterons pour un indice composite en l'occurrence l'Indice de Développement Humain développé dans les années 1990 par l'économiste Amaya Sen. Cet indice est venu répondre au problème de visibilité du PIB par habitant qui ne donnait pas d'informations pertinentes sur le niveau de bien-être des populations. À ce titre, l'IDH se fonde en plus du PIB par habitant sur deux autres critères à savoir l'espérance de vie à la naissance et le niveau d'éducation. Nous optons pour une modélisation en panel dynamique. En effet, la double dimension des données de panel (individuelle et temporelle) constitue un avantage par rapport aux autres types de données en l'occurrence, les séries temporelles et les données en coupes transversales. Cette double dimension permet en effet de rendre simultanément compte de la dynamique des comportements et leur éventuelle hétérogénéité. Ceci permet donc de tenir compte de l'influence des caractéristiques non observables propres aux individus ou aux périodes étudiées au cours du temps. La spécification de nos modèles est la suivante :

$$IDH_{i,t} = \alpha\, IDH_{i,t-1} + \beta\, FOR_{i,t} + \mu\, X_{i,t} + \Omega_{i,} + \varepsilon_{i,t} \quad (1)$$

Dans cette équation (1) ; $IDH_{i,t}$ est l'Indice de Développement Humain, i et t expriment respectivement le pays et le temps, $IDH_{i,\ t-1}$ est l'Indice de Développement Humain retardé, Ω_i est l'effet fixe pays, FORi, t représente le vecteur des variables pertinentes de l'exploitation forestière ; Xi, t est le vecteur des autres variables macroéconomiques ; εi, t est le terme d'erreur, β et μ sont les vecteurs des paramètres à estimer incorporées aux variables de l'exploitation forestière et macroéconomiques, respectivement.

De manière plus spécifique, le modèle prend la forme suivante :

$$IDH_{i,t} = \alpha\ (IDH)_{i,t-1} + \beta_1\ (rente\ forestière)_{i,t} + \beta_2\ (surface\ forêt)_{i,t} + \mu_1(FBCF)i,t + \mu_2(population)_{i,t} + \mu_3(expansion\ agricole)_{i,t} + \mu_4(corruption)_{i,t} + \mu_5(regulation)_{i,t} + \mu_6\ (electricitérural) + \mu_7\ (expansion\ agricole) + \phi(var\ muettes)_{i,t} + \Omega i, + \varepsilon i,t \quad (2)$$

II.2.2. Champ de l'étude et présentation des variables

Dans le cadre de cette étude, les données utilisées couvrent un échantillon de 39 pays d'Afrique subsaharienne, qui seront répartis en deux groupes à l'instar des pays du Bassin du Congo dotés d'un fort couvert forestier d'une part et les pays faiblement dotés en biodiversité forestière d'autre part. En outre, la période va de 2002 à 2017.

Tableau 1 : Présentation des variables

Variables	Descriptions	Sources
IDH	Mesure le taux de développement humain des pays	PNUD (2018)
Rente forestière	Mesure le degré d'exploitation des ressources forestières et capte son poids dans le PIB	WDI (2018)
Surface forêts	Mesure l'évolution de la superficie des forêts dans le temps	WDI (2018)
Population	Mesure la croissance de la population	WDI (2018)
Formation brute de capital fixe (FBCF)	Mesure le flux entrant d'investissement domestique (% PIB)	WDI (2018)
Maitrise de la corruption	Mesure le degré d'utilisation de l'autorité publique à des fins d'enrichissement personnel. Cet indicateur prend des valeurs comprises entre -2,5 et +2,5.	WGI (2018)
Qualité de la régulation	Mesure la capacité des pouvoirs publics à élaborer et appliquer de bonnes politiques et réglementation favorables au développement du secteur privé. Cet indicateur prend également des valeurs comprises entre -2,5 et +2,5.	WGI (2018)
Accès électricité rural	Mesure la part de la population rurale ayant accès à l'électricité	WDI (2018)
Expansion agricole	Mesuré par la surface des terres agricoles	WDI (2018)

II.2.3. Méthode d'estimation

II.2.3.1. Principe d'estimation

En ce qui concerne la méthodologie utilisée dans la documentation sur les ressources forestières, dans les années 1990, la plupart des études empiriques se sont concentrées sur les données transversales pour examiner la relation entre les ressources forestières et la croissance économique (Allen et Barnes, 1985). Cependant, l'approche a négligé la dimension temporelle et causé d'un certain nombre de problèmes économétriques. Depuis les années 2000, l'analyse des données de panel est devenue de plus en plus populaire parce qu'elle permet de surmonter les limites du modèle à forme réduite. La causalité bilatérale possible entre les ressources forestières, l'Indice de Développement Humain et les variables omises peut conduire à un problème d'endogénéité (Ahmed et al, 2016).

En général, ce problème peut résulter de l'omission des variables explicatives pertinentes dans la spécification du modèle ; de la simultanéité qui apparaît lorsque la variable dépendante et certaines variables explicatives sont déterminées en *« même temps »*, ou encore des erreurs de mesures sur les variables indépendantes ou de la variable dépendante. De plus, la spécification en panel dynamique nécessite que soit introduite, parmi les variables explicatives, la variable dépendante retardée d'au moins une période. La présence de celle-ci dans le membre de droite de nos équations entraîne automatiquement le biais d'endogénéité.

Dès lors, l'utilisation des méthodes traditionnelles, notamment celle des MCO n'est plus adéquate puisqu'elle donne des estimateurs biaisés et non convergents à cause de la corrélation entre la variable endogène retardée et le terme d'erreur, lorsque les résidus sont autorégressifs. Il nous faut donc recourir à des méthodes d'estimation plus performantes en l'occurrence la méthode des moments généralisés (GMM) développée par Holtz-Eakin et al. (1988) et Arellano et Bond (1991).

II.2.3.2. Principaux tests de robustesse

Afin de tester la robustesse de notre modèle, nous effectuerons deux tests. Le premier est le test de sur identification de Sargan/Hansen qui permet de tester la validité des variables retardées comme instruments. Il sera concluant si l'on ne parvient pas à rejeter l'hypothèse nulle au seuil de 10%. Nous privilégierons le test de Hansen au test de Sargan, car il est robuste en présence d'hétéroscédasticité sur les résidus. Le second est le test d'autocorrélation de second ordre d'Arellano et Bond ; il sera concluant si l'hypothèse nulle (absence d'autocorrélation des termes d'erreurs en différence première à l'ordre 2) ne peut être rejetée au seuil de 10%.

III. PRÉSENTATION DES RÉSULTATS ET INTERPRÉTATION

Cette rubrique porte principalement sur la vérification de la première hypothèse formulée dans cette étude. Elle est divisée en deux sous rubriques consacrées d'une part à la présentation des différents résultats économétriques et d'autre part les interprétations de ceux-ci.

III.1. Résultats des estimations

Pour analyser les effets de l'exploitation forestière sur le développement humain en Afrique subsaharienne ; nous avons procédé à une série de trois estimations. D'abord, nous avons estimé le modèle à effets fixes pour toute l'Afrique subsaharienne (I), ensuite nous avons procédé à l'estimation du même modèle à effet fixe pour les deux groupes de pays retenus à l'instar du Bassin du Congo (II), et les pays n'appartenant pas au Bassin du Congo (III)

Tableau 2 : Présentation des résultats des estimations (Partie I)

Variables dépendantes / ***Variables***	***IDH (I)***	***IDH (II)***	***IDH (III)***
IDH (retardée)	*0.872****	*1,129****	*1,021****
	(0.0667)	*(0,107)*	*(0,0439)*
Rente forestière	*0,000656****	*-0,00130*	*-0,000274*
	(0,000220)	*(0,00125)*	*(0,000275)*
Surface forêts	*-0.000163*	-	
	(0.000224)	*0.00031***	*0.00111*
		(0,00012)	
			(0.000751)
Population	*-0.00959**	*0.0235***	*-0.00372**
	(0.00504)	*(0,0101)*	*(0.00423)*
FBCF	*0.00121***	*-0.00210*	*-0.000902*
	(0.000441)	*(0,0018)*	*(0.000615)*
Maitrise de la corruption	*-0.0107*	*0.0089*	*- 0.0143*
	(0.00757)	*(0.00423)*	*(0.0124)*
Qualité de la régulation	*0.0108***	*0.00096*	
	(0.00432)	*(0.000237)*	*0.00354***

Expansion agricole	*0,000336*	*0.00349***	*(0.00146)*
	(0,000207)	*(0.00142)*	*0,00283*
			(0,00112)
Accès à l'électricité rural	*-0.000341*	-	-
	(0.000456)	*0.00069***	*0,000325*
		(0,00233)	
			(0,000456)
Constante	*-0,0838*	*-0.0618*	*0.00838*
	(0,0318)	*(0,0161)*	*(0.318)*
Observations	*419*	*99*	*94*
Nombre de pays	*39*	*10*	*10*
Fisher (p-value)	*0,000*	*0,000*	*0,000*
AR (1) (p-value)	*0.052*	*0.033*	*0,011*
AR (2) (p-value)	*0.525*	*0.921*	*0,280*
Hansen test (p-value)	*0.950*	*0.487*	*0,151*

Source : Auteur, estimations réalisées à partir des données de la Banque Mondiale
Notes : les valeurs entre parenthèses correspondent à l'écart-type corrigé de l'hétéroscédasticité.
**** p<0.01 significatif à 1%, ** p<0.05 significatif à 5%, * p<0.1 significatif à 10%,*

III.2. Interprétation des résultats

III.2.1. Interprétation des résultats pour l'Afrique subsaharienne

Au regard du tableau précédent, nos résultats sont acceptables aussi bien sur le plan économétrique que sur le plan économique. Sur le plan économétrique, le test de Fisher nous permet de conclure que nos modèles sont globalement et fortement significatifs. En effet, la p-value associée à cette statistique (Prob > F =0,000) est inférieure au seuil de 1% pour toutes les estimations. En outre, le test de Hansen dont la p-value est supérieure au seuil de 10%, est concluant pour tous les modèles ne permettant pas de rejeter l'hypothèse nulle et la validité de nos instruments. Enfin, le test AR (2) est également satisfaisant puisque la p-value supérieure au seuil de 10% ne permet pas non plus de rejeter l'hypothèse nulle d'absence d'autocorrélation de second ordre des résidus dans nos estimations. Les résultats de nos estimations sont donc robustes d'autant plus que les écarts-types ont également été corrigés de l'hétéroscédasticité. Sur le plan théorique également, nos résultats sont pour la plupart conformes aux travaux antérieurs. Les interprétations se feront tour à tour pour toutes les variables.

- **Effet de la rente forestière et de la surface des forêts sur l'Indice de Développement Humain**

Les résultats présentés dans le tableau ci-dessus révèlent que le coefficient estimé des loyers forestiers est positif et significatif au seuil de 1%, dans le modèle considéré. À ce titre, l'on peut conclure qu'une variation à la hausse du niveau des loyers forestiers est de nature à influencer positivement le développement humain en Afrique subsaharienne. Ce résultat semble être en conformité avec les études de Ntuli (2016), qui conclut que les revenus environnementaux d'origine forestiers influencent positivement le bien être communautaire en Afrique australe. De nombreuses autres études corroborent ce résultat et révèlent le rôle du revenu environnemental dans la réduction des inégalités rurales, notamment les inégalités de revenus et l'Indice de Développement Humain. Par exemple, en utilisant un échantillon de 213 ménages du Zimbabwe rural, Kamanga et al. (2009) ont constaté que le revenu environnemental est fortement significatif, entraînant une réduction de 30% des inégalités à court et à long terme. Par ailleurs, pour ce qui est du coefficient estimé de la surface forestière, bien qu'il soit négatif, il est non significatif pour le modèle. Toutefois, on serait amené à penser de manière intuitive que la surface forestière est négativement corrélée à l'Indice de Développement Humain.

- **Effet de l'accroissement de la population et de l'investissement sur le développement humain.**

Au regard du signe du coefficient estimé pour la croissance de la population, on constate qu'il est négatif et significatif au seuil de 10%. Selon ce résultat, on peut dire qu'une augmentation du niveau de la population tend à réduire le développement humain. Le rôle de la population dans le développement socioéconomique a fait l'objet de nombreuses controverses dans la littérature économique. Si l'on s'en tient aux effets pervers de la croissance démographique tels qu'évoqués par les thèses néomalthusiennes, le signe obtenu dans ce modèle semble être conforme à la théorie économique.

Par ailleurs, ce résultat est en conformité avec les études de Kamete et al. (2001), qui concluent qu'il existe généralement une corrélation négative entre la croissance de la population et le développement économique en Afrique. Néanmoins, ce résultat ne devrait pas s'établir pour tous les pays africains, car Shabaz et Lean (2012) et Solarin (2013) ont trouvé une corrélation positive entre la population et la croissance économique pour les données de la Tunisie et de l'Angola.

Pour ce qui est de l'investissement domestique, il donne la capacité aux résidents d'un pays à accumuler du capital. L'équation de l'équilibre macroéconomique montre que l'investissement domestique devrait agir positivement sur le niveau de la production. Les résultats du tableau précédent révèlent que l'investissement domestique est significatif au seuil de 5%, mais négativement corrélé à l'Indice de Développement Humain en Afrique subsaharienne sur la période 2002-2017. À partir de ce résultat, on peut à priori dire que ces investissements n'ont pas été orientés vers des secteurs productifs propices à l'amélioration des conditions de vie des populations.

- **Effet des indicateurs de la gouvernance sur le développement humain en ASS**

La maitrise de la corruption, et la qualité de la régulation apparaissent comme des catalyseurs importants de la gestion de la rente des ressources forestières. En ce qui concerne les résultats, le coefficient estimé de la qualité de la régulation est significatif au seuil de 5% et démontre qu'il a un effet positif sur l'Indice de Développement Humain. Le coefficient estimé pour la maitrise de la corruption quant à lui est négatif et non significatif. En fait, la qualité de la régulation favorise un climat de certitude qui influence positivement sur les décisions des agents économiques. À ce titre, améliorer la gouvernance forestière à travers l'élaboration des normes forestières adéquates est d'une importance cruciale pour le bien-être économique et social en Afrique subsaharienne. Ce résultat est en accord avec les résultats trouvés par Lescuyer et al (2019), sur l'analyse du cadre de la gouvernance forestière en République Démocratique du Congo.

- **Effet de l'expansion agricole et de l'accès à l'électricité rural sur le développement humain**

Au regard des résultats présentés dans le tableau 2 précédent, les coefficients estimés relatifs à l'expansion agricole et à l'accès à l'électricité rural ne sont pas significatifs pour notre modèle sur la période 2002-2017.

III.2.2. Interprétation des résultats pour chaque groupe de pays

De façon globale, nos résultats semblent concluants et conformes à la théorie, notamment aussi bien sur le plan économétrique que sur le plan économique. Sur le plan économétrique, au regard de la statistique de Fisher (Prob>F =0.000), nous pouvons conclure que la régression effectuée pour les deux modèles est globalement et fortement significative. De même, le test de Hansen est concluant avec une p-value supérieure à 10%. Ce test permet de ne pas rejeter l'hypothèse nulle et de conclure de la validité de nos instruments. Enfin, le test le test AR (2) d'Arellano et Bond (1991) est également significatif, car la p-value est supérieur au seuil de 10%. Dans ce cas, nous ne pouvons rejeter l'hypothèse nulle d'absence d'autocorrélation de second ordre des résidus dans ladite régression.

En ce qui concerne les résultats, les coefficients estimés des loyers forestiers sur le développement humain en Afrique ne sont pas significatifs pour les deux modèles (II) et (III). En effet, dans les pays du Bassin du Congo, le coefficient estimé de la rente forestière n'est pas significatif sur la période 2002-2017. Il en est de même du coefficient estimé pour les pays n'appartenant pas au Bassin du Congo. S'agissant de la surface forestière, son coefficient estimé est significatif au seuil de 5% dans le Bassin du Congo (II), mais n'est pas significatif pour les autres pays (III). Toutefois, le signe obtenu est négatif pour le modèle (II), ce qui implique une corrélation négative entre la superficie des forêts et le développement humain. Autrement dit, une augmentation des surfaces forestières a un impact négatif sur le développement humain. Ce résultat semble confirmer l'hypothèse de la malédiction des ressources qui suggère que les pays naturellement dotés de ressources forestières connaissent des performances économiques et sociales défavorables (Singh, 2017).

Ensuite, en considérant le coefficient relatif à l'accroissement de la population, on observe une significativité au seuil de 5% dans les pays appartenant au Bassin du Congo (II) et une significativité au seuil de 10% pour les pays n'appartenant pas au Bassin du Congo (III). Seulement ce coefficient demeure négatif dans le deuxième groupe de pays (III). On conclut par conséquent que la croissance de la population dans ces pays hors Bassin du Congo est négativement corrélée au développement humain en ce sens que les externalités négatives de la croissance démographique tendent à s'accroitre dans cette partie de l'Afrique subsaharienne. Par contre, dans le Bassin du Congo, la croissance de la population a un effet positif sur l'Indice de Développement Humain. En effet, le coefficient estimé est positif, ce qui traduit une relation positive. Ce résultat est conforme à celui de Shabaz et Lean (2012) et Solarin (2013) qui ont trouvé une corrélation positive entre la population et la croissance économique pour les données de la Tunisie et de l'Angola.

Lorsqu'on examine à présent les coefficients liés à la gouvernance, on peut remarquer que seul le coefficient estimé de la qualité de la régulation est significatif pour le deuxième groupe de pays (III) au seuil de 5%. Ce qui implique une relation positive entre la qualité de la régulation et le développement socioéconomique. Par contre, ce dernier n'est pas significatif pour les pays du Bassin du Congo bien qu'étant positivement corrélé avec l'Indice de Développement Humain sur la période 2002-2017.

CONCLUSION

Rendu au terme de ce travail, il était question d'estimer les effets de l'exploitation économique des forêts sur la croissance inclusive en Afrique subsaharienne tout en contrôlant les effets selon la dotation et la dépendance à l'égard des ressources forestières sur la période 2002-2017. Nous nous sommes inspirés du modèle de Raheem et al (2018) comme cadre méthodologique d'analyse et avons eu recours à la méthode des GMM pour les estimations. Si plusieurs travaux ont apporté des preuves empiriques que les revenus forestiers peuvent stimuler le développement socioéconomique, certaines études en revanche ont soulevé le fait que la rente forestière à elle seule ne peut conduire au développement si certaines conditions préalables ne sont pas remplies. Cela dit, il a été démontré ici que les effets de l'exploitation forestière sur la croissance inclusive peuvent varier selon la dotation et la dépendance à l'égard des ressources forestières, allant d'une incidence faible pour les pays faiblement dotés en forêt à une incidence plus soutenue pour les pays riches en ressources forestières (Ntuli, 2017). Il en ressort que l'incidence économique de l'exploitation de la biodiversité forestière reste ambigüe.

BIBLIOGRAPHIE

ADF VIII. (2012) : "Gestion et mobilisation des ressources naturelles au service du développement de l'Afrique," *Huitième Forum pour le développement de l'Afrique*, pp. 23–25.

AFRICA, U. N. E. C. F. (2016) : *Rapport économique sur l'Afrique, 2015.*

AHMED, A. D. (2016) : "Integration of financial markets, financial development and growth: Is Africa different?," *Journal of International Financial Markets, Institutions and Money*, 42, pp. 43–59.

AHMED, K., M. SHAHBAZ, A. QASIM, ET W. LONG. (2015) : "The linkages between deforestation, energy and growth for environmental degradation in Pakistan," *Ecological Indicators*, 49, pp. 95–103.

AISBETT, E., P. DOUPÉ, ET L. TACCONI. (2017): "Dynamic adjustment and the specification of empirical economic models of deforestation," *Environment and Development Economics*, 22, pp. 470–489.

AJAKAIYE, O., AND J. PAGE. (2012): "Industrialisation and Economic Transformation in Africa: INTRODUCTION and Overview," *Journal of African Economies*, 21, pp. 3–18.

ALLEN, J. C., & BARNES, D. F. (1985). The causes of deforestation in developing countries. *Annals of the association of American Geographers,* 75(2), pp 163-184

ANGELSEN, A., WUNDER, S., (2003): "Exploring the Forestry-Poverty Link: Key Concepts, Issues and Research Implications." *CIFOR.*

Araujo, C., J.-L. Combes, and J. G. Féres. (2019): "Determinants of Amazon deforestation: the role of off-farm income," *Environment and Development Economics*, 24, pp 138–156.

ARELLANO, M. & BOND, S. (1991), "Some Test of Specification for Panel Data: Monte Carlo Evidence and an Application to Employment Equations", *Review of Economics Studies*, Vol. 58, N°2, pp. 277-297.

Aristide, M. (2014) "Quatre essais sur les effets des rentes des ressources naturelles dans les pays en développement." *Réseau de Foresterie pour le Développement Rura*l

ASONGU, S. A. ET NWACHUKWU, J. C. (2016). "Welfare Spending and Quality of Growth in Developing Countries: Evidence from Hopefuls, Contenders and Best Performers", *The Social Science Journal, 53(4), pp. 495–500.*

Asongu, S. A., et N. M. Odhiambo. (2019) : "Income Levels, Governance and Inclusive Human Development in Sub-Saharan Africa," *Applied Research in Quality of Life*,

Assa, B. S. K. (2018): "Foreign direct investment, bad governance and forest resources degradation: evidence in Sub-Saharan Africa," *Economia Politica*, 35, pp. 107–25.

Athukorala, W., C. Wilson, et S. Managi. (2017) : "Social welfare losses from groundwater over-extraction for small-scale agriculture in Sri Lanka: Environmental concern for land use," *Journal of Forest Economics*, 29, pp. 47–55.

Auzel, P., G. M. Nguenang, R. Feteké, W. Delvingt, M. Klein, B. Salla, et J. Kok. (2001) : "Réseau de Foresterie pour le Développement Rural."

Bandyopadhyay, S., P. Shyamsundar, et A. Baccini. (2011) : "Forests, biomass use and poverty in Malawi," *Ecological Economics*, 70, pp. 2461–2471.

Banque internationale pour la reconstruction et le développement. (2008) : *L'agriculture au service du développement*, Washington ; Bruxelles : Banque Mondiale ; De BoCEK.

Barbier, E. B., P. Delacote, et J. Wolfersberger. (2017) : "The economic analysis of the forest transition: A review," *Journal of Forest Economics*, 27, pp. 10–17.

BAYAD, E. (1998) : "L'Impact de l'exploitation forestière mécanisée sur la dégradation physique des sols : le cas des sols limoneux acides de la forêt de Soignes (Belgique).," *Revue forestière française*.

Bezin, E. (2019) : "The economics of green consumption, cultural transmission and sustainable technological change," *Journal of Economic Theory*, 181, pp. 497–546.

BHAGWATI, J. (1958):" Immiserizing growth: A geometrical note" *Review of Economic Studies, pp.201-205*

BOCHE, M. (2014) : "Contrôle Du Foncier, Agricultures D'entreprise et Restructurations Agraires : Une Perspective Critique Des Investissements Fonciers À Grande Échelle : Le Cas de La Partie Centrale Du Mozambique, " PhD Thesis.

BOIDIN, B., ED. (2009) : *Le développement durable : quelle appropriation par les pays en développement ?* Mondes en développement 37.2009, 4 148 Bruxelles : De BoCEK.

BRUNDTLAND COMMISSION (1987):"report of the world commission on environment and development: our common futur", *oxford university press.*

BROWN, D., Y. MALLA, K. SCHRCEKENBERG, ET O. SPRINGATE-BAGINSKI. (2002): "From supervising subjects to supporting citizens: recent developments in community forestry in Asia and Africa," *Natural Resource Perspectives*, 75.

BRÜCKNER, M. (2012) : "Economic growth, size of the agricultural sector, and urbanization in Africa," *Journal of Urban Economics*, 71, pp. 26–36.

CARÍAS VEGA, D. E., ET R. J. KEENAN. (2016): "Situating community forestry enterprises within New Institutional Economic theory: What are the implications for their organization?" *Journal of Forest Economics*, 25, pp. 1–13.

CAVIGLIA-HARRIS, J. L., D. CHAMBERS, ET J. R. KAHN. (2009) : "Taking the 'U' out of Kuznets," *Ecological Economics*, 68, pp. 1149–1159.

CHOUMERT, J., P. C. MOTEL, ET K. H. DAKPO. (2012) : "The environmental Kuznets curve for deforestation: a threatened theory? A meta-analysis."

CHRISTIAENSEN, L., L. DEMERY, ET J. KUHL. (2011): "The (evolving) role of agriculture in poverty reduction—An empirical perspective," *Journal of Development Economics*, 96, 239–254.

COCKX, L., AND N. FRANCKEN. (2014): "Extending the concept of the resource curse: Natural resources and public spending on health," *Ecological Economics*, 108, pp. 136–149.

COLLIER, P., ET A. HOEFFLER. (2005 a) : "Resource Rents, Governance, and Conflict," *Journal of Conflict Resolution*, 49, pp. 625–633.

CONRAD, R. F., M. GILLIS, ET D. E. MERCER. (2005) : "Tropical forest harvesting and taxation: a dynamic model of harvesting behavior under selective extraction systems," *Environment and Development Economics*, 10, pp. 689–709.

COSTANTINI, V., ET S. MONNI. (2008): "Environment, human development and economic growth," *Ecological Economics*, 64, pp. 867–880.

COUTY, P. (1987) : "La production agricole en Afrique subsaharienne : manières de voir et façons d'agir," *Cahiers des sciences humaines*, 23, pp. 391–408.

CRESPO CUARESMA, J., ET M. HEGER. (2019) : "Deforestation and economic development: Evidence from national borders," *Land Use Policy*, 84, pp. 347–353.

DAMETTE, O. (2017) : "Présentation. Ressources naturelles et développement : un nouvel éclairage entre malédiction des ressources, financiarisation et changement climatique," *Mondes en développement*, n° 179, 7.

DAMON, M., ET T. STERNER. (2012) : "Policy Instruments for Sustainable Development at Rio +20," *The Journal of Environment & Development*, 21, pp. 143–151.

DING, H., ET P. A. L. D. NUNES. (2014): "Modeling the links between biodiversity, ecosystem services and human wellbeing in the context of climate change: Results from an econometric analysis of the European forest ecosystems," *Ecological Economics*, 97, pp. 60–73.

DOKKEN, T., ET A. ANGELSEN. (2015): "Forest reliance across poverty groups in Tanzania," *Ecological Economics*, 117, pp. 203–211.

DREWS, S., M. ANTAL, ET J. C. J. M. VAN DEN BERGH. (2018): "Challenges in Assessing Public Opinion on Economic Growth Versus Environment: Considering European and US Data," *Ecological Economics*, 146, pp. 265–272.

DUGUMA, L., J. ATELA, P. MINANG, A. AYANA, B. GIZACHEW, J. NZYOKA, ET F. BERNARD. (2019) : "Deforestation and Forest Degradation as an Environmental Behavior: Unpacking Realities Shaping Community Actions," *Land*, 8, pp. 26.

EVISON, D. C. (2018) : "Estimating annual investment returns from forestry and agriculture in New Zealand," *Journal of Forest Economics*, 33, pp. 105–111.

FABBRI, G., S. FAGGIAN, ET G. FRENI. (2015): "On the Mitra–Wan forest management problem in continuous time," *Journal of Economic Theory*, 157, pp. 1001–1040.

FAMBON, S. (2005) : "Croissance économique, pauvreté et inégalité des revenus au Cameroun," *Revue d'économie du développement*, 13, pp. 91.

FAO. (2016) : *State of the World's Forests 2016 (French).*, Place of publication not identified: Food & Agriculture Org.

FISHER, B., AND T. CHRISTOPHER. (2007): "Poverty and biodiversity: Measuring the overlap of human poverty and the biodiversity hotspots," *Ecological Economics*, 62, pp. 93–101.

FISHER, M. (2004): "Household welfare and forest dependence in Southern Malawi," *Environment and Development Economics*, 9, pp. 135–154.

FRANKEL J. A., (2012):"The Natural Resource Curse: A Survey of Diagnoses and Some Prescriptions, Faculty Research" *Working Paper Series, Harvard Kennedy School and NBE*

GAFSI, M. (2007) : *Exploitations agricoles familiales en Afrique de l'Ouest et du Centre : Enjeux, caractéristiques et éléments de gestion*, Versailles : Éditions Quæ.

GBETNKOM, D. (2005): "Deforestation in Cameroon: immediate causes and consequences," *Environment and Development Economics*, 10, pp. 557–572.

GEIST, H. J., & LAMBIN, E. F. (2001):" What Drives Tropical Deforestation? A meta-analysis of proximate and underlying causes of deforestation based on subnational case study evidence" *Brussels, Belgium: CIACO, Louvain-la-Neuve.*

GELO, D., E. MUCHAPONDWA, ET S. F. KOCH. (2016) : "Decentralization, market integration and efficiency-equity trade-offs: Evidence from Joint Forest Management in Ethiopian villages," *Journal of Forest Economics*, 22, pp. 1–23.

GIBSON, J. (2018) : "Forest Loss and Economic Inequality in the Solomon Islands: Using Small-Area Estimation to Link Environmental Change to Welfare Outcomes," *Ecological Economics*, 148, pp. 66–76.

GILLET, VERMEULEN, FEINTRENIE, DESSARD, ET GARCIA. (2016) : "Quelles sont les causes de la déforestation dans le Bassin du Congo ? Synthèse bibliographique et études de cas," *Biotechnol. Agron. Soc. Environ.*, 20, pp. 183–194.

GNANGUENON-GUESSE, D., S. B. KAKPO, A. K. N. AOUDJI, J. C. GANGLO, ET K. KOURA. (2016) : "Exploitation forestière a faible impact dans les tCEKerais de la lama (Bénin, Afrique de l'ouest)," *Sciences de la vie, de la terre et agronomie*, 3.

GÓMEZ-GONZÁLEZ, S., F. OJEDA, AND P. M. FERNANDES. (2018): "Portugal and Chile: Longing for sustainable forestry while rising from the ashes," *Environmental Science & Policy*, 81, pp. 104–107.

GRIEG-GRAN, M. (2015): *The Role of Forests in a Green Economy Transformation in Africa*,

HAJJAR , R.; CRONKLETON, P. (2016):" the data not collected on community forestry *"conservation biology* 7, pp. 22-24

HOFF, R. VAN DER, R. RAJÃO, ET P. LEROY. (2019) : "Can REDD+ still become a market? Ruptured dependencies and market logics for emission reductions in Brazil," *Ecological Economics*, 161, pp. 121–129.

HOWARTH, R. B., ET K. KENNEDY. (2016): "Economic growth, inequality, and well-being," *Ecological Economics*, 121, pp. 231–236.

HUMPHRIES S., HOLMES S.T.; DANTA J. (2018):" searching for win-win forest outcomes: learning by doing, financial viability and income growth for a community forest management cooperative in the brazillian amazony" *World development*

INDARTO, J., ET MUTAQUIN D.J. (2016):"An overview of theatrical and empirical studies on deforestation " *Munich Personnal repec archive,* paper No. 70178

JOIRIS, D. V., BIGOMBE L.P. (2010) :"La gestion participative des forêts d'Afrique Centrale. Un modèle à l'épreuve de la réalité." *Versailles, QUAE,* p. 236,

KAMANGA, P., P. VEDELD, ET E. SJAASTAD. (2009) : "Forest incomes and rural livelihoods in Chiradzulu District, Malawi," *Ecological Economics*, 68, pp. 613–624.

KANG, M. J., J. P. SIRY, G. COLSON, ET S. FERREIRA. (2019): "Do forest property characteristics reveal landowners' willingness to accept payments for ecosystem services contracts in southeast Georgia, U.S.?" *Ecological Economics*, 161, pp. 144–152.

KARYDAS, C., ET L. ZHANG. (2017) : "Green tax reform, endogenous innovation and the growth dividend," *Journal of Environmental Economics and Management.*

KHOSRAVI, S., R. MALEKNIA, K. ADELI, R. MOHSENI, ET D. G. HODGES. (2018) : "The effects of globalization on the imports of wood products in Iran," *Journal of Forest Economics*, 32, 116–122.

LARSON, A. M., P. PACHECO, F. TONI, ET M. VALLEJO. (2007): "The Effects of Forestry Decentralization on Access to Livelihood Assets," *The Journal of Environment & Development*, 16, 251–268.

LENHARDT, A., ET E. SAMMAN. (2015) : "In quest of inclusive progress,"

LESCUYER, G., T. M. KAKUNDIKA, I. MUGANGUZI LUBALA, I. SHABANI EKYAMBA, R. TSANGA, ET P. O. CERUTTI. (2019): "Are community forests a viable model for the Democratic Republic of Congo?" *Ecology and Society*, 24.

LEWIS, S. L., D. P. EDWARDS, ET D. GALBRAITH. (2015) : "Increasing human dominance of tropical forests," *Science*, 349, pp. 827–832.

LI, Y., B. MEI, ET T. LINHARES-JUVENAL. (2019) : "The economic contribution of the world's forest sector," *Forest Policy and Economics*, 100, pp. 236–253.

LOISEL, P., ET B. ELYAKIME. (2018) : "How to manage a small-scale multi-use forest?" *Journal of Forest Economics*, 32, pp. 13–17.

LOPEZ-FELDMAN A.; MORA J.; TAYLOR E. J. (2007):" does natural resource extraction mitigate poverty and inequality? Evidence from rural Mexico and a Lacandona Rainforest community" *Environment and development economics* 12, pp. 251-269

MANTOVANI, A., ET C. VERGARI. (2017): "Environmental *vs* hedonic quality: which policy can help in lowering pollution emissions?" *Environment and Development Economics*, 22, pp. 274–304.

MARCHIORI, L., J.-F. MAYSTADT, ET I. SCHUMACHER. (2012) : "The impact of weather anomalies on migration in sub-Saharan Africa," *Journal of Environmental Economics and Management*, 63, pp. 355–374.

MARTINEZ, M., ET MLACHILA, M., (2013), "The Quality of the Recent High-Growth Episode in Sub-Saharan Africa," *IMF Working Paper 13/53 (Washington: International Monetary Fund).*

MATHER, A. S. (1992): "The forest transition" *Area*, 24(4), pp. 367-379.

MAUREEN CROPPER, ET CHARLES GRIFFITHS. (1994) : "The Interaction of Population Growth and Environmental Quality," *POPULATION ECONOMICS*, 84, pp. 250–254.

MCNICOL, I. M., C. M. RYAN, AND E. T. A. MITCHARD. (2018): "Carbon losses from deforestation and widespread degradation offset by extensive growth in African woodlands," *Nature Communications*, 9.

MEGEVAND, C. (2013) :" Dynamiques de Déforestation dans Le Bassin du Congo : Réconcilier La Croissance Économique et La Protection de La Forêt," *The World Bank*.

MIYAMOTO, M., M. MOHD PARID, Z. NOOR AINI, ET T. MICHINAKA. (2014) : "Proximate and underlying causes of forest cover change in Peninsular Malaysia," *Forest Policy and Economics*, 44, pp. 18–25.

MLACHILA, M., R. TAPSOBA, ET S. J. A. TAPSOBA. (2017): "A Quality of Growth Index for Developing Countries: A Proposal," *Social Indicators Research*, 134, pp. 675–710.

NGEPAH, N. (2017): "A review of theories and evidence of inclusive growth: an economic perspective for Africa," *Current Opinion in Environmental Sustainability*, 24, pp. 52–57.

NKENGFACK, H., C. NJOMGANG, ET D. ȘARPE. (2009) : "An approach for the evaluation of rural governance in Cameroon: are community forests really forests for the communities?"

NORDHAUS. (2007): "A Review of the Stern Review on the Economics of Climate Change," *Journal of Economic Literature*,, pp. 686–702.

NORTH, D.C (1994): "Economic performance through time", *American Economic Review,* vol. 84, N°3, pp. 361-398.

NTULI, H., ET E. MUCHAPONDWA. (2017) : "Effects of wildlife resources on community welfare in Southern Africa," *Ecological Economics*, 131, pp. 572–583.

OLLIVIER, H. (2012): "Growth, deforestation and the efficiency of the REDD mechanism," *Journal of Environmental Economics and Management*, 64, pp. 312–327.

OUEDRAOGO, B. (2009) : "Aménagement forestier et lutte contre la pauvreté au Burkina Faso," *Développement durable et territoires*.

PENDRILL, F., U. M. PERSSON, J. GODAR, T. KASTNER, D. MORAN, S. SCHMIDT, ET R. WOOD. (2019) : "Agricultural and forestry trade drives large share of tropical deforestation emissions," *Global Environmental Change*, 56, pp. 1–10.

PETERSON, F. M., ET A. C. FISHER. (1977) : "L'économie des ressources naturelles," *L'Actualité économique*, 53, pp. 510.

PEYRON J. L. (1999) :"Il y a 200 et quelques années, une éminente tête forestière tombait sur l'échafaud." *Revue forestière française*, vol. XLVIII, n° 5,1996, pp. 493-496,

PEYRON, J.-L., ET I. BONHÊME. (2012) : "Indicateurs de gestion durable et enjeux forestiers des politiques publiques," *Revue forestière française.*

PHILIPPOT, L.-M. (2011) : "Rente naturelle et institutions. Les Ressources Naturelles : Une « Malédiction Institutionnelle » ?"

RENÉ OYONO, P. (2005) : "Profiling Local-Level Outcomes of Environmental Decentralizations: The Case of Cameroon's Forests in the Congo Basin," *The Journal of Environment & Development*, 14, pp. 317–337.

REZAI, A., L. TAYLOR, AND D. FOLEY. (2018): "Economic Growth, Income Distribution, and Climate Change," *Ecological Economics*, 146, pp. 164–172.

RICARDO D. (1817):"On the Principles of Political Economy and Taxation", *London.*

RIEKHOF, M.-C., E. REGNIER, ET M. F. QUAAS. (2018) : "Economic growth, international trade, and the depletion or conservation of renewable natural resources," *Journal of Environmental Economics and Management.*

RIGGS, R. A., J. D. LANGSTON, ET J. SAYER. (2018): "Incorporating governance into forest transition frameworks to understand and influence Cambodia's forest landscapes," *Forest Policy and Economics*, 96, pp. 19–27.

SAMUELSON P.A. (1976):"Economics of forestry in a volving Society, economic Inquiry" Journal *of forest economics*, vol. 1, n° 1, pp. 115-149.

SHIMAMOTO, M. (2008): "Forest sustainability and trade policies," *Ecological Economics*, 66, pp. 605–614.

SIMMONS, B. A., R. MARCOS-MARTINEZ, E. A. LAW, B. A. BRYAN, ET K. A. WILSON. (2018) : "Frequent policy uncertainty can negate the benefits of forest conservation policy," *Environmental Science & Policy*, 89, pp. 401–411.

SINGH, M. P., P. P. BHOJVAID, W. DE JONG, J. ASHRAF, ET S. R. REDDY. (2017) : "Forest transition and socio-economic development in India and their implications for forest transition theory," *Forest Policy and Economics*, 76, pp. 65–71.

TAHVONEN, O.; RÄMÖ J. (2018):" Economics of mixed-species forestry with ecosystem services " *Forest Sciences*

TIMOTHÉE FOMÉTÉ ET, ET JAAP VERMAAT. (2001) : "Réseau de Foresterie Pour Le Développement Rural,"

UBERHUAGA P., SMITH-HALL C.; HELLES F. (2012):" Forest income and dependency in lowland Bolivia " *Environment Development and Sustainability* 14; pp. 3–23

VEDELD, P., ANGELSEN, A., BOJO, J., SJAASTAD, E., KOBUGABE, G.K., (2007):"Forest Environmental Incomes and the Rural Poor" *Elsevier, vol 9* pp. 869–879 (2007

WEI, D., H. CHAO, ET W. YALI. (2016): "Role of income diversification in reducing forest reliance: Evidence from 1838 rural households in China," *Journal of Forest Economics*, 22, 68–79.

WILLIAMS, C.C. AND MARTINEZ-PEREZ, A. (2016): "Evaluating The Impacts of Corruption on Firm Performance in Developing Economies: An Institutional Perspective", *International Journal of Business and Globalisation*, vol. 16 (4), ISSN 1753-3627.

WILLIAMSON J., (1965):" regional inequality and the process of national development" *Economic Development and Cultural Change*, vol. 134, pp. 3-5,

WITHEY, P., V. A. LANTZ, T. OCHUODHO, M. N. PATRIQUIN, J. WILSON, ET M. KENNEDY. (2018): "Economic impacts of conservation area strategies in Alberta, Canada: A CGE model analysis," *Journal of Forest Economics*, 33, pp. 33–40.

NUMÉRISATION ET DÉVELOPPEMENT HUMAIN EN AFRIQUE SUBSAHARIENNE

Jacob TCHE

jacobtche1985@gmail.com

Veda Audrey TANKOUA

veda.tankoua@gmail.com

Résumé

Cette communication teste empiriquement l'influence de la digitalisation sur le développement humain en ASS au travers de l'éducation et l'emploi. Pour y parvenir, nous avons à partir des données de la WDI sur la période 2010 - 2017 d'un panel dynamique estimé grâce à la méthode des DMC. Il en est ressorti que les États d'ASS doivent renforcer le système éducatif, voire le remplacer par un autre qui répond aux besoins actuels, surtout à cette ère de la pandémie du coronavirus (COVID-19). Dans ce cas, les TIC permettront avec célérité de booster le capital humain. Par ricochet, ces pays doivent accroitre leur investissement en infrastructure de télécommunication et donc en faciliter l'accès. Entre autres, le système éducatif est important pour promouvoir l'employabilité, car cela permettra à l'individu de répondre aux besoins actuels du marché, d'où la nécessité de réduire au maximum la fracture numérique. Enfin, notons que les pays d'ASS doivent veiller à ce que les IDE incluent le transfert technologique et la transmission des savoirs.

Mots clés : Numérisation, Développement humain, Afrique subsaharienne (ASS).

Abstract

This communication aims to test empirically the influence of digitalization on human development in SSA through education and employment. To achieve this, we have from the WDI data over the period 2010 - 2017 of a dynamic panel estimated using the DMC method, it ultimately emerges from our results that SSA States must strengthen education system, or even replace it with one that meets current needs, especially in this era of the coronavirus (COVID-19) pandemic. In this case, ICTs will speedily boost human capital; In turn, these countries must increase their investment in telecommunications infrastructure and therefore facilitate access. Among other things, the education system is important for promoting employability, as this will allow the individual to meet the current needs of the market, hence the need to reduce the digital divide as much as possible. Finally, it should be noted that SSA countries must ensure that FDI includes technology transfer and the transmission of knowledge.

Keywords : Digitization, human development, sub-Saharan Africa (SSA).

INTRODUCTION

De nos jours, le dynamisme économique est plus marquant dans les pays présentant un Indice de Développement Humain (IDH) élevé, renforçant ainsi la thèse selon laquelle le développement humain est un déterminant important de la croissance économique (Anand et Sen, 2000). Les exemples les plus marquants des bienfaits du développement comme instrument de relance économique d'après le PNUD sur la période de 1990-2017 sont les cinq pays en tête du classement selon l'IDH, c'est-à-dire la Norvège (0,953), la Suisse (0,944), l'Australie (0,939), l'Irlande (0,938) et l'Allemagne (0,936). Ce constat n'a malheureusement pas été le cas en Afrique subsaharienne. Mais globalement, la valeur de l'IDH était de 0,728 en 2017, soit une hausse de près de 21,7 % par rapport à sa valeur de 1990 (0,598). Donc à l'échelle mondiale, nous vivons plus longtemps, nous faisons de plus longues études et nos revenus sont supérieurs. La durée de vie moyenne s'est allongée de sept ans depuis 1990, et plus de 130 pays ont atteint la scolarisation universelle dans le primaire. Malheureusement, le PNUD annonce un IDH mondial en déclin pour la première fois depuis 1990 à cause de la crise de COVID-19 qui secoue l'humanité. Selon le PNUD, la crise sanitaire affecte gravement trois domaines très importants : la santé, l'éducation, la production et donc le revenu (PNUD, 2020).

Néanmoins, avant l'avènement de la crise sanitaire et selon les données du rapport sur le développement humain du PNDU, l'IDH en Afrique subsaharienne parait faible pour parvenir à un niveau considérable de réduction de pauvreté et des inégalités. En effet, sur la période de 1990-2017, les cinq derniers pays en termes d'IDH sont le Burundi (0,417), le Tchad (0,404), le Soudan du Sud (0,388), la République centrafricaine (0,367) et le Niger (0,354). Ces chiffres sont le résultat des inégalités, qui sont devenues le marqueur de notre temps et qui dans de nombreux endroits sont source d'une profonde vulnérabilité ; elles touchent le plus durement les pays appartenant aux catégories de développement faible et moyen. Il s'agit des inégalités de chances et de choix, qui découlent des inégalités de revenu, mais aussi des inégalités en matière d'éducation, de santé, de représentation, d'accès à la technologie et d'exposition aux chocs. Des inégalités profondes peuvent entraîner des conséquences néfastes pour la cohésion sociale et la qualité des institutions et des politiques publiques, qui à leur tour peuvent ralentir le rythme du développement humain et par conséquent de la croissance économique. C'est ce constat du faible Indice de Développement Humain observé dans la plupart des pays d'Afrique subsaharienne qui justifie le regain d'intérêt des travaux sur le développement humain, mettant l'accent sur les TIC, qui est l'axe privilégié dans notre étude.

Le développement humain est aujourd'hui considéré comme un aspect important pour la croissance économique, compte tenu des rôles que jouent l'éducation et l'emploi. La numérisation est reconnue comme un élément important à l'activité économique. Le développement des technologies numériques est parfois appelé la troisième Révolution industrielle ou deuxième âge de la machine. Les TIC ont permis d'améliorer et de renforcer le niveau d'éducation dans les pays développés. Du fait d'un niveau d'éducation pas assez compétitif en ASS, les décideurs et les universitaires recommandent le renforcement des infrastructures en TIC pour une éducation de qualité en Afrique subsaharienne, d'ailleurs déjà confirmé par Tchamyou (2017) et Asongu et al, (2019).

Aussi, la numérisation transforme les paysages des entreprises, du monde du travail et redéfinit les limites de la production, de la consommation et de la distribution. Cela a créé d'énormes possibilités, de nouveaux produits, procédés et techniques ont émergé, mais cette émergence peut aussi être une menace, car les nouveaux modes d'emploi posent de nouveaux défis aux employeurs et aux employés. Les conséquences globales sur les marchés du travail restent toutefois très incertaines. C'est ainsi que nait le débat sur la digitalisation (technologies numériques) et l'emploi : création ou destruction ? Ce débat existe un bon moment déjà et de nos jours il est de plus en plus houleux ; d'ailleurs, certains pensent que les technologies numériques créaient des gains de bien-être et une augmentation des emplois (Mokyr et al, 2015), tandis que d'autres pensent qu'ils détruisent plutôt les emplois du fait de l'automatisation (Frey et Osborne, 2017).

Au vu des prolongements des travaux de la numérisation dans d'autres sphères géographiques, de l'absence des travaux sur la numérisation en Afrique subsaharienne, nous nous posons donc la question de savoir si la digitalisation contribue au développement humain des pays de l'Afrique subsaharienne. Ainsi, l'analyse aura pour désir d'évaluer l'influence de la digitalisation sur le développement humain en Afrique subsaharienne en vérifiant l'hypothèse selon laquelle la digitalisation est un outil en faveur du développement humain pour les pays d'Afrique subsaharienne.

I. LA REVUE DE LA LITTÉRATURE

Le principal moteur de la croissance selon Lucas (1988) est l'accumulation du capital humain (les connaissances) qui est la principale source de différences de niveaux de vie entre les pays. Certes, le capital physique joue aussi un rôle essentiel, mais est considéré comme subsidiaire. La théorie moderne de la croissance suggère que le capital humain a un impact positif sur la croissance économique. Barro (1991) estime que le passage du taux de scolarisation au secondaire de 50% à 100% augmente le taux de croissance annuel du revenu d'environ 1%. Par la suite, Benhabib et Spiegel (1994) proposent une approche associée à la théorie de l'enracinement endogène, qui consiste à modéliser le progrès technologique en fonction du niveau d'éducation ou du capital humain et soutiennent que le stock de capital humain joue un rôle clé dans la croissance économique (Asongu et al, 2019). Par ailleurs, les universitaires et les praticiens s'accordent à dire que l'innovation est le principal moteur de la productivité, de la croissance économique et de la création d'emplois. La question de savoir si cela vaut pour les innovations relevant de la « numérisation » fait l'objet d'un débat animé. Ce débat est particulièrement controversé en ce qui concerne l'impact de la numérisation sur la création et la destruction d'emplois.

Depuis ses débuts au tournant des années 1960 (Mincer, 1958 ; Schultz, 1959, 1960) et le développement plus poussé de BCEKer (1964), la théorie du capital humain a constitué un programme de recherche fécond en économie de l'éducation, associé à plusieurs milliers d'études empiriques. Dans le récit fondateur de la théorie du capital humain, l'éducation détermine la productivité marginale du travail et celle-ci génère les revenus.

Certains auteurs se sont retrouvés dans un débat houleux quant à savoir si le seul investissement dans l'éducation est suffisant pour affirmer la théorie du capital humain, car Glomm et Ravikumar (1992) associent l'investissement dans le capital humain fondé sur les choix à la capacité des parents de transmettre des dotations à leurs enfants, qu'ils définissent comme un autre élément du capital humain. Ainsi, en réponse à Hanushek et Woessmann (2008), qui soutiennent que l'éducation est un investissement et que la qualité éducative est centrale à l'explication de la théorie du capital humain ; Breton (2011) dans son ouvrage intitulé *« The quality vs. the quantity of schooling : What drives economic growth ? »* a tenté de prouver que certes la qualité est importante, mais qu'il était impossible de séparer clairement la qualité de la réussite. L'argument de Breton suggère qu'il existe un élément de qualité dans les systèmes qui ont amélioré les résultats scolaires, mais cela ne pourrait être vrai que dans les systèmes où la progression dans la classe supérieure n'est pas automatique, car elle dépend de la réussite d'un examen rigoureux de fin de classe. Quoi qu'il en soit, dans l'argumentation de Breton, l'accès et la qualité sont des éléments interdépendants de l'investissement en capital humain (Oketch, 2017). Certes, la meilleure façon de mesurer la qualité n'est pas encore connue, mais la plupart des parents sont conscients de ce qu'ils entendent par éducation de qualité pour leurs enfants.

Les normes de l'éducation sont mitigées en ASS et cette défaillance représente aujourd'hui un défi pour la réalisation d'une visée de développement durable (ODD), c'est-à-dire une éducation de qualité globale. De nombreux instruments de politique ont été documentés pour contribuer à la réalisation des ODD. Parmi ces instruments, figure le potentiel des TIC. Justement, les pays d'ASS peuvent tirer parti des TIC, car en comparant à d'autres régions du monde où les TIC sont à un niveau de saturation, le potentiel de pénétration du marché y est élevé (Asongu et Boateng, 2018).

Internet est l'une des forces les plus révolutionnaires pour façonner l'économie mondiale. Les effets d'Internet peuvent être expliqués dans le contexte des théories traditionnelles de la croissance économique, selon lesquelles un investissement direct dans le secteur des TIC peut remplacer le capital et le travail (Jorgenson, 2001). En outre, Internet permet l'échange efficace de connaissances et d'informations, favorable aux interactions entre les réseaux susceptibles de promouvoir des activités génératrices de revenus au sein de l'économie. En outre, un secteur des TIC développé peut favoriser la productivité d'une économie en attirant des investissements directs étrangers, bénéficiant du transfert de technologie étranger, pouvant être diffusé et absorbé par l'économie nationale (Ketteni, et al, 2015). Dans le même temps, les avantages potentiels des technologies peuvent dépendre de l'ampleur de la formation de capital humain dans une économie (Teixeira et Fortuna, 2010), car on émet l'hypothèse selon laquelle le transfert de technologie dépend principalement de la capacité d'absorption d'une économie (Cohen et Levinthal, 1989).

I.1. Les gains liés à l'utilisation des TIC pour une éducation renforcée

Certes, les opinions sur la pertinence des TIC dans l'éducation sont pauvres dans la littérature existante, mais les études contemporaines sur la promotion de l'éducation en Afrique subsaharienne ont notamment porté sur : l'utilisation des TIC comme programme d'intervention (Conn, 2017) pour publier des thèses de doctorat afin de renforcer les publications scientifiques et rattraper le retard de l'ASS avec les autres régions du monde (Asongu et Nwachukwu, 2018). Pour accompagner les TIC à être optimaux pour l'éducation, Mosha (2018) suggère une analyse critique des problèmes spécifiques à chaque pays en matière d'éducation. On note également l'importance de la gouvernance dans la promotion de la qualité de l'enseignement supérieur (Abugre, 2018). Certes, l'effet de l'éducation sur la croissance économique est beaucoup plus un problème empirique. Benhabib et Spiegel (1994), dans leurs travaux, concluent que l'éducation n'a pas d'effet direct sur la croissance économique ; cependant, il influe positivement sur la croissance économique indirectement par le biais du progrès technique

(Kwabena et al, 2018). De plus, la symbiose entre les TIC et l'éducation est logique parce que le premier est une caractéristique moderne (contemporaine) du dernier, notamment à la lumière de la pertinence de l'économie du savoir dans le développement du XXIe siècle (Tchamyou 2017). Selon Tchamyou (2017), une économie de savoir est une économie où existent de façon croissante de nouvelles connaissances caractérisées par la création d'innovation (les changements technologiques) favorisant la prospérité de ce pays. Ces nouvelles connaissances stimulent la croissance économique, améliorent les opportunités d'emploi, offrent des salaires plus élevés et, finalement, renforcent la compétitivité du pays dans l'environnement mondial.

Par ailleurs, dans le but de bénéficier davantage des effets positifs des TIC, les pays d'ASS doivent promouvoir une éducation inclusive, c'est-à-dire *« assurer une éducation de qualité équitable et promouvoir les possibilités d'apprentissage tout au long de la vie pour tous »*[37] et *« atteindre l'égalité des sexes et autonomiser toutes les femmes et les filles »*[38] (Asongu et al, 2019). Parler donc de l'éducation inclusive en ASS revient à montrer encore l'intérêt de l'éducation pour la croissance des revenus.

En effet, l'inégalité des revenus doit être considérablement réduite (ONU, 2017), raison pour laquelle l'on se concentre sur la dimension de l'éducation inclusive inscrite dans les programmes de développement durable. Il en ressort théoriquement que, si l'on promeut l'éducation inclusive, les inégalités de revenus tendraient à baisser (Asongu et al, 2019), ce qui serait donc favorable à la réduction de l'extrême pauvreté qui sévit en ASS. Annoncer juste que l'éducation inclusive combinée aux TIC améliore le niveau des revenus donnerait un goût d'inachevé. Ce qu'il faut savoir c'est qu'en amont les TIC améliorent l'éducation et en aval les TIC engendrent des externalités positives sur la croissance ; notamment : le développement des affaires et de l'entrepreneuriat, l'accès au financement, le développement durable, l'amélioration du niveau de vie comblent le fossé entre le développement rural et urbain et l'amélioration de la productivité agricole. C'est donc à la lumière de ces idées que nous pouvons confirmer que les TIC améliorent efficacement l'éducation inclusive (Asongu et al. 2019).

I.2. Les obstacles des TIC au renforcement de l'éducation.

Dans cette littérature rare des TIC pour l'éducation, l'étude la plus proche est celle de Joyce-Gibbons et al, (2018), qui a évalué le rôle des téléphones

---

[37] 4e ODD

[38] 5e ODD

portables[39] dans l'enseignement secondaire en Tanzanie. L'étude conclut que : alors que la plupart des étudiants ont accès aux téléphones portables, ils ne sont pas autorisés à aller à l'école avec eux ; peu d'enseignants voient la pertinence de la technologie dans le programme d'études des élèves et des étudiants. Ceci pour affirmer que c'est une urgence de considérer les technologies mobiles comme une ressource pédagogique efficace pour les enseignants, les étudiants et l'ensemble même de la communauté. D'ailleurs, avec la crise de COVID-19 qui imposa la distanciation sociale, Tina et Adam (2022) montrent dans leur étude (où les données ont été collectées grâce à des fichiers-questionnaires remis à différent enseignant) qu'une utilisation de façon créatrice des TIC par les enseignants plus précisément les professeurs de musique dans les écoles primaires donne aujourd'hui un impact significatif sur la qualité des raisons d'être d'apprentissage, plus de motivation et d'efficacité.

Le renforcement de l'éducation passe aussi par la transmission des connaissances entre apprenants et utiliser Internet rend la transmission des nouvelles connaissances rapide et permet leur accumulation (Girmay, 2018). À ce stade, il est donc important que les individus aient une bonne ou une certaine maitrise du numérique. Il faudrait donc penser à la réduction de la fracture numérique, car cette dernière représente un obstacle à l'évolution de la société ; l'utilisation des TIC étant principalement influencée par les habitudes, les compétences en TIC et par le désir d'acquérir de nouvelles connaissances (Gonçalves et al, 2018).

La fracture numérique a été définie comme *« l'écart entre les individus, les ménages, les entreprises et les zones géographiques à différents niveaux socio-économiques en ce qui concerne à la fois leurs opportunités d'accéder aux TIC et à leur capacité d'utilisation d'Internet pour une large gamme d'activités »* (OCDE, 2001). Elle a attiré l'attention et est devenue un sujet important parmi les chercheurs et les gouvernements du monde entier ; d'ailleurs, lors du Sommet Mondial sur la Société de l'information (SMSI), parrainé par les Nations Unies (ONU), il a été déclaré que le défi mondial pour le nouveau millénaire est de construire une société *« où tout le monde peut créer, accéder, utiliser et partager des informations et connaissances, permettant aux individus, aux communautés et aux peuples d'utiliser de leur potentiel pour promouvoir leur développement durable et améliorer leur qualité de vie »* (Opoku-Mensah, 2005). Dans ce contexte, l'existence des inégalités numériques à la fois entre les pays et à l'intérieur des pays, constitue une menace majeure pour la réalisation du potentiel des TIC (Cruz-Jesus et al, 2016). Selon les auteurs, la fracture numérique est remarquée comme l'une

---

[39] La téléphonie (mobile et portable) fait partie du réseau de télécommunication et est souvent séparée de l'analyse, d'ailleurs, les investissements dans l'infrastructure de télécommunication et la densité téléphonique sont justifiés (Banji et al., 2005).

des causes principales des inégalités dans le niveau d'instruction des individus. Compte tenu des rumeurs ayant suscité beaucoup de paniques, d'incertitudes dans le monde à cause de la pandémie à coronavirus, fort était de constater que l'écart numérique qui existe entre les zones rurales et urbaines à contribuer à amplifier le phénomène de fausses nouvelles.

Par contre, Hongyu et Xueyan (2021), montrent que seuls les « nouveaux médias », c'est-à-dire ceux qui ont contribué à faire baisser les rumeurs et surtout les fausses informations, mais aussi à sensibiliser la population sur les gestes sauveurs à adopter, ont contribué d'une façon pertinente à la réduction de la fracture numérique durant la période de pandémie. Nous pouvons prendre le cas du Cameroun, où la chaîne de télévision CRTV faisait de la sensibilisation sa principale priorité ; mais aussi, relevons sa ténacité de toujours chercher les bonnes informations, non pas pour rassurer la population, mais pour la mettre en garde du danger lié au coronavirus. Il existe des fondements théoriques qui montrent que les causes de la fracture numérique impactent aussi à leur tour le niveau d'éducation.

I.2.1. La théorie de la diffusion des innovations

Cette théorie relève une complexité en termes de vitesse de diffusion et de maitrise de la nouvelle innovation ; ceci est un obstacle majeur pour les utilisateurs de la technologie (Rogers, 2005). Par conséquent, plus une technologie est facile à adopter, plus vite sera son adoption. En d'autres termes, concernant les caractéristiques éducatives, plus un individu est apte à l'utilisation des nouvelles technologies (TIC), plus il sera susceptible de surmonter de manière flexible et efficace les contraintes de la complexité liée à cette technologie (Zhao et al, 2007).

I.2.2. La théorie du déficit de connaissance (Tichenor, Donohue & Olien, 1970)

Comme dans le cas précédent, plus la capacité d'un individu à utiliser les TIC est grande, plus son niveau d'études sera plus élevé et devrait être facile à gérer les difficultés liées à l'utilisation des nouvelles technologies ; c'est-à-dire réduire l'impact des difficultés (Hsieh et al, 2008). Ceci justifie la relation de double causalité entre les TIC et l'éducation. Dans ce même sens, la théorie du déficit de connaissance dénonce la négligence des médias de masse (télévision, radios, etc.) au renforcement du niveau éducatif. En effet, d'après Tichenor et al, (1970) les technologies des médias de masse sont beaucoup moins complexes et stimulantes que ceux liés à Internet, cela les rend encore plus perceptibles. En d'autres termes, les technologies des médias de masse ne sont pas aussi exigeantes que celles des TIC, car elles ne nécessitent pas un ensemble d'actions (souvent complexes) de la part de leurs utilisateurs.

I.2.3. Déficit en infrastructures de télécommunications et faibles intensités d'accès

Non seulement l'utilisateur a besoin d'accéder à l'infrastructure, mais il a aussi besoin d'une latitude d'accès à l'information, de la rechercher et de l'utiliser. En outre, il est également raisonnable de faire l'hypothèse que les individus plus instruits sont plus susceptibles de travailler dans de très grandes industries, et utiliseront ainsi les TIC plus souvent et intensément que ce soit au travail ou à la maison (Vicente et Lopez, 2006). En conséquence, les individus éduqués auront tendance à utiliser Internet de manière plus productive et à un gain économique supérieur à celui des personnes moins scolarisées (Howard et al, 2009).

I.3. Certaines évidences empiriques

Asongu et Odhiambo (2019), à travers une recherche, évaluent la pertinence des TIC sur la qualité de l'enseignement primaire dans un panel de 49 pays d'ASS pour la période 2000 - 2012. Les preuves empiriques sont basées sur les régressions 2SLS (à deux niveaux) et IQR (Instrumental Quantile). D'après le 2SLS : (i) les taux de pénétration de la téléphonie mobile et de l'Internet réduisent la qualité médiocre de l'éducation et le renforcement de la pénétration de l'Internet a un effet négatif de plus grande ampleur. D'après l'IQR : (i) à l'exception du quantile le plus élevé pour la pénétration de la téléphonie mobile et des quantiles supérieurs pour la pénétration de l'Internet, les TIC ont toujours un effet négatif sur la qualité médiocre de l'éducation avec un schéma non monotone. (ii) Les effets négatifs nets apparaissent exclusivement dans les quantiles médian et supérieur des régressions liées à Internet. Il en résulte que le renforcement de la pénétration d'Internet profitera aux pays ayant un niveau de qualité d'éducation médiocre supérieur à la moyenne, bien que l'amélioration de la pénétration de l'Internet ne soit pas immédiatement pertinente pour réduire la qualité médiocre de l'éducation dans les pays où celle-ci est inférieure à la médiane.

Asongu et al. (2019) examinent les liens entre l'inégalité, les TIC et l'éducation inclusive afin d'établir des seuils d'inégalité à ne pas dépasser pour que les TIC puissent promouvoir l'éducation inclusive dans 42 pays d'ASS pour la période 2004-2014. Les preuves empiriques sont basées sur la méthode généralisée des moments. Les conclusions suivantes sont établies. Premièrement, un coefficient de Gini et un indice d'Atkinson de 0,400 et 0,625 sont respectivement des seuils d'inégalité des revenus à ne pas dépasser pour que la pénétration de l'Internet influence positivement l'éducation inclusive. Deuxièmement, un coefficient de Gini, un indice d'Atkinson et un ratio de Palma de 0,574, 0,676 et 9 000 respectivement sont des seuils d'inégalité des revenus qui, s'ils sont dépassés, les abonnements au haut débit fixe n'auront plus d'effet positif sur l'éducation inclusive. En tant que principale implication politique, les seuils d'inégalité établis ne doivent pas être dépassés pour que les TIC puissent promouvoir une éducation inclusive dans les pays de l'échantillon.

Donou-Adonsou (2018), dans son étude examine si les infrastructures de télécommunications favorisent la croissance économique dans les pays ayant un meilleur accès à l'éducation par rapport à ceux ayant un accès inférieur. En utilisant un panel de 45 pays d'ASS de 1993 à 2015, les résultats obtenus à l'aide de la méthode d'estimation de la méthode des moments efficace et généralisée à deux étapes, réalisable et efficace, indiquent que dans les pays ayant un meilleur accès à l'éducation, Internet contribue à la croissance économique, alors que les téléphones mobiles ne semblent pas le faire. Ces résultats suggèrent que si l'éducation est considérée comme essentielle pour Internet, elle semble ne pas être pertinente pour l'utilisation du téléphone mobile. Billon, Crespo et Lera-López (2017) ont tenté de résoudre le problème, mais ont plutôt envisagé l'inégalité en matière d'éducation dans un échantillon de pays développés et en développement. Leurs résultats indiquent que les inégalités en matière d'éducation ont un effet négatif sur la croissance économique. Autrement dit, Internet pourrait favoriser la croissance dans les pays à distribution éducative plus homogène.

Asongu et Nwachukwu (2018) examinent dans les masses critiques ou les seuils de qualité de l'éducation auxquels la diffusion de l'information au moyen de téléphones portables améliore le développement humain inclusif. Les preuves empiriques reposent sur des régressions simultanées à effets fixes avec les données de 49 pays d'ASS pour la période 2000-2012. Les conclusions suivantes ont été établies : l'interaction entre les téléphones portables et la qualité de l'éducation a des effets positifs marginaux et nets sur le développement inclusif; il faut entre 10 et 27 élèves par enseignant dans l'enseignement primaire pour que les téléphones mobiles favorisent le développement humain inclusif. D'un point de vue comparatif : (i) les pays de common law ont des effets nets supérieurs à ceux de leurs homologues de droit civil français, (ii) les effets nets positifs sont plus manifestes dans les pays à stabilité politique (vis-à-vis des instables), (iii) les impacts nets positifs sont également plus apparents dans les pays pauvres en ressources (vis-à-vis des pays riches en ressources), (iv) les pays à faible revenu (vis-à-vis des revenus plus élevés) ont un effet net plus important sur le développement inclusif, (v) les pays enclavés (par rapport aux pays non enclavés) subissent des effets nets plus importants et (iv) des pays dominés par l'islam ont un effet légèrement supérieur à celui de leurs homologues à orientation chrétienne.

Eyike (2019) quant à lui vérifie l'impact de la diffusion rapide des TIC en Afrique sur le volume et la structure de l'emploi. Pour analyser l'impact de la diffusion des TIC sur le volume d'emplois, l'auteur estime d'abord un modèle de panel dynamique utilisant la méthode GMM sur un échantillon de 20 pays africains pour la période 1995-2015. Dans un deuxième temps, à partir d'une redéfinition contextuelle de l'hypothèse de changement technologique biaisé par les compétences, il teste empiriquement la validité de cette hypothèse pour le panel. Pour ce faire, il estime également un modèle dynamique à l'aide des estimateurs mentionnés ci-dessus. Les résultats montrent que la diffusion des TIC est favorable à l'emploi en général et à l'emploi des jeunes en particulier.

Dans le même sillage, les désastres humanitaires dus au coronavirus ont affecté l'ASS. Un rapport du PNUD indique d'ailleurs que 3000 entreprises commerciales au Nigéria en ont lourdement été impactées ; ce qui signifie 20% de la main-d'œuvre au Nigéria s'est retrouvée sans emploi durant la pandémie de COVID-19 en 2020, affectant ainsi la croissance économique (Jibrin, 2021). De la même manière, dans une analyse de co-intégration de Pedroni visant à déterminer les facteurs de la croissance économique sur la période 2001-2020 dans les pays d'Amérique latine, Haifa et Youssra (2022) présentent des résultats qui démontrent un déclin de la croissance économique d'abord dû à de nombreux décès, la hausse du chômage, ensuite des taux d'intérêt et une baisse du capital fixe brut lié à l'éducation. Avec les mesures de confinement prolongé, les résultats montrent une réduction de l'activité économique. Les auteurs vont plus loin en montrant que les TIC jouent un rôle de levier pour la rehausse de la croissance économique. Enfin, ils soutiennent que la recherche et le développement technologique sont des solutions pour lutter contre la pandémie de COVID-19 et les futures pandémies et permettent ainsi de solidifier l'activité économique.

Ebaidalla (2014), examine l'impact des TIC sur le chômage des jeunes en ASS au cours de la période 1995-2010. L'étude utilise une méthode de panel de données dynamiques pour un échantillon de 30 pays d'ASS. Elle consiste à mesurer les installations TIC par abonnement à la téléphonie mobile et par le nombre d'internautes. En utilisant la méthode GMM, les résultats empiriques montrent que les abonnements à la téléphonie mobile ont un effet négatif et significatif sur le chômage des jeunes en ASS, ce qui signifie que le boom de la communication au cours des dernières décennies a favorisé l'emploi des jeunes. L'impact d'Internet s'est avéré négatif, mais il n'est pas significatif, ce qui confirme la faiblesse de l'infrastructure Internet en ASS. De cette recherche, il en ressort que pour améliorer l'aptitude à l'emploi des jeunes travailleurs en Afrique subsaharienne, il est recommandé d'utiliser efficacement les installations de TIC pour leur offrir des possibilités d'emploi. En outre, les investissements privés locaux et étrangers dans les TIC devraient être développés en tenant compte des besoins des marchés du travail. De plus, des efforts sérieux doivent être consentis pour le développement des compétences en TIC visant à améliorer les expériences des jeunes afin de faciliter leur insertion sur le marché du travail.

Autor et Dorn (2012) proposent une explication intégrée et une analyse empirique de la polarisation de l'emploi et des salaires aux États-Unis entre 1980 et 2005, ainsi que de la croissance simultanée des emplois peu qualifiés. Ils attribuent la polarisation à l'interaction entre les préférences des consommateurs (qui privilégient la variété à la spécialisation) et à la baisse du coût dû à l'automatisation des tâches. Cette hypothèse se base sur le modèle de Baumol (1967). En appliquant un modèle d'équilibre spatial, les auteurs dérivent, testent et confirment quatre implications de cette hypothèse. Les marchés locaux spécialisés dans les activités courantes adoptaient de manière homogène les technologies de l'information, réaffectaient la main-d'œuvre peu qualifiée aux services (polarisation de l'emploi), affichaient une croissance des revenus après la répartition (polarisation des salaires) et recevaient un afflux de main-d'œuvre qualifiée.

Avec l'avènement du COVID-19, on pourrait trouver une certaine contradiction, car le télétravail présente un autre type de polarisation parce qu'en dehors de ses avantages, il présente quelques inconvénients comme l'absence de contrôle du travail de chaque employé depuis son domicile, frustrations dues au manque de coordination des activités, difficulté de séparer l'espace familial à l'espace de travail, baisse de concentration aux tâches de l'entreprise (Gerardo et al, 2022). Ce phénomène aura plutôt pour effet de rendre des employés qui à la base étaient qualifiés en employés moins qualifiés. Compte tenu de la situation sanitaire et de ses mesures, les entreprises ne valoriseront que ces employés devenus moins qualifiés : on assistera alors à une baisse de la productivité et donc un déclin financier des entreprises.

Lachenmaier et Rottmann (2011) évaluent l'effet de l'innovation sur l'emploi au niveau de l'entreprise. Leurs données, basées sur l'innovation des fabricants allemands pendant plus de 20 ans, leur permettent d'utiliser diverses mesures d'innovation. Les auteurs font ainsi la distinction entre les innovations de produit et les innovations de processus[40], d'une part, et entre les mesures d'intégration des innovations et celles de sortie des innovations. L'utilisation de l'estimation dynamique du système GMM par panel leur permet de déterminer les effets positifs de l'innovation sur l'emploi. Les résultats montrent une relation positive entre elles et l'emploi. C'est d'ailleurs le cas à l'aune de la crise de COVID-19, certaines entreprises inquiètes des désastres financiers que leur causait cette pandémie ont eu tendance à recourir au digital. Ainsi, l'adoption optimale des technologies digitales par les entreprises leur a permis de remonter la pente financière, mais aussi la capacité d'effectuer des tâches de plus en plus nombreuses et complexes et avec une meilleure efficacité opérationnelle sur ces activités (Yassine, 2022).

[40] Ce sont celles qui permettent de développer de nouveaux procédés ou alors des méthodes qui favorisent l'optimisation de la livraison des produits et services.

II. ANALYSE EMPIRIQUE DE LA RELATION ENTRE LA NUMÉRISATION ET LE DÉVELOPPEMENT HUMAIN EN ASS.

L'influence du numérique sur le développement humain peut dépendre de la volonté des pouvoirs publics vis-à-vis de l'accroissement en infrastructure de TIC, de leur engagement en vue de modifier voire changer le système éducatif ainsi que des politiques mises en œuvre pour réduire la *« fracture numérique »*. Sachant que le numérique est un important canal de croissance économique dans certains pays, le développement humain s'avère important pour stimuler la croissance économique. Nous présenterons donc les évolutions respectives de l'IDH et des TIC. Puis, nous montrerons la relation qui existe entre ces deux variables.

II.1. Le numérique et le développement humain en Afrique subsaharienne : les faits stylisés

Des statistiques de la Banque Mondiale (2013) montrent que plus de 20% de la population de l'ASS est âgée de 15 à 24 ans et plus de 40% de moins de 15 ans. Cette population jeune a le potentiel de maitriser et de bénéficier des avantages des TIC par rapport à la population constituée des personnes plus âgées. En plus, l'ASS par rapport aux autres régions du monde à un potentiel de pénétration des TIC élevé. Raisons pour lesquelles il est intéressant de voir comment évolue l'IDH en fonction de l'utilisation des TIC en ASS.

II.1.1. Évolution de l'IDH

L'IDH (indice variant de 0 à 1) qui mesure plusieurs dimensions de qualité de vie est de 0,711 en moyenne dans le monde en 2014. D'après le PNUD (2014), l'IDH est au plus bas en ASS (0,518). Sur les cinq sous-régions d'Afriquc, 12 pays d'ASS ont atteint un niveau de développement humain moyen ou élevé dont cinq se trouvent en Afrique Australe, quatrc cn Afrique centrale, deux en Afrique de l'Ouest et un en Afrique de l'Est. En moyenne, les pays qui affichaient initialement de faibles niveaux de développement humain ont connu une croissance rapide, réalisant ainsi d'importants progrès à l'échelle de l'IDH. Cette dynamique s'est toutefois ralentie depuis 2010, mais certains des pays ayant enregistré les avancées les plus importantes à cette époque sont l'Angola, le Mali, le Niger, le Rwanda, la Sierra Leone, de la Tanzanie et la Zambie. Ces pays se caractérisent par des valeurs d'IDH qui étaient peu élevées au départ, mais ont progressé plus rapidement que les autres ; ce qui indique qu'ils réduisent leur retard en termes de développement humain.

Le Botswana se classė parmi les pays ayant gravi le plus de places depuis le début de la décennie (grâce notamment aux nouvelles estimations de l'espérance de vie à la naissance). Tandis que le Niger est en dernière place dans le classement, tant au niveau de l'ASS que mondial. Ce pays, qui possède le plus haut taux de fécondité au monde (7,2 enfants par femmes), mais peine à améliorer son classement, car il sévit dans un contexte marqué par les catastrophes humanitaires qu'exacerbent les violences commises par les groupes extrémistes, comme Boko-Haram. L'éducation prend entre autres en compte deux éléments : le nombre moyen d'années de scolarisation pour les adultes âgés de 25 ans et plus (qui ont donc déjà été scolarisés) et les années attendues de scolarisation pour les enfants en âge d'entrer à l'école (en fonction des taux de scolarisation du moment). Alors que la durée moyenne de scolarisation des plus de 25 ans est de 7 années et 9 mois dans le monde en 2014, elle ne dépasse pas les 5,2 années en ASS. Cette grande transformation démographique a eu un impact significatif sur les marchés du travail et de l'emploi. Des statistiques récentes montrent que les pays d'ASS souffrent de taux de chômage élevés et persistants (Nations Unies, Perspectives de la population mondiale, 2010). Selon des estimations officielles, environ 27 millions de travailleurs, soit environ 8% de la population active de l'ASS, étaient au chômage en 2012 (Banque Mondiale, 2013). Le chômage des jeunes est également très élevé, estimé à 14% en 2013 (Banque Mondiale, 2013). Ce problème chronique de chômage peut être responsable des performances économiques défavorables et des faibles résultats en matière de développement, ainsi que de l'instabilité politique dans les pays d'ASS.

Relevons toutefois que l'IDH de la région a progressé de 35 % depuis 1990. En rapport à nos statistiques sur la période 2010-2017, on note que le Botswana, le Gabon, l'Afrique du Sud, le Kenya sont les pays qui appartiennent à la catégorie « développement humain élevé ». Tandis que le Burundi, le Tchad, le Soudan du Sud, la République centrafricaine et le Niger appartiennent à la catégorie « développement humain très faible » du fait de l'existence des crises politiques et attaques terroristes dans ces pays. Les 16 autres pays restants de notre échantillon appartiennent à la catégorie « développement humain moyen ». C'est cette catégorisation qui explique l'évolution à la hausse de l'IDH entre 2010 et 2017.

Graphique 1 : Évolution de l'IDH

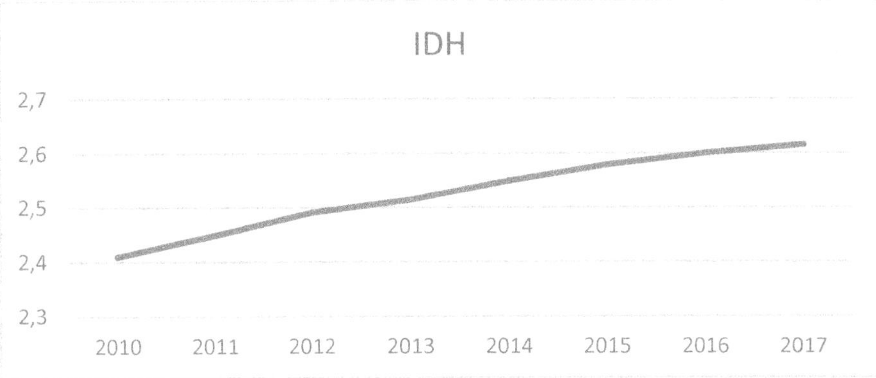

Source : Auteur, à partir des données de World Developement Indicator (WDI, 2018)

II.1.2. Évolution des TIC :

La connexion Internet est arrivée dans les pays d'ASS au début des années 90 ; au Kenya en 1993, en Ouganda, au Nigéria en 1995 et au Togo en 1996 (UIT 2013). Dans la plupart de ces pays, la connexion à Internet à ses débuts se faisait à travers une ligne téléphonique analogique. Il n'est pas aisé de déterminer réellement la pénétration d'Internet en ASS. En effet, les abonnements à Internet reflètent mal son utilisation dans cette région. En général, un abonnement à une connexion Internet est partagé par plusieurs personnes. De plus, beaucoup de personnes ont un accès à Internet grâce à l'accès à leur lieu de travail ou dans certains établissements d'enseignement universitaire. D'ailleurs, seuls les cybercafés étaient considérés comme la principale source de connexion à Internet dans plusieurs pays. Dans les zones rurales sont créés des CMC (Centre Multimédia Communautaire) pour faciliter la connexion Internet pour les populations rurales.

Des progrès significatifs ont été accomplis en termes d'investissement en infrastructures TIC en ASS au cours de la dernière décennie. En 2009 par exemple, les câbles sous-marins n'entouraient pas encore l'ensemble de la région, ce qui limitait l'accès à Internet haut débit et aux données, dont le coût restait prohibitif pour certains pays d'ASS plus précisément le Kenya, le Rwanda, le Burundi et l'Ouganda. En 2010, le câble sous-marin Eastern Africa Submarine Cable System (EASSy), un câble de fibre optique de 10 000 milles financé par la Banque Mondiale, la BAD et d'autres bailleurs de fonds, permettait de connecter les pays d'Afrique de l'Est avec le reste du monde.

En même temps, deux autres câblo-opérateurs africains, TEAMS et SEACOM, ont largement comblé le fossé de la connexion Internet grâce à la fibre optique sous-marine en ASS. Ces améliorations spectaculaires des infrastructures d'Internet en ASS ont permis de réduire les coûts et d'augmenter considérablement la vitesse de transmission de l'information. En plus, on note l'essor de la téléphonie cellulaire en ASS (UIT, 2013). Les services de téléphonie mobile sont désormais disponibles pour la plupart des habitants d'Afrique subsaharienne. C'est dans cette lancée que dès 2008, ont été investi 16,5 milliards de dollars par les opérateurs de réseaux de télécommunications dans cinq marchés subsahariens clés à savoir : le Ghana, l'Afrique du Sud, le Nigéria, la Tanzanie et le Kenya.

De ce qui précède, ces améliorations en termes d'infrastructure de TIC ne sont pas illusion. En effet, les statistiques sur le nombre d'utilisateurs d'Internet pour cent habitants durant la période 2010-2017 montrent une hausse de l'utilisation d'Internet en ASS. Le groupe de pays justifiant ces faits est le Nigéria, le Kenya, le Sénégal, l'Ouganda, la Tanzanie, l'Angola, l'Afrique du Sud et le Bénin. Un deuxième groupe présentant des statistiques moyennes est composé du Cameroun, de la Guinée-Bissau, du Tchad, du Togo, de la Côte d'Ivoire, du Botswana, du Rwanda, de la Zambie, de la Namibie, du Burkina Faso et du Gabon. Ce fait est par contre légèrement mitigé, car certains pays traversant des crises sont davantage d'ordre politique et ne présentent pas des statistiques pareilles aux deux autres groupes. Ce troisième groupe de pays est constitué du Niger, du Mali, de la République Démocratique du Congo, du Soudan, de la Mauritanie et de la République centrafricaine.

Graphique 2 : Évolution des TIC (Internet et téléphone)

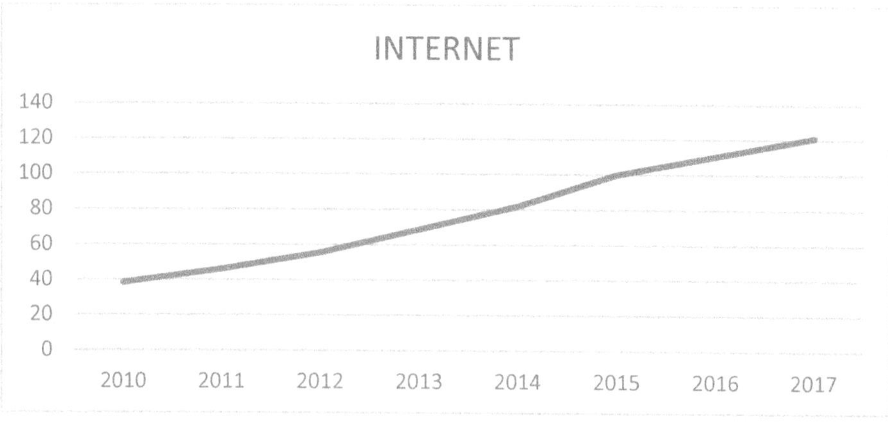

Source : Auteur, à partir des données de World Developement Indicator (WDI, 2018)

Source : Auteur, à partir des données de World Developement Indicator (WDI, 2018)

II.1.3. Relation entre TIC et IDH

Au cours des deux dernières décennies, les pays africains ont connu une révolution informatique remarquable avec un usage intensif des technologies de pointe dans tous les aspects de la vie. Ces TIC devraient aider à résoudre les problèmes économiques auxquels sont confrontés les pays d'ASS, tels que la croissance économique instable, le faible niveau d'éducation et en particulier le chômage des jeunes. En observant, nous constatons que notre étude démontre que l'utilisation des téléphones et d'Internet permet d'accroitre l'IDH en ASS sur la période 2010-2017. En effet, d'après l'UIT (2015), près d'un tiers des adultes en ASS ont un téléphone portable et environ 16 adultes sur 100 ont accès à Internet.

Graphique 3 : Évolution l'IDH en fonction du téléphone

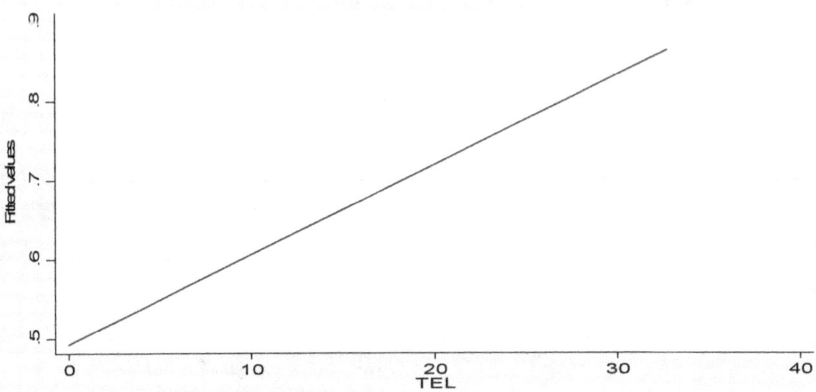

Source : Auteur, à partir des données de World Developement Indicator (WDI, 2018)

Ce graphique nous montre que lorsque l'utilisation des téléphones augmente, l'IDH diminue. En effet, nos résultats statistiques en ASS durant la période 2010-2017 montrent que le téléphone est positivement corrélé avec l'IDH puisque le coefficient de corrélation est de 0,6435 avec une significativité à 5%. Ce résultat sera le même lorsqu'il s'agit de l'utilisation d'Internet. Internet est positivement corrélé à l'IDH, car le coefficient de corrélation est de 0,7300 et ce lien est significatif à 5%.

Graphique 4 : Évolution l'IDH en fonction d'Internet

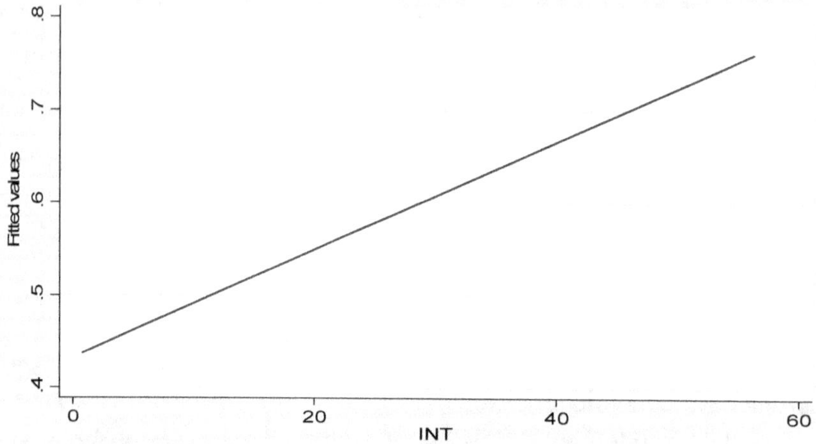

Source : Auteur, à partir des données de World Developement Indicator (WDI, 2018)

II.2. Le numérique et le développement humain en Afrique subsaharienne, approche économétrique

II.2.1. Modèles et méthode d'estimation

II.2.1.1. Modèles économétriques

En nous référant aux travaux d'Asongu et Odhiambo (2019), nous adoptons une modélisation en données de panel. Cependant, il ne sera pas question ici de faire recours à des équations simultanées, nous allons estimer une seule équation qui va permettre de tester l'influence de la numérisation sur le développement humain à travers l'IDH. Concrètement, le modèle spécifié est le suivant :

$$IDH_{i,t} = \beta_0 + \beta_1 TEL_{i,t} + \beta_2 INT_{i,t} + \beta_3 DGE_{i,t} + \beta_4 EMPLOI_{i,t} + \beta_5 TPIB_{i,t} + \beta_6 IPC_{i,t} + \varepsilon_{i,t} \quad (1)$$

Où

$IDH_{i,t}$ représente l'Indice du Développement humain en pourcentage du PIB ;

$DGE_{i,t}$ représente les dépenses générales d'éducation ;

$EMPLOI_{i,t}$ représente le nombre d'emplois ;

TEL et INT représentent respectivement le nombre d'utilisateurs de téléphone et d'Internet ;

$TPIB$ représente le taux de croissance du PIB ;

IPC représente l'inflation :

$\varepsilon_{i,t}$ représente le terme d'erreur ;

i=1, 2, 3,… *N* et *t*=1, 2, 3,… *T* représentent respectivement les individus et les années.

II.2.1.2. Présentations des variables

Dans le cadre de ce travail, les variables utilisées et leurs définitions respectives sont répertoriées dans le tableau ci-après. Il s'agit principalement des variables de l'innovation selon l'approche de Schumpeter amplifiée par Waverman et Muysken ; mais aussi de certaines variables muettes que nous avons générées pour capter des phénomènes tels que le niveau des infrastructures de télécommunication des États, les dépenses du gouvernement en termes d'éducation, le niveau d'emplois créés ou détruits, etc.

Tableau 1 : Présentation des variables

Variables	Définitions	Sources
PIB	PIB/habitant *(TPIB)*	WDI 2018
Croissance	Croissance du PIB/habitant (% annuel)	WDI 2018
Internet	Utilisateurs d'Internet pour 100 personnes	WDI 2018
Gouvernement	Dépenses des administrations publiques en termes de construction des écoles, et installation des technologies numériques (% du PIB) ; mesurée par les dépenses générales d'éducation *(DGE)*	WDI 2018
Inflation	Mesurée par l'indice des prix à la consommation *(IPC)*	WDI 2018
Éducation	Taux brut de scolarisation primaire, les deux sexes (%). Redéfini comme le mode égal à 1 lorsque le ratio est supérieur à la moyenne de l'échantillon de 92,53% et à 0 sinon	WDI 2018

Variables	Définitions	Sources
Investissement	Se mesure par le flux d'IDE en pourcentage de PIB *(FDI)* et la formation brute du capital (% du PIB)	WDI 2018
Infrastructures	Les infrastructures seront mesurées par le taux d'utilisation d'Internet *(INT)* et du téléphone *(TEL)* dans les CVM et pour les exportations	WDI 2018
Ouverture commerciale	Mesurée par la somme des exportations et des importations des biens et services rapportée au PIB	WDI 2018
Commerce international	Mesuré par les droits de douane *(DD)* aux frontières (en % du PIB)	WDI 2018
Développement financier	Met en évidence le rôle des intermédiaires financiers dans le financement du secteur productif ; notamment le privé. Il est mesuré par le crédit bancaire *(CB)*	WDI 2018
Variables muettes temporelles	Elles permettront de capter les chocs conjoncturels améliorant ainsi la qualité des estimations.	

II.2.2. Méthode d'estimation

Asongu et Odhiambo (2019) ont supposé l'existence d'une double causalité dans la relation TIC et éducation. En effet, les taux de pénétration de la téléphonie mobile et de l'Internet réduisent la qualité médiocre de l'éducation et le renforcement de la pénétration d'Internet à un effet négatif net de plus grande ampleur. Tout ceci pour dire que le renforcement de la pénétration d'Internet profitera aux pays ayant un niveau de qualité d'éducation médiocre supérieur à la moyenne (Internet renforcera la qualité de l'éducation dans les pays où le niveau d'éducation est de qualité) ; bien que l'amélioration de la pénétration d'Internet ne soit pas immédiatement pertinente pour réduire la qualité médiocre de l'éducation dans les pays où la qualité de l'éducation est inférieure à la médiane.

Sur le plan économétrique, cela met en exergue un problème d'endogénéité dont il existe trois principales sources : l'omission de variables explicatives pertinentes dans la spécification du modèle, la simultanéité qui apparaît lorsque la variable dépendante et certaines variables explicatives sont déterminées en *« même temps »*, ou encore les erreurs de mesures sur les variables indépendantes et/ou de la variable dépendante. Dans ce cas, il sera opportun de recourir à la méthode des Moindres Carrés Ordinaires (MCO), car l'hypothèse d'exogénéité des variables explicatives n'étant plus vérifiée. Ainsi, pour corriger le problème d'endogénéité, nous optons pour la méthode des Doubles Moindres Carrés (DMC).

Cette méthode consiste à affecter à chaque variable soupçonnée de souffrir du biais d'endogénéité, au moins une variable instrumentale. La variable instrumentale est une variable corrélée avec la variable source d'endogénéité, mais qui n'est pas corrélée avec le terme d'erreur. Dans le cas des DMC, en dehors des variables instrumentales exogènes au modèle, il est également possible de faire recours aux variables retardées des variables endogènes comme instruments, car celles-ci sont présumées non corrélées avec les résidus. Dans le cas d'espèce, les estimateurs DMC à effet fixe et à effet aléatoire peuvent être classés comme estimateurs des DMC parmi ses nombreux estimateurs. On distingue ainsi l'estimateur DMC de Balestra et Varadharajan-Krishnakumar (1987) et l'estimateur EC2SLS (2008).

Un test de spécification sera primordialement effectué afin de faire le choix entre le modèle à effets fixes et celui à effets aléatoires. Alors le test de Hausman sera le test recommandé. On réfutera l'hypothèse nulle d'absence de corrélation entre l'effet spécifique et les variables indépendantes lorsque la probabilité du test est inférieure au seuil de 10% ; le modèle choisi est celui à effets fixes. Par contre, on ne pourra réfuter l'hypothèse nulle, si la probabilité est supérieure au seuil de 10%. Dans ce cas, nous dirons que le test ne permet pas de différencier le modèle à effets fixes du modèle à effets aléatoires.

Le choix entre le modèle à effets fixes et celui à effets aléatoires nécessite que soit effectué au préalable un test de spécification. Le test recommandé est celui de Hausman. Lorsque la probabilité du test est inférieure au seuil de 10%, alors on réfute l'hypothèse nulle d'absence de corrélation entre l'effet spécifique et les variables indépendantes et le modèle choisi est celui à effets fixes. Si par contre cette probabilité est supérieure au seuil de 10%, alors on ne peut rejeter l'hypothèse nulle. Dès lors, le test ne permet pas de différencier le modèle à effets fixes du modèle à effets aléatoires.

Comme principal test de robustesse, nous effectuerons le test de validité des instruments de Sargan/Hansen. Si la probabilité dudit test est supérieure au seuil de 10%, alors on ne peut rejeter l'hypothèse nulle et l'on conclut que nos instruments sont valides. En outre, notons que pour le modèle à effets fixes, le R2 le plus pertinent est le *R2-within,* car il donne une idée sur la variabilité intra-individuelle de la variable indépendante expliquée par celles des variables explicatives. Le *R2-between* quant à lui donne une idée de la contribution des effets fixes des individus au modèle. En revanche, pour le modèle à effets aléatoires, le R2 le plus pertinent est le *R2-between,* car il donne une idée de la variabilité interindividuelle de la variable dépendante expliquée par celles des variables explicatives. Le *R2-within* quant à lui donne une idée des effets aléatoires du pays au modèle.

RÉSULTATS ET INTERPRÉTATION

Deux points essentiels seront abordés dans cette sous-section. Au premier point seront présentés les principaux résultats sortis de nos estimations. Les interprétations économiques des différents résultats obtenus qui nous permettront d'extraire toute la consistance seront abordées au deuxième point.

III.1. Résultats des estimations

En nous basant sur les travaux d'Asongu et Odhiambo (2019), nous avons opté pour un modèle en panel que nous avons estimé par la méthode des DMC. Concrètement dans le modèle (1), nous avons cherché à déterminer l'influence des TIC sur la qualité de l'éducation en ASS. En estimant le modèle, en dehors de l'influence des TIC sur nos variables dépendantes, nous avons tenu compte des autres déterminants macroéconomiques. Une présentation synthétique de nos principaux résultats est effectuée dans le tableau 2.

Tableau 2 : Résultats des estimations

IDH	A, Fixed effects	B, Random effects	C, Fixed effects	D, Random effects
TEL			-0,015099	0,014010**
			(0,012521)	(0,004238)
INT	0,000527	0,007818***		
	(0,000861)	(0,002013)		
FDI	-0,012099*	0,078764**	-0,014426**	0,018845***
	(0,007053)	(0,024953)	(0,005885)	(0,004353)
FBCF	-0,012992*	0,084563**	-0,015654**	0,019278***
	(0,007795)	(0,026596)	(0,006784)	(0,004214)
TPIB	0,001920	-0,013133**	0,002391**	- 0,003789***
	(0,001733)	(0,004275)	(0,001889)	(0,001582)
IPC	-0,004828	0,031671**	-0,005752	0,007447**
	(0,002959)	(0,010041)	(0,002608)	(0,001989)
Constante	0,805802***	-1,253042**	0,925709***	0,220905**
	(0,196735)	(0,566285)	(0,186265)	(0,104749)
Observations	145	145	145	145
Nombre de Pays	25	25	25	25
R-Carré	0,7696	0,5267	0,6789	0,6348
Fisher (p-value)	0,0000	0,0000	0,0000	0,0000
Sargan test (p-value)	0,1820	0,3579	0,1925	0,4587
Test de spécification de Hausman (A et B)	Prob>chi2 = 1,0000			
Test de spécification de Hausman (C et D)	Prob>chi2 = 1,0000			

Notes *: les écarts-types sont les valeurs entre parenthèses. *** p<0,01 significatif à 1%, ** p<0,05 significatif à 5%, * p<0,1 significatif à 10%.* ***Source*** *: Auteur, estimations réalisées à partir des données de WDI.*

III.2. Interprétations économiques

Sur le plan économétrique, le test de Fisher est concluant pour l'ensemble des quatre estimations puisque sa probabilité est inférieure au seuil de 1%. Ceci pour confirmer que nos modèles sont globalement significatifs. Mais aussi, le test de sur identification de Sargan/Hansen est lui aussi concluant et permet la validation de nos instruments. En effet, la p-value de cette statistique est supérieure au seuil de 10% dans toutes les quatre régressions, ce qui ne permet pas de rejeter l'hypothèse nulle de validité des instruments. En plus de cela, pour déterminer lesquels des modèles à effets fixes ou des modèles à effets aléatoires sont pertinents pour notre étude, nous avons effectué le test de spécification de Hausman. Dans le cas de la relation TIC et qualité de l'éducation, les différentes probabilités obtenues sont pour les estimations (A) et (B) Prob > Chi2 = 1,0000 et Prob > Chi2 = 1,0000 pour les estimations (C) et (D). Comme dans ce cas, les probabilités sont toutes supérieures au seuil de 10%, alors le test de Hausman ne permet pas de choisir entre les modèles à effets aléatoires et les modèles à effets fixes. Mais nous pouvons considérer le modèle à effets aléatoires plus pertinent dans notre cas spécifique par l'analyse des R2. Ainsi, nos interprétations économiques seront davantage basées sur les estimations (A) et (D).

Sur le plan théorique, les résultats obtenus s'inscrivent pour la plupart dans la lignée des travaux antérieurs sur les indicateurs des TIC[41]. S'agissant de l'influence des téléphones (portables) sur la qualité de l'éducation, nous avons pu établir une relation positive et significative au seuil de 5% (estimation D) entre les téléphones portables et l'IDH. Ce résultat n'est pas nouveau puisqu'il avait déjà été établi par Asongu et Odhiambo (2019) dans le cas d'un panel de 49 pays d'Afrique subsaharienne de 2000 à 2012. Ceci peut se justifier par le fait que la qualité de l'éducation est un aspect très important lorsqu'on cherche à la dynamiser par les TIC ; comme pour dire que nous vivons aujourd'hui dans l'ère du numérique et l'apprentissage des outils TIC est un grand avantage pour l'éducation qui d'ailleurs est une composante importante dans l'IDH, lui-même levier important pour la croissance économique. Dans le cas spécifique des pays d'ASS dont les économies sont encore peu développées, un meilleur système éducatif adapté au contexte mondial actuel contribuera à améliorer le développement humain et cela aura des retombées positives sur la croissance économique.

Dans la même lancée, Joyce-Gibbons et al. (2018) se concentrent sur l'ASS et en complétant la pénétration du téléphone mobile par la pénétration d'Internet afin d'évaluer l'importance des TIC pour la qualité de l'éducation dans l'enseignement primaire. Ils soutiennent que si les TIC sont pertinentes dans l'enseignement primaire, elles auront des effets très importants dans

[41] Mesuré par la pénétration du téléphone mobile et celle d'Internet (Tchamyou et al., 2019)

l'enseignement supérieur. En outre, l'accent mis sur l'enseignement primaire en ASS est motivé par le fait que ce niveau d'éducation est associé à de nombreux résultats socio-économiques, car ces économies sont encore au stade initial d'industrialisation (Asiedu, 2014).

Nous constatons dans notre étude que l'économétrie appliquée ne devrait pas être exclusivement motivée par la nécessité d'accepter ou de rejeter les théories existantes. Cela tient essentiellement au fait que l'économétrie appliquée peut également se positionner sur l'extension de la littérature empirique existante. Ce constat a été le même après les travaux de Joyce-Gibbons et al. (2018). En effet, la double causalité dans ce cas implique que les TIC peuvent être un déterminant de l'éducation ou bien l'éducation est plutôt un déterminant des TIC. Dans une précédente étude, les auteurs avaient évalué le rôle des téléphones mobiles dans les écoles secondaires en Tanzanie. L'étude conclut que : (i) la plupart des étudiants ont accès à un téléphone mobile, mais ils ne sont pas autorisés à aller à l'école avec ; (ii) peu d'enseignants voient la pertinence de la technologie dans le programme des élèves ; (iii) il est urgent que les technologies mobiles soient considérées comme une ressource pédagogique faisant l'objet de discussions franches entre enseignants, étudiants, et la communauté plus large sur les opportunités et les défis de ces technologies.

Les IDE ont la capacité de transférer la technologie. Ainsi, ils contribueront à l'amélioration du capital humain surtout en ASS (Mughal et Vechiu, 2009). Les IDE dans les pays en développement ont considérablement augmenté au cours des dernières décennies (CNUCED, 2010). Dans le passé, il avait déjà été soutenu que la diffusion de la technologie via l'IDE joue un rôle essentiel dans le processus de croissance économique (Grossman et Helpman, 1991 ; Sun et He, 2014). Mais d'après nos estimations, les IDE ont un lien négatif (estimation A) et une significativité à 1% (estimation D) avec l'IDH. Ces résultats montrent que les IDE (une variable de contrôle) retenus en ASS n'ont pas d'effet positif dans le PIB, car ils ne favorisent pas le transfert de technologie, de même que les savoirs. De ce fait, ce type d'IDE ne contribuera pas à redynamiser le système éducatif, mais plutôt à l'appauvrir et réduire ainsi les compétences humaines en ASS ; tels ont été les résultats d'Asongu et Odhiambo (2019). Les États d'ASS auront donc intérêt à accepter les IDE qui privilégient des transferts de technologie et de savoir.

En ce qui concerne l'emploi, les données étant très faibles ne permettent pas d'avoir des interprétations plus amples. D'après nos estimations, les téléphones portables montrent une significativité à 5% (estimation D) et il existe un lien positif entre l'Internet et l'emploi (estimation A). Ces résultats corroborent d'une part avec ceux d'Aker et Mbiti (2019) qui en se concentrant sur l'ASS durant la période 2002-2007, justifient que l'existence des Mobîles Money est source de création d'emploi. D'autre part, Dy (2019) approuve que la numérisation proprement dite (Internet) favorise l'emploi, notamment l'entrepreneuriat jeune et l'automatisation des femmes. En effet, l'avènement des TIC a entraîné l'augmentation du niveau de connaissance. Alors un individu qui détient ce haut niveau en connaissance sera non seulement apte à utiliser les instruments TIC ; mais aussi avec le phénomène de polarisation, cet individu sera plus apte à être embauché ou gardé dans les entreprises par rapport à celui qui est astreint à la fracture numérique. Quant à la variable de contrôle (IDE), elle montre plutôt une relation négative avec l'emploi (estimation A) ; c'est-à-dire que les IDE contribuent à la destruction d'emplois lorsqu'elles ne favorisent pas le transfert technologique et le savoir nécessaire à la croissance. Ainsi les pays d'ASS doivent mener des actions visant à la réduction, voire l'éradication de la fracture numérique qui est d'ailleurs sujette à la polarisation de l'emploi de nos jours.

CONCLUSION

La problématique du développement humain en ASS est au cœur de plusieurs programmes de développement, il est donc question de trouver les voies et mesures pour accroitre l'IDH. Il est admis qu'un meilleur système éducatif et la réduction de la fracture numérique sont indispensables pour atteindre cette visée. Comme le développement humain est un concept large, cette communication avait pour devoir de tester empiriquement l'influence de la digitalisation sur le développement humain en ASS au travers de deux dimensions que sont l'éducation et l'emploi, à partir d'un panel dynamique estimé grâce à la méthode des DMC. L'hypothèse de l'influence positive du digital dans l'IDH a déjà fait l'objet d'une évaluation empirique dans les travaux antérieurs avec, cependant, des résultats mitigés. Asongu et Odhiambo (2019), sur une étude menée sur les 48 pays d'ASS sur la période 2000-2012, valident l'hypothèse selon laquelle le téléphone portable et Internet améliorent le niveau d'éducation et par contrecoup que les TIC sont efficients dans un système éducatif de qualité. De même, Penard et al. (2012) ont montré après une étude au Gabon que l'investissement en infrastructure permettant l'accès plus facile aux TIC est très crucial, car l'ASS est la région du monde qui a le plus grand potentiel de pénétration des TIC par rapport aux autres régions du monde qui pour la plupart ont atteint le niveau de saturation. Cet article procède à une nouvelle évaluation empirique pour venir compléter les travaux existants.

Nous recommandons aux États d'ASS de renforcer leur système éducatif, voire le remplacer par un autre qui est adapté aux besoins actuels, qui répond aux progrès technologiques. Ainsi, les TIC permettront de booster le capital humain. Par ricochet, ces pays doivent accroitre leur investissement en infrastructures de télécommunication et en faciliter l'accès. En outre, le système éducatif est important pour promouvoir l'employabilité, car cela permettra à l'individu de répondre aux besoins actuels du marché, dans la mesure où l'individu maitrise les instruments du numérique. Enfin, nous suggérons aux pays d'ASS de veiller à ce que les IDE incluent le transfert technologique et la transmission des savoirs.

BIBLIOGRAPHIE

Abugre, J. (2018), ''Institutional governance and management systems in sub-Saharan Africa higher education: developments and challenges in a Ghanaian Research University. Higher Education'', *The International Journal of Higher Education Research*, Vol. 75, N°2, pp. 323–339.

Anand, S. & Sen, A. (2000), ''Human Development and Economic Sustainability'', *World Development*, Vol. 28, N°12, PP 2029-2049.

Asiedu, E., (2014), ''Does foreign aid in education promote economic growth? Evidence from Sub-Saharan Africa'', *Journal of African Development*, Vol. 16, N°1, PP 37–59.

Asongu, S. & Boateng, A. (2018), ''INTRODUCTION to special issue: mobile technologies and inclusive development in Africa'', *Journal of African Business,* Vol. 19, N°3, PP 297–301.

Asongu, S. & Odhiambo, M. (2019), '' Enhancing ICT for quality education in sub-Saharan Africa'', *Education and Information Technologies,* Vol. 24, PP 2823–2839.

Asongu, S. & Odhiambo, M. (2019), '' Enhancing ICT for quality education in sub-Saharan Africa'', *Education and Information Technologies*, Vol. 24, PP 2823–2839.

Asongu, S., Nwachukwu, J. & Pyke, C. (2019b), ''The comparative economics of ICT, environmental degradation and inclusive human development in sub-Saharan Africa''*, Socials Indicators Resources*, DOI: 10.1007/s11205-018-2009-x.

Asongu, S., Nwachukwu, J. (2018), ''Educational quality thresholds in the diffusion of knowledge with mobile phones for inclusive human development in sub-Saharan Africa'', *Technological Forecasting & Social Change*, https://doi.org/10.1016/j.techfore.2018.01.004

Autor, D & Dorn, D. (2013), "The Growth of Low-Skill Service Jobs and the Polarization of the U.S. Labor Market'', *American Economic Review*, Vol. 103, N°5, PP 1553–97.

Balestra, P., & Varadharajan-Krishnakumar (1987), "Full information estimations of a system of simultaneous equations with error component structure", *Econometric Theory,* Vol. 3, N°2, PP 223–246

Banji, O. & Lal, K. (2005), ''Internet diffusion in sub-Saharan Africa: A cross-country analysis'', *Telecommunications Policy*, Vol. 29, PP 507–527.

Banque Mondiale (2013), *Doing Business 2013 : Comprendre les régulations pour les petites et moyennes entreprises,* Washington, DC.

Barro, R. (1991), ''Economic growth in a cross-section of countries'', *Quarterly Journal of Economics,* Vol. 106, N°2, PP 407–443.

Baumol. W. (1967), ''Macroeconomics of Unbalanced Growth: The Anatomy of Urban Crisis'', *The American Economic Review,* Vol. 57, N°3, PP 415-426.

BCEKer, G. (1964), ''Human Capital: A Theoretical and Empirical Analysis with Special Reference to Education'', *Chicago, IL : University of Chicago Press.*

Benhabib, J. & Spiegel, M. (1994), ''The role of human capital in economic development evidence from aggregate cross-country data'', *Journal of Monetary Economics*, Vol. 34, N°2, PP 143-173.

Billon, M., Crespo, J., & Lera-López, F. (2017), ''Internet, educational disparities, and economic growth: Differences between low-middle and high-income countries'', In *H. Kaur, E. Lechman, & A. Marszk (Eds.), Catalyzing development through ICT adoption,* PP 51–68. Cham: Springer.

Breton, T. (2011), "The Quality Vs. The Quantity of Schooling: What Drives Economic Growth?", *Economics of Education Review*, Vol. 30, PP 765–773.

CNUCED, R. (2010), *L'investissement dans le monde.*

Cohen, W. & Levinthal, D. (1989), ''Innovation and learning: the two faces of R & D'', *The economic journal*, Vol: 99, N° 397, PP 569-596.

Conn, K. (2017), ''Identifying effective education interventions in sub-Saharan Africa: A meta-analysis of impact evaluations'', *Review of Educational Research,* Vol: 87, N° 5, PP 863-898.

Cruz-Jesus, F., Vicente, M., Bacao, F. & Oliveira, T. (2016), ''The education-related digital divide: An analysis for the EU-28'', *Computers in Human Behavior*, Vol. 56, PP 72–98, DOI: 10.1016/j.chb.2015.11.027

Donou-Adonsou F. (2018), ''Technology, education, and economic growth in SubSaharan Africa'', *Telecommunication Policy*, DOI: org/10.1016/j.telpol.2018.08.005.

Dy, M. (2019), ''Levelling the playing field? Towards a critical-social perspective on digital entrepreneurship'', *Futures*, DOI : 10.1016/j.futures.2019.102438

Ebaidalla, E. (2014), *Effect of ICTs on Youth Unemployment in Sub Saharan Africa: A Panel Data Analysis*, Working paper prepared for African Economic Conference 2014 on "Knowledge and Innovation for Africa's Transformation", Abidjan, Cote d'Ivoire.

Eyike, M. (2019), ''ICT diffusion and employment in Africa'', *Research Gate*, Vol. 39, N°1.

Frey, C. & Osborne. M, (2017), "The Future of Employment: How Susceptible Are Jobs to Computerisation?", *Technological Forecasting and Social Change*, Vol. 114, PP 254– 280.

Gerardo, Y-B., Areli-Marcela, I-M., Werner-Horacio, V-C., Ma. Del Rosario, E-R. (2022), '' Home Office and Productivity: Social Approach During the Pandemic'', *Environmental, Social and Governance Approach for Competitiveness,* DOI: 10.13140/RG.2.2.13830.24645.

Girmay, G. (2018), '' Information communications technology and economic growth in Sub-Saharan Africa: A panel data approach'', *Telecommunications Policy*, DOI: 10.1016/j.telpol.2018.03.010

Glomm, G., & Ravikumar. B. (1992), "Public Versus Private Investment in Human Capital: Endogenous Growth and Income Inequality'', *Journal of Political Economy*, Vol. 100, N°4, PP 818–34.

Gonçalves, G. Tiago, O. & Cruz-Jesus, F. (2018), ''Understanding individual-level digital divide: Evidence of an African country'', *Computers in Human Behavior*, DOI: 10.1016/j.chb.2018.05.039

Grossman, M. & Helpman, E. (1991), ''Trade, knowledge spill overs, and growth'', *European Economic Review,* Vol. 35, N°2, PP 517-526.

Haifa, M. & Youssra, B. (2022), ''Impact of Information and Communication Technologies (ICT) on Economic Growth During the Corona-Virus Pandemic; *Economic Alternatives*, N°2, PP 298-317.

Hanushek, E. & Woessmann, L. (2008), ''The role of cognitive skills in economic development'', *Journal of economic literature*, Vol: 49, N°3, PP 607-68.

Hongyu, D. & Xueyan, C. (2021), '' The digital divide behind the news spread of novel coronavirus'', *Procedia Computer Science*, Vol. 183, PP 820–826.

Howard, P., Busch, L., Nafus, D., & Anderson, K. (2009), ''Sizing up information societies—towards a better metric for the cultures of ICT adoption'', *The Information Society*, Vol. 25, N°3.

Hsieh, J., Rai, A. & Keil, M. (2008), ''Understanding digital inequality: comparing continued use behavioral models of the social economically advantaged and disadvantaged'', *Management Information Systems Quarterly*, Vol. 32, PP 97-126

Jibrin, I., (2021), '' Covid-19 et relance socio-économique en Afrique de l'Ouest'', *organisation des travailleurs d'Afrique de l'ouest (otao),* https://otuwa.org/wp-content/uploads/2022/06/FRENCH-COVID-19-AND-SOCIO-ECONOMIC-RECOVERY-IN-WEST-AFRICA.pdf

Jorgenson, D. (2001), ''Information Technology and the U.S. Economy'', *American Economic Review*, Vol. 91, N° 1, PP 1-32.

Joyce-Gibbons, A., Galloway, D., Mollel, Mgoma, S., Pima, M., & Deogratias, D. (2018), ''Mobile phone use in two secondary schools in Tanzania'', *Education and Information Technologies*, Vol. 23, N°1, PP 73–92.

Joyce-Gibbons, A., Galloway, D., Mollel, Mgoma, S., Pima, M., & Deogratias, D. (2018), ''Mobile phone use in two secondary schools in Tanzania'', *Education and Information Technologies,* Vol. 23, N°1, PP 73–92.

Kwabena, G., Paddison, O. & Mitiku, W. (2006), '' Higher education and economic growth in Africa'', *The Journal of Development Studies*, Vol. 42, N°3, PP 509-52.

Lachenmaier, S. & Rottmann, H. (2011), ''Effects of innovation on employment: A dynamic panel analysis'', *International journal of industrial organization*, Vol: 29, N° 2, PP 210-220.

Lucas, E. (1988), ''On the mechanics of economic development'', *Journal of Monetary Economics*, Vol. 22, PP 3–42.

Mincer, J. (1958), "Investment in Human Capital and Personal Income Distribution'', *Journal of Political Economy,* Vol. 66, N°4, PP 281–302.

Mokyr, J., Vickers, C. & Ziebarth, L. (2015), '' The History of Technological Anxiety and the Future of Economic Growth: Is This Time Different?'', *Journal of Economic Perspectives*, Vol. 29, N°3, PP 31-50.

Mokyr, J., Vickers, C. & Ziebarth, L. (2015), '' The History of Technological Anxiety and the Future of Economic Growth: Is This Time Different?'', *Journal of Economic Perspectives*, Vol. 29, N°3, PP 31-50.

Oketch, M. (2017), ''Access, poverty and learning achievement for primary school leavers in Kenya: analysis of evidence from 47 counties'', *Journal of Comparative and International Education,* DOI: 10.1080/03057925.2017.1365286

ONU (2010), *Perspectives de la population mondiale*, New-York.

Opoku-Mensah, A. (2005), ''Seconde phase du SMSI : Perspectives africaines'', *ICT Update.*

Penard, T., Poussing, N., Yebe, G. & Ella, P. (2012), ''Comparing the determinants of Internet and cell phone use in Africa: Evidence from Gabon'', *Communications & Strategies*, N° 86, PP 65–83.

PNUD (2014), *Rapport sur le développement humain,* New-York.

PNUD, (2020), '' Perspectives de développement humain COVID-19 : évaluer l'impact, envisager la reprise'', *http://hdr.undp.org/en/hdp-covid.*

Rogers, B. (2005), ''*The domestication of women: Discrimination in developing societies'',* Routledge.

Schultz, T. (1959), "Investment in Man: An Economist's View'', *Social Service Review*, Vol. 33, N°2, PP 109–117.

Schultz, T. (1960), "Capital Formation by Education'', *Journal of Political Economy*, Vol. 68, N°6, PP 571–83.

Tchamyou, V. (2017), ''The role of knowledge economy in African business'', *Journal of the Knowledge Economy,* Vol. 8, N°4, PP 1189–1228.

Tchamyou, V., Asongu, S. & Odhiambo, N. (2019), ''The role of ICT in modulating the effect of education and lifelong learning on income inequality and economic growth in Africa'', *African Development Review*, Vol: 31, N°3, PP 261-274.

Tichenor, P., Donohue, G. & Olien, C. (1970), ''Mass media flow and differential growth in knowledge'', *Public Opinion Quarterly,* Vol. 34, N°2, PP 159-170.

Tina, B., & Adam, M. (2022), '' Experiences in distance education and practical use of ICT during the COVID-19 epidemic of Slovenian primary school music teachers with different professional experiences'', *Social Sciences & Humanities Open*, Vol. 5, N°1.

UIT (2013), *Etude sur la connectivité internationale d'Internet en Afrique subsaharienne*, Géneve, Suisse.

UIT (2015), *ICT statistics*, Gèneve, Suisse.

Vicente, M. & López, A. (2006), ''Patterns of ICT diffusion across the European Union'', ''*Economics Letters*'', Vol : 93, N° 1, PP 45-51.

Yassine, R., (2022), '' Les facteurs influençant l'adoption des outils digitaux : une recherche empirique dans le contexte marocain'', *Journal of Social Sciences and Organization Management*, Vol 3 N°1(2022).

Zhao, H., Kim, S., Suh, T. & Du, J. (2007), ''Social institutional explanations of global Internet diffusion : a cross-country analysis'', *Journal of Global Information Management*, Vol. 15, N°22, PP 28-55.

Zhao, H., Kim, S., Suh, T. & Du, J. (2007), ''Social institutional explanations of global Internet diffusion : a cross-country analysis'', *Journal of Global Information Management*, Vol. 15, N°22, PP 28-55.

COMMERCE NUMÉRIQUE ET DÉVELOPPEMENT DES PERFORMANCES COMMERCIALES DES PAYS D'AFRIQUE SUBSAHARIENNE

Jacob TCHE

jacobtche1985@gmail.com

Veda Audrey TANKOUA

veda.tankoua@gmail.com

Résumé

L'influence du commerce numérique sur les performances commerciales est évaluée par cette contribution à travers les Chaînes de Valeurs Mondiales (CVM) et les Technologies de l'Information et de la Communication (TIC) en Afrique subsaharienne de 2002 à 2017 (à cause de la non-disponibilité des données pour plusieurs pays, nous avons dû les retirer de notre échantillon pour un total de 25 pays). La contribution de cette étude réside dans son caractère nouveau, elle est rarement appréhendée dans le contexte africain d'abord à cause des données et ensuite à cause du niveau de progression du commerce numérique. Pour y parvenir, les données utilisées proviennent principalement de la base World Development Indicator (WDI 2018) que ce soit pour la connectivité aux CVM ou Internet. À partir d'un panel dynamique estimé grâce à la méthode des GMM en système, nous avons pu montrer d'une part que les téléphones, l'Internet, les droits de douane permettent une meilleure connectivité aux CVM agricoles et du textile/vêtement ; d'autre part, qu'Internet facilite et accroit les exportations en ASS. De même, il apparaît également que d'autres facteurs comme les IDE, les droits de douane et le crédit bancaire influencent la formation des CVM et la croissance des exportations en ASS. Il apparaît clairement que le commerce numérique agit positivement sur la croissance économique des pays d'ASS. En outre, la qualité des infrastructures numériques et la connectivité dans les réseaux mondiaux de chaînes de valeur sont capitales pour la croissance économique des pays d'Afrique subsaharienne (ASS).

Mots-clés : commerce numérique, Chaînes de Valeurs Mondiales (CVM), technologies de l'information et de la communication (TIC), performances commerciales, Afrique subsaharienne (ASS).

Abstract

The present article is to assess the influence of digital trade on trade performance across global value chains (GVCs) and information and communication technologies (ICTs) in sub-Saharan Africa over the period 2002-2017 (due to the unavailability of data for several countries, we had to remove them from our sample for a total of 25 countries). The contribution of this study lies in the novelty of the study, it is rarely understood in the African context firstly because of the data and then because of the level of progression of digital trade. To achieve this, the data used comes mainly from the World Development Indicator database (WDI 2018), whether for connectivity to GVCs or the Internet. From a dynamic panel estimated using the system GMM method, we were able to show on the one hand that telephones, the Internet, customs duties allow better connectivity to agricultural and textile/clothing GVCs; on the other hand, that the Internet facilitates and increases exports in SSA. Similarly, it also appears that other factors such as FDI, customs duties and bank credit influence the formation of GVCs and the growth of exports in SSA. It is clear that digital trade has a positive effect on the economic growth of SSA countries. In addition, the quality of digital infrastructures and connectivity in global value chain networks are crucial for the economic growth of Sub-Saharan African (SSA) countries.

Keywords : Digital trade, global value chains (GVCs), information and communication technologies (ICTs), business performance, sub-saharan Africa (SSA).

INTRODUCTION

La performance à l'exportation est un sujet largement débattu et controversé parmi les décideurs, car l'Afrique subsaharienne se trouve marginalisée depuis une trentaine d'années déjà. En effet, l'existence de nombreuses barrières au commerce voire leur caractère presque contraignant a entraîné un frein vers l'émergence des économies africaines en général et des pays d'Afrique subsaharienne en particulier. La performance commerciale dans un sens large s'identifie comme la capacité d'un pays à exporter des produits plus qu'il n'importe, l'importation s'apprécie lorsqu'il s'agit des intrants nécessaires à la production. Ces performances auront un effet sur la croissance économique, car elles sont répertoriées comme des pieds-de-biche à la relance économique. C'est davantage sur la capacité d'exporter que s'apprécie la performance commerciale. Les exportations contribuent non seulement à la formation brute de capital des pays qui s'adonnent, mais aussi elles ont des effets de débordements sur les autres secteurs d'activité.

D'après les statistiques de la Banque Mondiale (2018), fort est de constater que depuis 2009, le PIB africain a augmenté en termes réels chaque année, en termes d'exportation des matières premières sur la période 2013–2015. Mais après une chute du cours des matières premières entre 2013-2016, la valeur réelle des exportations a connu une légère reprise en 2016. On estime que la croissance moyenne dans la région est passée de 2,3 % en 2017 à 2,7 % en 2018 ; malheureusement une augmentation à peine égale à la croissance démographique, en partie en raison de défaillances au Nigéria, en Afrique du Sud et en Angola (les trois principales économies de la région). Ces défaillances se justifient par le fait que ces pays exportent soit la matière première, soit des produits en très faible valeur ajoutée. Or, le commerce international est un jeu à somme égale où chacun gagne en fonction de ce qu'il apporte à l'autre, avec des critères et des exigences de plus en plus élevées. En d'autres termes, pour gagner dans le commerce international de nos jours, il faut être compétitif.

C'est donc cette faiblesse qui a motivé les travaux sur les performances commerciales en Afrique subsaharienne (González et Ferencz, 2018 ; Kshetri, 2016). Aussi, les principaux résultats ont mis en évidence le rôle prépondérant des Chaînes de Valeurs Mondiales. Mais depuis quelques années déjà, l'on s'intéresse davantage sur le rôle joué par les technologies numériques sur les exportations et plus récemment encore sur l'importance de ces technologies pour l'efficacité des Chaînes de Valeurs Mondiales, surtout à cette ère de la globalisation. C'est d'ailleurs l'orientation privilégiée dans cet article qui analyse comment les pays d'Afrique subsaharienne peuvent rendre leurs produits compétitifs en bénéficiant des avantages d'une division internationale du travail combinés à l'utilisation des instruments des TIC afin d'accroitre les exportations et contribuer ainsi à la croissance économique durant la période 2010-2017. Ceci dit, nous nous posons la question de savoir si le commerce numérique contribue au développement des performances commerciales des pays d'Afrique subsaharienne. Pour répondre à cette question, nous évaluerons l'influence du commerce numérique sur le développement des performances commerciales des pays d'Afrique subsaharienne et testons l'hypothèse selon laquelle le commerce numérique contribue au développement des performances commerciales des pays d'Afrique subsaharienne.

I. LA REVUE DE LA LITTÉRATURE

Le commerce traditionnel depuis ses débuts avec les mercantilistes entre le 16e et le 18e siècle jusqu'aux nouvelles théories du commerce international était caractérisé par le commerce des produits finis sur des marchés ouverts où les coûts de transport étaient élevés. À partir de l'année 1935, les réseaux de production internationaux ont émergé ; appelés Chaînes de Valeurs Mondiales (CVM). Ces réseaux sont caractérisés par le commerce des biens et services intermédiaires produits par utilisation des avantages comparatifs, entraînant une réduction et une meilleure coordination des coûts de transport ; ils constituent ainsi un moyen de transfert technologique et des connaissances.

Plus tard, le commerce activé numériquement va permettre non seulement la réduction des coûts de transport, mais également une meilleure coordination et le partage de l'information à travers la numérisation des transactions. Ce dernier marque l'âge de l'hyper connectivité ; c'est-à-dire un commerce international où prédomine la fragmentation internationale et où les transactions sont de plus en plus numérisées. Ainsi, afin d'étudier ces avancées qui caractérisent le commerce numérique de manière plus détaillée, nous verrons d'une part l'influence des CVM sur les avantages comparatifs et d'autre part l'influence d'Internet sur les exportations nettes.

I.1. Influence des Chaînes de Valeurs Mondiales sur les avantages comparatifs

La transformation numérique modifie fondamentalement le paysage commercial international. Dans cet environnement en constante évolution, les gouvernements sont confrontés à des défis croissants, pas seulement dans la gestion des problèmes numériques, mais aussi en veillant à ce que les opportunités et les avantages du commerce numérique puissent être réalisés et partagés de manière efficiente (González et Jouanjean, 2017). Les académiciens du commerce international tentent de plus en plus de comprendre comment la transformation numérique façonne le commerce international. L'ère du commerce accéléré par le numérique ne concerne pas seulement le commerce sous forme numérique, mais il s'agit aussi du commerce physique traditionnel amélioré par les CVM, augmentant ainsi l'accès aux marchés pour les entreprises d'une manière qui aurait été auparavant inimaginable (OECD, 2017)[42].

Ainsi, les CVM renforcent la révolution commerciale (le numérique) qui entraîne un changement de produits et la manière d'agir sur le marché (bien que ce ne soit pas ce pour quoi nous échangeons). De même, d'après une étude de la Banque Mondialeen 2017, les activités complexes de partage de la production au-delà des frontières nationales coordonnées par les CVM sont le principal moteur de la mondialisation et de la croissance du PIB mondial de 1995 à 2008.

Le commerce international comprend deux branches essentielles dont la première repose sur la pensée classique et la seconde sur les outils de l'organisation industrielle tels que la 4e révolution industrielle basée sur les processus de production induits par les innovations liées aux technologies du numérique. C'est pour cette raison qu'il existe de nos jours une course frénétique vers les Chaînes de Valeur Mondiales (CVM). Compte tenu des nombreux effets positifs qui leur sont associés, notamment en ce qui concerne la croissance économique, la création d'emplois, l'amélioration de la

[42] Cet accès est également rendu possible par la connectivité numérique croissante.

productivité, le transfert technologique, le renforcement de capital humain, la plupart des pays industrialisés aujourd'hui montrent un intérêt prononcé pour ce type de processus de production.

I.2. Influence d'Internet sur les exportations des pays d'ASS

Internet peut être considéré comme une technologie véritablement polyvalente et a un impact sur la société au niveau mondial et dans une vaste gamme d'activités (Harris, 1998). Les entreprises sont en mesure de mieux communiquer, plus rapidement et à moindre coût, en réduisant les coûts internes et externes des transactions, réduisant ainsi les coûts de production et améliorant la productivité et générant la croissance économique. Les capacités d'Internet ont fondamentalement transformé la façon dont les achats sont effectués. Avec sa première utilisation commerciale dans les années 1990, les achats ont rapidement mobilisé cette technologie à la fin des années 1990 et au début des années 2000. C'est déjà au cours de ces années que le potentiel considérable d'Internet pour acheter a été reconnu, la presse populaire prédisant qu'Internet changerait, voire révolutionnerait le mode d'achat des grandes entreprises (Casey, 1999). C'est à cette époque que les achats électroniques se sont poursuivis, en constante progression, jusqu'à nos jours.

En impliquant l'Internet dans le commerce, on parle à ce moment de commerce électronique[43]. Ainsi le commerce électronique s'est développé d'une manière exponentielle au cours des vingt dernières années et cette tendance se poursuit ; il est considéré d'ailleurs comme un instrument de facilitation des échanges et se définit comme la production, la distribution, le marketing, la vente ou la livraison de biens et de services par voie électronique (WTO, 2017). Une transaction de commerce électronique peut être conclue entre entreprises, ménages, particuliers, gouvernements et autres organisations publics ou privés. Toutes ces entités sont ainsi en mesure de mieux communiquer, plus rapidement et à moindre coût, en réduisant les coûts internes et externes de transaction, réduisant ainsi les coûts de production et améliorant la productivité, ce qui génère la croissance économique. Les capacités d'Internet ont fondamentalement transformé la façon dont les achats sont effectués. Mais relevons que les opportunités offertes par le commerce électronique ne sont pas encore explorées et son développement pourrait avoir d'importantes conséquences sur certains secteurs de l'économie ainsi que sur les performances macroéconomiques et les politiques économiques.

De nombreux chercheurs ont suggéré qu'Internet était l'un des moteurs de la mondialisation, car il intensifie la concurrence sur le marché, améliore l'allocation, l'efficacité des ressources et, enfin, révolutionne l'efficacité de la production, la croissance économique et le commerce international (Huang et

---

[43] OCDE, 2000

Song, 2019). Mentionnons aussi que comme avantage, Internet permet de réduire les coûts du commerce international caractérisé par des coûts élevés engendrés par la recherche et l'échange d'informations. Toujours en suivant le contexte de mondialisation, l'accès à Internet améliore les performances à l'exportation des pays en développement. Selon Fernandes et al, (2018), Internet est sans doute un moyen encore plus efficace que la communication traditionnelle pour réduire les frictions d'information, c'est-à-dire les coûts de communications entre les acheteurs et les fournisseurs.

Internet est l'une des forces les plus révolutionnaires pour façonner l'économie mondiale. Les effets d'Internet peuvent être expliqués dans le contexte des théories traditionnelles de la croissance économique. Depuis son adoption massive à la fin du XXe siècle, Internet, en tant que technologie générale, a eu un impact généralisé sur tous les aspects de la société humaine, tels que l'économie, le commerce et la vie quotidienne (Harris, 1998 ; Freund et Weinhold, 2002).

D'une manière générale, Internet permet de produire et de diffuser des informations et des innovations plus rapidement et à moindre coût. Cela peut réduire les coûts de production, de transaction et d'innovation. Internet intensifie la concurrence sur le marché, améliore l'efficacité de l'allocation et, finalement, révolutionne l'efficacité de la production, la croissance économique et le commerce international. Jorgenson et al. (2008) soulignent l'influence d'Internet sur l'efficacité de la production et donc une relation entre le développement d'Internet et les ventes de produits. De ce fait, et à comparer au commerce intérieur, le commerce international entraîne des coûts plus élevés liés à la recherche, à l'échange et aux transactions d'informations, mais Internet vient pour réduire considérablement les coûts transnationaux (Huang et Song, 2019). D'ailleurs avec l'avènement du Coronavirus (COVID-19) qui causa la fermeture des frontières, les restrictions des voyages et la distanciation sociale qui entraînèrent la presque suppression du commerce physique, les consommateurs, les entreprises, les organisations et les particuliers ont de plus en plus valorisé les solutions numériques pour poursuivre au moins une activité économique et sociale à distance (Franziska, 2020).

I.3. Relation entre commerce numérique et développement des performances commerciales par les CVM

Dans une régression de croissance en panel, Freund et Weinhold (2004) ont constaté que la croissance (retardée) de l'utilisation d'Internet est fortement corrélée à la croissance des échanges entre 1997 et 1999. Dans les régressions par niveaux transversaux, ils trouvent également une corrélation statistiquement significative entre l'utilisation retardée d'Internet et les exportations en 1998 et 1999, bien que la relation ne soit pas statistiquement significative avant 1998. Dans un deuxième document, Freund et Weinhold (2002) ont constaté que les exportations de services vers les États-Unis ont augmenté plus rapidement pour les pays à plus forte pénétration d'Internet dans un échantillon de 31 pays à revenu intermédiaire ou élevé. Freund et Weinhold (2002, 2004) contrôlent la possibilité d'un lien de causalité inverse en retardant la variable représentant la pénétration d'Internet de deux périodes.

Clarke (2008) examine par la méthode des GMM, la corrélation entre le comportement d'exportation et l'accès à Internet entre 2000 et 2005 dans les pays à revenu faible et intermédiaire d'Europe orientale et d'Asie centrale. Plutôt que d'utiliser des données au niveau des pays comme dans les études précédentes énumérées ci-dessus, il utilise des données au niveau des entreprises, principalement des petites et moyennes entreprises. Cela a quelques avantages sur les études qui utilisent des données agrégées au niveau des pays.

Kowalski et al. (2015) travaillent sur la connectivité aux CVM des pays d'Asie du Sud Est, Asie du Sud et d'ASS, entre 1990 et 2011, en utilisant la méthode des Variables Instrumentales VI. Les éléments de preuve indiquent que la participation élargie aurait des avantages importants en termes de productivité accrue, de sophistication et de diversification des exportations. Des facteurs structurels tels que la géographie, la taille du marché et le niveau de développement sont considérés comme des déterminants clés de la participation aux CVM.

Shepherd (2017) présente de nouvelles preuves sur les liens entre l'infrastructure nationale et régionale et la facilitation du commerce, d'une part, et la connectivité de la chaîne de valeur, d'autre part, en se concentrant sur l'ASS sur la période 1990-2011. Pour ce faire, il a utilisé un nouvel ensemble de tableaux d'entrées-sorties multirégions pour produire des estimations de la teneur en valeur ajoutée du commerce intérieur de 189 pays, dont 44 en ASS pour les secteurs des textiles-habillement et de l'agriculture. En outre, il a appliqué des techniques d'analyse de réseau pour mieux comprendre la position de l'Afrique subsaharienne dans les réseaux commerciaux pertinents et pour comparer sa connectivité avec celle d'autres régions en développement.

Lim (2018) étudie l'effet de la participation aux CVM agricoles sur la transformation structurelle. L'auteur utilise les données d'entrée-sortie multirégionales pour mesurer la participation aux chaînes de valeur mondiales et des données transnationales pour 183 pays pour la période 1990-2013. Il trouve qu'en réponse à une plus grande participation à la chaîne de valeurs mondiales de l'agroalimentaire, les économies agraires modernes sautent du front à la fabrication pour développer directement leur secteur des services, ce qui va à l'encontre des récits classiques de transformation structurelle. En découpant les données, l'auteur constate également que le mouvement de transformation structurelle est statistiquement peu clair dans les pays à faible revenu. Ceci est important pour les politiques agroalimentaires, industrielles, commerciales et de développement ; car en fournissant des preuves originales à ces faits, ceci pourrait éviter de faire des recommandations politiques erronées pour différents pays dans le contexte des CVM.

Huang et Song (2019), sur la base des données correspondantes de 2004 à 2007 de l'enquête annuelle auprès des entreprises industrielles et de la base de données sur les transactions en douanes chinoises, étudient l'influence de l'utilisation d'Internet par les entreprises sur leurs exportations, l'extension du produit et l'amélioration de la qualité par une régression multiple à effet fixe. Ils constatent que l'adoption d'Internet peut effectivement promouvoir la décision des entreprises chinoises d'entrer sur le marché et accroitre la probabilité que de nouveaux produits soient exportés. L'effet de marge considérable de l'adoption d'Internet est statistiquement nettement positif.

Cependant, Internet n'a pas amélioré la qualité des exportations des entreprises chinoises et a même joué un rôle négatif, principalement parce que les entreprises exportent davantage de nouveaux produits de qualité médiocre, réduisant ainsi la qualité moyenne des exportations. Bien entendu, les entreprises à haute productivité peuvent faire face efficacement à la concurrence du marché créée par Internet et améliorer la qualité de leurs produits d'exportation. En d'autres termes, leur analyse empirique suggère que l'utilisation d'Internet (c'est-à-dire la présence d'un site Web officiel ou d'un courrier électronique d'entreprise) affecte à la fois la marge des exportations et la marge de qualité des produits exportés. Pour élargir leur gamme de produits d'exportation, les exportateurs utilisant Internet introduisent de nouveaux produits (effet de réduction des coûts sur une marge étendue) ; la qualité moyenne des produits exportés diminue après l'adoption d'Internet par les exportateurs (effet de concurrence sur la marge de qualité). Leur analyse hétérogène montre en outre que les exportateurs à productivité élevée sont à l'abri de l'influence négative de l'utilisation d'Internet sur la marge de qualité et maintiennent la croissance de la qualité ; le fait d'avoir un site Web officiel a des effets plus importants sur la marge importante et la marge de qualité par rapport au seul système de messagerie d'entreprise.

Dans ses travaux d'analyse des évolutions de la structure des Chaînes de Valeurs Mondiales avant et après la propagation du Coronavirus à l'aide de données quantitatives, d'analyses empiriques, d'études de cas et d'une enquête auprès des entreprises et gouvernements (Hyoungmin, 2022) affirme que la COVID-19 cause un choc dans la chaîne d'approvisionnement des valeurs mondiales. En effet, la suspension de la production en Chine en 2020 a diminué l'offre de biens intermédiaires dans le monde, avec pour résultat que le niveau de production chute dans de nombreux pays dont la Chine était le partenaire commercial principal.

Ainsi, ses pays se retrouvaient dans des difficultés à produire à nouveau des biens. De plus, en raison de la généralisation du télétravail, il y a eu une demande croissante de produits liés à l'informatique, par exemple des microprocesseurs. En raison de l'augmentation de la demande, la production d'articles informatiques a également connu des difficultés. On peut constater qu'il existe une corrélation significative entre la COVID-19 et le réseau de production mondiale. Par la suite, l'auteur préconise la nécessité de tracer les changements de structure des CVM suite à l'épidémie de COVID-19.

II. ANALYSE EMPIRIQUE DE LA RELATION COMMERCE NUMÉRIQUE ET LE DÉVELOPPEMENT DES PERFORMANCES COMMERCIALES EN AFRIQUE SUBSAHARIENNE

L'évolution des technologies numériques en ASS démontre une faible progression par rapport aux autres régions du monde. Le même résultat est encore perceptible avec l'intégration des pays d'ASS dans les CVM. Malgré le fait que l'ASS est répertoriée comme la région du monde où l'on observe une forte pénétration des téléphones mobiles ; c'est une donnée contraire en ce qui concerne le taux de pénétration d'Internet. D'ailleurs d'après les statistiques de l'UIT (2017), 80% des Européens avaient accès à Internet en 2018 selon les estimations, mais le chiffre comparable s'est établi à moins de 25% pour l'Afrique subsaharienne et à moins de 20% pour les pays les moins avancés. Ces chiffres en ASS sont principalement le fait du manque alarmant en infrastructure de télécommunication. Cela entraîne que les pays d'ASS connaissent une baisse constante de la valeur ajoutée industrielle (pourcentage du PIB) sur la période 1985-2011.

II.1. Évolution des TIC et CVM en ASS

Afin de déterminer l'influence des TIC sur les CVM en Afrique subsaharienne, nous nous focalisons d'abord sur l'évolution des TIC et des CVM, ensuite sur la relation qui existe entre ces deux promoteurs de la croissance économique.

II.1.1. Évolution des TIC :

La connexion Internet est arrivée dans les pays d'ASS au début des années 90, au Kenya en 1993, en Ouganda, au Nigéria en 1995 et au Togo en 1996 (UIT 2013). À ces débuts dans la plupart de ces pays, la connexion à Internet se faisait à travers une ligne téléphonique analogique. Il n'était pas aisé de déterminer réellement le niveau de pénétration d'Internet en ASS. En effet, les abonnements à Internet reflétaient mal l'utilisation d'Internet dans cette région.

En outre, les entreprises de télécommunications du secteur privé basées en Afrique du Sud, notamment Vodacom et MTN, ont joué un rôle clé dans l'expansion des infrastructures et des services. En même temps, deux autres câblo-opérateurs africains, TEAMS et SEACOM, ont largement comblé le fossé de la connexion Internet grâce à la fibre optique sous-marine en ASS[44]. Ces améliorations spectaculaires des infrastructures d'Internet en ASS ont permis de réduire les coûts et d'augmenter considérablement la vitesse de transmission de l'information.

De plus, on note l'essor de la téléphonie cellulaire en ASS (UIT, 2013). Les services de téléphonie mobile sont désormais disponibles pour la plupart des habitants d'Afrique subsaharienne. Les opérateurs de réseaux de télécommunications dans cinq marchés subsahariens clés (Nigéria, Tanzanie, Afrique du Sud, Kenya et Ghana) ont investi 16,5 milliards de dollars depuis 2008. Au Cameroun, plus de 50 entreprises fournissent l'Internet et plus d'un million de clients ont souscrit un abonnement Internet auprès desdites entreprises dont les plus en vue sont : AIRBITS, Matrix, CFAO Technologies, etc.

Graphique 1 : Évolution de l'utilisation d'Internet

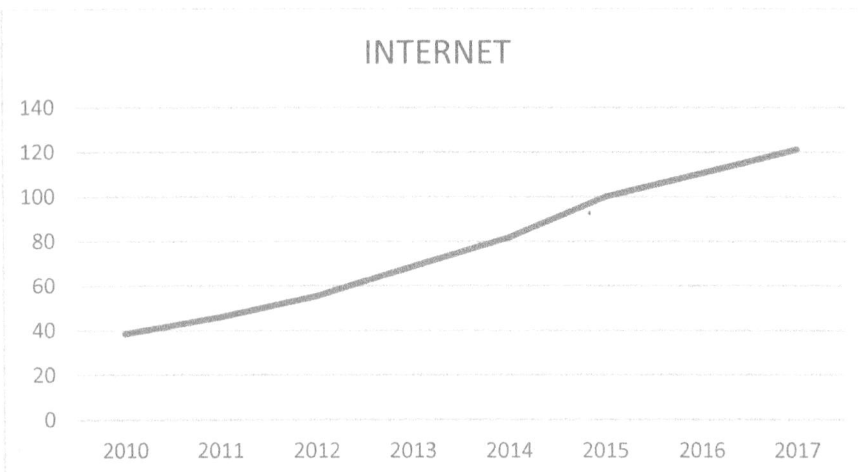

Source : Auteur, à partir des données de World Developement Indicator (WDI, 2018).

[44] SEACOM s'étend sur 13 700 km. Construit par un consortium comprenant le Fonds Aga Khan pour le développement économique, il a été réalisé pour un coût d'environ 650 millions de dollars. Le câble sous-marin TEAMS (The East African Marine System), qui s'étend sur 4 500 km et dont la construction a coûté 130 millions de dollars, appartient principalement à des parties prenantes kenyanes, notamment l'entreprise semi-publique Telkom Kenya, ainsi qu'à Etisalat des Émirats arabes unis.

Graphique 2 : Évolution de l'utilisation des téléphones

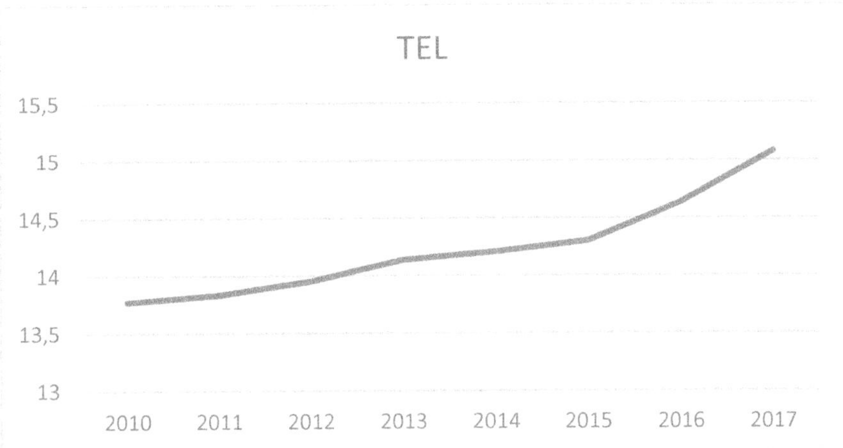

Source : Auteur, à partir des données de World Developement Indicator (WDI, 2018).

II.1.2. Évolution des CVM

II.1.2.1. Valeurs ajoutées agricoles

Une grande partie de la participation aux chaînes de valeurs agricoles en ASS est inférieure à la normale ; c'est-à-dire que les exportations brutes sont inférieures à 80%. Cela correspond en fait à ce que l'on observe dans toutes les autres régions en développement, à l'exception de l'ASEAN (qui, de la même manière que l'UE, ne produit que 60% environ de la valeur de ses exportations). Balié et al. (2019), dans leurs calculs, trouvent qu'environ 10% des exportations d'Afrique subsaharienne contiennent une valeur ajoutée effectivement produite à l'étranger. Leurs travaux montrent également que la participation aux CVM dans l'agriculture représente moins de 5% de la participation totale aux chaînes de valeurs dans le monde et la région de l'ASS étant la zone la plus impliquée (7%).

Cependant, ce chiffre global cache une hétérogénéité importante au sein de la région. Les statistiques sur l'évolution des valeurs ajoutées agricoles durant la période 2010-2017 en ASS montrent qu'après un pic élevé en 2012, une chute est observée en 2013, puis une reprise jusqu'en 2017. Pour dire que les pays de notre échantillon portent de plus en plus leur choix sur la division internationale de la production, nos résultats corroborent avec ceux de Balié et al, (2019). Certains pays d'ASS, tels que la République Démocratique du Congo et la Guinée, enregistrent une implication relativement importante dans la fragmentation internationale de la production par rapport aux autres pays de la région. Cela est probablement dû à une structure de production tournée vers l'exportation de ressources naturelles (RD Congo) ou à la petite dimension de leur économie (Guinée). D'autres pays, tels que le Bénin, le Tchad et le Mali, semblent être davantage exclus du marché mondial, probablement en raison de l'éloignement géographique et/ou du manque de ressources.

Notons également que dans presque tous les pays d'Afrique subsaharienne, la participation aux CVM repose principalement sur la fourniture d'intrants pour les exportations d'autres pays, mais ce ne sont que quelques pays qui y participent principalement en tant qu'acheteurs d'intrants étrangers pour leurs exportations parmi lesquels le Botswana, la Namibie et la Tanzanie. La statistique sur la valeur ajoutée agricole a permis de dégager le groupe de pays constitué de la Côte d'Ivoire (33%), du Kenya (30%) et de l'Ouganda (32%) où leur contribution dans le secteur agricole par leur participation aux CVM est assez remarquable ; c'est-à-dire supérieure à 30%. Tandis que la contribution du secteur alimentaire à la participation des pays aux CVM est en moyenne bien inférieure à celle du secteur agricole et elle est généralement inférieure à 10%. Les seuls pays ayant enregistré des performances remarquables dans le secteur alimentaire sont la Côte d'Ivoire (15%), le Kenya (15%), la Mauritanie (21%), la Namibie (28%), le Sénégal (42%) et le Swaziland (16%).

Graphique 3 : Évolution des valeurs ajoutées agricoles

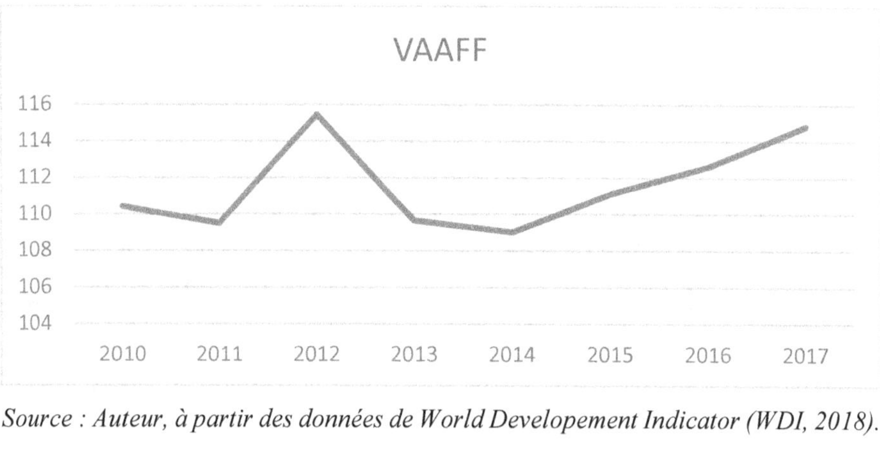

Source : Auteur, à partir des données de World Developement Indicator (WDI, 2018).

II.1.2.2. Valeurs ajoutées manufacturières (textile/vêtement)

L'analyse de l'évolution des valeurs ajoutées du textile/vêtement se base sur les exportations de l'industrie du textile et du vêtement en ASS ; car ses valeurs ajoutées sont induites dans les réseaux mondiaux de chaînes de valeurs à travers des politiques commerciales et les IDE. Dans bon nombre de ces pays, cette industrie est considérée comme un secteur prioritaire pour la création d'exportations et d'emplois et le développement industriel. Les exportations de vêtements et de textiles ont représenté 5,2% des exportations manufacturières totales de l'ASS en 2013. Si elles excluent l'Afrique du Sud, elles représentent 11,2%. Dans certains pays, la part des exportations de vêtements dans les exportations de produits manufacturés est nettement plus élevée : Madagascar (76,3%), Maurice (54,4%), Lesotho (48,8%), Éthiopie (21,2%), Kenya (20,2%) et Swaziland (11,5%). Le secteur de l'habillement axé sur l'exportation s'est développé et s'est étendu dans plusieurs pays d'ASS depuis le début du millénaire. Cette évolution découle du contexte favorable de la politique commerciale (par exemple, l'arrangement multifibres et les accords commerciaux préférentiels conclus par les États-Unis et l'Union européenne) et des politiques industrielles nationales en faveur des exportations et des investissements directs étrangers (IDE).

Cependant, après l'élimination de l'arrangement multifibres (fin 2004), les exportations de vêtements en ASS ont diminué (Kaplinsky et Morris, 2006) et cette diminution s'est accentuée avec la crise économique mondiale de 2008 qui a eu des répercussions sur le long terme (Staritz, 2011). Ce dernier postulat justifie l'évolution à la baisse des valeurs ajoutées du textile/vêtement en ASS entre 2010 et 2017.

Graphique 4 : Évolution des valeurs ajoutées du textile/vêtement

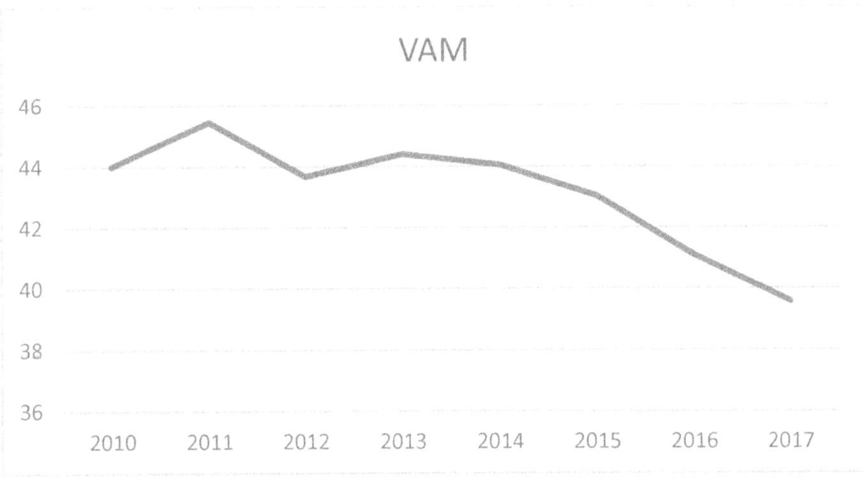

Source : Auteur, à partir des données de World Developement Indicator (WDI, 2018).

II.1.3. Relation TIC et CVM

Dans l'intention de déterminer le niveau d'intégration des pays d'ASS dans les réseaux mondiaux de chaîne de valeurs, il est nécessaire d'analyser le type de corrélation qui existe entre les TIC et les chaînes de valeurs agricoles et manufacturières (textile/vêtement).

II.1.3.1. Valeurs ajoutées agricoles

Graphique 5 : Évolution de la valeur ajoutée agricole en fonction du téléphone

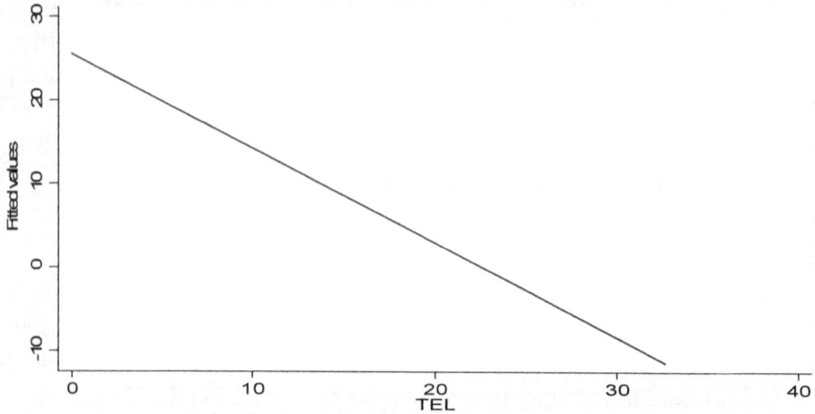

Source : Auteur, à partir des données de World Developement Indicator (WDI, 2018)

Ce graphique nous montre que lorsque l'utilisation des téléphones augmente, la valeur ajoutée agricole diminue. En effet, nos résultats statistiques en ASS durant la période 2010-2017 montrent que le téléphone est négativement corrélé avec la valeur ajoutée agricole puisque le coefficient de corrélation est de -0,4623 avec une significativité à 5%. Ce résultat sera le même lorsqu'il s'agit de l'utilisation d'Internet. Le net est négativement corrélé à la valeur ajoutée agricole, car le coefficient de corrélation est de -0,5877 et ce lien est significatif à 5%.

Graphique 6 : Évolution de la valeur ajoutée agricole en fonction d'Internet

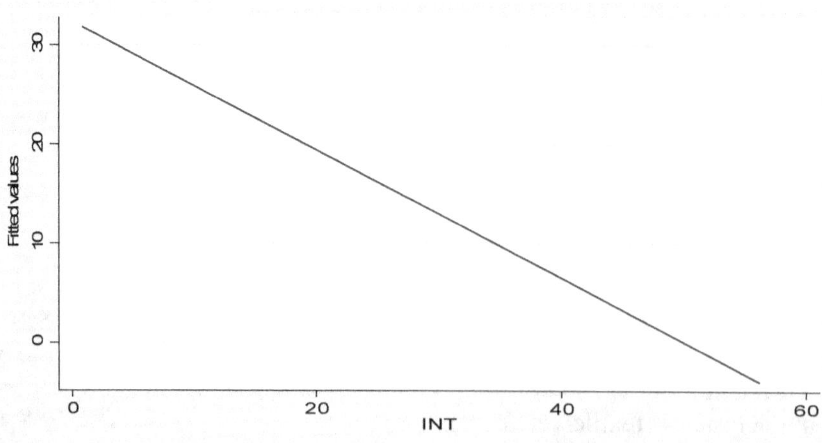

Source : Auteur, à partir des données de World Developement Indicator (WDI, 2018).

II.1.3.2. Valeurs ajoutées du textile/vêtement :

Graphique 7 : Évolution de la valeur ajoutée du textile en fonction du téléphone

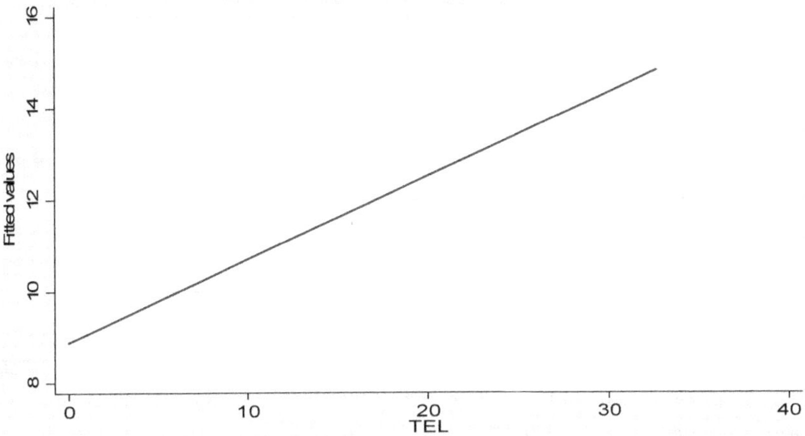

Source : Auteur, à partir des données de World Developement Indicator (WDI, 2018).

D'après ce graphique, lorsque l'utilisation des téléphones augmente, la valeur ajoutée du textile/vêtement augmente. Effectivement, nos résultats statistiques en ASS durant la période 2010-2017 montrent que le téléphone est positivement corrélé avec la valeur ajoutée du textile/vêtement puisque le coefficient de corrélation est de 0,2804 avec une significativité à 5%. Ce résultat sera le même lorsqu'il s'agit de l'utilisation d'Internet. Internet est positivement corrélé à la valeur ajoutée du textile/vêtement, car le coefficient de corrélation est de 0,5582 et ce lien est significatif à 5%.

Graphique 8 : Évolution de la valeur ajoutée du textile en fonction d'Internet

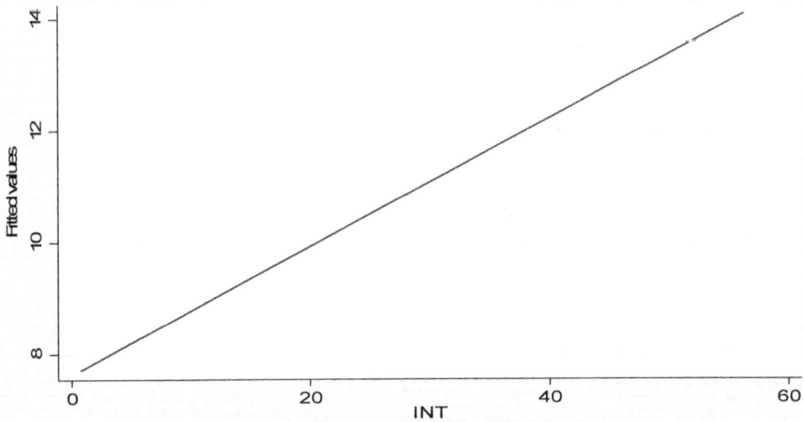

Source : Auteur, à partir des données de World Developement Indicator (WDI, 2018).

II.2. Modèle et présentation des variables

II.2.1. Choix du modèle économétrique

En nous inspirant d'une part des travaux de Shepherd (2016) sur la relation entre les infrastructures de télécommunication, la facilitation des échanges et la connectivité des pays d'ASS dans les chaînes de valeurs agricoles et du textile sur la période 1996-2011, et d'autre part des travaux de Huang et Song (2019) qui examinent la relation entre Internet et les exportations des entreprises chinoises entre 2004 et 2007, nous avons opté pour une modélisation en panel dynamique. L'un des avantages des données de panel est la prise en compte des caractéristiques inobservables propres aux individus ou aux périodes étudiées au cours du temps. En outre, compte tenu du phénomène de globalisation, un pays aurait plus à gagner en intégrant les CVM pour rendre ses produits compétitifs ; mais aussi en combinant l'utilisation des TIC pour rendre non seulement efficaces les CVM, mais surtout favoriser les exportations. En fin de compte, la spécification de notre modèle est la suivante :

$$CV_{i,t} = \beta_0 + \beta_1 TEL_{i,t} + \beta_2 INT_{i,t} + \beta_3 INFRA_{i,t} + \beta_4 DD_{i,t} + \beta_5 CB_{i,t} + \beta_6 TPIB_{i,t} + \beta_7 IPC_{i,t} + \varepsilon_{i,t} \quad (1)$$

$$NX_{i,t} = \beta_0 + \beta_1 INT_{i,t} + \beta_2 TEL_{i,t} + \beta_3 INFRA_{i,t} + \beta_4 DD_{i,t} + \beta_5 CB_{i,t} + \beta_6 TPIB_{i,t} + \beta_7 IPC_{i,t} + \varepsilon_{i,t} \quad (2)$$

Où

CV représente les chaînes de valeur ;

NX représente les exportations nettes ;

TEL et INT représentent respectivement le nombre d'utilisateurs de téléphones et d'Internet ;

$INFRA$ représente les infrastructures de télécommunications ;

DD représente les droits de douane ;

CB représente le crédit bancaire ;

$TPIB$ représente le taux de croissance du PIB ;

IPC représente l'inflation ;

$\varepsilon_{i,t}$ représente le terme d'erreur ;

i=1, 2, 3,... N et t=1, 2, 3,... T représentent respectivement les pays et les années.

II.2.2. Présentations des variables

Les variables utilisées dans le cadre de cette étude ainsi que leurs définitions sont représentées dans le tableau ci-après. Il s'agit principalement des variables de l'innovation selon l'approche de Schumpeter amplifiée par Waverman et Muysken, mais aussi de certaines variables muettes que nous avons générées pour capter des phénomènes tels que le niveau des infrastructures de télécommunications des États, les dépenses du gouvernement, les politiques du commerce international (les droits de douane), etc.

Tableau 1 : Listes des variables

Variables	Définitions	Sources
PIB	PIB/habitant *(TPIB)*	WDI 2018
Croissance	Croissance du PIB/habitant (% annuel)	WDI 2018
Internet	Utilisateur d'Internet pour 100 personnes	WDI 2018
Gouvernement	Dépenses de consommation finale des administrations publiques (% du PIB)	WDI 2018
Inflation	Mesurée par l'indice des prix à la consommation *(IPC)*	WDI 2018
Investissement	Se mesure par le flux d'IDE en pourcentage de PIB *(FDI)*	WDI 2018
Infrastructures	Les infrastructures seront mesurées par le taux d'utilisation d'Internet *(INT)* et du téléphone *(TEL)* dans les CVM et pour les exportations	WDI 2018
Les ressources naturelles	L'ASS est majoritairement riche en ressources naturelles. Cette variable est mesurée par la valeur ajoutée agricole, forestière et de pêche *(VAAFF)* et par la valeur ajoutée industrielle (VAI) et la valeur ajoutée manufacturière *(VAM)*.	WDI 2018
Ouverture commerciale Commerce international	Mesurée par la somme des exportations et des importations des biens et services rapportée au PIB Mesurée par les droits de douane *(DD)* aux frontières (en % du PIB)	WDI 2018
Développement financier	Met en évidence le rôle des intermédiaires financiers dans le financement du secteur productif ; notamment le privé. Il est mesuré par le crédit bancaire *(CB)*.	WDI 2018
Les exportations nettes	Mesurées par la somme des exportations de biens et services rapportée au PIB	WDI 2018
Variables muettes temporelles	Elles permettront de capter les chocs conjoncturels améliorant ainsi la qualité des estimations.	

II.3. Méthode d'estimation

II.3.1. Principe d'estimation

La modélisation sous forme de panel dynamique entraîne le problème d'endogénéité. En général, ce problème peut être causé par l'omission de variables explicatives pertinentes dans la spécification du modèle ; la simultanéité qui se produit lorsque la variable dépendante et certaines variables explicatives sont déterminées « en même temps » ; ou même des erreurs de mesures sur les variables indépendantes ou de la variable dépendante. Dans le cas particulier de notre étude, la méthodologie relative aux estimations des indicateurs du commerce numérique (pour les performances à l'exportation) peut être sujette à des limites et de ce fait conduire à des erreurs de mesure. Dès lors, l'hypothèse d'exogénéité des indicateurs du commerce numérique peut ne plus être vérifiée.

Ajoutons que pour la spécification en panel dynamique, il est nécessaire d'introduire parmi les variables explicatives la variable dépendante retardée d'au moins une période. La présence de celle-ci dans le membre de droite de nos équations entraîne automatiquement le biais d'endogénéité. Par conséquent, les méthodes traditionnelles, en particulier les méthodes MCO, ne sont plus utilisées, car il donne des estimateurs biaisés et non convergents à cause de la corrélation existant entre la variable endogène retardée et le terme d'erreur, lorsque les résidus sont autorégressifs. Il nous faut donc recourir à des méthodes d'estimation plus performantes, en l'occurrence la méthode des moments généralisés (GMM) développée par Arellano et Bond (1991). À cet effet, les auteurs proposent de passer les équations de référence (1) et (2) en différences premières permettant ainsi d'éliminer l'effet spécifique aux pays.

$$\Delta CV_{i,t} = \lambda \Delta CV_{i,t} + \alpha \Delta INFRA_{i,t} + \beta \Delta TPIB_{i,t} + \Delta \varepsilon_{i,t} \quad (3)$$

$$\Delta NX_{i,t} = \lambda \Delta NX_{i,t} + \alpha \Delta INFRA_{i,t} + \beta \Delta TPIB_{i,t} + \delta \Delta DD_{i,t} + \Delta \varepsilon_{i,t} \quad (4)$$

Remarquons que ce passage soulève un nouveau problème, car la variable dépendante retardée est par construction corrélée avec le terme d'erreur. Pour apporter une solution à ce problème, les auteurs postulent deux hypothèses à savoir l'absence d'autocorrélation des termes d'erreurs ainsi que la faible exogénéité des variables explicatives (les variables explicatives sont non corrélées avec les réalisations futures des termes d'erreurs) ; d'où les conditions de moments proposées par Arellano et Bond (1991) :

$$E[CV_{i,t-s}(\varepsilon_{i,t} - \varepsilon_{i,t-s})] = 0 \quad pour \quad s \geq 2, t = 3, \ldots T \qquad (5)$$

$$E[INFRA_{i,t-s}(\varepsilon_{i,t} - \varepsilon_{i,t-s})] = 0 \quad pour \quad s \geq 2, t = 2, \ldots T \qquad (6)$$

$$E[TPIB_{i,t-s}(\varepsilon_{i,t} - \varepsilon_{i,t-s})] = 0 \quad pour \quad s \geq 2, t = 2, \ldots T \qquad (7)$$

$$E[DD_{i,t-s}(\varepsilon_{i,t} - \varepsilon_{i,t-s})] = 0 \quad pour \quad s \geq 2, t = 2, \ldots T \qquad (8)$$

Les conditions (5) (6) (7) et (8) soulignent l'absence de corrélation entre les variables explicatives retardées ainsi que les variables endogènes retardées avec les variations du terme d'erreur. Donc, les conditions (5) (6) (7) et (8) favorisent l'utilisation adéquate des variables retardées en niveau comme instruments pour l'estimation de l'équation (3).

Cette méthode étant la référence, car elle produit des résultats plus précis que les techniques usuelles, présente néanmoins quelques limites, parce que l'utilisation des variables retardées en niveau comme instruments n'est pas adéquate. En effet, Blundell et Bond (1998) dans leurs travaux montrent que, sur de petits échantillons, les coefficients pouvaient être fortement biaisés si les variables explicatives en niveau présentent une forte corrélation. Par ailleurs, l'approche qui sera privilégiée dans le cadre de cette étude, est l'estimateur GMM en systèmes d'Arellano-Bover (1995) ou Blundell-Bond (1998), car cet estimateur joue le rôle de combiner pour chaque période l'équation en différence première avec celle en niveau. Le mécanisme est le suivant : dans l'équation en différence première, les variables sont alors instrumentées par leurs valeurs en niveau retardées d'au moins une période. En revanche, dans l'équation en niveau, les variables sont instrumentées par leurs différences premières.

I.3.2. Principaux tests de robustesse

Pour tester la robustesse de notre modèle, nous ferons deux tests. Le premier est le test de suridentification de Sargan/Hansen nécessaire à faire des tests sur la validité des variables retardées comme instruments. Il sera concluant dans la mesure où rejeter l'hypothèse nulle au seuil de 10% se révélera impossible. Nous privilégierons le test de Hansen au test de Sargan à cause de sa robustesse en présence d'hétéroscédasticité sur les résidus. Le deuxième est le test d'autocorrélation de second ordre d'Arellano et Bond. Il sera concluant si l'hypothèse nulle ici qui est l'absence d'autocorrélation des termes d'erreurs en différence première à l'ordre 2 ne peut être rejetée au seuil de 10%.

III. RÉSULTATS ET INTERPRÉTATION

Afin de déterminer l'influence du commerce numérique sur les performances commerciales en ASS, nous avons eu recours à l'estimateur

GMM en système d'Arellano et Bover (1995)/Blundell et Bond (1998). Ainsi, nous avons effectué deux régressions pour parvenir à notre fin. Dans la première estimation (modèle 1), nous avons voulu déterminer le niveau de connectivité des pays d'ASS dans les CVM, tandis que dans la deuxième estimation (modèle 2) nous avons déterminé l'influence d'Internet sur le volume des exportations. Ces deux estimations se sont effectuées sur la période 2010-2017.

III.1. Résultats

a) Pour les CVM

Tableau 2 : Présentation des résultats des estimations

VAAF/VAM	VAAF	VAAF	VAM	VAM
VAAF/VAM (retardée)	0,960***	0,998***	0,795***	0,896***
	(0,0827)	(0,0356)	(0,108)	(0,0563)
TEL	0,527**		0,371*	
	(0,209)		(0,189)	
INT		-0,0366		0,0429**
		(0,0281)		(0,0184)
DD	0,414*	0,506**	-0,171	-0,155
	(0,219)	(0,242)	(0,149)	(0,135)
FDI	-0,0119	0,0492	0,0691***	0,0821***
	(0,0574)	(0,0736)	(0,0170)	(0,0190)
FBCF	0,0318	-0,140	-0,0749*	-0,0740
	(0,0579)	(0,0988)	(0,0417)	(0,0457)
CB	0,227***	0,129*	-0,150*	-0,0602
	(0,0777)	(0,0695)	(0,0770)	(0,0368)
TPIB	0,119*	0,174**	-0,00106	-0,0171
	(0,0577)	(0,0677)	(0,0332)	(0,0239)
IPC	0,115*	0,126***	-0,0341	-0,0213
	(0,0594)	(0,0353)	(0,0304)	(0,0253)
Variables muettes temporelles	Oui	oui	oui	oui
Constante	-10,13**	-6,210	8,722**	5,155*
	(4,556)	(4,077)	(3,605)	(2,547)
Observations	145	145	136	136
Nombre de pays	25	25	24	24
Fisher (p-value)	0,000	0,000	0,000	0,000
Hansen test (p-value)	0,261	0,211	0,680	0,772
AR (1) (p-value)	0,175	0,185	0,085	0,038
AR (2) (p-value)	0,266	0,309	0,121	0,103

***Notes** : les valeurs entre parenthèses correspondent à l'écart-type corrigé de l'hétéroscédasticité. *** p<0,01 significatif à 1%, ** p<0,05 significatif à 5%, * p<0,1 significatif à 10%.* ***Source** : Auteur, estimations réalisées à partir des données de WDI*

a) Pour les exportations nettes

Tableau 3 : Présentation des résultats des estimations (Partie I)

NX	NX	NX
NX (retardée)	0,211	0,387***
	(0,170)	(0,109)
TEL	1,288**	
	(0,615)	
INT		0,353**
		(0,166)
DD	-0,405	0,457
	(1,105)	(0,692)
FDI	-0,344**	-0,307**
	(0,159)	(0,120)
FBCF	-0,289	-0,348*
	(0,259)	(0,171)
CB	-0,563	-0,122
	(0,537)	(0,181)
TPIB	0,0449	0,100
	(0,126)	(0,115)
IPC	-0,135	-0,111
	(0,183)	(0,189)
Variables muettes temporelles	Oui	Oui
Constante	19,95	-4,069
	(24,86)	(12,71)
Observations	145	145
Nombre de pays	25	25
Fisher (p-value)	0,000	0,000
Hansen test (p-value)	0,267	0,973
AR (1) (p-value)	0,056	0,004
AR (2) (p-value)	0,167	0,784

Note *: les valeurs entre parenthèses correspondent à l'écart-type corrigé de l'hétéroscédasticité. *** p<0,01 significatif à 1%, ** p<0,05 significatif à 5%, * p<0,1 significatif à 10%.*

Source *: Auteur, estimations réalisées à partir des données de WDI.*

III.2. Interprétations des résultats

Dans l'ensemble, nous remarquons que nos résultats sont satisfaisants tant sur le plan économétrique que sur le plan économique. Sur le plan économétrique, les tests de Fisher nous permettent de conclure que nos 2 modèles sont globalement et fortement significatifs, déjà avec la p-value associée à cette statistique (Prob > F =0,000) qui est inférieure au seuil de 1% pour toutes les estimations. En outre, le test de Hansen, dont la p-value est supérieure au seuil de 10%, est concluant pour tous les modèles ne permettant pas de rejeter l'hypothèse nulle et donc la validité de nos instruments. Enfin, le test AR (2) est également satisfaisant, car la p-value supérieure au seuil de 10% ne permet pas non plus de rejeter l'hypothèse nulle d'absence d'autocorrélation de second ordre des résidus dans les estimations. Ainsi les résultats de nos estimations sont donc robustes sachant que les écarts-types ont également été corrigés de l'hétéroscédasticité.

Sur le plan théorique également, nos résultats sont pour la plupart conformes aux travaux antérieurs, aussi bien pour les CVM que pour les exportations nettes influencées par l'utilisation d'Internet

a) Cas des CVM :

En ce qui concerne les CVM, nous avons particulièrement établi que les indicateurs relatifs aux téléphones portables, à Internet et aux droits de douane permettent d'améliorer la connectivité aux CVM en ASS. Les coefficients associés aux TIC sont tous positifs dans les quatre estimations. Ils sont même significatifs au seuil de 5% dans les premières et quatrièmes régressions ; les téléphones portables présentent même une significativité au seuil de 10% pour les valeurs ajoutées manufacturières. Ajoutons que les valeurs ajoutées agricoles sont significatives au PIB au seuil de 10% dans la première régression et au seuil de 5% dans la deuxième, justifiant que les pays d'ASS doivent revaloriser leur secteur agricole en l'exploitant à travers les CVM. Certes, l'agriculture est un secteur dans lequel le modèle de CVM commence à émerger dans certaines parties du monde, mais il n'est en aucun cas aussi dominant que le textile et le vêtement.

En conséquence, la mesure de la connectivité à la chaîne de valeurs dans ce secteur peut être plus problématique que pour le textile et le vêtement. Il s'agit bien d'une insuffisance dans la participation aux CVM et ce résultat est similaire à celui de Shepherd (2016) qui montre que l'ASS est relativement marginalisée par les réseaux mondiaux de valeur ajoutée au commerce, et donc des CVM dues à un grand déficit en infrastructures de télécommunication. En effet, il existe un lien positif entre les infrastructures et les chaînes de valeur, en particulier dans le textile et le vêtement. Cela justifie la thèse d'Arvis et al. (2013) sur l'écart existant entre les pays d'ASS et les autres régions du monde. Selon ces auteurs, les CVM sont répandues dans les pays asiatiques et contribuent au développement de nombreux secteurs ; mais ces CVM sont encore à leurs balbutiements en ASS à cause des coûts commerciaux élevés. Ainsi, les États d'Afrique subsaharienne gagneraient à accroitre leurs investissements en infrastructures de télécommunication afin de bénéficier davantage des CVM.

Tout comme l'accent sur les investissements en infrastructures de télécommunication, les droits de douane en tant que facilitateur des échanges apparaissent comme des éléments importants à l'émergence des chaînes de valeurs. En effet, les résultats des estimations établissent une relation positive entre cet indicateur et les performances commerciales (à travers les valeurs ajoutées agricoles, forestières et de pêche) dans la mesure où tous les coefficients qui lui sont associés sont positifs (les procédures de dédouanement, les tarifs, le temps de dédouanement). Cette relation est même significative au seuil de 10% dans la première régression et au seuil de 5% dans la seconde. Ce résultat n'est pas nouveau puisque Shepherd (2017) a démontré que la facilitation des échanges est importante pour la connectivité aux chaînes de valeurs aussi bien agricoles que dans le cas du textile et du vêtement. Dans la même logique, Yasuyuki et al. (2019) ont, dans leurs travaux, montré que la majorité des pays en développement rencontrent des difficultés en ce qui concerne les règles et barrières institutionnelles, ce qui engendre des coûts élevés au commerce international. Parmi ces barrières, on retrouve l'inefficience des procédures douanières, les barrières aux Investissements directs étrangers (IDE), la faible protection de la propriété intellectuelle, etc.

Nos résultats mettent en avant l'influence des IDE et du crédit bancaire sur le développement des performances commerciales en ASS. Ce résultat semble surprenant, mais n'est pas nouveau puisque Anyanwu (2012) l'avait déjà établi dans ses travaux sur les flux d'entrée d'IDE en Afrique. Une première analyse nous amène à justifier ce résultat en supposant que les IDE entraînent une diminution des profits des entreprises agricoles locales au profit des entreprises étrangères qui détiennent la technologie de pointe ; ceci joue en défaveur des valeurs agricoles ajoutées, forestières et de pêche. Mais relevons que tout dépend aussi du type d'IDE, car ils n'ont pas tous la même portée pour le pays hôte ; l'IDE à stratégie verticale par exemple permet de pallier ce déficit. C'est pour cette raison que Hillberry (2011) avance un propos contradictoire au premier, car selon lui l'expansion des flux d'IDE est déterminante pour la création de CVM par les multinationales.

Paradoxalement et en rapport avec nos estimations, les IDE contribuent plutôt l'accroissement des exportations dans les industries du textile en ASS.. Il y a d'ailleurs un lien positif entre les IDE et la valeur ajoutée manufacturière, bien que la significativité soit de 1%. La deuxième analyse nous amène à justifier l'effet négatif de l'utilisation du crédit bancaire dans les chaînes de valeur du textile et du vêtement, car les auteurs tels que Rajan et Zingales

(1998) montrent que l'inefficacité des mécanismes de surveillance bancaire pousse les institutions bancaires à adopter un comportement d'aléa moral. De façon concrète, cela entrave l'allocation efficiente des ressources et empêche l'ASS à intégrer les CVM de l'agriculture et du textile ou vêtement.

b) Cas d'Internet sur les exportations nettes (NX).

Quant aux exportations nettes, nous avons établi que l'indicateur principal qui est Internet permet d'améliorer le niveau des exportations en ASS. Internet est positif dans la deuxième régression, à une significativité au seuil de 5% et présente ainsi un lien positif dans le PIB. Ce résultat est similaire à celui de Kauffman et al. (2009), qui ont démontré dans leurs travaux qu'Internet affecte le commerce international.

En effet, les réseaux numériques permettent aux acheteurs et aux vendeurs de se connecter plus rapidement (réduction des coûts de recherche), aux partenaires commerciaux et aux employés d'être surveillés plus facilement (réduction des coûts de gestion et de contrôle) et de réduire les coûts de communication et de coordination (réduction des coûts d'expédition). Par la suite, Anderson et Van Wincoop (2003, 2004) font valoir que les coûts de la recherche et de l'échange d'informations sont des composantes majeures des coûts d'exportation fixes. Dans cette logique, les pays d'ASS gagneront à investir dans les infrastructures des TIC, plus précisément dans la fibre optique afin de permettre aux entreprises d'exporter leurs produits.

D'autre part, en voulant montrer l'influence d'Internet sur les exportations dans le commerce bilatéral durant la période 1997-2000 (par des données chronologiques et transversales), Freund et Weinhold (2004) ont dégagé trois conclusions pertinentes. Premièrement, l'accès au Web devrait augmenter les exportations, car les pays disposent de plus d'informations sur les marchés étrangers et les coûts d'accès à ces marchés sont réduits.

Les coûts d'entrées justifient l'atout d'Internet qui favorise une recherche plus facile et rapide des informations. Deuxièmement, le Web pourrait considérablement modifier l'importance de la distance physique en tant qu'obstacle au commerce ; ceci justifie l'avantage principal du commerce électronique qui est la réduction des coûts de transaction (Williamson, 1975). La numérisation joue donc le rôle d'intermédiaire au commerce, d'ailleurs justifié par la théorie de l'intermédiation numérique proposée par Kauffman et Walden (2001). Troisièmement, Internet devrait conduire à un commerce global plus élevé.

Nos résultats mettent en exergue l'influence des IDE et des droits de douane sur les performances à l'exportation en ASS. Comme précédemment avec les CVM, les mêmes interprétations pour les IDE sont maintenues. Mais en ce qui concerne les droits de douane, ses estimations montrent une relation négative avec les exportations nettes. Ceci veut tout simplement suggérer que les droits de douane représentent un obstacle pour les exportations ;

notamment lorsque les procédures de dédouanement sont longues, lentes et complexes, les tarifs disproportionnés, etc., faisant que même si une marchandise transite par le canal du numérique (Internet) elle se retrouvera contrainte par des procédures réglementaires tout comme une marchandise issue du commerce traditionnel (Yasuyuki et al., 2019).

CONCLUSION ET RECOMMANDATIONS

La performance commerciale est perçue comme un levier de la croissance économique mesurée par le niveau d'importation et d'exportation d'un pays, elle présente quelques ambiguïtés sur le libre-échangisme et le protectionnisme. Nous avons passé en revue la relation entre le commerce numérique et le développement des performances commerciales en ASS. Malgré des ambiguïtés non moins pertinentes relevées, nous avons effectivement révélé que l'influence du commerce numérique à travers les TIC sur les performances commerciales n'est pas une utopie. Toutefois, les indicateurs du commerce numérique n'auraient pas les mêmes effets dans tous les contextes. Il est alors indispensable d'attribuer à chacun d'eux respectivement le secteur où ils seront efficaces en ASS. Notons l'existence de quelques travaux sur ce sujet, mais avec des résultats assez mitigés. Premièrement, Shepherd (2017) dans ses travaux sur 189 pays incluant 44 d'Afrique subsaharienne entre 1996 et 2011 a par exemple montré que la qualité des infrastructures numériques favorisera l'émergence des pays d'ASS dans les réseaux mondiaux de chaînes de valeurs pour l'agriculture et le textile. Deuxièmement, Huang et Song (2019) en menant une enquête annuelle auprès des entreprises industrielles et dans la base de données sur les transactions en douanes chinoises de 2004 à 2017, constatent que l'adoption d'Internet peut effectivement promouvoir la décision des entreprises chinoises d'entrer sur le marché et accroitre la probabilité que de nouveaux produits soient exportés. Mais les auteurs constatent aussi de manière contradictoire qu'Internet ne favorise pas les exportations, lorsque certaines de ces entreprises exportent de nouveaux produits de qualité médiocre. Le premier constat selon lequel Internet favorise les exportations se retrouve aussi dans les travaux de Freund et Weinhold (2004) après estimation d'un échantillon composé des pays à revenu moyen entre 1997-2000. Ces auteurs concluent qu'Internet stimule les échanges, car il permet que la distance ne soit plus un obstacle au commerce international.

À partir des résultats, nous proposons aux États de chercher à accroitre leurs investissements dans les infrastructures en TIC, les combiner aux CVM afin de favoriser les exportations[45] en ASS. De même, les IDE doivent être accordés en IDE verticaux, car ils impliquent le transfert des technologies.

---

[45] Par ricochet, ces États doivent promouvoir la division internationale de la production

BIBLIOGRAPHIE

ANYANWU, J. (2012), « Why does Foreign Direct Investment go where it goes? New Evidence from African Countries", *Annals of Economics and Finance*, Vol. 13, N°2, PP 433-470

ARELLANO, M. & BOND, S. (1991), "Some Test of Specification for Panel Data: Monte Carlo Evidence and an Application to Employment Equations", *Review of Economics Studies*, Vol. 58, N°2, PP 277-297

ARELLANO, M. & BOVER, O. (1995), "Another Look at the Instrumental-Variable Estimation of Error Components Models", *Journal of Econometrics*, Vol. 68, N°1, PP 29–52.

BALIÉ, J., DEL PRETE, D., MAGRINI, E. & SILVIA, N. (2019), '' Food and Agriculture Global Value Chains: New Evidence from Sub-Saharan Africa'', *Governance for Structural Transformation in Africa*, DOI: 10.1007/978-3-030-03964-6_8

Banque Mondiale(2018b), *World Development Indicators 2018.* Washington, DC.

Blundell, R. & Bond, S. (1998), "Initial Conditions and Moment Restrictions in Dynamic Panel Data Models", *Journal of Econometrics*, Vol. 87, N° 1, PP 115–143.

CASEY, M. (1999), ''Power of the Internet Ensures Supply and Demand Will Never Be the Same'', *The Wall Street Journal.*

CLARKE, G. (2008), ''Has the Internet increased exports of firms from low and middle-income countries?'', *Information Economics and Policy*, Vol. *20*, N°1, PP 16–37.

FERNANDES, M., MATTOO, A., NGUYEN, H. & SCHIFFBAUER, M. (2018), '' The Internet and Chinese Exports in the Pre-Ali Baba Era'', *Journal of Development Economics,* DOI: 10.1016/j.jdeveco.2018.11.003.

FRANZISKA, S. (2020), "COVID-19 pushes digital solutions and deepens digital divides: What role for African digital trade law?'', *Afronomics Laws,* https://www.researchgate.net/publication/341277371

FREUND, C. & WEINHOLD, D. (2002), "The Internet and International Trade in Services," *American Economic Review,* Vol. 92, N°2, PP 236-240.

FREUND, C. & WEINHOLD, D. (2004), "The effect of the Internet on international trade''*, Journal of International Economics,* Vol. 62, N°1, PP 171-189.

GONZÁLEZ, J. & FERENCZ, J. (2018), ''Digital Trade and Market Openness'', *OECD Trade Policy Papers*, N°217, OECD Publishing, Paris.

GONZÁLEZ, J. & JOUANJEAN, M. (2017), "Digital Trade: Developing a Framework for Analysis", *OECD Trade Policy Papers*, N°205, OECD Publishing, Paris.

HARRIS, R. (1998), ''The Internet as a GPT: Factor market implications. General purpose technologies and economic growth'', *Bureau of Economic Research,* N°13886.

HILLBERRY, R. (2011), ''Causes of international production fragmentation : some evidence, *Journal of Economic Surveys,* Vol. 00, No. 0, PP 1–24

HUANG, X. & SONG, X. (2019), ''Internet use and export upgrading: Firm-level evidence from China'', *Wiley,* DOI : 10.1111/roie.12407.

HYOUNGMIN, H. (2022), ''COVID-19 and Global Value Chains'', *World Economy Brief,* Vol. 12, N°12.

JORGENSON, D., HO, M. & STIROH, J. (2008), ''A retrospective look at the US productivity growth resurgence'', *Journal of Economic Perspective*, Vol. 22, N°1, PP 3–24.

KAPLINSKY, R. & MORRIS, M. (2006), ''Dangling by a thread: How sharp are the Chinese scissors?'', *open.uct.ac.za*

KAUFFMAN, R. & WALDEN, E. (2001), ''Economics and Electronic Commerce: Survey and Directions for Research'', *International Journal of Electronic Commerce,* Vol. 5, N°4, PP 5-116.

KOWALSKI, P., GONZALEZ, L., RAGOUSSIS, A. & UGARTE, C. (2015), ''Participation of Developing Countries in Global Value Chains'', *OECD iLibrary*, DOI : 10.1787/5js33lfw0xxn-en.

KSHETRI, N. (2016), ''Creation, deployment, diffusion and export of Sub-Saharan Africa originated information technology – related innovations'', *International Journal of Information Management*, Vol. 36, PP 1274-1287.

LIM, S. (2018), '' Global Agricultural Value Chains and Structural Transformation'',

OCDE (2017), *Digital trade,* DOI: 10.1787/524c8c83-en.

RAJAN, R. & ZINGALES, L. (1998), "Financial Dependence and Growth," *American Economic Review,* Vol. 88, N°3, PP 559-586.

SHEPHERD, B. (2017), ''Infrastructure, trade facilitation, and network connectivity in Sub-Saharan Africa'', *Journal of African Trade*, Vol. 3, PP 1–22.

STARITZ, C. (2011), ''Making the cut? Low-income countries and the global clothing value chain in a post-quota and post-crisis world », *The World Bank*

UIT (2013), Étude sur la connectivité internationale d'Internet en Afrique subsaharienne, Genève, Suisse.

UIT (2017), ICT statistics

WILLIAMSON, O. (1975), ''Markets and Hierarchies'', *New York: The Free Press.*

WTO (2017), *20 Years of the Information Technology Agreement: Boosting trade, innovation and digital connectivity*, Geneva, WTO.

YASUYUKI, T., NAKAJIMA, K. & MATOUS, P. (2019), ''How do supply chain networks affect the resilience of firms to natural disasters? Evidence from the great East Japan earthquake'', *Journal of Regional Science*, Vol. 55, N°2, PP 209-229.

INTÉGRATION RÉGIONALE ET BIEN-ÊTRE ÉCONOMIQUE EN AFRIQUE SUBSAHARIENNE

Jacob TCHE

jacobtche1985@gmail.com

Marcel Hubert TEGUE KAMGA

tegmarcel@gmail.com

Résumé

L'influence de l'intégration régionale sur le bien-être économique en ASS est analysée dans cet article. Son intérêt consiste à prendre en compte la notion du bien-être économique plutôt que le bien-être dans sa globalité dans une problématique d'intégration régionale qui est une volonté manifeste des autorités des différentes sous-régions d'Afrique. Une analyse descriptive a d'abord permis de dégager la corrélation possible entre les indicateurs de l'intégration régionale et le bien-être économique. L'analyse économétrique s'est ensuite effectuée à travers l'estimation d'un panel dynamique par la méthode des GMM en systèmes. Il en est résulté que l'accentuation des exportations au niveau régional conduit à une augmentation du PIB par tête comme le démontrent la théorie traditionnelle et les nouvelles théories du commerce international (Krugman, 1980). Toutefois, l'augmentation des droits de douane comporte des effets néfastes sur le bien-être économique. L'application des recommandations du GATT et des organismes tels que l'OMC incitant au commerce international par la signature des accords portant sur la réduction des barrières douanières serait bénéfique pour la croissance économique. Par contre, les flux entrants d'IDE réduisent la croissance économique en ASS.

Mots clés : Intégration régionale, bien-être économique, Afrique subsaharienne, GMM.

Abstract

This article analyses the influence of regional integration on economic well-being in SSA over the period 2002-2016. The contribution of this article is the consideration of the notion of economic well-being rather than well-being as a whole in a problem of regional integration; which is a manifest desire of the authorities in the different sub-regions of Africa. First, we conducted a descriptive analysis that allowed us to identify the possible correlation between indicators of regional integration and economic well-being. The econometric analysis was then carried out by estimating a dynamic panel using the systems GMM method. The results suggest that the accentuation of exports at the regional level leads to an increase in GDP per capita as suggested by traditional and new theory theories of international trade (Krugman, 1980). However, the increase in customs duties has adverse effects on economic well-being. The implementation of the recommendations of the GATT and organizations such as the WTO to encourage international trade by signing agreements on the reduction of customs barriers would be beneficial for economic growth. On the other hand, FDI inflows reduce economic growth in SSA.

Keywords : Regional integration, economic well-being, Sub-Saharan Africa, GMM.

INTRODUCTION

Face à une mondialisation de plus en plus effective, les États géographiquement proches profitent pour approfondir leur relation commerciale et financière pour des fins de bien-être socio-économique commun. Déjà efficace en Europe et en Amérique du Sud, la situation d'intégration de l'Afrique n'est encore qu'embryonnaire au vu des multiples communautés qui s'y trouvent. C'est ainsi qu'a été mise en avant la vision 2063 de l'Union africaine, avec ses aspirations, notamment une Afrique intégrée, prospère et pacifique, dirigée et gérée par ses propres citoyens, représentant une force dynamique sur la scène internationale, et par conséquent devenir un véritable concurrent en termes de niveaux de développement.

C'est à partir des travaux précurseurs de Perroux (1961), que la recherche scientifique s'est progressivement intéressée à la notion d'intégration[46]. Dans un monde en perpétuelle globalisation, il appréhende cet acte de renouvellement comme le fait de rassembler des éléments pour constituer un tout, ou simplement de renforcer les liens déjà existant entre les parties. Dès lors, plusieurs pays ont trouvé le désir d'accomplir leur ambition économique avec une convergence certaine ; d'où la nécessité prioritaire d'asseoir des communautés régionales. L'intégration régionale est avant tout transfrontalière et multidimensionnelle, dotée d'une définition économique non consensuelle (CEA, 2016).

L'appréhension de l'intégration régionale par Viner (1950) s'est faite sur les fondements de la théorie de l'union douanière. D'après sa conception libérale, l'abolition des droits de douane fait intervenir deux options pour un pays que sont la création du commerce ou le détournement de commerce. Pour Balassa (1961), l'intégration régionale constitue à la fois un processus guidé vers la suppression des pratiques discriminatoires entre les pays concernés et

[46] Étymologiquement du latin « integrare » qui signifie renouveler ou rendre entier.

une situation caractérisée par cette même absence de discrimination. Toutefois, il considère plus l'intégration comme un processus que comme un fait. c'est ainsi qu'il retient six étapes à la régionalisation économique à savoir : la Zone de Libre Echange, l'Union Tarifaire, l'Union Douanière, le Marché Commun, l'Union Economique et l'Union Monétaire.

En effet, le but d'une intégration économique et commerciale en Afrique est la constitution d'une zone de libre-échange. C'est dans cet esprit que l'Union africaine (UA) avait entrepris de créer un grand marché unique sur le continent appelé Zone de Libre Échange Continentale Africaine (ZLECAf), avec une libre circulation des capitaux et de la main-d'œuvre. Entré en vigueur en mai 2019, cet accord ne deviendra fonctionnel qu'à partir de janvier 2021 à cause de la maladie COVID-19 qui en avait ralenti le processus d'implémentation (Allali, 2022).

Le bien-être est une notion bien plus complexe qui ne se limite pas au seul cadre économique. Il s'agit non seulement d'un concept subjectif, mais aussi impartial. Son étude fait couler beaucoup d'encre au sein de la communauté et quelquefois constitue le champ d'étude des prix Nobel d'économie tels Amartya Sen en 1998, Angus Deaton en 2015 et le plus récent en 2019 par Michael Kremer, Abhijit Banerjee et Esther Duflo. Tout le monde est à la recherche du bien-être, du décideur politique au citoyen lambda. Au sens économique, Narayan et *al.* (2016) appréhendent le bien-être comme le niveau de prospérité et le niveau de vie d'un individu ou d'un groupe d'individus. Et c'est cette définition qui constituera le point de départ sémantique du concept en étude, car elle indique aussi le niveau de satisfaction retiré de la consommation de biens et services (Samuelson & Nordhaus, 2004).

Toutefois, ces définitions prennent uniquement en compte l'aspect monétaire du bien-être et masquent sa dimension sociale. En revanche, selon l'approche des capabilités de Sen (1987), le bien-être dépend des chances qu'un individu dispose pour réaliser ses désirs ou de choisir librement des modes de vie possibles. Cette approche axée sur les capacités humaines met ainsi l'accent sur les possibilités qu'ont les individus de décider et de choisir. Par ailleurs, Deaton (2016) conçoit le bien-être social par la réduction de la pauvreté ; ce qui passe par une bonne santé, un taux d'éducation élevé, une augmentation du pouvoir d'achat et une réduction des inégalités.

À l'issue de ces différentes conceptions du bien-être, nous retenons la dimension économique d'une part, renvoyant aux facteurs tels que le niveau d'emploi, la répartition des revenus, les conditions de travail, les loisirs, la production (Hueting, 2011). Nous retiendrons d'autre part la dimension sociale qui renvoie à l'accès aux besoins essentiels tels que l'éducation, la santé, l'accès à un environnement sain, le sentiment d'appartenance à un groupe, l'autonomie et l'assurance des libertés individuelles.

Au-delà de l'étude des déterminants du bien-être, on assiste depuis deux décennies à l'émergence des travaux théoriques qui présentent l'intégration régionale comme un facteur explicatif du bien-être (Martuscelli & Gasiorek, 2018). Ainsi, dans le libre-échange, l'une des principales dimensions de l'intégration est généralement évoquée dans la littérature comme un facteur majeur pour une meilleure qualité de vie des individus. En effet, un niveau élevé d'échanges commerciaux accroit (Baldwin, 2003) ou diminue (Ekodo & Ngomsi, 2017) le produit intérieur brut.

Selon la Banque Mondiale, l'intégration régionale est la solution qui permet de pallier la faiblesse de la compétitivité en apportant des avantages socio-économiques plus larges. Une considération particulière devrait lui être accordée pour garantir l'accomplissement des promesses de l'Afrique (World Bank, 2013). Pour cette dernière, le projet d'intégration s'est stabilisé à travers l'agenda 2063. Il s'agit d'une vision de l'Union Africaine sur une durée de 50 ans (signée en 2013) qui consiste à unifier économiquement et progressivement les pays africains. L'indice africain de l'intégration régionale construit en 2016 gravite autour de cinq dimensions parmi lesquelles l'intégration commerciale, l'intégration productive, la libre circulation des personnes, les infrastructures régionales et enfin l'intégration financière et macroéconomique. Cet indice composite, à son tour, compte seize indicateurs suivant les dimensions ci-dessus (CEA, 2016).

En matière d'intégration régionale, les scores se placent généralement sur une échelle de 0 à 1. Les huit[47] CER africaines totalisent une moyenne de 0,47 ; montrant ainsi que l'intégration globale pourrait encore significativement progresser avec le temps. En effet, la CEA est la CER qui réalise en premier le défi d'intégration régionale globale en Afrique avec un score de 0,54 suivie de la SADC et de la CEDEAO. La CEEAC se trouve en dessous du niveau moyen et occupe le sixième rang des CER avec 0,454. En effet, l'intégration commerciale constitue la dimension la plus réaliste en Afrique, justement avec une moyenne de 0,54. Les échanges intra-africains qui sont de 10% du commerce en Afrique en 2009 représentent une faible part par rapport à ceux tournés vers l'Amérique et l'Asie avec respectivement 22% et 50% (UA, 2010). La libre circulation des personnes affiche 0,517 et précède la dimension des infrastructures régionales. Quant à l'intégration productive et celle financière et macroéconomique, les scores sont de 0,384 et 0,381 respectivement. Pour cette dernière dimension, la CEDEAO, la CEEAC et le CEN-SAD sont en tête de liste ; tandis que la dimension productive de

[47] D'après L'UA, on a : CAE (Communauté d'Afrique de l'Est), CEEAC (Communauté économique des États de l'Afrique centrale), CEDEAO (Communauté économique des États d'Afrique de l'Ouest), CEN-SAD (Communauté des États sahélo-sahariens), COMESA (Marché commun de l'Afrique orientale et australe), IGAD (Autorité intergouvernementale pour le développement), SADC (Communauté de développement de l'Afrique australe), UMA (Union du Maghreb arabe).

l'intégration en ASS est plus effective en CAE (0,553) et au COMESA (0,452) d'après (CEA, 2016).

Au niveau de la croissance économique, la tendance mondiale connait une diminution légère passant de 3,5% à 2,1% de 2005 à 2013. Celle de l'ASS exclue l'Afrique du Sud a connu la même tendance baissière, soit de 6,7% à 5,4% ; dû aux instabilités politiques (CNUCED, 2013). Après la crise économique de 2008, le produit intérieur brut (PIB) réel de l'Afrique a pratiquement atteint la barre de 4% entre 2010 et 2015. Toutefois, ce taux a baissé jusqu'à 1,7% en 2016 à cause de la crise des prix pétroliers (CEA, 2017). Dans la CEEAC, L'Angola et la République démocratique du Congo sont les principaux pourvoyeurs à la création de richesse respectivement avec 36 % et 19 % du PIB régional.

L'intégration régionale est à la fois économique, sociale et politique (Nye, 1968). Ainsi, plusieurs idéologies se sont penchées sur son importance. Les courants fonctionnalistes, structuralistes et institutionnalistes ont été les plus révisés dans la théorie, au travers de leurs divergences dans chacune des autres.

Dès lors, il est légitime de poser la question suivante : quelle est l'influence de l'intégration régionale sur le bien-être économique en Afrique subsaharienne ? Cette communication montre l'influence de l'intégration régionale sur le bien-être économique en Afrique subsaharienne en vérifiant que l'intégration régionale favorise le bien-être économique.

I. REVUE DE LITTÉRATURE ENTRE L'INTÉGRATION RÉGIONALE ET LE BIEN-ÊTRE ÉCONOMIQUE

I.1. Revue théorique sur le lien entre l'intégration régionale et le bien-être économique

L'une des dimensions les plus explorées de la régionalisation économique est la pratique du commerce régional. Les pays membres d'une région font généralement face à des échanges de biens et services nécessaires pour leur expansion économique. C'est sur cette vision classique que Viner (1950) s'appuie pour faire ensuite intervenir les effets contradictoires de l'intégration commerciale sur les simples échanges à travers la création et le détournement du commerce. Par ailleurs, l'intégration financière par la libre circulation des capitaux génère deux effets opposés : soit il est favorable à l'activité économique, soit il est source d'instabilité (Stiglitz, 2000).

I.1.1. Intégration commerciale et bien-être économique : atout ou faiblesse

En combinant la théorie du commerce international avec la théorie de la croissance néoclassique, de nombreux chercheurs ont mis au point des modèles théoriques pour expliquer les relations commerce-convergence. D'un côté, il y a des modèles qui montrent que les économies à faibles revenus bénéficient davantage du commerce international comparé aux économies à revenus élevés en termes de croissance. D'un autre côté, certains modèles approuvent que les pays en développement ne bénéficient pas du commerce avec les pays riches.

La problématique de l'effet de la libéralisation commerciale sur la croissance économique trouve ses fondements théoriques avec les travaux de Smith (1776). Ce dernier implémente la notion d'échanges à travers les avantages absolus. C'est-à-dire qu'un pays se tourne vers le commerce extérieur si et seulement s'il dispose d'un avantage absolu sur le bien qu'il exporte par rapport aux autres pays. À sa suite, Ricardo (1817) s'attardera sur les avantages comparatifs qui stipulent qu'il est préférable de se spécialiser dans la production des biens pour lesquels l'avantage comparatif est plus élevé (les coûts relatifs sont les plus faibles) et échanger avec les biens non produits venant du reste du monde.

D'après Viner (1950), l'union douanière peut ou non être source de bien-être. Au cas où il y a *« création des échanges »*, c'est-à-dire lorsque l'accroissement des échanges entre les pays membres d'une région n'affecte pas les échanges hors zone, le commerce est alors bénéfique. Au cas où la nature des échanges avec les partenaires extérieurs se dégraderait parce qu'il y a eu intensification du commerce intrazone, on assiste à un « détournement des échanges », ce qui réduit le bien-être global.

I.1.2. La libéralisation financière et la croissance économique : source de bien-être économique ?

Lorsqu'il s'agit de libéraliser financièrement les activités bancaires entre États, les avantages et les inconvénients ne sont plus à négliger. Le débat concernant l'influence de la libéralisation financière sur les sources de la croissance économique offre une littérature assez abondante.

I.1.2.1. Les effets de la libéralisation des capitaux sur la croissance économique

La théorie économique portant sur la mobilité des flux de capitaux présente des effets contrastes sur la croissance. D'un côté, l'intégration financière peut permettre un financement des investissements aux pays disposant d'une épargne limitée ou diversifier leurs portefeuilles afin de réduire les risques.

D'autre part, elle peut être à l'origine d'une instabilité financière ou d'un effet d'éviction.

D'après Henry (2000), il existe trois raisons pour lesquelles la libéralisation du marché boursier favorise la baisse du taux sans risque et la prime de risque. D'abord, la libéralisation du marché boursier peut augmenter les flux entrants nets de capitaux ; ce qui entraînerait une réduction du taux sans risque. Ensuite, l'accord d'acquisition aux investisseurs étrangers des actions domestiques facilite le partage de risque entre locaux et étrangers d'où la baisse de la prime de risque. Et enfin, toujours pour une réduction de prime de risque, une croissance des entrées de flux boursiers augmenterait la liquidité du marché boursier. La libéralisation financière a un impact majeur sur le coût du capital et par conséquent sur les rendements des dividendes. C'est ainsi que selon Bekaert et Harvey (2000), la libéralisation suscite une diminution des rendements des dividendes, ce qui expliquerait la baisse du coût du capital.

À l'opposé des idées soulevées au paragraphe précédent, la libéralisation comporte aussi des effets négatifs. Il pourrait par exemple avoir un effet d'éviction. L'entrée des investissements étrangers peut anéantir l'investissement local. Cet effet peut se manifester via l'effet de concurrence accru sur les marchés domestiques des facteurs, sur les biens finis et sur le marché financier. Pour Kaminsky et Schmukler (2002), l'intégration financière peut conduire à une défaillance de la stabilité financière, ce qui est néfaste à la croissance économique. Pour eux, l'intégration financière conduit à l'instabilité du système. Cette dernière se déclenche lorsque les conditions pendant le processus d'intégration ne sont pas totalement satisfaites et aussi lorsque le système financier des pays optant pour la régionalisation financière est peu solide. Quant à Stiglitz (2000), la libéralisation du compte capital accroit l'investissement de manière lente. Elle conduit en effet à une importante instabilité préjudiciable à la croissance économique. Par ailleurs, un accroissement des crédits est une source à l'instabilité financière et bancaire.

I.1.2.2. Les effets des IDE sur la croissance économique

Les IDE sont les investissements effectués par une unité économique résidente d'un pays dans le but d'accroitre les intérêts dans une unité résidente dans un autre pays. Il a une double mesure concernant son impact sur la diversification du risque. La première mesure est la diversification du marché local et la seconde est la diversification des sources de financement. L'IDE améliore dans une certaine mesure l'investissement domestique. Ces deux types d'investissements peuvent être complémentaires, c'est-à-dire que l'augmentation des IDE entraîne celle des investissements domestiques ; ce qui est préalable à la croissance économique (Borensztein et *al.*, 1998).

La croissance économique peut être due à l'attractivité des IDE. Les entrées d'IDE agissent positivement sur l'accroissement de la production à travers deux canaux. En premier lieu, il y a l'accumulation du capital (physique et humain) et en second lieu le transfert de technologies (De Melo, 1997). Pour certains pays en développement, principalement ceux situés en Afrique, les IDE ont un effet significativement négatif sur la croissance (Jackman, 1982), le plus souvent, soit les investisseurs hôtes profitent des opportunités et évincent les investisseurs locaux, soit la balance de paiement cause un problème d'équilibre du solde surtout pour les pays dont le taux de change est instable, soit l'impact de l'IDE se limite sur un nombre atomique de la population locale en particulier dans le secteur minier et la zone franche industrielle où le capital physique est élevé et la main-d'œuvre est très faible. Ces trois effets négatifs de l'IDE sont ceux retenus par Sun (2002).

I.1.3. L'intégration financière et ses limites théoriques

L'utilité majeure des marchés des capitaux et des marchés financiers est la nature de l'information puis l'évaluation des projets et des entreprises susceptibles de générer les rendements les plus élevés et enfin, une surveillance permettant de s'assurer que les fonds sont utilisés de manière appropriée et les marchés de l'information sont fondamentalement différents des marchés ordinaires. Par exemple, lorsque les informations sont imparfaites telles que vues par Greenwald et Stiglitz (1986), les marchés ne sont en principe jamais limités, l'efficacité au sens de Pareto est en contradiction flagrante avec les résultats standards obtenus sur des marchés concurrentiels dotés d'informations parfaites.

Une autre limite non négligeable est peut-être l'idée selon laquelle l'ouverture des marchés financiers permet la diversification et de ce fait conduit à la stabilité. Comme précédemment vu, la libéralisation des marchés des capitaux est systématiquement associée à une instabilité accrue, et ce pour une bonne raison : la procyclicité des flux de capitaux, exacerbant ainsi les fluctuations économiques, quand elle ne les cause pas réellement (Stiglitz, 2000). Ainsi, le comportement est cohérent avec l'adage populaire selon lequel les banquiers sont prêts à prêter quand on n'a pas besoin de l'argent. Dès lors qu'ils constatent une faiblesse économique, ils retirent leur argent du pays. En outre, la libéralisation du marché des capitaux expose les pays aux aléas liés aux changements de la conjoncture économique en dehors du pays.

Les arguments en faveur d'effets positifs sont faibles. Car les entreprises sont peu susceptibles de réaliser des investissements productifs à long terme sur la base de fonds à court terme. Aussi, la libéralisation des marchés des capitaux pourrait avoir des effets négatifs sur la croissance. Cela entraînerait une instabilité difficilement maitrisable, en particulier les crises des marchés financiers essentiellement néfastes à la croissance économique (Stiglitz, 2000).

L'instabilité exerce des impacts insignifiants sur le niveau moyen de croissance de façon indirecte. D'abord, compte tenu de la capacité limitée à se départir du risque, en particulier dans les pays en développement, l'instabilité augmente la prime de risque, le rendement que les investisseurs exigent pour être disposés à investir. Ensuite, les crises entraînent la destruction de la valeur nette des entreprises, ce qui réduit leur volonté et leur capacité à investir. Dans les cas extrêmes, comme en Asie de l'Est, les crises mènent à la faillite et la faillite d'entreprise conduit à ruiner les institutions financières. Dans ces deux cas, il y a une perte de capital organisationnel et informationnel, une perte qui ne peut pas être facilement annulée. On peut constater d'importantes asymétries et effets d'hystérèse comme les booms n'équilibrent ni les pertes ni les bénéfices réalisés par certains n'équilibrent pas les pertes des autres (Greenwald et *al*, 1984).

I.2. Revue empirique entre l'intégration régionale et bien-être économique

I.2.1 L'intégration commerciale et la croissance économique

À ce niveau, nous allons aborder les études qui ont enregistré une relation positive et celles qui ont obtenu une relation négative.

I.2.1.1. Les effets positifs entre l'intégration commerciale et la croissance

Plusieurs études ont examiné la relation de la libéralisation commerciale avec la croissance économique. Nous allons voir leurs effets dans les pays développés ou émergents et dans les pays en développement.

- **Dans les pays développés ou émergents**

Frankel et Romer (1999) examinent la relation qu'il y a entre la réforme de libéralisation du commerce et la croissance en 1985 dans 63 pays. Ils utilisent des variables instrumentales pour prendre en compte les caractéristiques géographiques. En utilisant comme variable dépendante le revenu par tête, ils vont trouver au moyen des MCO que la libéralisation commerciale impacte de façon significative et positive la croissance à long terme. Particulièrement, lorsqu'elle augmente de 1%, le revenu par tête croît de 0,9%. Ce résultat sera confirmé par la robustesse de la méthode des variables instrumentales. Par ailleurs, dans l'empirisme sur la vérification de la création ou la diversion du commerce, dans certaines régions telles que l'Amérique latine, les accords commerciaux intrazone n'ont pas détérioré les échanges avec le reste du monde dans les faits (Sanchez-Albornoz et Timini, 2021).

Dans la même perspective, Edwards (1998) se base sur les données de 93 pays de 1960 à 1990 pour analyser avec robustesse l'effet de la libéralisation des échanges sur la productivité des facteurs de production. À cet effet, il utilise neuf indicateurs de politique commerciale qu'il a estimés par la méthode des variables instrumentales afin de voir si l'idée qu'une croissance de la productivité totale de facteurs est plus visible dans les pays ouverts au commerce extérieur. Son résultat a confirmé cet argument.

Cependant, une des limites qu'il émet est l'usage de la méthode des variables instrumentales ; bien qu'éliminant le problème d'endogénéité des variables, elle ne traite pas des questions de causalité comme le font les séries temporelles. Ce même résultat est celui retrouvé par Harrison (1996). Cette dernière a utilisé une variété d'indicateurs d'ouverture commerciale pour élucider la question du lien qui existe avec la croissance. En estimant suivant plusieurs méthodes telles que les effets fixes, les différences premières, les moyennes sur 5 ans et la coupe transversale, elle obtient une significativité positive entre au moins un indicateur d'ouverture au commerce et la croissance à chaque fois.

- **En Afrique et dans les pays en développement**

En utilisant un modèle de gravité sur 35 pays entre 1995 et 2006, Afesorgbor et Bergeijk (2011) ont estimé l'impact des accords de commerce régionaux en Afrique particulièrement dans la SADC et la CEDEAO et ont comparé les résultats avec le cas d'un accord de commerce préférentiel avec l'Europe. Ils concluent à travers différentes méthodes d'estimations (effets fixes, effets aléatoires, section groupée, etc.) que le fait d'être membre de la SADC ou la CEDEAO accroit le niveau de flux de commerce bilatéral mieux qu'une intégration commerciale Nord-Sud. De plus, si un pays intègre une communauté ayant signé des accords commerciaux, cela serait profitable à l'ensemble des pays. La relation trouvée dans le cas de la CEDEAO est significativement positive et celle de la SADC est non significative.

Une étude empirique de Coulibaly (2007) montre l'importance des accords de commerce régionaux dans les PED. Il utilise une approche d'estimation en deux étapes qui consiste à combiner le modèle de gravité et la régression des résidus du commerce sur une période de 1960 à 1999. Son constat révèle que l'appartenance à la CEDEAO agit positivement et de façon croissante sur le commerce intrarégional pendant la période étudiée. Par contre, l'impact sur le commerce extrarégional est négatif et en baisse ; pareillement pour la SADC.

I.2.1.2. Les effets négatifs entre l'intégration commerciale et la croissance

L'ouverture commerciale comme vue permet d'accroitre la production. Toutefois, ouvrir son commerce vers l'extérieur est aussi un risque et parfois est néfaste à la croissance économique.

- **Dans les pays développés**

Dans le souci de savoir s'il est préférable pour une économie indépendante d'étendre ses activités commerciales au niveau mondial ou de limiter sa participation dans un accord de commerce régional, Vamvakidis (1999) en prenant les données unidimensionnelles (séries temporelles) de 1950 à 1992 de tous les pays tout en usant une variable dummy, trouve que la hausse de la croissance économique est plus significative dans les pays qui s'engagent dans une libéralisation étrangère unilatérale, que dans ceux qui s'engagent dans des accords régionaux d'intégration.

Au final de l'étude de Landau (1995), portant sur l'impact du marché commun européen sur la croissance économique des pays membres, il trouve que le fait d'adhérer à l'Union européenne ne contribue pas à la croissance des 17 pays riches de l'OCDE entre 1950 et 1990 après la régression avec les MCO sur son échantillon. Ceci s'explique par le fait qu'il utilise un groupe de contrôle composé des membres de l'accord de libre-échange dans la zone européenne d'où la non-significativité au sens statistique du coefficient d'adhésion à l'Union européenne différent du groupe de contrôle. Dans la même lancée, Bazaluk et al. (2022) ont trouvé une relation négative entre le processus d'intégration par les accords commerciaux régionaux de la Chine et l'Ukraine et le PIB par habitant. Ils ont utilisé comme méthode un ensemble d'outils appropriés au modèle de régression multiple sur des données de 2000 à 2018.

- **En Afrique et dans les pays en développement**

Dans le cadre d'une étude visant à montrer le lien entre la libéralisation commerciale et la croissance au sein des pays australs d'Afrique ; précisément, le Botswana, le Lesotho, l'Afrique du Sud et le Swaziland, Manwa et Wijeweera (2016) vont user d'une approche de décalage automatique régressif (processus ARDL) avec tests de cointégration pour obtenir les effets à court terme et à long terme des politiques de libéralisation commerciale sur la croissance. Ils retiennent deux modèles à cause de deux indicateurs du libre-échange qu'ils utilisent ; que sont les droits de douane moyens et le ratio des échanges. Leurs résultats montrent que seule l'Afrique du Sud est bénéfique à la libéralisation.

Plus particulièrement dans la zone CEMAC, Ekodo et Ngomsi (2017) ont analysé l'influence de l'ouverture commerciale sur la croissance économique.

Pour tester leur hypothèse, ils ont fait recours au préalable à la méthode des moments généralisés (GMM) en panel dynamique des six pays de la communauté pour une période allant de 1967 à 2016. Leur conclusion montre que l'ouverture commerciale affecte négativement la croissance économique.

De même, dans leur étude empirique qui consiste à évaluer l'impact du Tarif Extérieur Commun dans la Communauté d'Afrique de l'Est (CAE), Rauschendorfer et Twum (2021) trouvent que les États membres comme Kenya, l'Ouganda et la Tanzanie sont de plus en plus enclins à augmenter leurs droits de douane sur certains produits. Grâce à ces données publiées par le Secrétariat de la CAE, ils arrivent à la conclusion que les États se désintègrent en s'éloignant progressivement de l'accord tarifaire commun et trouvent plus bénéfiques le protectionnisme quand leurs intérêts commerciaux sont en jeu.

Dans la même veine, Bayale et *al.* (2020), en appliquant un modèle de simulation WITS-SMART sur les données de 2018 ont trouvé que les accords de la ZLECAf signés par le Ghana ont un effet négatif sur les recettes tarifaires avec une perte de 8,604 millions de Dollars US. Et pour cela, ils ont suggéré une amélioration de la balance commerciale par une augmentation du volume des exportations ; supposé supérieur aux importations.

II. ANALYSE EMPIRIQUE ENTRE L'INTÉGRATION RÉGIONALE ET LE BIEN-ÊTRE ÉCONOMIQUE EN ASS

Empiriquement, de nombreuses études ont été mises en exergue dans le cadre de notre travail. C'est dans cette dynamique que nous allons utiliser à notre tour les données de la CNUCED sur le commerce et les comptes nationaux, de la base Worldwide Governance Indicators (WGI 2018) pour les indicateurs de gouvernance et de World Development Indicators (WDI 2018) pour les autres variables. La disponibilité des données sur la gouvernance s'étend de 1995 à 2015, néanmoins c'est à partir de 2002 qu'elle est continue. Le champ de notre étude comprend toute l'Afrique subsaharienne. En revanche, compte tenu de la non-disponibilité des données pour certains pays, il était question de les écarter de notre échantillon. Ainsi celui-ci compte 37 pays et les pays qui ont été enlevés sont : l'Érythrée, l'Éthiopie, le Lesotho, le Libéria, la Libye, Sao Tomé et Principe, les Seychelles, le Soudan, la Somalie et le Soudan du Sud.

II.1. Analyse descriptive sur l'intégration régionale et le bien-être économique en ASS

Tableau 1 : Statistiques descriptives du PIB/habitant et des variables d'intérêt

Variables	Observations	Moyenne	Écart-type	Minimum	Maximum
PIB/habitant	555	6,855801	1,092211	4,726054	10,03199
Part des exportations intra régionales	555	0,8228863	1,402161	-3,87595	3,21445
Part des exportations intra régionales	555	1,668692	0,9616755	-1,412269	3,754648
Droits de douane	449	2,493221	0,3962012	0,5653138	3,225653
IDE	553	4,377577	5,929251	-6,1	50
Envois de fonds	484	0,1233594	1,910605	-8,534049	3,125329

Source : *Auteur, à partir des données de la CNUCED 2018 et de WDI 2018*

Lorsqu'on retient la CEEAC, on remarquera d'abord que parmi les 11 pays que compte cette CER, il y en a 6 pays qui partagent une monnaie commune initialement appelée franc CFA, ce qui démontre la présence des déséquilibres qui subsistent entre les pays partageant une union monétaire et ceux ne l'intégrant pas.

II.1.1. Influence de l'intégration régionale sur l'accroissement du PIB par habitant en Afrique **: cas de la CEEAC**

- **Part des exportations intrarégionales et accroissement du PIB par tête**

Dans cette CER, la Guinée Équatoriale détient le plus fort produit intérieur brut par tête soit 14070,7186 dollars US en moyenne, pouvant s'interpréter aussi par sa faible démographie ; le plus faible est celui du Burundi. Toutefois, il sera question pour nous d'apprécier l'évolution commune du PIB par habitant et des indicateurs de l'intégration régionale tels que : la part des exportations intrarégionales, la part des importations intrarégionales et les droits de douane.

En observant le graphique 1, on constate que nos deux indicateurs vont connaitre une même tendance ascendante sur la période 2002 à 2008. En ce qui concerne la part des exportations intrarégionales elle passera de 0,46% à 2,59% pour ladite période. On remarque d'abord une légère évolution de 2009 à 2011 où elle se situera entre 2,2% et 3,21% et une légère baisse en 2012 avec 2,93% ; ensuite se repositionnera à 3,14% en 2013 pour enfin connaitre une baisse consécutive jusqu'à 1,38% en 2016.

Néanmoins, le Congo opère annuellement en moyenne 4,32% d'exportations intrarégionales et se distingue comme le pays qui s'illustre le plus dans ce domaine. En fonction de notre période d'étude, on constate en général une faible part des exportations intrarégionales qui va varier entre 0 et 3, et qui ne va jamais dépasser les 3,5%.

Graphique 1 : Évolution du PIB par habitant et la part des exportations intrarégionales, cas de la CEEAC

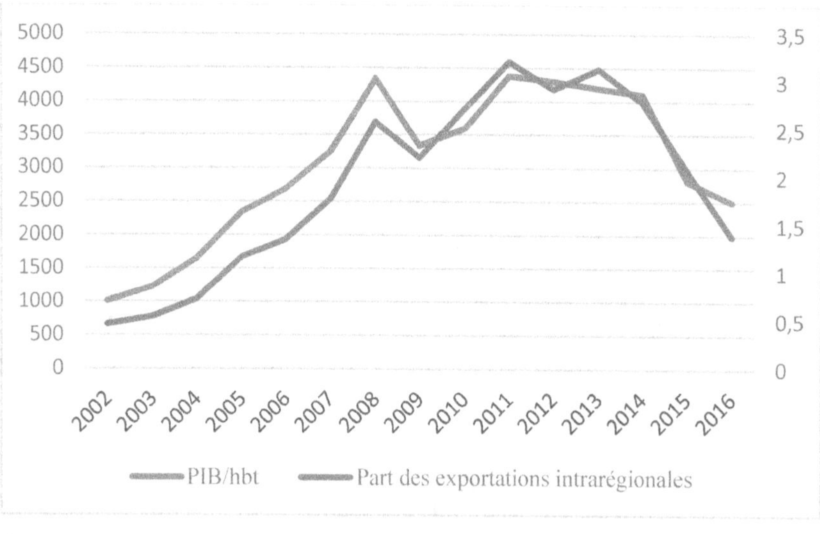

Source : Auteur, à partir des données de la CNUCED 2018#

- **Part des importations intrarégionales et accroissement du PIB par tête**

Le graphique 2 dévoile une convergence entre nos deux indicateurs à mesure que plus le PIB par habitant augmente, plus la part des importations intrarégionales augmente aussi, mais dans les proportions moindres entre

2002 et 2008. Entre ces périodes, la part des importations intrarégionales s'est située de 2,10% à 5,86%. En dépit de la forte récession de 2009, cet indicateur a connu une progression et ceci jusqu'à 2011 pour se loger à 9,13% ; tandis que le PIB par habitant lui a baissé de 4339,46731 dollars en 2008 à 3337,32092 dollars en 2009. Néanmoins, on continuera à observer une diminution progressive de la part des importations intrarégionales qui va passer de 9,13% en 2011 à 4,91% en 2016. Cette dégradation sera aussi visible sur le PIB et presque proportionnelle à la part des importations dans la sous-région, car elle va partir de 4384,50869 dollars en 2011 à 2498,27473 dollars en 20016. Pris individuellement, la République démocratique du Congo est le pays qui importe le plus avec 8,77% et l'Angola le moins avec 2,03%.

Graphique 2 : Évolution du PIB par habitant et de la part des importations intrarégionales, cas de la CEEAC.

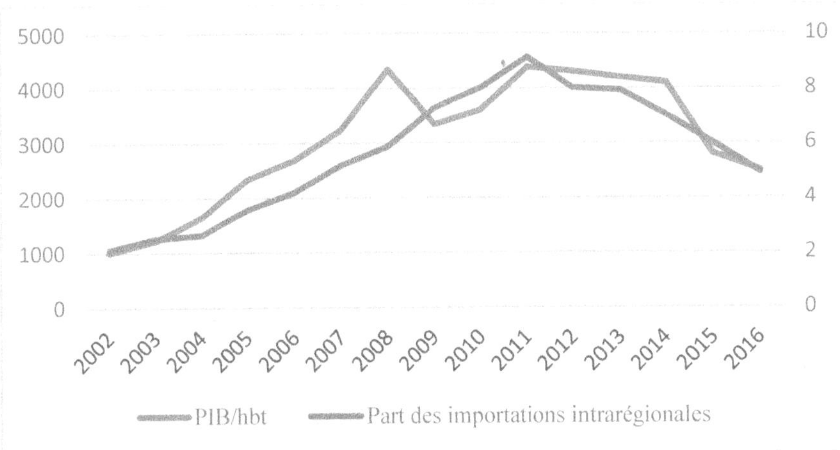

Source : Auteur, à partir des données de la CNUCED 2018 et de WDI 2018

- **Droits de douane et accroissement du PIB par tête**

Dans l'observation du graphique 3, on constate que la courbe des droits de douane est largement supérieure à celle du PIB par habitant pour la période de 2002 à 2005 en se situant autour de 18%. Ensuite va suivre une baisse considérable de 2006 à 2009 avec respectivement 17,3% et 14,77%. Il faut noter qu'à partir de cette année, il a connu une stagnation suivie d'une baisse entre 2009 et 2013 pour commencer à croître et se replacer à 14,70% en 2016. Avec les réformes inspirées par le consensus de Washington, il a été à l'ordre du jour la création de l'OMC en 1995 marquant la libéralisation commerciale. Il faut rappeler qu'entre 1995 et 1997, sept pays sur les onze de cette CER sont membre de l'OMC à savoir l'Angola, le Burundi, le Cameroun, le Tchad, la RD Congo, le Gabon et le Rwanda et font partie intégrante dans cette dynamique de mondialisation. Ainsi le pays qui détient le tarif douanier le plus élevé est la République centrafricaine avec 19,49% en moyenne par an sur notre période d'étude tandis que l'Angola se trouve à 8,47%.

Graphique 3 : Évolution du PIB par habitant et les droits de douane, cas de la CEEAC

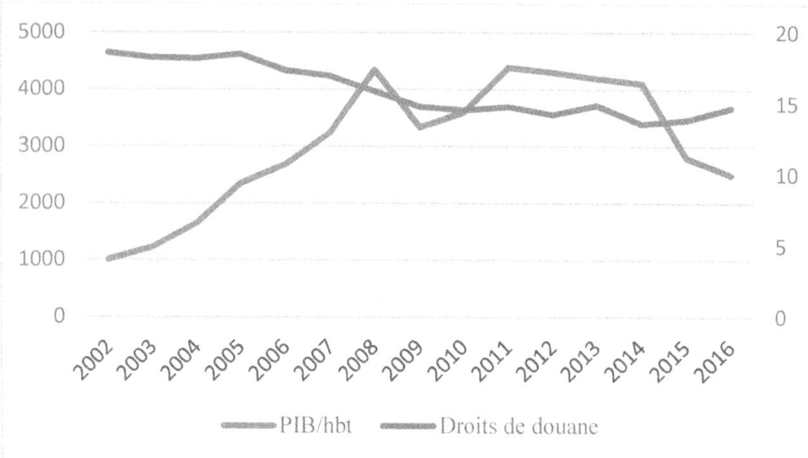

Source : Auteur, à partir des données de WDI 2018

- **Investissements directs étrangers et accroissement du PIB par tête**

Graphique 4 : Évolution du PIB par habitant et les IDE en pourcentage du PIB, cas de la CEEAC

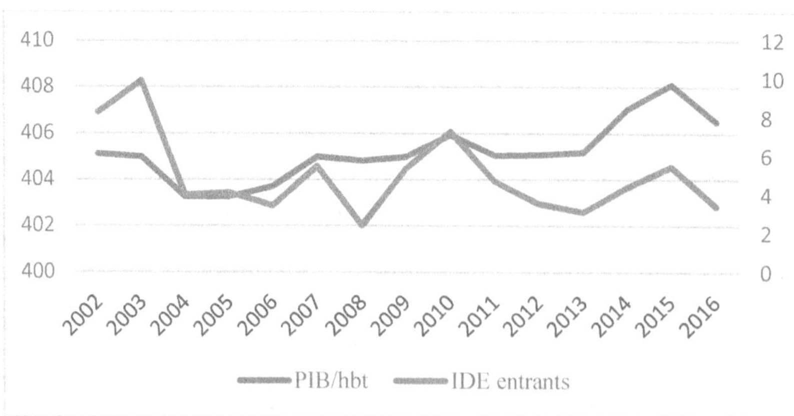

Source : Auteur, à partir des données de WDI 2018

Dans cette illustration, le changement de position se fait en 2004 ; où la courbe des IDE qui était au-dessus de celle du PIB passe désormais en dessous. Les deux courbes présentes des fluctuations au cours de leur évolution. Mais la particularité est qu'elles se déplacent souvent dans le même sens. On peut donc voir que les entrées des IDE augmentent lorsque le PIB par tête s'élève et diminuent au cas contraire.

II.1.2. Influence de l'intégration régionale sur l'accroissement du PIB par habitant en Afrique : cas de la CEDEAO

Comme la précédente CER, on a pu remarquer que la CEDEAO intègre une Union Monétaire appelée UEMOA dont 8 pays y partagent la même monnaie labélisée en franc CFA, ce qui démontrera certainement des déséquilibres dans cette région.

- **Part des exportations intrarégionales et accroissement du PIB par tête**

Graphique 5 : Évolution du PIB par habitant et de la part des exportations intrarégionales, cas de la CEDEAO

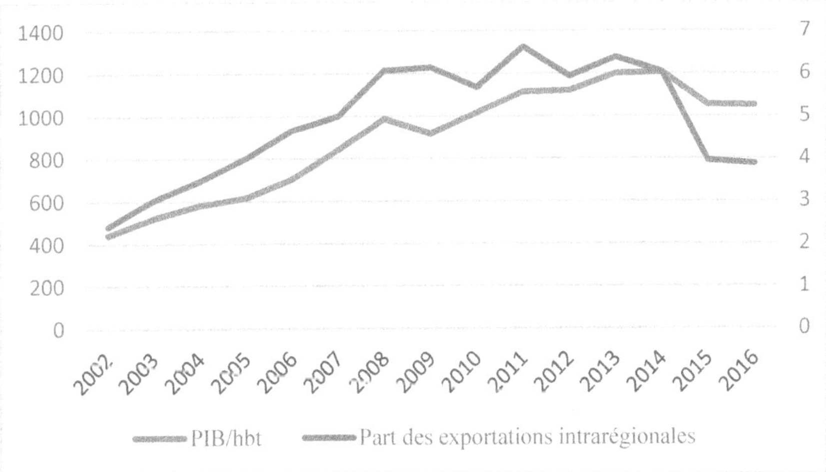

Source : Auteur, à partir des données de la CNUCED 2018 et WDI 2018

L'observation du graphique 4 laisse transparaitre que nos deux indicateurs ont une tendance ascendante sur la période de notre d'étude. S'agissant du PIB par habitant, on a une évolution sans interruption s'étendant de 441,200342 dollars en 2002 à 1049,72999 dollars en 2016. Malgré sa tendance à la hausse, on observe néanmoins certaines fluctuations non négligeables, surtout cette baisse persistante depuis 2014. En outre, la part des importations intrarégionales a connu une évolution majeure de 2002 à 2009 où elle est passée de 2,41% à 6,06% entre ses deux dates. Après des fluctuations successives entre 2010 et 2014, elle a commencé à diminuer jusqu'à 3,87% en

2016. C'est ainsi que le pays qui enregistre la plus grande part des exportations dans la CER est le Togo avec 14,34%, largement supérieure à celle du Cap-Vert qui est de 0,24%. En matière de PIB par tête, le Nigéria est le plus représentatif.

- **Part des importations intrarégionales et accroissement du PIB par tête**

Le graphique 5 nous présente deux indicateurs ayant une tendance presque similaire dans cette région durant la période d'étude. De manière spécifique, on note une évolution ascendante avec aucune fluctuation présente pour ce qui est du PIB par habitant. Cet indicateur affiche une augmentation considérable entre 2002 et 2016 passant de 441,200342 dollars à 1049,72999 dollars. Par contre, la part des importations intrarégionales dans cette région a connu une augmentation durant la période de 2002 à 2008 soit 3,25% à 7,66% respectivement. On remarque aussi une forte baisse de 2008 à 2009 soit 7,61% à 5,89%. Ensuite, une forte augmentation en 2011 soit 8,70%. Enfin pour la période de 2011 à 2016 on enregistre une baisse considérable passant de 9,1% à 4,99%. Le Mali est le pays qui enregistre la plus grande part en importations intrarégionales avec 11,58% en moyenne par an tandis que le Nigéria a la plus faible soit 0,58%.

Graphique 6 : Évolution du PIB par habitant et de la part des importations intrarégionales, cas de la CEDEAO

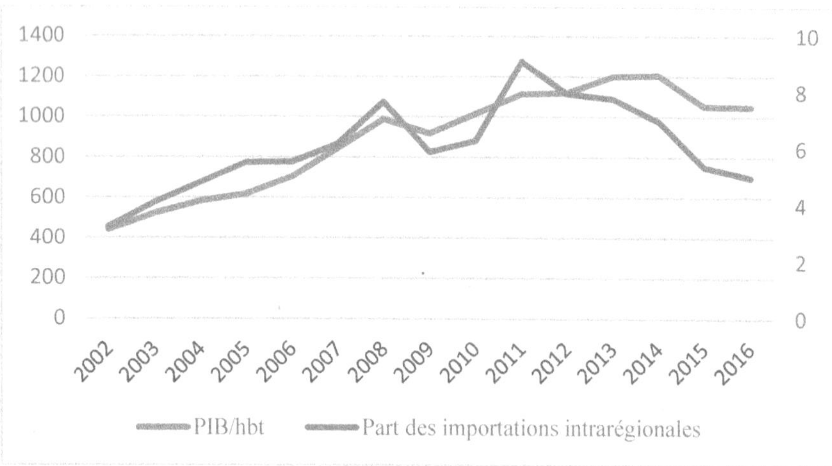

Source : Auteur, à partir des données de la CNUCED 2018 et de WDI 2018

- **Droits de douane et accroissement du PIB par tête**

Le graphique ci-dessous nous présente deux tendances opposées. Les tarifs douaniers ont une tendance baissière alors que le PIB évolue de façon positive. On a donc une relation inverse entre ces deux indicateurs. Bien que la courbe des tarifs douaniers soit au-dessous de celle du PIB par habitant entre 2002 et 2007, on remarque aussi des fluctuations assez particulières pendant ladite période. Alors les tarifs douaniers se sont situés de 14,78% à 13,72% entre 2002 et 2004 respectivement. Néanmoins, on a pu observer une longue période de stagnation entre 2004 et 2012 avec des valeurs variantes entre 13,72% à 13,34%. Aussi depuis 2012, on remarque une baisse considérable de ces tarifs douaniers dont les valeurs varient entre 13,34% et 12,58% en 2016. Il faut noter que dans cette région, le pays détenant les tarifs douaniers les plus élevés est la Gambie avec un tarif moyen de 16,54% par an.

Graphique 7 : Évolution du PIB par habitant et les droits de douane, cas de la CEDEAO.

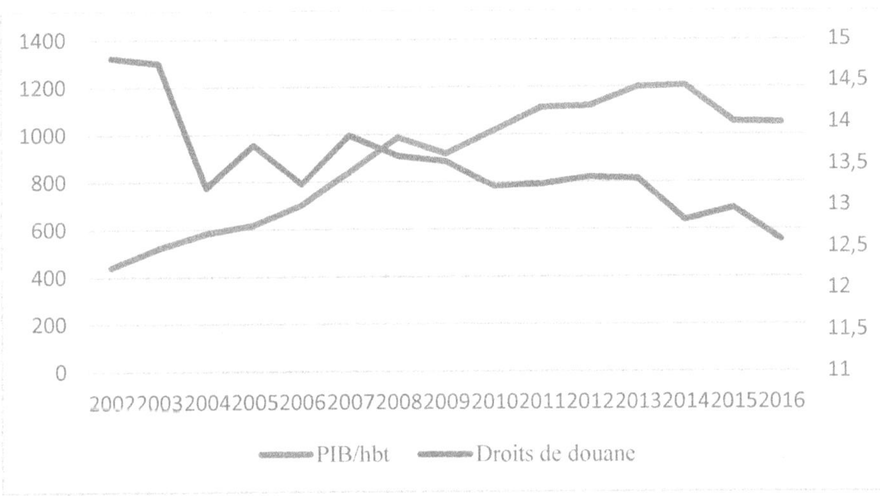

Source : Auteur, à partir des données de WDI 2018

- **Investissements directs étrangers et accroissement du PIB par tête**

Graphique 8 : Évolution du PIB par habitant et les IDE en pourcentage du PIB, cas de la CEDEAO

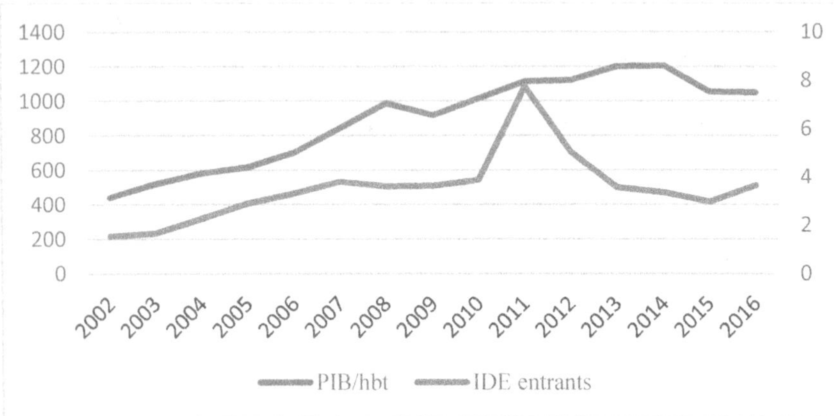

Source : Auteur, à partir des données de la WDI 2018

En moyenne, les évolutions des IDE et du PIB par habitant sont quasi-équivalentes. Ce graphique montre une même tendance des deux courbes jusqu'en 2010. À partir de cette date jusqu'en 2011, l'accroissement des IDE devient plus que proportionnel à celui de la croissance passant de 3,86% à 7,73%. S'en suit après cela une baisse drastique des entrées des IDE même lorsque le PIB par tête augmente. C'est visible à travers le pic formé en 2011.

II.I.3. Influence de l'intégration régionale sur l'accroissement du PIB par habitant en Afrique : cas du COMESA

Les graphiques qui suivront nous présenteront les indicateurs de l'intégration régionale et le PIB par habitant dans le COMESA. Il en ressort que selon notre analyse, les pays de cette CER à part la zone géographique qu'ils partagent, ne partagent pas une monnaie commune.

- **Part des exportations intrarégionales et accroissement du PIB par tête**

Graphique 9 : Évolution du PIB par habitant et de la part des exportations intrarégionales, cas du COMESA.

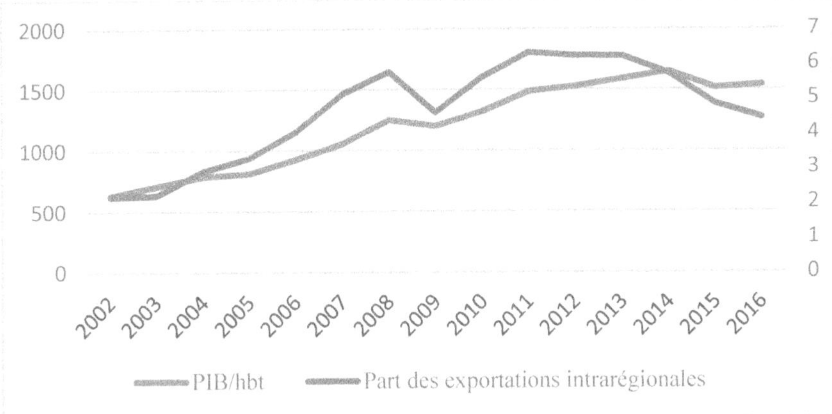

Source : Auteur, à partir des données de la CNUCED 2018 et de la WDI 2018

L'observation du graphique 7 laisse transparaitre une dynamique ascendante du PIB par habitant de 2002 à 2008 se situant entre 632,609981 dollars et 1250,50748 dollars respectivement, avant de poursuivre une baisse assez considérable de 2009 avec une valeur de 1201,25712 dollars, suivie d'une augmentation progressive jusqu'en 2014 se situant à 1647,97603 dollars, et encore d'une autre baisse en 2015 pour se loger cette fois-ci à 1512,76293 dollars puis 1539,5488 dollars en 2016. Dans sa relation avec la part des exportations intrarégionales, on constate une même dynamique dans l'évolution, on remarque trois points de rencontre entre ces derniers. Avec sa nature fluctuante, la part des exportations intra régionales sur le PIB connait une ascension fulgurante de 2002 jusqu'en 2008 qui est de 2,18% à 5,75% puis va chuter à 4,59% en 2009 avant de retrouver le chemin d'une augmentation jusqu'en 2013 de 6,20% ; où elle chute considérablement à nouveau jusqu'en 2016 avec 4,44% en croisant dans son passage l'évolution du PIB par tête.

- **Part des importations intrarégionales et accroissement du PIB par tête**

En observant le graphique 8, il en ressort que la part des importations intrarégionales connait d'importantes fluctuations pendant la période d'étude, bien qu'elle soit majoritairement en dessus du PIB par habitant.

Graphique 10 : Évolution du PIB par habitant et de la part des importations intrarégionales, cas du COMESA.

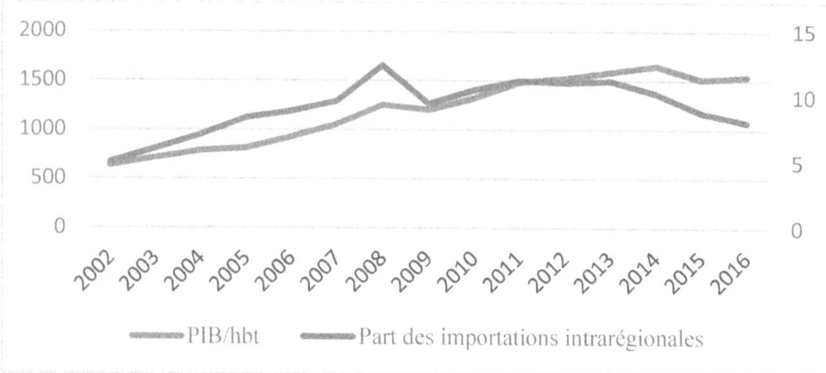

Source : Auteur, à partir des données de la CNUCED 2018 et WDI 2018

Spécifiquement, cette part des importations régionales se situe au-dessus du PIB par habitant de 2002 à 2010 pour se croiser à cette date et puis passer en dessous jusqu'en 2016. Comme décrite, depuis 2002, cet indicateur va connaitre un accroissement continu jusqu'à 2008 allant de 5,02% à 12,38%. Ensuite, elle amorce une chute considérable à 9,47% l'année d'après pour fluctuer dans le sens évolutif. Néanmoins, elle rebaisse à partir de 2014 avec 10,27% pour 8,03% en 2016.

- **Droits de douane et accroissement du PIB par tête**

Il en ressort des tendances largement opposées dans le graphique 2.9 qui oppose le PIB par habitant et les tarifs douaniers. L'analyse de l'évolution du PIB par habitant reste la même. Cependant, lorsque les droits de douane augmentent, le PIB par tête décroît, mais les deux indicateurs ont un point d'équilibre néanmoins. En effet, de 2002 à 2008, les droits de douane se situent au-dessus du PIB par tête et passer en dessous après jusqu'en 2016. Dans sa dynamique, les droits de douane commencent par une chute remarquable de 2002 à 2003, passant de 16,58% à 13,02%. Après une légère ascension, ils vont connaitre une baisse de 2005 à 2011, passant ainsi de 14,20% à 9,97% pour stagner jusqu'en 2016.

Graphique 11 : Évolution du PIB par habitant et les droits de douane, cas du COMESA

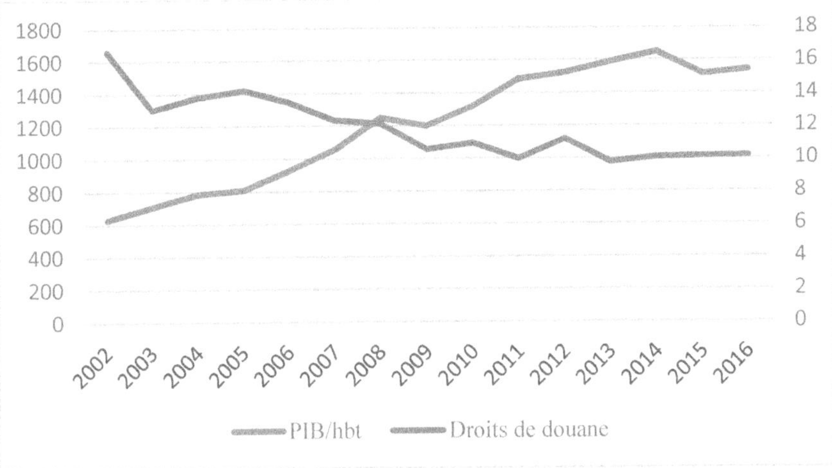

Source : Auteur, à partir des données de WDI 2018

- **Investissements directs étrangers et accroissement du PIB par tête**

Graphique 12 : Évolution du PIB par habitant et les IDE en pourcentage du PIB

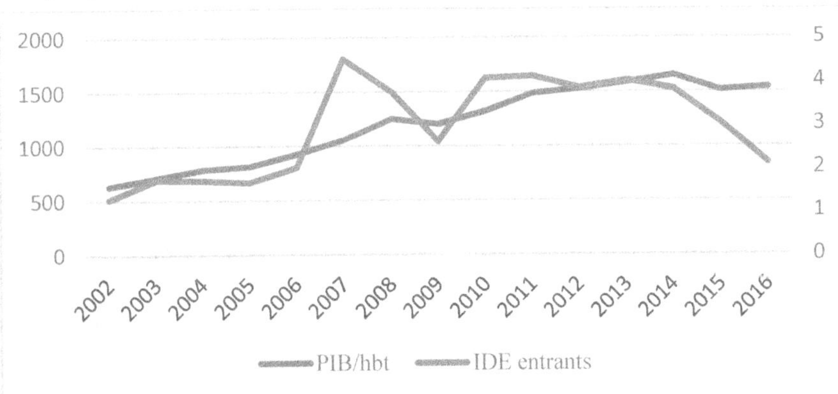

Source : Auteur, à partir des données de WDI 2018

Ce graphique montre que le PIB a une tendance évolutive, comparé aux entrées des IDE ; qui subit des changements de tendance. On constate que les deux graphiques évoluent presque dans le même sens chaque fois. Concernant les IDE, on remarque une nette évolution de sa courbe de 2002 à 2007. De 2007 à 2009, ce taux va chuter de 4,50 à 2,60, puis elle va remonter jusqu'en 2011 avant de diminuer encore jusqu'en 2016 à 2,11.

II.2. Analyse économétrique sur l'intégration régionale et le bien-être économique en ASS

Nous allons d'abord produire les principes théoriques des modèles avant de proposer les variables dont on fera usage.

II.2.1. Principes théoriques des modèles

La plupart des travaux empiriques sur le bien-être économique utilisent comme indicateur du bien-être économique, le PIB par tête (Soumaré, 2015 ; Muhanji, Ojah & Soumaré, 2019). Le choix de cette variable se justifie par l'idée selon laquelle le standard de vie dépend majoritairement des conditions matérielles des agents économiques. C'est ainsi que nous reprenons dans cette partie le modèle théorique augmenté tel que développé par Mankiw et *al.* (1992). Considérant que chaque économie à sa propre fonction de production agrégée, et comme les fonctions de production peuvent être différentes à cause des facteurs spécifiques dans chaque économie, tels que le climat et les institutions, ces auteurs ont essayé d'aller au-delà du modèle de croissance néoclassique de Solow, en intégrant les éléments de croissance endogène. C'est ainsi que nous utiliserons dans notre modèle le PIB par tête pour capter le bien-être économique.

$$\boldsymbol{BienEtreEco_{i,t} = \gamma_i + \delta BienEtreEco_{i,t-1} + \beta Int_{i,t} + \alpha X_{i,t} + \varepsilon_{i,t}} \qquad \mathbf{(1)}$$

$$\boldsymbol{i = 1, 2, \ldots, 37; \quad t = 1, 2, \ldots, 15}$$

Dans cette équation (1), $BienEtreEco_{i,t}$ est le bien-être économique, $BienEtreEco_{i,t-1}$ est le bien-être économique retardé d'une période, γ_i est l'effet fixe pays i, $Intr_{i,t}$ représente le vecteur des variables de l'intégration régionale, $X_{i,t}$ est le vecteur des autres variables macroéconomiques ; $\varepsilon_{i,t}$ est le terme d'erreur. Les vecteurs des paramètres à estimer incorporés aux variables de l'intégration régionale et macroéconomiques sont respectivement δ, β, α, et γ. Enfin, $i = 1,2, \ldots, 37$; $t = 1,2, \ldots, 15$, représentant respectivement les individus et les années. Cette relation de manière spécifique prend la structure suivante :

$$\begin{aligned}\boldsymbol{PIB/hbt_{i,t}} &\boldsymbol{= \gamma_i + \delta PIB/hbt_{i,t-1} + \beta_1 PEIntra_{i,t} + \beta_2 PIIntra_{i,t} + \beta_3 DD_{i,t}} \\ &\boldsymbol{+ \beta_4 IDE_{i,t} + \beta_5 EFond_{i,t} + \alpha_1 FBCF_{i,t} + \alpha_2 CapHum_{i,t}} \\ &\boldsymbol{+ \alpha_3 RessNat_{i,t} + \alpha_4 PopAct_{i,t} + \alpha_5 Corrupt_{i,t}} \\ &\boldsymbol{+ \alpha_6 AccèsCrédit_{i,t} + \alpha_7 Espvie_{i,t} + \alpha_8 DepGouv_{i,t}} \\ &\boldsymbol{+ \varepsilon_{i,t}} \qquad \mathbf{(2)}\end{aligned}$$

Dans ce modèle, $PEIntra_{i,t}$ est la part des exportations intra régionales, $PIIntra_{i,t}$ est la part des importations intra régionales, $DD_{i,t}$ sont les droits de douane, $IDE_{i,t}$ sont les investissements directs étrangers, $EFond_{i,t}$ sont les envois de fonds, $FBCF_{i,t}$ est la formation brute du capital fixe, $CapHum_{i,t}$ est le capital humain, $RessNat_{i,t}$ sont les ressources naturelles , $PopAct_{i,t}$ est la population active, $Corrupt_{i,t}$ est le contrôle de la corruption, $AccèsCrédit_{i,t}$ est l'accès au crédit privé, $EspVie_{i,t}$ est l'espérance de vie et $DepGouv_{i,t}$ sont les dépenses gouvernementales.

Présentation des variables

Les variables utilisées dans le cadre de cette étude ainsi que leurs définitions sont consignées dans le tableau ci-après.

Tableau 2 : Présentation des variables

Variables	Définitions	Sources
PIB par habitant	Mesuré par la valeur du PIB divisée par le nombre d'habitants d'un pays ou une zone	WDI 2018
Part des exportations intrarégionales	Cette variable permet de voir comment les pays africains ont exporté les biens entre eux. Elle sera en pourcentage du PIB	CNUCED 2018
Part des importations intrarégionales	Cette variable permet de voir comment les pays africains ont importé les biens entre eux. Elle sera en pourcentage du PIB.	CNUCED 2018
Droits de douane	Mesuré par le niveau moyen des droits de douane.	WDI 2018
IDE	Mesuré par les flux nets entrants des IDE.	WDI 2018
Envois de fonds	C'est le canal indirect de l'investissement étranger.	WDI 2018
Capital humain	Nous la mesurons ici par le taux brut d'inscription dans le primaire	WDI 2018
Formation brute du capital fixe	Elle permet d'évaluer l'influence de l'investissement domestique. Elle sera captée par la part de l'investissement *(FBCF)* dans le PIB.	WDI 2018

Population active	Capté par le nombre d'employés ayant plus de 15 ans dans la population totale.	WDI 2018
Accès au Crédit	Elle permet de mesurer le niveau du développement financier. Nous la captons par le ratio des crédits accordés au secteur privé.	WDI 2018
Ressources Naturelles	Mesurée par la part de la rente des ressources naturelles au PIB.	WDI 2018
Corruption	Il s'agit d'un indicateur de la gouvernance parmi les six énumérés par Kaufmann (contrôle de corruption.	WGI 2018
Dépenses publiques	Il s'agit de la consommation finale de l'État.	WDI 2018

II.2.2. Problème économétrique et méthode d'estimation

Ici nous présentons d'abord les problèmes économétriques posés par notre modèle avant d'exposer la méthode permettant d'en corriger cela.

- **Principe de l'estimation**

L'estimation de la relation (1) devrait poser un certain nombre de problèmes, notamment les problèmes d'endogénéité. Il existe plusieurs sources d'endogénéité à savoir : l'omission des variables pertinentes dans la spécification du modèle, les erreurs de mesure ainsi que la double causalité qui peut exister entre la variable expliquée et les variables explicatives. De plus, la présence de la variable endogène retardée parmi les variables explicatives conduit inéluctablement à des problèmes d'endogénéité. En effet, celle-ci est corrélée avec $\varepsilon_{i,t-1}$ qui lui-même est corrélé avec $\varepsilon_{i,t}$ (Baltagi et *al.* 2009). Tous ces éléments conduisent à ce qu'une estimation par les méthodes élémentaires telles que les MCO n'est plus pertinente. La méthode appropriée dans ce type de modèle est la Méthode des Moments Généralisés (GMM) développée par Arellano et Bond (1991).

La méthode des GMM consiste à passer l'équation de référence (1) en une équation en différences premières pour éliminer les effets fixes pays. C'est-à-dire :

$$\boldsymbol{\Delta BienEtreEco_{i,t} = \delta\Delta BienEtreEco_{i,t-1} + \beta\Delta Int_{i,t} + \alpha\Delta X_{i,t} + \Delta\varepsilon_{i,t}} \qquad \textbf{(3)}$$

$$i = 1,2,\dots,37; \quad t = 1,2,\dots,15$$

Il se pose dès lors un nouveau problème, car la variable dépendante retardée est par essence corrélée avec le terme d'erreur. Une solution à ce problème a été apportée par Arellano et Bond (1991). Ils émettent deux hypothèses de correction que sont l'absence d'autocorrélation des termes d'erreurs et la faible exogénéité des variables explicatives (leur non corrélation avec les réalisations futures des termes d'erreur). L'estimation de la relation (3) se fera donc sous les trois conditions sur les moments suivants :

$$E[BienEtreEco_{i,t-p}; (\varepsilon_{i,t}; \varepsilon_{i,t-p})] = 0 \;\; pour\, p \geq 2, t = 3,4,\dots,T \qquad (4)$$

$$E[Int_{i,t-p}; (\varepsilon_{i,t}; \varepsilon_{i,t-p})] = 0 \;\; pour\, p \geq 2, \;\; t = 2,3,\dots,T \qquad (5)$$

$$E[X_{i,t-p}; (\varepsilon_{i,t}; \varepsilon_{i,t-p})] = 0 \;\; pour\, p \geq 2, \;\; t = 2,3,\dots,T \qquad (6)$$

Ces trois conditions soulignent l'absence de corrélation entre les variables explicatives retardées ainsi que les variables endogènes retardées avec les variations du terme d'erreur. De ce fait, les conditions (4), (5) et (6) permettent l'utilisation des variables retardées en niveau comme instruments pour estimer l'équation (3).

Les résultats de cette méthode sont généralement robustes, mais ne sont toutefois pas appropriés pour les petits échantillons. Selon Blundell et Bond (1998), pour les échantillons de petite taille, les estimateurs peuvent sérieusement être biaisés. Ainsi nous privilégions l'estimateur GMM en systèmes de Blundell et Bond (1998) ou encore Arellano et Bover (1995). Ici, il s'agit de combiner l'équation en différence première et celle en niveau à chaque période. Les variables souffrant du biais d'endogénéité étant instrumentés par les valeurs retardées dans l'équation en différence première tandis que dans l'équation en niveau ce sont les variables endogènes différenciées qui servent d'instruments.

➢ **Les tests de robustesse**

La méthode ci-dessus repose sur des hypothèses fortes, sa mise en œuvre nécessite donc que soient effectués des tests de robustesse. À cet effet, deux séries de tests sont à considérer. Le premier est le test de suridentification de Sargan/Hansen qui nous permet de juger de validité des instruments utilisés. Il sera concluant si l'hypothèse nulle est rejetée au seuil de 10%. Par ailleurs, le test de Hansen sera privilégié au test de Sargan à cause de sa robustesse même en présence d'hétéroscédasticité. Le second sera le test d'autocorrélation de second ordre d'Arellano-Bond. Il est concluant si l'hypothèse nulle ne peut être rejetée au seuil de 10%.

III. RÉSULTATS ET INTERPRÉTATION

Cette section s'organisera autour de deux principaux points. En premier lieu, nous présenterons les principaux résultats issus de nos estimations. En second lieu, nous ferons des interprétations économétriques et économiques de ces différents résultats afin d'en extraire toute la consistance.

III.1. Présentation des résultats

Il s'agit des résultats issus de la régression par la Méthode des Moments Généralisés (GMM). Nous les présentons dans le tableau suivant :

Tableau 3 : Présentation des résultats des estimations

	(1) PEI	(2) PII	(3) DD	(4) IDE	(5) Envois de fonds	(6) Modèle complet
VARIABLES	**PIB/hbt**	**PIB/hbt**	**PIB/hbt**	**PIB/hbt**	**PIB/hbt**	**PIB/hbt**
PIB/hbt$_{i,t-1}$	0.966***	0.974***	0.961***	0.973***	0.936***	0.963***
	(0.00720)	(0.00689)	(0.00758)	(0.00572)	(0.0296)	(0.0301)
PEI	0.0392***					0.0665*
	(0.00940)					(0.0377)
PII		0.0284**				-0.0403
		(0.0110)				(0.0356)
DD			-0.0926*			-0.148*
			(0.0467)			(0.0854)
IDE				-0.0304***		-0.0535***
				(0.00943)		(0.0142)
Envois de fonds					0.0312**	0.0264*
					(0.0152)	(0.0135)
Ressources naturelles	-0.0323***	-0.0257***	-0.0191***	-0.0200***	-0.0618***	-0.0383***
	(0.00398)	(0.00229)	(0.00591)	(0.00201)	(0.0201)	(0.0106)
Dépenses publiques	0.0104***	0.00787***	0.00573**	-0.00435*	0.0396***	0.0113*
	(0.00378)	(0.00278)	(0.00270)	(0.00243)	(0.00985)	(0.00610)
Accès au crédit	-0.0813***	-0.0449***	-0.0562***	-0.0181**	-0.122**	-0.142***
	(0.0179)	(0.0129)	(0.0117)	(0.00736)	(0.0459)	(0.0428)
FBCF	0.0694***	0.0678***	0.0982***	0.108***	0.122**	0.181***
	(0.0140)	(0.0122)	(0.0166)	(0.0192)	(0.0466)	(0.0380)

	(1) PEI	(2) PII	(3) DD	(4) IDE	(5) Envois de fonds	(6) Modèle complet
VARIABLES	**PIB/hbt**	**PIB/hbt**	**PIB/hbt**	**PIB/hbt**	**PIB/hbt**	**PIB/hbt**
Espérance de vie	-0.412***	-0.425***	-0.413***	-0.506***	-0.489***	-0.558***
	(0.0635)	(0.0448)	(0.0537)	(0.0439)	(0.174)	(0.142)
Capital humain	0.125***	0.0991***	0.108***	0.112***	0.309***	0.269***
	(0.0296)	(0.0183)	(0.0170)	(0.0201)	(0.0926)	(0.0589)
Population active	-0.00264***	-0.00209***	-0.00233***	-0.00111**	-0.0102***	-0.00329**
	(0.000461)	(0.000318)	(0.000397)	(0.000457)	(0.00255)	(0.00160)
Corruption	0.0225	0.00341	-0.000703	0.0224***	-0.0914*	0.0189
	(0.0138)	(0.0105)	(0.0112)	(0.00694)	(0.0464)	(0.0365)
Constant	1.458***	1.442***	1.688***	1.716***	1.167**	1.731***
	(0.182)	(0.184)	(0.355)	(0.144)	(0.510)	(0.585)
Observations	322	322	286	280	268	253
Nombre de pays	35	35	34	35	33	32
Fisher (p-value)	0.000	0.000	0.000	0.000	0.000	0.000
AR(1) (p-value)	0.006	0.006	0.015	0.014	0.020	0.024
AR(2) (p-value)	0.670	0.585	0.808	0.889	0.621	0.734
Test de Hansen	0.290	0.493	0.564	0.309	0.404	0.867

Notes *: les valeurs entre parenthèses correspondent à l'écart-type, et* *** $p<0.01$, *significatif à 1%,* ** $p<0.05$, *significatif à 5%,* * $p<0.1$ *significatif à 10%.*

Source *: Auteur, estimations réalisées à partir des données de la Banque Mondiale, de la CNUCED et WGI.*

III.2. Interprétation des résultats

Dans l'ensemble, les résultats de nos estimations sont conformes aussi bien sur le plan économétrique que sur le plan économique.

- **Sur le plan économétrique**

Dans le souci de voir de façon particulière la significativité de nos variables d'intérêt, nous avons estimé chacune d'elle avec la variable dépendante (PIB/habitant) avant de les consigner toutes dans un même modèle. C'est ainsi que nous avons régressé et testé avec robustesse six modèles ; avec le sixième qui est le modèle complet. De plus, nous avons appliqué les logarithmes sur les variables hormis celle de la gouvernance afin d'interpréter les paramètres comme des élasticités.

Économétriquement, le test de Fisher associé à nos six modèles nous permet de conclure de leur forte significativité globale. En effet, la p-value associée à cette statistique (prob> F=0,000) est inférieure au seuil de 1% pour les six modèles. En outre, le test de Hansen qui nous permet de juger de la validité des instruments montre que les instruments utilisés dans les modèles sont valides puisque la p-value qui y est associée est supérieure au seuil conventionnel de 10% dans les estimations. On note enfin l'absence d'autocorrélation de second ordre AR (2). En effet, la p-value du test AR (2) est également supérieure au seuil de 10% en conséquence, on ne peut rejeter l'hypothèse nulle d'absence d'autocorrélation de second ordre des résidus. Les modèles estimés sont donc robustes d'autant plus que le problème d'hétéroscédasticité des écarts-types ait été corrigé par ledit test.

- **Sur le plan économique**

À ce niveau, nos résultats sont pour la plupart conformes aux travaux théoriques, aussi bien pour les indicateurs de l'intégration régionale que pour les déterminants de la croissance économique.

De prime à bord, s'agissant de la variable « capital humain » captée par le taux de scolarisation au primaire, l'on constate une significative positive à 1% avec le PIB par tête dans le modèle (6). Ces estimations montrent toute chose égale par ailleurs qu'une hausse du capital humain d'un point de pourcentage entraîne une augmentation de la production par tête de 27%. Ce résultat est conforme à la théorie de croissance endogène telle que développée par Lucas (1988) ; qui stipule que l'investissement sur le capital humain augmente la production et par conséquent la croissance économique. Avec la même significativité de 1%, et toujours dans le sixième modèle, la formation brute du capital fixe (FBCF) agit positivement sur la croissance. En effet, la hausse de l'investissement en capital de 1% favorise celle du PIB par habitant de 18,1%. Ceci correspond économiquement à une théorie bien établie. D'après la théorie keynésienne, pour relever la croissance et l'emploi, il faudrait beaucoup plus agir sur l'investissement pour répondre à la demande des ménages, car l'effet du multiplicateur d'investissement augmente la production à chaque fois. De plus, Keynes (1936) soutient qu'en période de récession, il faudrait stimuler l'investissement pour faire repartir la croissance en baissant les taux d'intérêt et en augmentant les dépenses publiques.

Dans la même lancée, nos estimations ont soulevé une positivité dans la relation entre les dépenses publiques et PIB par habitant dans les modèles (1), (2), (3), (5), et (6) ; significative à 10% dans le modèle complet (6). L'interprétation économique de ce dernier suggère qu'une augmentation des dépenses publiques d'un pour cent conduit à une hausse du bien-être économique de 1,13% *ceteris paribus*. La conformité de cette observation avec la revue de littérature théorique est effective suivant les modèles de la croissance endogène ; où l'augmentation des dépenses publiques est une source de la croissance économique (Barro, 1990). Par ailleurs, l'espérance de vie et la population active agissent négativement sur la production dans tous les modèles. Parlant de l'espérance de vie, elle est significative à 1% dans tous les modèles. Dans la régression (6), les résultats laissent entrevoir qu'une amélioration de l'espérance de vie d'un point de pourcentage engendre une baisse d'environ 56% du PIB par tête. En théorie, l'effet de l'espérance de vie sur la croissance est généralement ambigu. Le signe négatif de l'espérance de vie est conforme aux effets malthusiens de la croissance démographique et valide la relation empirique trouvée par Acemoglu et Johnson (2007). Pour voir l'effet causal de l'espérance de vie sur la croissance, ils ont fait une spécification de la mortalité comme instrument. Leur conclusion prouve que l'amélioration de l'espérance de vie s'est accompagnée d'une baisse du revenu par habitant autour de la période 1940 puisque les pays faisaient face à la situation de transition démographique. Au sujet de la population active, sa relation est significative à 5% dans les modèles (4) et (6) et à 1% pour le reste. Économiquement, une augmentation de la population active de 1% dans le modèle complet réduit la production de 0,33%, toute chose égale par ailleurs. Ce résultat correspond à celui trouvé par Sodipe et Ogunrinola (2011) au Nigéria ; où l'accroissement du taux d'emploi diminue la croissance du PIB. Ceci peut être dû à la précarité des emplois et à la non-qualification des travailleurs dans la zone Sud de l'Afrique en particulier.

Dans l'analyse de l'influence des ressources naturelles sur le PIB par habitant, il en ressort une relation négative et significative à 1%. Une augmentation de la part des ressources naturelles dans le PIB de 1% entraînerait une baisse du PIB par habitant de 3,83%. Bien que les ressources naturelles constituent une source importante des recettes des économies d'Afrique subsaharienne, lesquelles permettent de financer les infrastructures susceptibles de conduire à la croissance et à l'augmentation des revenus, une dépendance à cela peut être source de dysfonctionnement dans l'activité économique. Ce résultat est donc en quelque sorte conforme à la théorie. Selon Sachs et Warner (1995), l'abondance des ressources naturelles conduit au syndrome hollandais et de ce fait déprime la croissance. De même, certains travaux allant dans le même sens soutiennent qu'il existe une forme de *« malédiction »* des ressources naturelles au sein des pays africains à cause du type de gouvernance qu'elles induisent (Carmignani & Chowdhury, 2010).

Concernant le développement financier, nous avons trouvé un résultat ambigu. Nos estimations ont révélé une corrélation négative entre le taux d'accès au crédit et le produit intérieur brut par habitant. En moyenne, une augmentation de la part du crédit accordé au secteur privé dans le PIB de 1% se traduit toute chose égale par ailleurs par une réduction du PIB par habitant de 0,142%. Un tel résultat, bien que contradictoire à la théorie, peut néanmoins s'expliquer dans le contexte des pays d'ASS où le système financier est encore embryonnaire et de ce fait pèse sur l'activité économique. S'agissant du contrôle de la corruption, nos estimations ont révélé une non-significativité dans le modèle complet.

À présent, intéressons-nous aux indicateurs de l'intégration régionale. Pour rappel de l'intégration régionale en termes de processus, nous avons retenu la part des exportations et importations intra régionales et les droits douaniers en tant que canaux commerciaux d'une part et d'autre part les IDE et les envois de fonds comme canaux de circulation des capitaux.

En matière d'exportations, la part de celles intra régionales est corrélée positivement et significativement à 1% dans le modèle (1) et à 10% dans le modèle complet avec le PIB par tête. Toutefois, en privilégiant le modèle complet, il en ressort qu'une augmentation, toute chose égale par ailleurs de 1% de la part des exportations intra régionales, génère un accroissement de la croissance économique de 6,65%. Cette solution répond à la théorie traditionnelle du commerce international ; principalement, celle d'Adam Smith (1776) avec les exportations des biens à cause de l'existence des avantages absolus sur la production et celle de Ricardo (1817) avec plutôt la nature d'avantages comparatifs.

Quant à la part des importations, on remarque une non significative dans le modèle complet, mais une significativité positive dans le modèle (2) qui ne tient en compte que cette variable d'intérêt. Sa nature positive pourrait s'interpréter par le rôle bénéfique que joue le transfert de technologie dans les importations des produits (Aghion & Howitt, 1992).

L'analyse de la relation entre les droits de douane et la production par tête laisse entrevoir une significativité négative à 1% dans son modèle isolé (1) et le modèle complet (6). Le constat sur les estimations montre qu'une hausse des barrières douanières d'un pour cent fait baisser le bien-être économique de 14,8% *ceteris paribus*. En effet, ce résultat suppose que la solution pour une croissance économique est l'ouverture commerciale avec le démantèlement des barrières tarifaires. Ce qui est conforme à la théorie selon laquelle les flux d'échanges commerciaux constituent le canal par lequel la diffusion technologique s'opère des pays développés vers ceux en développement ; par le biais des mécanismes de Learning by Doing (Grossman & Helpman, 1991 ; Levine & Renelt, 1992). Empiriquement, nos résultats correspondent à ceux de Sachs et Warner (1995) et Wacziarg et Welch (2008), mais sont contradictoires à ceux obtenus par Ekodo et Ngomsi (2017) qui ont montré que l'ouverture commerciale n'était pas favorable à la croissance dans les pays de la CEMAC.

S'agissant de l'influence des IDE sur le PIB par habitant, la significativité de la relation est à 1% et négative sur son modèle isolé (4) et sur le modèle complet (6). Dans ce dernier modèle, l'interprétation découlant montre que l'accroissement de 1% des flux d'IDE dans les économies d'Afrique subsaharienne se traduit par une baisse de 5,35% de la production par habitant toute chose étant égale par ailleurs. Généralement, les IDE présentent des effets mitigés, c'est-à-dire positifs ou négatifs, sur la performance économique. Dans le cas où les flux des investissements étrangers agissent négativement sur l'activité de l'économie, l'on pourrait y voir une conformité avec les arguments théoriques de Sun (2002).

En fait, cette relation en ASS peut être causée par l'effet d'éviction des investissements domestiques par ceux étrangers ou par un déséquilibre de la balance de paiement. Sur le plan empirique, ce résultat est celui trouvé par Adams (2009) dans son étude en ASS de 1990 à 2003. Par contre, il existe une corrélation significative à 10% et positive entre les envois de fonds des migrants et le PIB habitant en ASS dans (6) et significative à 5% dans le modèle (5). Toute chose égale par ailleurs, une augmentation du volume d'envois de fonds par les migrants d'un pour cent entraîne celle du PIB par habitant de 2,64%.

Théoriquement, cette analyse a été soutenue par Barajas et *al.* (2009) ; qui suppose que les envois de fonds des migrants peuvent participer à l'expansion du développement financier ; ce qui est propice aux projets d'investissement et par conséquent au bien-être économique.

CONCLUSION

Mais l'influence de la dimension des échanges et de circulation libre de capitaux sur l'activité économique est devenue de plus en plus nuancée au sein des économistes, surtout au sein des pays en développement ces dernières années. Au terme de ce qui précède, il a été question pour nous de mettre en exergue la relation empirique entre intégration régionale et le bien-être économique en Afrique subsaharienne. À cet effet, nous avons d'abord fait une analyse descriptive, afin de pouvoir déceler l'impact de l'intégration régionale sur la croissance économique par la description des graphiques. Pour approfondir nos premiers résultats, nous avons estimé un modèle en panel dynamique en recourant à la méthode des GMM en systèmes. Les résultats de nos estimations montrent qu'une augmentation de la part des exportations intrarégionales favorise le PIB par habitant.

De plus, l'augmentation des droits de douane réduit le bien-être économique en ASS. Ce qui implique que pour garantir une croissance fiable, les États doivent mettre en place des mesures de facilitation des échanges par la réduction des droits de douane. Dans la même lancée, les transferts de fonds garantissent une augmentation des activités de production. Par ailleurs, la nuance provient des flux d'IDE, car leur accroissement détériore plutôt la croissance économique.

BIBLIOGRAPHIE

ACEMOGLU, D., & JOHNSON, S. (2007). Disease and development: The effect of life expectancy on economic growth. *Journal of Political Economy, 115*(6), 925–985.

ADAMS, S. (2009). Foreign direct investment, domestic investment, and economic growth in Sub-Saharan Africa. *Journal of Policy Modeling, 31*(6), 939–949.

AFESORGBOR, S., & BERGEIJK, P. (2011). Multi-membership and effectiveness of regional trade agreements in Western and Southern Africa: A comparative study of ECOWAS and SADC. *Institute of Social Sciences Working Paper* N° 520.

AGHION, P., & HOWITT, P. (1992). A model of growth through creative destruction. *Econometrica, 60*(2), 323–51.

ALLALI, S. (2022). Overview of the evolution of the concept of "regional integration": Focus on the African Continental Free Trade Area. *International Journal of Accounting, Finance, Auditing, Management & Economics, 3*(3-1), 230–241.

ARELLANO, M., & BOND, S. (1991). Some tests of specification for panel data: Monte Carlo evidence and an application to employment equations. *Review of Economic Studies, 58*(2), 277–97.

ARELLANO, M., & BOVER, O. (1995). Another look at the instrumental variables estimation of error-components models. *Journal of Econometrics, 68*(1), 29–51.

BALASSA, B. (1961). Towards a theory of economic integration. *Kyklos, 14*(1), 1–17.

BALDWIN, R. (2003). The decline of US labor unions and the role of trade. *Institute of International Economics*, Washington, DC. Columbia University Press.

BALTAGI, B., DEMETRIADES, P. O., & LAW, S. (2009). Financial development and openness: evidence from panel data. *Journal of Development Economics, 89*(2), 285–296.

BARAJAS, A., CHAMI, R., FULLENKAMP, C., GAPEN, M., & MONTIEL, P. (2009). Do workers' remittances promote economic growth? *IMF Working Paper* N° 9-2153.

BARRO, R. (1990). Government spending in a simple model of endogenous growth. *Journal of Political Economy, 98*(5), 103–125.

BAYALE, N., IBRAHIM, M., & ATTA-MENSAH, J. (2020). Potential trade, welfare and revenue implications of the African Continental Free Trade Area (AfCFTA) for Ghana: An application of partial equilibrium model. *Journal of Public Affairs, 22*(1), e2385.

BAZALUK, O., YATSENKO, O., REZNIKOVA, N., BIBLA, I., KARASOVA, N., & NITSENKO, V. (2022). International integration process influence on welfare of country. *Journal of Business Economics and Management, 23*(2), 382-398.

BEKAERT, G., & HARVEY, C. R. (2000). Foreign speculators and emerging equity markets. *Journal of Finance, 55*(2), 565–613.

BLUNDELL, R., & BOND, S. (1998). Initial conditions and moment restrictions in dynamic panel data models. *Journal of Econometrics, 87*(1), 115–143.

BORENSZTEIN, E., DE GREGORIO, J., & LEE, J.-W. (1998). How does foreign investment affect economic growth? *Journal of International Economics, 45*(1), 115–135.

CARMIGNANI, F., & CHOWDHURY, A. R. (2010). Why are natural resources a curse in Africa, but not elsewhere? *School of Economics*, University of Queensland.

CEA (2016). Rapport sur l'indice de l'intégration régionale en Afrique. Nations Unies, Addis-Abeba.

CEA (2017). Rapport annuel 2017 sur l'assurance qualité à la Commission économique pour l'Afrique : réalisations, difficultés et enseignements. Nations Unies, Addis-Abeba.

CNUCED (2013). Rapport sur le commerce et le développement : S'adapter à la nouvelle dynamique de l'économie mondiale. Nations Unies, New York et Genève.

COULIBALY, S. (2007). Evaluating the trade effect of developing regional trade agreements: A semi-parametric approach. *World Bank Working Paper* N° WPS4220.

DEATON, A. (2016). Measuring and understanding behavior, welfare, and poverty. *American Economic Review, 106*(6), 1221–1242.

DE MELO, J. (1997). Foreign direct investment in developing countries and growth: A selective survey. *The Journal of Development Studies, 34*(1), 1–34.

EDWARDS, S. (1998). Openness, productivity and growth: What do we really know? *The Economic Journal, 108*(447), 383–398.

EKODO, R., & NGOMSI, A. (2017). Ouverture commerciale et croissance économique en zone CEMAC. *Journal of Economics and Development Studies, 5*(3), 58–67.

FRANKEL, J. A., & ROMER, D. H. (1999). Does trade cause growth? *American Economic Review, 89*(3), 379–399.

GREENWALD, B., & STIGLITZ, J. E. (1986). Externalities in economics with imperfect information and incomplete markets. *The Quarterly Journal of Economics, 101*(2), 229–264.

GREENWALD, B., STIGLITZ, J. E., & WEISS, A. (1984). Informational imperfections in the capital market and macro-economic fluctuations. *NBER Working Paper* N° 1335.

GROSSMAN, G., & HELPMAN, E. (1991). Trade, knowledge spillovers, and growth. *European Economic Review, 35*(2-3), 517–526.

HARRISON, A. (1996). Openness and growth: A time-series, cross-country analysis for developing countries. *Journal of Development Economics, 48*(2), 419–447.

HENRY, P. B. (2000). Equity prices, stock market liberalization, and investment. *Journal of Financial Economics, 58*(1-2), 301–34.

HUETING, R. (2011). Sustainable national income: Information for attaining sustainability. *Management Research Review, 34*(11), 1190–1201.

JACKMAN, R. W. (1982). Dependence on foreign investment and economic growth in the third world. *World Politics, 34*(2), 175–196.

KAMINSKY, G., & SCHMUKLER, S. L. (2002). Financial crises, credits ratings, and bank failures: Emerging market instability: Do sovereign ratings affect country risk and stock returns? *The World Bank Economic Review, 16*(2), 171–195.

KEYNES, J. M. (1936). The general theory of employment, interest and money. Macmillan, 21–30.

KRUGMAN, P. (1980). Scale economies, product differentiation, and the pattern of trade. *American Economic Review, 70*(5), 950–959.

LANDAU, D. (1995). The contribution of the European Common Market to the growth of its member countries: An empirical test. *Review of World Economics, 131*(12), 774–82.

LEVINE, R., & RENELT, D. (1992). A sensitivity analysis of cross-country growth regressions. *The American Economic Review, 82*(4, Sept), 942–963.

MANKIW, G. N., ROMER, D., & WEIL, D. (1992). A Contribution to the empirics of economic growth. *The Quarterly Journal of Economics, 107*(2), 407–437.

MANWA, F., & WIJEWEERA, A. (2016). Trade liberalization and economic growth link: The case of Southern African Custom Union countries. *Economic Analysis and Policy, 51*(9), 12–21.

MARTUSCELLI, A., & GASIOREK, M. (2019). Regional integration and poverty: A review of the transmission channels and the evidence. *Journal of Economics Surveys, 33*(2), 431–457.

MUHANJI, S., OJAH, K., & SOUMARE, I. (2019). How do natural resource endowment and institutional quality influence the nexus between external indebtedness and welfare in Africa? *Economic Systems, 43*(1), 77–98.

NARAYAN, P. K., SHARMA, S. S., & PHAN, D. H. (2016). Asset price bubbles and economic welfare. *International Review of Financial Analysis, 44*(3), 139–148.

NYE, J. (1968). Comparative regional integration: Concept and measurement. *International Organization, 22*(4), 855–880.

PERROUX, F. (1961). L'économie du XXe siècle. Paris, PUF.

RAUSCHENDORFER, J., & TWUM, A. (2021). Unmaking of a customs union: Regional (dis)integration in the East African Community. *World Trade Review, 21*(1), 59–70.

RICARDO, D. (1817). On the principles of political economy and taxation. Dent, London.

SACHS, J., & WARNER, A. (1995). Natural resource abundance and economic growth. *NBER Working Paper* N° 5398.

SAMUELSON, P. A., & NORDHAUS, W. D. (2004). Economics. *McGraw-Hill.*

SANCHEZ-ALBORNOZ, A. E. D., & TIMINI, J. (2021). Trade agreements and Latin American trade (creation and diversion) and welfare. *The World Economy*, *44*(7), 2004-2040.

SEN, A. (1987). Gender and cooperative conflicts. *WIDER Working Papers* N°18, Helsinki.

SMITH, A. (1776). An inquiry into the nature and causes of the wealth of nations. In W. Strahan & T. Cadell, The Glasgow edition of the works and correspondence of Adam Smith. Londres : *Oxford University Press.*

SODIPE, O. A., & OGUNRINOLA, I. (2011). *Employment and economic growth nexus in Nigeria. International Journal of Business and Social Science, 2*(11), 1–8.

SOUMARE, I. (2015). Does foreign direct investment improve economic development in North Africa countries? *Applied Economies, 47*(51), 5510–5533.

STIGLITZ, J. E. (2000). Capital market liberalization, economic growth, and instability. *World Development, 28*(6), 1075–1086.

SUN, X. (2002). Foreign direct investment and economic development: What do the states need to do? *Capacity Development Workshops*, Marrakech, Morocco.

UA (2010). Trade liberalization, investment and economic integration in Africa regional economic communities towards the African common market and economic community. 6th *ordinary Session* from 29 October to 02 November 2010. Kigali.

VAMVAKIDIS, A. (1999). Regional trade agreements or broad liberalization: Which path leads to faster growth? *IMF staff papers, 46*(1), 42–68.

VINER, J. (1950). The customs union issue. *Carnegie Endowment for International Peace* 221, New York, 8.

WACZIARG, R., & WELCH, K. H. (2008). Trade liberalization and growth : New evidence. *The World Bank Economic Review, 22*(2), 187–231.

WORLD BANK (2013). Africa Competitiveness Report 2013. Washington, DC.

YOUNG, A. (1991). Learning by doing and the dynamic effects of international trade. *The Quarterly Journal of Economics, 106*(2), 369–405.

L'INTÉGRATION RÉGIONALE ET LE BIEN-ÊTRE SOCIAL EN AFRIQUE SUBSAHARIENNE

Jacob TCHE

jacobtche1985@gmail.com

Marcel Hubert TEGUE KAMGA

tegmarcel@gmail.com

Résumé

L'influence de l'intégration régionale sur le bien-être social en Afrique subsaharienne sur la période 2002-2016 est mise en évidence dans cette communication de façon empirique. La contribution majeure est l'enrichissement de la littérature sur la notion de bien-être social ; qui jusqu'ici n'abordait que la dimension de bien-être dans sa globalité. Cette contribution est originale dans la mesure où la littérature est pauvre sur la problématique d'intégration régionale ; qui est au cœur des discussions en Afrique et notamment en relation avec la notion de bien-être. Les résultats obtenus sur les indicateurs commerciaux de l'intégration régionale sont un peu nuancés puisque la part des importations intrarégionales agit positivement sur le bien-être social tandis que la part des exportations a une influence négative.

Mots clés : Intégration régionale, bien-être social, Afrique subsaharienne, DMC.

Abstract

This article empirically highlights the influence of regional integration on social welfare in Sub-Saharan Africa over the period 2002-2016. The major contribution is the enrichment of the literature on the notion of social welfare; which until now has only addressed the dimension of well-being as a whole. This contribution is original insofar as the literature is poor on the issue of regional integration; which is at the heart of discussions in Africa and particularly in relation to the notion of welfare. The results obtained on the trade indicators of regional integration are somewhat nuanced since the share of intra-regional imports has a positive effect on social welfare while the share of exports has a negative influence. As trade deal trumps predict, high tariffs are accompanied by falling HDI.

Keywords : Regional integration, social welfare, Sub-Saharan Africa, DMC.

INTRODUCTION

L'appréhension de l'intégration régionale par Viner (1950) s'est faite sur les fondements de la théorie de l'union douanière. D'après sa conception libérale, l'abolition des droits de douane fait intervenir deux options pour un pays que sont la création du commerce ou le détournement de commerce. Pour Balassa (1961), l'intégration régionale constitue à la fois un processus guidé vers la suppression des pratiques discriminatoires entre les pays concernés et une situation caractérisée par cette même absence de discrimination. Toutefois, il considère l'intégration plus comme un processus qu'un fait ; et c'est ainsi qu'il retient six étapes à la régionalisation économique à savoir : la Zone de Libre Echange, l'Union Tarifaire, l'Union Douanière, le Marché Commun, l'Union Economique et l'Union Monétaire.

Le bien-être est une notion bien plus complexe qui ne se limite pas au seul cadre économique. Il s'agit non seulement d'un concept subjectif, mais aussi scientifique. Son étude fait couler beaucoup d'encre au sein de la communauté et quelquefois constitue le champ d'étude des prix Nobel d'économie tels Amartya Sen en 1998, Angus Deaton en 2015 et le plus récent en 2019 par Michael Kremer, Abhijit Banerjee et Esther Duflo. Tout le monde est à la recherche du bien-être, du décideur politique au simple citoyen.

Au sens économique, Narayan et *al.* (2016) appréhendent le bien-être comme le niveau de prospérité et le niveau de vie d'un individu ou d'un groupe d'individus ; et c'est cette définition que nous retiendrons dans le cadre de notre recherche. Il indique aussi le niveau de satisfaction retiré de la consommation de biens et services (Samuelson & Nordhaus, 2004). Toutefois, ces définitions prennent en compte uniquement l'aspect monétaire du bien-être et masquent sa dimension sociale. En revanche, selon l'approche des capabilités de Sen (1987), le bien-être dépend des chances qu'un individu dispose pour réaliser ses désirs ou choisir librement des modes de vie possibles. Cette approche en termes de capacités humaines met ainsi l'accent sur les possibilités qu'ont les individus de décider et de choisir. Par ailleurs, Deaton (2016) conçoit le bien-être social par la réduction de la pauvreté ; ce qui passe par une bonne santé, un taux d'éducation élevé, une augmentation du pouvoir d'achat et une réduction des inégalités.

Le bien-être social est une notion mesurable dans la globalité ou à travers les divers aspects sociaux. On peut le détecter via le taux de pauvreté, le niveau de scolarisation, la durée de vie, le niveau de revenu et la condition environnementale. En 2012, les taux de pauvreté[48] en ASS avaient baissé de 14 points en comparaison avec ceux de 1990, passant de 57% à 43% (World Bank, 2017). Malgré cette légère prospérité, la prévalence de la pauvreté dans

---

[48] Définis selon la mesure standard de 1,90 dollar/jour.

l'Afrique entière reste élevée , du fait de la combinaison entre l'accroissement du taux démographique et du ralentissement du taux de croissance économique. La population pauvre africaine est passée de 280 millions en 1990 à 330 millions en 2012.

De plus, l'état des lieux de l'éducation durant cette période nous montre que deux adultes sur cinq demeurent analphabètes. La problématique des inégalités est fortement explorée en Afrique subsaharienne, car l'indice de Gini nous montre que l'Afrique est le continent le plus représentatif en matière d'inégalité de revenus dans le monde. Toutefois, l'Éthiopie, le Mali et le Niger affichent un score plutôt satisfaisant. Au sein de la CEEAC, le Cameroun est compté parmi les pays ayant une dynamique inégalitaire décroissante. Avec le Rwanda et le Congo, ils s'enregistrent moyennement entre 0,45 et 0,54. S'agissant du genre, le taux d'emploi est davantage dirigé vers la main-d'œuvre masculine. Or, le PIB s'améliorerait significativement si la participation des femmes dans le marché du travail était égale à celle des hommes (FMI, 2017b).

Ces deux dernières décennies, plusieurs organismes internationaux[49] et gouvernements se sont intéressés à la nécessité de constituer les zones d'intégration économique afin de connaitre une croissance forte et généralisée, accompagnée d'une meilleure qualité de vie commune. Cette intégration régionale totale inclut une union des économies, voire de la monnaie au sein d'une zone. De manière spécifique, construire un espace politique, économique ou un marché n'est plus *sine qua non* au principe d'intégration. Il faudrait aussi s'engager dans un processus de modification organisationnelle et de transformation structurelle au sein de l'espace régional de façon à stimuler durablement le développement humain et économique (Bekolo, 2001).

Les initiatives en matière de recherche de bien-être sont également restées d'actualité au sein de la sous-région ASS. Dans les années 1990, de nombreux pays africains avaient accumulé une dette extérieure énorme et le service de la dette était devenu un obstacle au développement. Pour faire face à cette situation, les donateurs ont lancé en 1996 l'initiative en faveur des pays pauvres très endettés (PPTE) destinée à soulager les pays surendettés. Face au mécontentement suscité par la lenteur des progrès accomplis dans l'allégement de la dette des pays pauvres au titre de l'initiative PPTE, un nouveau programme économique fut adopté en 1999, consacré par le Document de Stratégie pour la Réduction de la Pauvreté (DSRP). À sa suite, il a été adopté le Document de Stratégie pour la Croissance et l'Emploi

[49] Parmi, on a le FMI, la Banque Mondiale, l'ONU à travers ses programmes. En particulier en Afrique à travers l'UA, la BAD et la CEA.

(DSCE). Toute cette vision a été consolidée lors de la conférence des chefs d'État et des Gouvernements africains en 2013 dans le cadre de l'agenda 2063.

Malgré toutes ces initiatives en faveur de l'intégration régionale dont le but est le développement global de l'Afrique, l'on observe avec les faits stylisés une chute du PIB par tête en ASS, qui est passé à 1,4% en 2016, soit une diminution du taux de croissance de deux tiers environ. Ce nouveau taux est le plus bas atteint depuis 20 ans (FMI, 2017a). Les conditions économiques des pays africains continuent à se détériorer suite à la chute drastique du prix des matières premières, précisément celui du cours pétrolier. On parlerait alors de tragédie africaine. En effet, le commerce intra et extra-africain a connu durant cette même période une baisse tant au niveau des exportations qu'au niveau des importations.

C'est ainsi que dans la CEEAC, les exportations intragroupes sont passées de 2499,377673 dollars en 2011 à 1007,68637 dollars en 2016. En CEDEAO, elles sont quittées de 11814,09086 dollars à 7254,312467 dollars (CNUCED, 2018). Les pays les plus échangistes au commerce en Afrique subsaharienne dans leur région sont l'Afrique du Sud, la Côte d'Ivoire, le Kenya et le Nigéria, car ils exportent de manière diversifiée les produits manufacturés (CNUCED, 2009). Comparés au commerce vers le reste du monde, les échanges commerciaux intra-africains sont moindres, dus au fait que la gamme est limitée et les produits sont similaires. En plus de cela, ces produits ne sont pas attractifs au sein du continent (Nkurunziza, 2001).

Quant au bien-être social, les 17 objectifs de développement durable signés en 2015 en ont accordé une grande importance, spécifiquement au troisième ODD qui prône la bonne santé et le bien-être de tous à tout âge. Sur le plan sanitaire, même si l'espérance de vie en ASS est passée de 51 ans en 2002 à 60 ans en 2016, le taux de mortalité infantile ne cesse d'augmenter avec un décès de 4 enfants sur 5 ayant moins de 5 ans. Ceci est en partie dû au niveau d'éducation faible de la mère puisque les enfants issus des mères éduquées ont plus de chance de survivre que ceux des mères sans éducation (OMS, 2017). Près de 265 millions d'enfants dans le monde ne sont pas scolarisés avec 22% ayant la possibilité d'avoir une éducation primaire. Plus de la moitié des enfants non-inscrits vivent en ASS et pour la plupart, ceci est dû à l'instabilité sécuritaire (UNESCO, 2015). Sur le plan environnemental, l'émission des gaz à effet de serre est sensiblement faible en Afrique. Mais dans la mesure où l'intégration régionale améliorerait le PIB, il est fort probable que cela entraînerait un accroissement des émissions de gaz à effet de serre (Grossman & Krueger, 1995), même s'il s'effectue de manière lente (PNUD, 2011).

Le manque d'infrastructures matérielles et physiques aggrave les contraintes de commerce géographique et de ce fait isole les économies de l'Afrique les unes des autres (CNUCED, 2009). Il s'agit là d'outils permettant la fluidité de la communication entre les pays tels que les réseaux routiers, aériens, ferroviaires, maritimes et téléphoniques capables de rapprocher les parties signataires de l'intégration. Notons par-là que l'accroissement de tous ces équipements favorables pour l'intégration nécessite en conséquence une augmentation soutenue du niveau de pollution et par conséquent nocive pour la santé humaine (OMS, 2017 ; Grossman & Krueger, 1993).

Fort de ce constat, il est légitime de poser la question suivante : quelle est l'influence de l'intégration régionale sur le bien-être social en Afrique subsaharienne ? Le but de cette communication est donc de montrer l'influence de l'intégration régionale sur le bien-être social en Afrique subsaharienne en vérifiant que l'intégration régionale favorise le bien-être social ?

I. INTÉGRATION RÉGIONALE ET BIEN-ÊTRE SOCIAL EN AFRIQUE SUBSAHARIENNE

Plusieurs approches ont tenté d'éclairer sur l'intégration régionale. La théorie et la pratique de l'intégration régionale développées par Mitrany (1943) trouvent leur origine dans le concept de coopération en matière de bien-être social au XIXe siècle. Une telle coopération a été conçue comme un moyen pour éradiquer les risques d'insécurité entre les pays. En grande partie, cette idée fut défendue par Saint-Simon[50], qui est celle de dépasser le concept de « *laissez-faire* » et de poursuivre le but de coopération en matière de protection sociale entre les États afin de satisfaire les besoins humains fondamentaux. Il a de même établi le lien entre une paix durable et la satisfaction des besoins fondamentaux de l'homme tels que la santé, l'éducation, le logement et le déplacement.

I.1. Revue théorique entre l'intégration régionale et bien-être social

L'intégration régionale a un effet sur le vécu quotidien des pays et individus. Krugman (1991) y voit que les pays proches géographiquement ont de meilleures possibilités d'accroitre leur bien-être social par la création des accords de libre-échange comparativement aux pays ayant de larges distances géographiques. De plus, certains auteurs ont trouvé à la libre circulation des capitaux, des canaux tels que les envois de fonds et les IDE comme source de développement humain.

[50]Saint-Simon de son nom complet Claude-Henry de Rouvroy fut un économiste et philosophe français du XVIIIe Siècle. Il est le fondateur du saint-simonisme et est considéré pour certains comme le père de la pensée socialiste.

I.1.1. L'intégration régionale : mythe ou réalité

Les pensées fédéralistes, inter-gouvernementalistes et néo-fonctionnalistes sont les théories utilisées pour expliquer le bien-être que procure l'intégration régionale. Bien que toutes distinctes et controversées les unes que les autres, elles peuvent être complémentaires. Par exemple, le néo-fonctionnalisme et l'inter-gouvernementalisme ont deux points communs : leur filiation libérale d'une part, leur focalisation sur les acteurs censés piloter le processus d'intégration d'autre part. Les deux doivent donc s'unir pour produire des explications suffisantes de l'intégration. Ces théories décrivent et expliquent l'évolution et les dynamiques de l'intégration régionale selon trois dimensions : la portée (fonctionnelle), le niveau (de centralisation) et l'extension territoriale (Leuffen et al. 2013).

I.1.1.1. Les courants de l'intégration régionale et leurs limites

L'approche fédéraliste n'est pas aussi explorée que les théories du néo-fonctionnalisme et de l'inter-gouvernementalisme libéral. Néanmoins, elle peut être utile dans l'explication sur l'intégration en général et sur la coopération internationale particulièrement en Afrique.

Bien que la théorie du fédéralisme ait été appliquée à des sujets plus politiques, il n'en demeure pas moins qu'elle a été d'un grand apport aux recherches académiques nécessaires au débat scientifique via ses hypothèses. C'est ainsi que les premiers pas de l'intégration en Europe sont dus tant au fédéralisme qu'au régionalisme et qu'elle avait une visée plus politique (Loughlin, 1996). Le concept d'*« unité »* est primordial en particulier lorsque l'on examine les organisations ou syndicats fédéraux internationaux. C'est pourquoi Burgess (2009) déclare que le fédéralisme a été jugé comme un moyen de réunir des unités territoriales auparavant séparées et indépendantes, afin de constituer une nouvelle forme d'union fondée sur des principes qui, d'une manière générale, peuvent être résumés dans le dicton *« unité dans la diversité »*. Dans ce courant, de nombreux facteurs ont joué un rôle dans le processus d'intégration dont l'un des principaux était la recherche d'une sécurité commune.

Ainsi, si les États-nations ou leurs peuples ont le sentiment (ou plutôt la peur) qu'ils ne peuvent plus assurer leur propre sécurité, il pourrait être logique de rechercher une telle sécurité dans l'union avec d'autres États. Selon Dosenrode (2010), il y a quatre facteurs pouvant mener à une intégration régionale : la sécurité, la prospérité (richesse économique), commodité (ressemblance culturelle) et proximité géographique. Ces facteurs ne sont toutefois pas perçus comme menant directement à l'intégration.

Le fédéralisme a été critiqué par d'autres approches, non pas pour les hypothèses qu'elle émet, mais pour ce qu'elle a manqué de mentionner. Pour certains, le fédéralisme représente une idéologie (Moravcsik, 2005). Pour d'autres, la théorie est très explicative. Le questionnement sur l'une des hypothèses de base arrive à la contestation que le problème de sécurité est le principal facteur conduisant à l'intégration régionale.

Les origines du fonctionnalisme remontent à l'époque d'après-guerre mondiale où la construction européenne ne fut toujours qu'une idée, vu qu'elle n'a commencé à se concrétiser qu'une dizaine d'années plus tard. Entre autres, le néo-fonctionnalisme qui a émergé plus tard a remis en question la séparation supposée, par le fonctionnalisme, entre les secteurs politiques et non politiques. C'est ainsi que Niemann (2006) distingue diverses retombées des demandes de l'intégration : géographiques, fonctionnelles (ou sectorielles), sociales et institutionnelles (ou cultivées).

La pensée fonctionnaliste se développe au fil du temps. L'on distingue ainsi le néo-fonctionnalisme et le post-fonctionnalisme à la suite du fonctionnalisme. Malgré son nom, la théorie néo-fonctionnaliste affiche des différences majeures par rapport au fonctionnalisme. Le néo-fonctionnalisme s'attache principalement au concept de *« retombées »*. Il englobe la demande d'une plus grande intégration dans le concept de *« débordement »* (Haas, 1968). En gros, ce concept décrit comment la coopération internationale dans un domaine stimule la coopération dans d'autres domaines de différentes manières. Dans la perspective néo-fonctionnaliste, une alliance est importante entre acteurs économiques transnationaux et organisations supranationales. Le néo-fonctionnalisme conteste l'idée selon laquelle les gouvernements soient en mesure de contrôler le processus d'intégration.

Contrairement au néo-fonctionnalisme, le post-fonctionnalisme récent suppose un mécanisme d'intégration brutal. À mesure que l'intégration régionale progresse et sape la souveraineté nationale et la communauté, elle crée des perdants économiques et culturels qui sont mobilisés par des partis sceptiques à l'intégration. Le post-fonctionnalisme soutient que l'intégration régionale peut créer une réaction au niveau national et nuire au processus d'intégration par la suite. L'intégration régionale crée chez eux des perdants qui craignent non seulement pour leur bien-être, mais aussi pour leur autodétermination nationale.

À cause d'un manque d'études empiriques, le néo-fonctionnalisme a été considéré comme inutile dans les années 1970. Toutefois, les critiques émises ont été aussi nombreuses que différenciées puisqu'elles ont pris en compte les hypothèses, le raisonnement et les données empiriques. En général, le néo-fonctionnalisme a été mis au défi d'être trop linéaire, dans la mesure où il ne tenait pas compte de plusieurs facteurs, tels que les conséquences imprévues d'une décision politique sur l'échelle internationale ou d'autres facteurs pouvant influencer le processus d'intégration, à l'instar des changements d'attitudes publiques et politiques ou d'une sous-estimation de la souveraineté nationale et du nationalisme (McCormick, 2005). L'une des principales critiques à l'encontre du néo-fonctionnalisme est le manque de considération pour l'environnement et le contexte dans lequel toute organisation internationale ou supranationale existe, à savoir le monde au sens large (Haas, 1970).

I.1.1.2. Les inter-gouvernementalistes à la quête du bien-être et les critiques

L'inter-gouvernementalisme s'aperçoit comme une réponse aux critiques sur le néo-fonctionnalisme. La dichotomie de ces deux familles est la plus pratique pour expliquer la théorie de l'intégration régionale (Verdun, 2002). Le principal argument défendu par ce courant de pensée est que les États sont les acteurs principaux de la coopération internationale et leurs actions sont à la fois unitaires et rationnelles.

L'inter-gouvernementalisme réaliste débute par la recherche d'un *« intérêt national »* définie par la puissance publique ; et consistant à veiller fondamentalement sur l'autonomie et la sécurité étatique. Cette approche intergouvernementale intègre une double demande : l'interdépendance et les préférences des États. L'intégration régionale se présente ici sous forme d'une alliance contre des États puissants extérieurs à la zone, elle procède par un mélange de ressources des États régionaux afin d'assurer efficacement un équilibrage externe (Rosato, 2011).

Plusieurs critiques ont été énoncées au sujet de l'inter-gouvernementalisme surtout celles libérales. Les principales sont de trois ordres : les critiques sur les hypothèses, le raisonnement et les tests empiriques. L'hypothèse qui stipule que les gouvernements sont des acteurs rationnels est généralement contestée. En effet, cette pensée ne prend pas en compte le rôle que jouent les valeurs et les individus dans le processus d'intégration. Dans le raisonnement, la critique se pose dans le fait que la théorie sous-estime le rôle des agents supranationaux, ne prend pas en compte les conséquences non intentionnelles et omet l'explication du *« sentier de dépendance »*. Si les hypothèses de l'inter-gouvernementalisme libéral ont été questionnées, alors les tests le sont également. En effet, lorsque l'explication de l'intégration se fait par la formation des préférences et la négociation en situation anarchique des États, l'administration intergouvernementale libérale se base uniquement sur les *« grandes étapes »* de l'intégration telles que la négociation de traités.

I.1.2. Les fondements commerciaux de l'intégration régionale : la vision structuraliste et le bien-être social

Au lieu d'accorder au régionalisme un facteur de rapprochement entre les peuples, certains préfèrent y voir la marque des États, et, d'une manière générale, la conséquence d'une nouvelle dynamique de système. Le nouveau structuralisme émet deux idées centrales. D'une part, la place relative des

États-nations est déterminée par les structures de l'économie mondiale et ce sont leurs capacités économiques qui les différencient les uns des autres. D'autre part, les regroupements économiques permettent d'apporter une sécurité commune, d'accroitre le potentiel économique et d'élargir le bien-être.

D'après la théorie standard du commerce international, un pays devrait se spécialiser dans la production du bien dont le facteur est abondant, c'est-à-dire que lorsque les pays optent pour les échanges, les effets de spécialisation engendrent une forme de division du travail qui entraîne une restructuration de l'activité économique mondiale (Van Neuss, 2018).

D'après Ghazali (2009), le modèle HOS ou celui de dotations factorielles explique au mieux le caractère de répartition inégale des salaires. Ce modèle prédit que l'ouverture des échanges par les PED entraîne une diminution (augmentation) du prix relatif du bien intensif en main-d'œuvre qualifiée (bien intensif en travail non qualifié). Cela amène les pays du Sud à exporter avec spécialisation les biens à forte intensité de main-d'œuvre non qualifiée et à l'activer simultanément aux effets Stolper-Samuelson. D'après ce théorème, le résultat prévu de la libéralisation pour les pays du Sud est une réduction de l'inégalité des salaires entre travailleurs qualifiés et non qualifiés.

La récente littérature insiste surtout sur le changement technologique basé sur les compétences. Le progrès technologique est biaisé par les compétences pratiques dans la mesure où il accroit juste la demande relative de main-d'œuvre qualifiée (Haskel & Slaughter, 1998). Goldberg et Pavcnik (2004) vont trouver une relation dépendante entre la libéralisation des échanges et le biais technologique, notamment que, ce dernier pourrait être considéré comme une explication endogène à la libéralisation commerciale. De plus, selon Acemoglu (2003), la libéralisation des échanges contribue à l'amélioration des compétences en augmentant les importations de machines et des biens d'équipement de haute technologie de moins en moins coûteux par les pays en développement.

Dans la mesure où les nouveaux biens d'équipements sont complémentaires du travail qualifié, on peut prévoir une augmentation de la demande relative de travailleurs formés. Dans la même lancée, Pissarides (1997) a également élaboré un modèle selon lequel la libéralisation des échanges favorise l'accroissement des rendements du travail et de primes de compétences des PED malgré leur faible niveau d'exportations de compétences. Le renforcement du commerce des pays industrialisés vers les PED inciterait ceux-ci à apprendre et à imiter de nouvelles technologies, ce qui contribuerait à augmenter la demande relative de travailleurs qualifiés et donc un accroissement temporaire de leurs salaires.

En se basant sur l'avantage comparatif, Beenstock (1984) fait la remarque qu'une grande partie des centres de production manufacturière s'est déplacée vers les PED pour plusieurs facteurs. De même, cette désindustrialisation des pays développés au profit des PED accroit la main-d'œuvre peu qualifiée. En effet, le travail peu qualifié est relativement abondant dans les pays du Sud par rapport au travail qualifié tandis que c'est l'inverse dans les pays du Nord.

En fait, c'est à partir de Wood (1994) qu'il s'est développé un discours théorique qui lie la libéralisation commerciale et les délocalisations de main-d'œuvre entre les secteurs d'activité. C'est ainsi que Rowthorn et Coutts (2004) soulignent que les importations de produits manufacturés en provenance des pays à bas salaires sont rémunérées par l'exportation de produits manufacturés en provenance des économies avancées, ce qui génère de nouveaux emplois du secteur manufacturier dans les pays en développement.

En plus, selon Robert-Nicoud (2008), la délocalisation encourage une forme de spécialisation par fonction plutôt que par secteur à travers les opérations offshore, lesquelles ont déplacé toute la production manufacturière vers les pays à bas salaires. Néanmoins, l'ouverture commerciale peut avoir un impact négatif sur l'emploi manufacturier à travers les effets de la concurrence étrangère sur la productivité des firmes manufacturières domestiques. D'une part, cette concurrence peut accroitre la productivité des firmes domestiques en encourageant celles-ci à rechercher des méthodes de production plus efficientes et par conséquent une réduction de la demande de main-d'œuvre. D'autre part, l'entrée de firmes étrangères plus productives élimine les activités à faible valeur ajoutée et les firmes inefficientes et accroit ainsi la productivité du secteur (Rowthorn & Coutts, 2004).

I.1.3. Intégration commerciale et développement humain

Le développement humain prend en compte la santé, l'éducation et les inégalités de revenus. Il est toutefois admis d'évoquer le volet environnemental lorsqu'on recherche le bien-être. Au vu de l'inquiétude généralisée suscitée par la dégradation de l'environnement, sa protection est devenue une priorité mondiale au cours des dernières décennies. L'effet de la libéralisation commerciale sur tous ces aspects revêt une importance qui est nécessaire d'être analysée.

La mondialisation pourrait cependant affecter la santé, en modifiant par exemple son mode de vie, en propageant plus rapidement les maladies contagieuses et en modifiant les relations internationales. Les asymétries intrarégionales sont traitées par des programmes régionaux ciblant le renforcement de la cohésion sociale et de la coopération frontalière en vue d'améliorer l'accès aux soins de santé, à l'éducation et à un environnement sain.

Le cadre théorique liant la libéralisation commerciale avec les éléments de la santé classe les effets en deux catégories : les effets positifs et les effets négatifs. L'un des principaux reproches au modèle théorique développé par Blouin et *al.* (2009) est qu'il tient en compte uniquement les effets négatifs. Les effets sont entre autres l'accroissement des inégalités de revenus, de l'insécurité économique et alimentaire. Alors que ces auteurs devraient de façon explicite générer les effets potentiellement bénéfiques. Il serait pertinent que d'un point de vue systémique, de pareils modèles conceptuels puissent permettre des effets positifs et négatifs, réglementaires ou compensatoires, intentionnels ou non. Ces effets négatifs, retrouvés sur la santé, ont été obtenus dans une perspective empirique par Stuckler et *al.* (2009).

Par contre, certains éléments de preuve présentent des effets plutôt favorables. Dans les faits, l'espérance de vie au sein des anciens pays communistes de l'Europe de l'Est a évolué de façon rapide suite à la libéralisation du commerce ; ceci malgré le fait que ces pays aient également bénéficié à la fois d'un niveau élevé de capital social et d'infrastructures (Stuckler et *al.*, 2009).

En plus d'être associée à une inégalité des revenus, la libéralisation commerciale affecte de façon directe ou indirecte la santé humaine. Dans un contexte où la libéralisation des échanges a privé les pays en développement, qui dépendent fortement des droits de douane, des revenus nécessaires. Stiglitz (2009) émet que cette résultante d'augmentation de la pauvreté, du stress social et de la diminution des dépenses publiques est un gage de diminution de l'état de santé. Même un épisode de malnutrition relativement bref, consécutif à une grave récession comme celle de la crise financière mondiale de 1997-1998, peut avoir des conséquences sur la vie. Mais les conséquences les plus néfastes pour la santé proviennent des accords commerciaux conçus pour limiter l'accès aux médicaments génériques. Aux États-Unis, par exemple, les prix élevés rendent les médicaments particulièrement coûteux pour les personnes sans assurance. Dans les pays en développement, les gens ne peuvent pas acheter des médicaments de marque, mais pourraient acheter des médicaments génériques.

Pour combler le coût de la réaffectation des ressources que génèrent le changement technologique et l'accroissement de la concurrence internationale, les PED sont enclins à adopter des politiques d'ajustement vers les marchés du travail, à l'éducation et la formation (Kim, 2018). Malgré les divergences, chaque pays répond aux défis économiques de la même manière que les politiques qui promeuvent l'universalité de l'éducation et, par la suite, crée le conflit inévitable à cause des limites de sa capacité à assurer une éducation globalement efficace face aux différences humaines.

La globalisation économique comprend la globalisation des marchés, de production, de technologie et d'industries. C'est un processus qui se manifeste par l'intensification de l'intégration de l'économie d'un pays avec le reste du monde (Akhter, 2004). Dans sa recherche de l'impact de la mondialisation économique sur le développement humain, le résultat a montré que la corrélation de ces deux concepts est retransmise par la liberté économique et la corruption. De manière spécifique, il trouve un lien positif entre la mondialisation économique et la liberté économique, qui est à son tour positivement liée au capital humain.

Par ailleurs, il y a une négativité dans la relation entre la globalisation économique et la corruption, laquelle est négativement liée au développement humain à son tour. La libéralisation commerciale fait partie des prescriptions les plus courantes en matière d'élimination de la pauvreté dans les pays en développement. Ses effets sur le marché du travail pourraient affecter l'investissement dans le capital humain de plusieurs façons.

D'après Becker (1965), le changement structurel de l'économie causé par la libéralisation des échanges peut affecter les rendements de l'éducation, ce qui à son tour influera sur le niveau d'instruction. Déjà, il fut le premier à développer le modèle sur le capital humain. Le capital humain peut être soit une consommation, soit un investissement. Tout en considérant les deux sources conjointement, un résultat trouvé est qu'une augmentation assez importante du revenu national est une conséquence d'accentuation de l'investissement dans le capital humain (Schultz, 1960). Les apprenants sont considérés comme des producteurs de capitaux indépendants dans la mesure où ils consacrent leur temps au travail (les études). Il existerait un coût d'opportunité si l'on suppose que le temps consacré aux études pourrait être employé pour produire les biens et services ayant une valeur pour l'économie, et pour lesquels ces apprenants seront rémunérés.

Le débat théorique concernant les effets du commerce international sur l'environnement a été controversé. Toutefois, bon nombre de travaux ont essayé de se pencher sur la question et les conclusions sont mitigées les unes des autres (Frankel & Romer, 1999 ; Antweiler et *al.*, 2001). Concrètement, la littérature théorique identifie trois types d'effets de la libéralisation commerciale sur l'environnement (Grossman & Krueger, 1991). Il s'agit de l'effet d'échelle, l'effet de composition et de l'effet technique. L'effet d'échelle représente l'évolution de la taille des activités économiques, l'effet de composition indique l'évolution de la composition des biens produits et l'effet technique représente l'évolution de la technologie, c'est-à-dire l'adoption de technologies moins polluantes.

L'un des premiers mécanismes par lesquels l'ouverture commerciale peut affecter l'environnement repose sur l'argument selon lequel l'ouverture commerciale peut conduire à un accroissement de la demande des ressources environnementales du fait de ses effets positifs sur la croissance économique, surtout si les méthodes de production ne changent pas (Ghani, 2012). Il s'agit de la réduction des coûts dus aux économies d'échelle. C'est dans le même ordre d'idées que Grossman et Krueger (1993) et Antweiler et *al.* (2001) font observer que l'effet d'échelle de production conduit à davantage de pollution dans la mesure où l'expansion des activités industrielles et l'intensification des divers types de transports conduisent à une utilisation croissante des hydrocarbures, lesquels constituent les principales sources de pollution qui nuisent à la santé.

I.1.4. L'intégration financière et les inégalités de revenu

La mondialisation financière modifie la nature même du capitalisme. Cela affecte profondément au niveau micro-économique la gouvernance d'entreprise, le financement des entreprises et la répartition des revenus. Les facteurs macroéconomiques et microéconomiques décrits ici influent sur le développement humain.

I.1.4.1. Libéralisation financière et effets sur les salaires des pauvres

La relation entre l'intégration financière et le développement humain est une tâche difficile à cerner due à l'insuffisance d'étude directe sur le lien entre le développement humain et la mondialisation financière. Par conséquent, il faut utiliser les meilleurs substituts disponibles pour ces variables afin de mieux comprendre les problèmes en jeu. Si la réduction de la pauvreté est considérée comme un indice d'amélioration du développement humain, alors il existe une littérature savante informative. Les partisans de ces analyses ont été le FMI et Stiglitz (2001). Jusqu'au début des années 2000, le FMI déclarait que la libéralisation financière ou, plus précisément, la libéralisation du compte de capital bénéficiait aux pauvres et diminuait la pauvreté. Mais les travaux empiriques de Prasad et *al.* (2003) pour le compte du FMI ont infirmé cet argument. Leur résultat est presque inverse et montre que même si les données ne prouvent pas que la mondialisation financière ait profité à la croissance, il est tout de même prouvé que certains pays ont peut-être connu une plus grande disparité dans la consommation.

Malgré l'engagement à libérer les flux de capitaux, le FMI intègre désormais le fait que ces derniers peuvent nuire aux populations et que le contrôle des capitaux est une solution partielle pour une politique économique efficace. En effet, les pauvres et plus particulièrement le genre féminin sont les plus sensibles aux fluctuations causées par les flux de capitaux. Les récessions économiques accroissent le travail non rémunéré des femmes, et par conséquent réduisent leur rémunération et la quantité de travail rémunéré. Une étude bien élaborée, mais aussi controversée est celle d'Arestis et Carner (2010). En s'appuyant directement sur l'effet de la libéralisation du compte capital sur la pauvreté sans transiter par les étapes intermédiaires consistant à mettre en relation la libéralisation du compte capital et la croissance, puis la croissance et de la pauvreté, ils vont arriver à un résultat tripartite. En premier lieu, ils remarquent une non-significativité au sens statistique entre le degré de libéralisation du compte de capital au cours de la période et le taux de pauvreté. Ils constatent en deuxième lieu que les taux de pauvreté sont plus bas dans les PED lorsque la qualité institutionnelle est efficace, mais l'effet a une faible signification statistique. Enfin, ils obtiennent qu'un degré plus élevé de libéralisation du compte capital réduit la part des revenus des pauvres.

I.4.1.2. Les effets des IDE sur le revenu

L'intégration régionale est liée positivement à l'augmentation des flux d'IDE ; et ce de manière empirique aussi (Baltagi et *al*, 2008). Certains accords deviennent explicites lorsque la facilitation des échanges est due en majeure partie aux investissements. Ainsi, l'importance des IDE sur le marché du travail influence l'entrée de concurrents étrangers dans le marché intérieur. Il est primordial de se questionner sur l'impact de la concurrence entre marchés locaux et étrangers sur la structure des salaires. En Indonésie par exemple, le fait d'acquérir une entreprise de fabrication locale favorise la croissance des salaires. Par contre, elle est stable si l'acquisition de ces usines est la propriété des étrangers (Sjoholm & Lipsey, 2006).

Certains travaux se sont attelés à justifier une relation négative entre les IDE et le salaire. Aux États-Unis, plus précisément dans l'ALENA, Waldkirch (2010) dégage une relation contradictoire. Les IDE n'agissent pas sur l'indemnisation du travail du fait que les bénéfices de la productivité provoqués par les IDE se partagent entre les propriétaires de capitaux au détriment des travailleurs. Toutefois, même lorsque les IDE sont bénéfiques à la classe ouvrière, les effets sur les salaires semblent généralement profitables aux travailleurs plus qualifiés ; d'où l'accentuation des inégalités. Une grande productivité des travailleurs génère un salaire total élevé pour les employés qualifiés, pouvant s'interpréter comme une demande accrue de travailleurs qualifiés venant de firmes multinationales étrangères. En addition, les principaux bénéficiaires des salaires les plus importants pourraient être ceux qualifiés et non les pauvres, qui représentent en général la partie non qualifiée de la population (Feenstra & Hanson, 1997).

I.2. Revue empirique entre l'intégration régionale et le bien-être social

I.2.1. L'intégration commerciale et le bien-être social

Dans certaines zones dans le monde, la recherche du bien-être est une perpétuelle quête qu'il faut atteindre pour subvenir aux besoins de base. C'est ainsi qu'en supposant une idée d'intégration régionale via le commerce entre les États, il apparaît clair d'en évaluer son impact sur le développement humain. Empiriquement, les résultats sont mitigés puisque d'une part l'effet est positif et d'autre part, il est négatif.

I.2.1.1. Les effets positifs

À ce niveau, il s'agit des études qui ont trouvé une relation positive entre les aspects commerciaux de l'intégration régionale et le bien-être social. Parmi les études menées sur le sujet de politique commerciale, certaines ont été vues comme bénéfiques à la santé et à la distribution des revenus.

- **Dans les pays développés et émergents**

Dans son travail concernant l'impact de la mondialisation sur l'inégalité des revenus à l'aide de données sur les régions chinoises sur la période 1988-1993, Wei et Wu (2001) ont construit une mesure du ratio de revenu urbain/rural pour une centaine de villes chinoises (zones urbaines et comtés ruraux adjacents). Son approche a été menée à cause de la critique énoncée à l'encontre des études transnationales qui laissent entrevoir une grande difficulté dans le contrôle des différences entre les systèmes juridiques et les autres institutions d'un pays à l'autre, et une possibilité de non-compatibilité des données sur les inégalités entre pays. La principale conclusion est que les villes qui connaissent une plus grande ouverture dans le commerce tendent également à accuser un recul plus marqué des inégalités de revenus entre villes et campagnes. Ainsi, les échanges commerciaux ont contribué plutôt à réduire qu'à aggraver l'inégalité des revenus entre zones urbaines et zones rurales.

Dans ses travaux dont la recherche portait sur l'effet du commerce international dans la répartition des revenus entre les pays, Chakrabarti (2000) a utilisé un échantillon de 73 pays en 1985. La validité empirique du lien entre le ratio commerce/PIB et le coefficient d'inégalité de revenus de Gini a été testée dans une estimation de variable instrumentale des régressions transnationales et par les MCO. À l'issue de sa recherche, il a pu dégager trois conclusions principales. En premier lieu, le fait de s'engager aux échanges commerciaux réduit considérablement les inégalités de revenus. En deuxième lieu, la forte association négative qui existe entre le commerce et les inégalités ne vient pas du fait que les pays dont la répartition des revenus est plus égalitaire s'engagent davantage dans le commerce. En troisième lieu, la croissance fournit un moyen par lequel le commerce réduit les inégalités en augmentant à la fois les revenus initiaux et la croissance ultérieure.

- **En Afrique et dans les pays en développement**

Sapkota (2011) évalue les effets de la mondialisation sur le développement humain, l'égalité entre genre et sur la pauvreté humaine dans les pays en développement, puis compare ces effets entre les régions du monde ainsi qu'entre les groupes de revenus des pays. Il est passé par l'application du modèle des moindres carrés généralisés (GLS) à effets aléatoires en prenant les données de panel annuel de 124 pays en développement de 1997 à 2005. Le résultat montre que la mondialisation, mesurée par l'indice KOF de la mondialisation développée par Dreher (2006), agit positivement sur le développement humain et du genre et réduit la pauvreté de façon significative.

Par ailleurs, Herault (2007) étudie les effets de la libéralisation du commerce sur la pauvreté et l'inégalité des revenus en Afrique du Sud. En fait, il a présenté une étude basée sur la combinaison d'une approche macro-orientée d'un modèle d'équilibre général calculable avec un modèle de micro-simulation. Leur résultat indique que la baisse des salaires nominaux des ménages pauvres qualifiés ou peu qualifiés appartenant au secteur formel permet d'accroitre le niveau d'emploi dans ce secteur ; d'où la réduction de la pauvreté due à la libéralisation des échanges.

La relation théorique entre la libéralisation des échanges et la santé a été explorée, mais peu d'études empiriques l'ont vérifié. Beaucoup y voient un effet néfaste sur la sécurité alimentaire, sur l'environnement et par conséquent sur la santé. C'est ainsi que Stevens et *al.* (2013) ont utilisé des données de panel de 1950 à 2009 pour une régression des DMC à effets fixes afin de déterminer l'effet des politiques commerciales sur le bien-être humain. Leur analyse montre que le libre-échange semble en fait être associé à de meilleurs résultats en matière de santé, surtout pour les pays à faibles revenus ; ceci est possible par deux mécanismes. D'une part, par la croissance économique engendrée par les échanges, ce qui permet aux particuliers d'améliorer leurs conditions de vie et incite les autorités à dépenser davantage pour des mesures de santé publique telles que l'assainissement et les campagnes de vaccination universelle. D'autre part, via le « transfert de connaissances », dans lequel le commerce international accroit la diffusion mondiale des connaissances et des produits qui améliorent la santé.

I.2.1.2. Les effets négatifs

Au-delà des effets positifs que peut poser la libéralisation des échanges se trouvent des limites. De façon empirique, certains travaux ont remarqué un aspect négatif des échanges sur le bien-être humain.

- **Dans les pays développés et émergents**

Encore dans une étude de l'impact de la mondialisation sur l'inégalité des salaires sur les ménages urbains en chine de 1988 à 2008, Han et *al.* (2012) se base à leur tour sur deux chocs de libéralisation des échanges que sont la tournée sud de Deng Xiaoping en 1992 et l'adhésion de la Chine à l'Organisation Mondiale du Commerce (OMC) en 2001. Contrairement aux prévisions du modèle théorique des dotations factorielles, ils constatent par le biais des estimations par quantiles et par les MCO que l'accession à l'OMC a été associée de manière significative à l'inégalité croissante des salaires. Ils montrent en outre que les deux libéralisations des échanges ont contribué à l'inégalité au sein de la région en augmentant les rendements de l'éducation (les rendements du secondaire après 1992 et les rendements du supérieur après 2001). Ce résultat sur l'accroissement des inégalités a été retrouvé par Bouvet (2021) dans son analyse de synthèse contrefactuelle d'appartenance à l'Union monétaire européenne.

Le principal devoir de l'étude d'Amiti et Cameron (2012) a été d'analyser l'effet de la réduction des droits de douane à l'importation des intrants intermédiaires et des produits finaux sur la prime de qualification de salaire au sein des entreprises en Indonésie. Dans un contexte où la proportion de travailleurs non qualifiés est élevée, ils présentent une conclusion inédite selon laquelle la réduction des tarifs des intrants réduit la prime de qualification de salaire dans les entreprises qui importent leurs intrants intermédiaires. Cependant, ils ne trouvent pas d'effets significatifs de la réduction des droits de douane des produits finis sur la prime de qualification de salaire dans les entreprises.

Pour répondre au problème de malnutrition en Amérique Centrale, il a été signé l'accord de libéralisation des échanges entre les pays de cette zone et les États-Unis en 2004 (CAFTA)[51]. C'est dans cette veine que Thow et Hawkes (2009) ont mis en liaison les effets de cette libéralisation commerciale sur la qualité de consommations des biens alimentaires. Au moyen d'une méthodologie purement descriptive à partir des graphiques, elles vont montrer le résultat des modifications de la politique commerciale en matière d'importations et de disponibilités alimentaires. Ces résultats soumettent trois cas.

D'abord, la réduction des obstacles au commerce a favorisé l'augmentation des importations de produits alimentaires de façon variée (viande, fruits tempérés ou importés, produits laitiers, etc.). Ensuite, elle a eu une incidence sur la disponibilité des aliments en favorisant la production de viande sur le marché intérieur. Enfin, elle a joué un rôle majeur à l'expansion des marchés des produits alimentaires transformés. C'est ainsi qu'elles concluent que la libéralisation du commerce a contribué à faciliter la « transition nutritionnelle », qui est associée à des taux croissants d'obésité et de maladies chroniques telles que les maladies cardiovasculaires et le cancer ; néfastes à la santé. Un résultat similaire sur la sécurité alimentaire a été trouvé par Schram et Townsend (2021) dans la libéralisation commerciale de la zone Euro avec les États-Unis.

[51]Cet accord de libéralisation des échanges signé en 2004 est le partenariat US-CAFTA qui signifie « United States-Central American Free Trade Agreement ».

- **En Afrique et dans les pays en développement**

La question de l'impact d'une politique commerciale sur la distribution des revenus a été largement étudiée dans la sphère économique. C'est ainsi que Savvides (1998) a cherché empiriquement le lien entre la protection commerciale et la répartition des revenus dans les pays développés et dans ceux moins développés vers la fin des années 1980. En utilisant d'abord les MCO puis les estimations à variables instrumentales, il trouve que dans les pays moins développés, les économies plus ouvertes ont connu une inégalité de revenus accrue ; tandis que la politique commerciale n'a eu aucun effet sur l'inégalité des revenus dans les pays développés.

I.2.2. L'intégration financière et le bien-être social

Dans le processus d'intégration régionale économique, l'accord d'un marché commun est le signal d'une libre circulation des biens et des facteurs de production. S'agissant des facteurs de production, il est nécessaire d'apporter une évaluation dans le rôle que joue l'entrée des capitaux étrangers sur le bien-être social.

I.2.2.1. Les effets positifs

Les effets positifs de la libre circulation des capitaux sur le bien-être social seront explorés à travers les entrées d'IDE et les envois de fonds venant des migrants à destination des ménages dans le pays d'origine.

- **Dans les pays développés et émergents**

Avec l'utilisation d'un panel de plus de 100 pays sur la période de 1980 à 2002, Fagini et Gorg (2011) ont analysé la relation entre l'investissement étranger direct et l'inégalité des salaires. En effet, ils vérifient si cette relation est non linéaire, conformément à une discussion théorique. Ils constatent en appliquant les GMM que l'effet de l'IDE varie en fonction du niveau de développement. En décrivant deux modèles différents, l'un pour les pays de l'OCDE et l'autre pour les pays non membres de l'OCDE (en développement), leurs résultats suggèrent la présence d'un effet non linéaire dans les pays en développement : l'inégalité des salaires augmente avec le stock entrant d'IDE, cet effet diminuant avec l'augmentation ultérieure de l'IDE. Pour les pays développés, l'inégalité des salaires diminue avec le stock d'IDE entrant, et il n'existe aucune preuve solide permettant de démontrer que cet effet est non linéaire.

Dans son étude concernant les effets de la migration internationale sur les enfants laissés au Pérou, Salas (2014) a construit un modèle théorique calqué sur la théorie du capital humain et la décision d'investissement liée aux transferts de fonds dans un établissement. En effet, ledit modèle analyse le rôle des transferts internationaux de fonds sur la décision d'inscription des enfants dans une école publique ou une école privée. En utilisant des données pour la période 2007 à 2010, cette étude s'est penchée sur le problème d'une variable endogène censurée à gauche en utilisant une estimation probit en deux étapes, et a constaté que les transferts de fonds internationaux influencent positivement la probabilité d'envoyer les enfants dans des écoles privées.

- **En Afrique et dans les pays en développement**

Dans leur examen de la relation entre les entrées d'investissements directs étrangers (IDE) et le bien-être (ou la réduction de la pauvreté) en Afrique, Gohou et Soumaré (2012) ont utilisé comme variables principales les entrées nettes d'IDE par habitant et l'Indice de Développement Humain. Avec les régressions assez robustes par les MCO puis les DMC sur la période d'étude allant de 1990 à 2007, leurs analyses confirment la relation positive et fortement significative entre les entrées nettes d'IDE et la réduction de la pauvreté en Afrique. Toutefois, ils constatent que l'IDE a un impact plus important sur le bien-être social dans les pays les plus pauvres que dans les pays plus riches en Afrique.

En utilisant l'estimateur des DMC, Amakom et Iheoma (2014), ont constaté qu'un accroissement de 10 % des envois de fonds augmente l'espérance de vie à la naissance de 1,2 % en moyenne en Afrique subsaharienne. Cet impact a été plus important que ceux causés par les dépenses de santé publique par habitant, qui étaient de 0,5 % en moyenne pour chaque augmentation de 10 % des dépenses de santé publique par habitant. Dans la même lancée, Amega (2018), examine les effets des transferts de fonds sur les résultats en matière d'éducation et de santé en utilisant des données à 5 ans d'intervalle sur 46 pays d'Afrique subsaharienne (ASS) de 1975 à 2014. En utilisant plutôt le système GMM, il a été constaté en Afrique subsaharienne que les transferts de fonds amélioraient considérablement l'éducation et la santé. De même, en faisant recours à la fois des données transversales et des données de panel pour étudier l'influence des transferts de fonds sur l'investissement dans l'éducation au Ghana, Gyimah-Brempong et Asiedu (2014), ont constaté via la méthode des moments généralisés (GMM) que les transferts de fonds augmentent considérablement la probabilité d'inscription des enfants à l'école de 1987 à 1992. Dans une approche comparative du genre, ils approuvent avec robustesse de l'échantillon et de la méthode d'estimation que les remises de fonds dans les ménages dirigés par une femme augmentent l'investissement dans l'éducation plus que ceux dans les ménages dirigés par des hommes.

I.2.2.2. Les effets négatifs

Les tentatives de compréhension empirique de l'effet des entrées de capitaux sur la santé et l'éducation ont donné des résultats mitigés. De nombreuses études ont montré que les transferts de capitaux améliorent les résultats en matière de santé tels que la mortalité infantile et la santé infantile. Cependant, leurs effets sur les résultats scolaires, les inscriptions scolaires, la santé, la répartition des revenus restent discutables.

- **Dans les pays développés et émergents**

Pour connaitre la forme de répartition des revenus en Amérique latine et dans les Caraïbes à l'issue des entrées et sorties d'IDE, Choi (2006) se base des données allant de 1994 à 2002. Au moyen d'une régression par les MCO, il trouve qu'une augmentation du niveau d'intensité d'IDE en termes d'entrées, de sorties et totaux en pourcentage du PIB accroit l'inégalité dans la distribution des revenus. De manière particulière, les stocks sortants d'IDE créent plus d'inégalité que les flux entrants. De même que les pays qui sont de taille grande.

L'étude de Chintrakarn et *al.* (2011) utilise des données de panel de 1977 à 2001 au niveau des États pour explorer la relation entre l'investissement étranger direct (IDE) et l'inégalité des revenus aux États-Unis. En utilisant des techniques de cointégration en panel permettant l'hétérogénéité transversale et la dépendance transversale, nous constatons que l'IDE exerce à long terme un effet négatif important et robuste sur l'inégalité des revenus aux États-Unis. Ce résultat pour l'ensemble des États-Unis n'implique pas que les IDE réduisent les écarts de revenus dans chaque État. Il existe une hétérogénéité considérable dans les effets à long terme de l'IDE sur l'inégalité des revenus entre les États, certains États (21 cas sur 48) présentant une relation positive entre l'IDE et l'inégalité des revenus.

- **En Afrique et dans les pays en développement**

En utilisant des données municipales du Mexique pour évaluer l'impact des migrations et des transferts de fonds sur la santé et l'éducation, Lopez-Cordova (2005) se fonde d'une approche sur des variables instrumentales (IV) avec comme instruments les régimes pluviométriques et la distance par rapport à Guadalajara (au centre du Mexique). Il trouve que les transferts de fonds ont des effets mitigés. D'une part, les envois de fonds internationaux ont un impact positif sur la santé des enfants : une augmentation de 10 % de la part des ménages qui reçoivent des fonds décroît la mortalité infantile de 12 vies. D'autre part, l'impact des transferts de fonds sur la scolarisation demeure complexe. En effet, si l'octroi des fonds aux ménages venant de l'étranger fait baisser l'analphabétisme chez les enfants de six à 14 ans, une augmentation similaire de la part des ménages recevant ces fonds réduit la fréquentation scolaire des jeunes âgés de 15 à 17 ans. Cet auteur suggère que ce constat pourrait être causé par les transferts de fonds qui découragent l'investissement dans la scolarisation des enfants plus âgés.

Dans son article lié à la littérature sur l'effet de l'investissement direct étranger (IDE) sur le marché du travail des pays d'accueil spécifiquement sur la formation du capital humain, Baranwal (2016) s'est basé des données des entreprises du secteur manufacturier en Inde pour la période 2001 à 2015. La littérature sur le marché du travail a mis l'accent sur la demande d'IDE ; c'est-à-dire accroitre l'inégalité des salaires en exigeant davantage de travailleurs qualifiés ou simplement en augmentant le salaire moyen global. Du côté de l'offre, les IDE peuvent enrichir la main-d'œuvre qualifiée du pays d'accueil en offrant une formation ou un apprentissage sur le tas ou par des effets d'entraînement indirects. Il trouve que le facteur le plus déterminant pour l'IDE est la taille du marché et la distance qui le sépare de la principale zone de marché et de l'indice de fractionnement. De différentes méthodes de données de panel dynamiques ont été utilisées notamment, les techniques de moments généralisés (GMM) statiques et dynamiques. Son résultat de nature robuste suggère qu'il n'y a aucun effet positif entre l'IDE et la formation de capital humain, mais révèle un effet positif sur les inégalités de salaires et les salaires moyens.

II. ANALYSE EMPIRIQUE ENTRE L'INTÉGRATION RÉGIONALE ET LE BIEN-ÊTRE SOCIAL EN ASS

Dans le cadre de cette étude, les données qui sont utilisées proviennent de la CNUCED (2018) pour la part des exportations intrarégionales et des importations intrarégionales ; de la Banque Mondialeen ce qui concerne le niveau des droits de douane sur les importations et les autres variables macroéconomiques ; de la Worldwide Governance Indicators (WGI 2018) pour les indicateurs de gouvernance et du PNUD (2018) pour en extraire l'Indice de Développement Humain. La période de notre étude s'étend de 2002 à 2016 et concerne tous les pays africains en dessous du Sahara. Néanmoins à cause de l'absence des données pour certains pays, notre échantillon a été réduit pour se situer à 37 pays. Quant à la méthode de résolution, nous ferons recours à la technique des Doubles Moindres Carrés (DMC). Le test de Hausman nous dira par la suite quel modèle retenir entre celui à effets fixes et celui à effets aléatoires.

II.1. L'intégration régionale et le bien-être social en ASS : analyse descriptive.

En maintenant la division en groupes selon les CER puisque nous traitons de l'intégration régionale, nous allons tour à tour explorer la relation entre les indicateurs de l'intégration régionale ; que sont ici la part des exportations et importations intrarégionales, les droits de douane et l'Indice de Développement Humain.

Tableau 1 : Statistiques descriptives de l'IDH et des variables d'intérêt

Variables	Observation	Moyenne	Écart-type	Minimum	Maximum
IDH	549	-0,7561415	0,214842	-1,335601	-0,2382572
Part des exportations intrarégionales	555	0,8228863	1,402161	-3,87595	3,21445
Part des exportations intrarégionales	555	1,668692	0,9616755	-1,412269	3,754648
Droits de douane	449	2,493221	0,3962012	0,5653138	3,225653
IDE	553	4,377577	5,929251	-6,1	50
Envois de fonds	484	0,1233594	1,910605	-8,534049	3,125329

Source : Auteur, à partir des données de la CNUCED 2018 et du PNUD 2018

II.1.1. Influence de l'intégration régionale sur l'IDH en ASS : cas de la CEEAC

Dans cette première articulation, nous nous intéressons à la relation entre l'intégration régionale et le développement humain dans la zone CEEAC. Selon notre échantillon, le Gabon est le pays ayant l'IDH le plus élevé, soit une moyenne de 0,66 par an sur notre période d'étude et le moins élevé est la République centrafricaine avec 0,33.

II.1.1.1. Part des exportations intrarégionales et IDH

Sur le graphique 4.1 ci-dessous, on peut voir une amélioration de l'IDH dans notre période d'étude. En se référant à l'écart-type, on voit que la proportion de progression est moindre et quasi-standard chaque année, puisqu'il est de 0,11 en 2002 et 0,10 en 2016 avec un écart moyen de 0,0023. La part des exportations intrarégionales, quant à elle, connait beaucoup de renversements de tendance. D'abord, elle croît jusqu'en 2008 et elle chute ensuite en 2009 pour remonter, mais cette fois-ci en trouvant l'IDH et former un point d'équilibre. Néanmoins, sa position au-dessus de la courbe de l'IDH va décroître jusqu'en 2016 et cette fois encore va former un point d'équilibre en chutant. L'analyse de leur corrélation nous informe de leur nature positive de 2002 à 2011 et négative de 2011 à 2016.

Graphique 1 : Évolution de la part des exportations intrarégionales et IDH, cas de la CEEAC

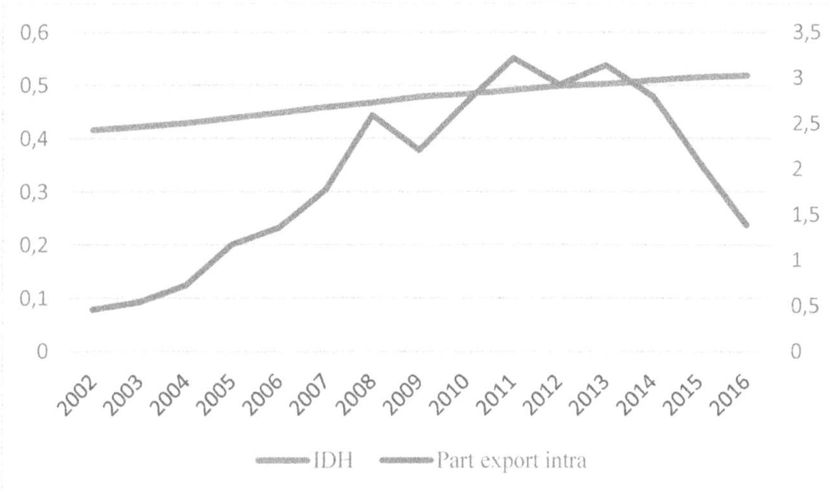

Source : Auteur, à partir des données de la CNUCED 2018 et du PNUD 2018

II.1.1.2. Part des importations intrarégionales et IDH

La relation entre ces deux indicateurs nous montre deux conclusions opposées au cours du temps. D'abord de 2002 à 2011, on a une corrélation positive entre la part des importations intrarégionales et l'IDH et une relation négative ensuite jusqu'à 2016.

Graphique 2 : Évolution de la part des importations intrarégionales et IDH

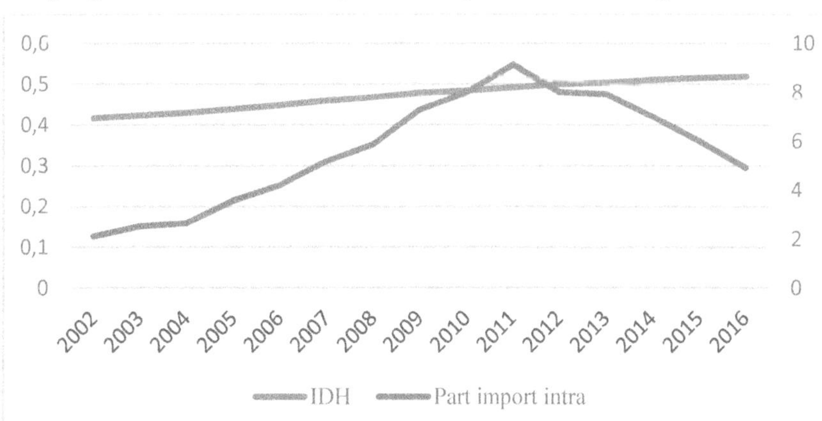

***Source :** Auteur, à partir des données de la CNUCED 2018 et du PNUD 2018*

On pourrait aussi relever la grandeur de l'écart au fil du temps de la part des importations intrarégionales qui est passée de 1,82 en 2002 à 5,94 en 2011 ; avant de diminuer progressivement jusqu'à 3,45 en 2016.

II.1.1.3. Droits de douane et IDH

Graphique 3 : Évolution des droits de douane et IDH

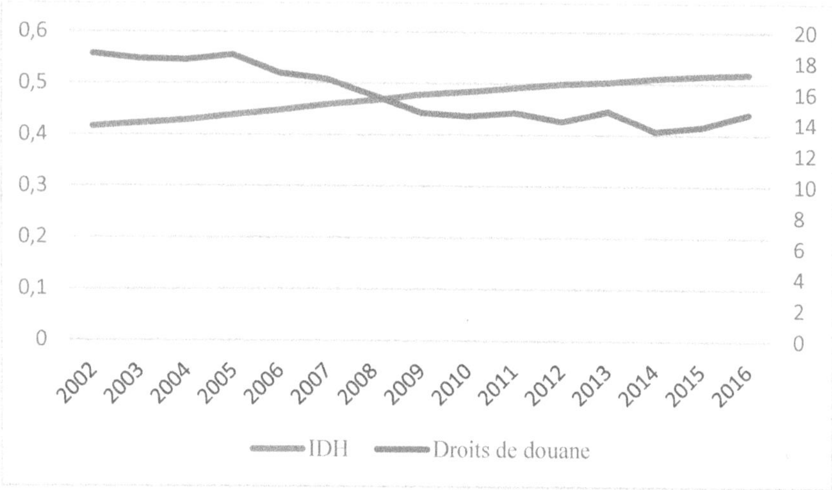

Source : Auteur, à partir des données de WDI 2018 et PNUD 2018

En se basant des caractéristiques de tendances centrales, l'on remarque en général une corrélation négative entre les droits de douane et l'IDH même si elle n'est pas si flagrante. Malgré cela, il existe des années où la relation a été positive. Il s'agit de 2005, où les tarifs douaniers sont passés de 18,17% à 18,49%, de 2012 à 2013 où ils sont quittés de 14,23% à 14,48% et de 2014 à 2016 sont de 13,38% à 14,58%. Toutefois, le point optimum est atteint en 2008 où les tarifs sont de 15,86% et l'IDH à 0,46.

II.1.1.4. Investissements directs étrangers et IDH

Graphique 4 : Évolution des IDE en pourcentage du PIB et IDH

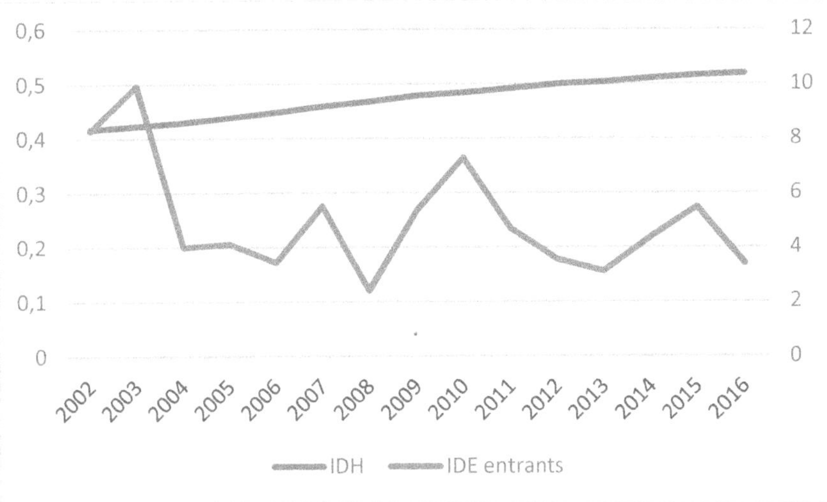

Source : Auteur, à partir des données de WDI 2018 et PNUD 2018

En observant ce graphique, on remarque l'accroissement de l'IDH malgré une grande variabilité des entrées des IDE en zone CEEAC. On voit que de 2002 à 2004, la courbe des IDE est au-dessus de l'IDH et après cette date c'est le contraire. La forte variabilité de l'IDE se matérialise par quatre grands pics. En 2003 avec 9,92%, puis un deuxième grand pic en 2007 avec 5,50%, ensuite en 2009 avec 7,26% et enfin en 2015 avec 5,46%. On constate donc de façon générale que les IDE diminuent au fil du temps.

I.1.2. Influence de l'intégration régionale sur l'IDH en ASS : cas de la CEDEAO

Dans cette communauté, l'IDH bien qu'évoluant n'atteint pas le score de 0,5. On remarque que la tendance est évolutive année après année jusqu'en 2016. Le Cap Vert est le plus illustratif en matière de développement humain avec un score de 0,62 tandis que le Niger arrive en dernière position avec 0,3.

I.1.2.1. Part des exportations intra régionales et IDH

La croissance de l'IDH fait fluctuer les exportations intra régionales. Au fur et à mesure que l'IDH croît, la part des exportations intra régionales l'est aussi de 2002 à 2007. À partir de 2007, on remarque que cette croissance fait fluctuer cette part des exportations tout en la maintenant positive ; sauf qu'en 2014 la corrélation devient négative jusqu'en 2016. À cette dernière période, une augmentation de l'IDH de 0,47 à 0,48 en 2014 fait baisser la part des exportations intrarégionales de 3,95% à 3,87%.

Graphique 5 : Évolution de la part des exportations régionales et de l'IDH, cas de la CEDEAO

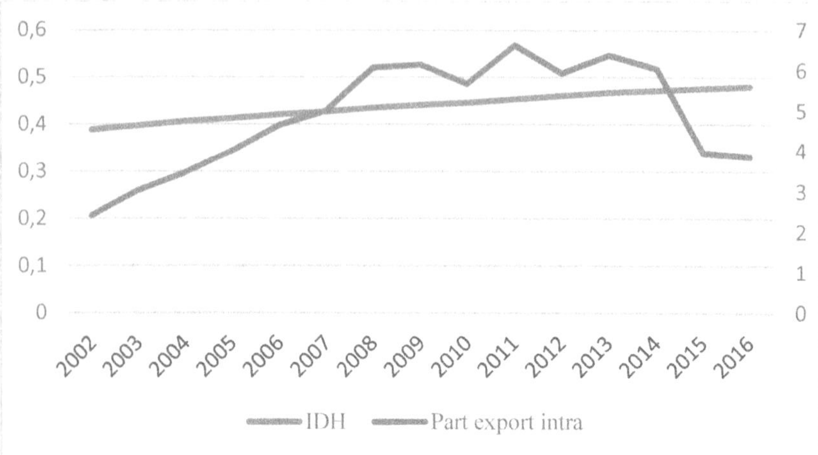

Source : Auteur, à partir des données de la CNUCED 2018 et du PNUD 2018

I.1.2.2. Part des importations intrarégionales et IDH

Graphique 6 : Évolution de la part des importations intrarégionales et IDH, cas de la CEDEAO.

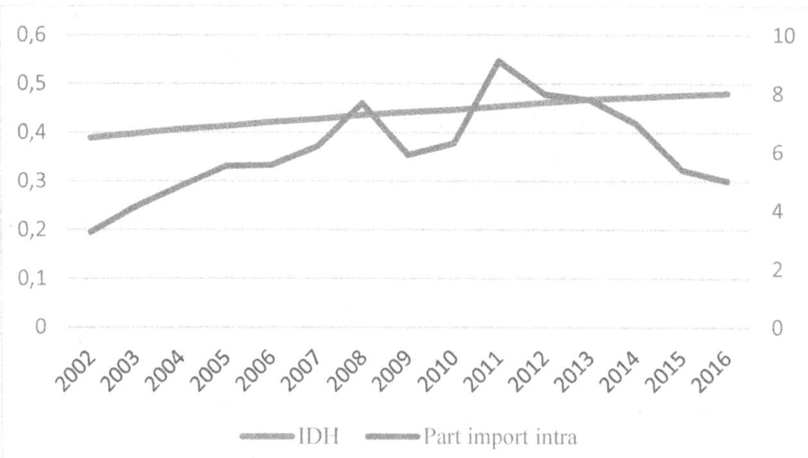

Source : *Auteur, à partir des données de la CNUCED 2018 et PNUD 2018*

Sur ce graphe, la tendance de la part des importations intrarégionales nous montre une série de fluctuations. On a une évolution considérable dans le même sens positif avec l'IDH de 2002 à 2008, partant de 3,25% à 7,66%. Ensuite, on constate une chute à 5,89% l'année d'après, avant de se rehausser au point culminant à 9,1% en 2011. Depuis cette année, toute diminution de la part des importations intrarégionales fait croître l'IDH. De façon spécifique, une diminution de la part des importations intrazones de 7,77% à 4,99% s'accompagne de la légère hausse de l'IDH de 0,46 à 0,48.

I.1.2.3. Droits de douane et IDH

Graphique 7 : Évolution des droits de douane et de l'IDH, cas de la CEDEAO.

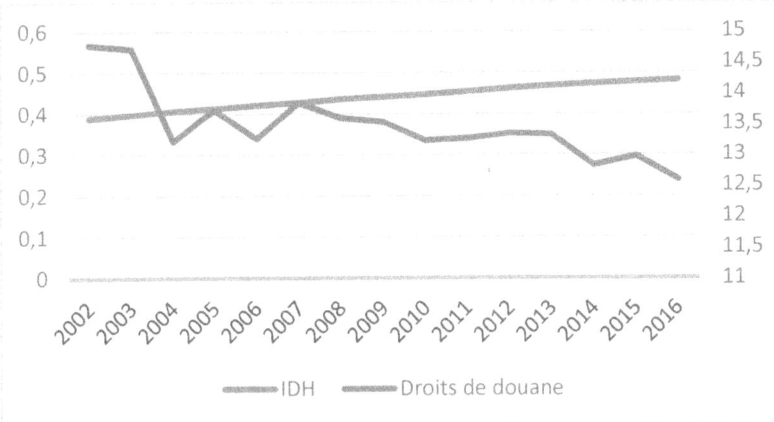

Source : *Auteur, à partir des données de la WDI 2018 et du PNUD 2018.*

Le graphique ci-dessus renseigne sur la tendance baissière des tarifs douaniers et de la progression en sens positif ou contraire de l'IDH. On voit là que la baisse du tarif douanier se traduit par une hausse de l'IDH. De manière chiffrée, cette baisse a fait augmenter l'IDH de 0,38 à 0,4. De même que celle de 2007 à 2016 où les droits de douane sont passés de 13,84% à 12,58% et l'IDH de 0,42 à 0,48. Quant à l'écart, on a pour les droits de douane un écart moyen de 0,70 et pour l'IDH, 0,0031.

I.1.2.4. Investissements directs étrangers et IDH

Graphique 8 : Évolution des IDE en pourcentage du PIB et IDH

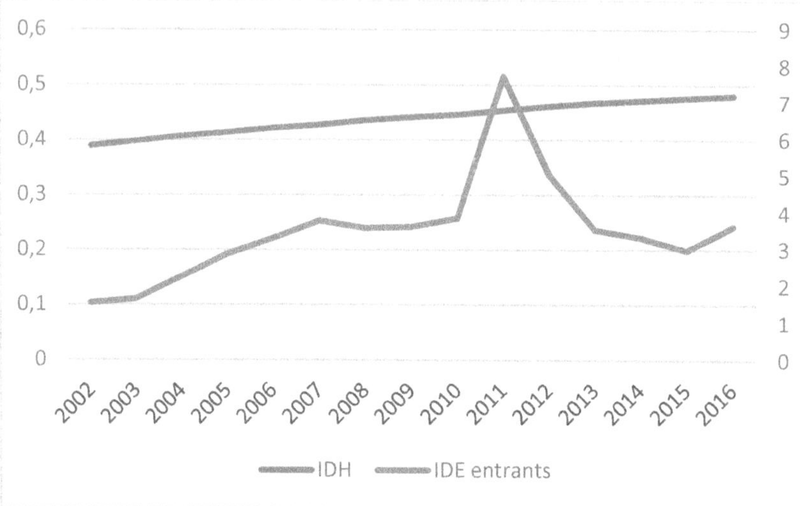

Source : Auteur, à partir des données de la WDI 2018 et du PNUD 2018.

Au regard du graphique 8, on remarque qu'à côté de la linéarité ascendante de l'IDH moyen de cette région, la courbe des IDE fluctue. De 2002 à 2010, une augmentation de l'IDH « est faite de 0,38 à 0,44, tandis que les IDE en pourcentage du PIB se sont faits de 1,54% à 3,86%. La particularité de ce graphique est son accroissement des IDE plus que proportionnel qui passe de ce taux en 2010 pour atteindre un pic de 7,73% en 2011. Avant de connaitre une grande chute jusqu'en 2015 pour atteindre 2,97% à cette date.

II.1.3. Influence de l'intégration régionale sur l'IDH en ASS : cas du COMESA

Au sein de cette zone, l'IDH suit une évolution positive au fil du temps. C'est la CER dont l'IDH est le plus élevé chaque année. Sa tendance est monotone et progressive jusqu'en 2016. L'île Maurice est l'endroit le plus représentatif en termes de bien-être social avec un indice de 0,74. Le Burundi vient en dernière position avec 0,37. Le mérite de la progression par pays revient au Rwanda dont l'écart-type de 0,053 est le plus grand. Et la progression la plus lente est celle de Madagascar pour qui l'écart est de 0,0187.

II.1.3.1. Part des exportations intrarégionales et IDH

Notre graphique décrit une évolution des importations intrarégionales sur la production de 2002 à 2008 et de 2009 à 2013. Par contre, on constate que pendant la période de 2008 à 2009 où la part des importations intrarégionales a baissé de 5,75% à 4,59%, l'Indice de Développement Humain a continué d'augmenter, passant de 0,46 à 0,47. Aussi, celle de 2013 à 2016 où cette part a connu une réduction de 6,2% à 4,44%, mais l'IDH s'est retrouvée à la hausse de 0,5 à 0,52.

Graphique 9 : Évolution de la part des exportations intrarégionales et de l'IDH, cas du COMESA.

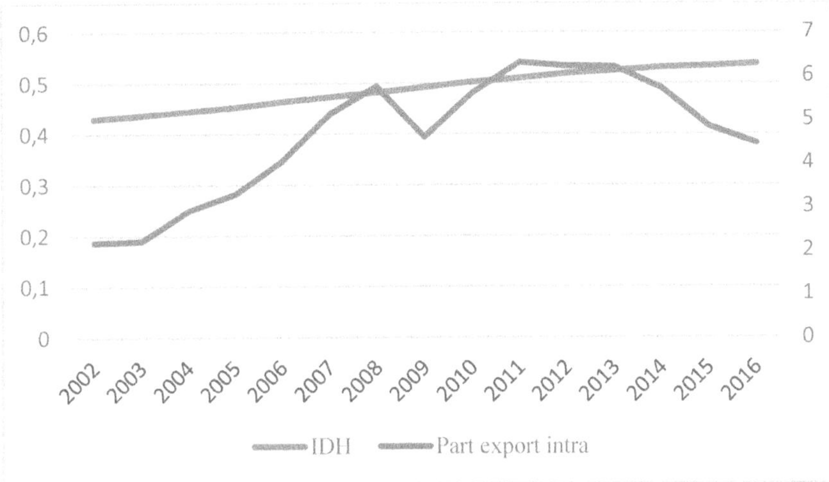

Source : Auteur, à partir des données de la CNUCED 2018 et du PNUD 2018

II.1.3.2. Part des importations intrarégionales et IDH

De même que la part des exportations, la part des importations intrarégionales évolue dans le même sens que l'IDH à certaines périodes. L'année 2008 est celle qui montre une chute des importations de 12,48% à 9,47% malgré une hausse de l'IDH dans la région. De 2009 à 2013, lorsque les importations intra régionales croissent l'indicateur de bien-être social augmente également ; sauf que lorsque ces importations diminuent l'Indice de Développement Humain continue de croître comme c'était le cas dans les années antérieures. En fait, de 2013 à 2016, les importations intra régionales ont une tendance descendante allant de 11,22% à 8,03%.

Graphique 10 : Évolution de la part des importations intrarégionales et de l'IDH, cas du COMESA

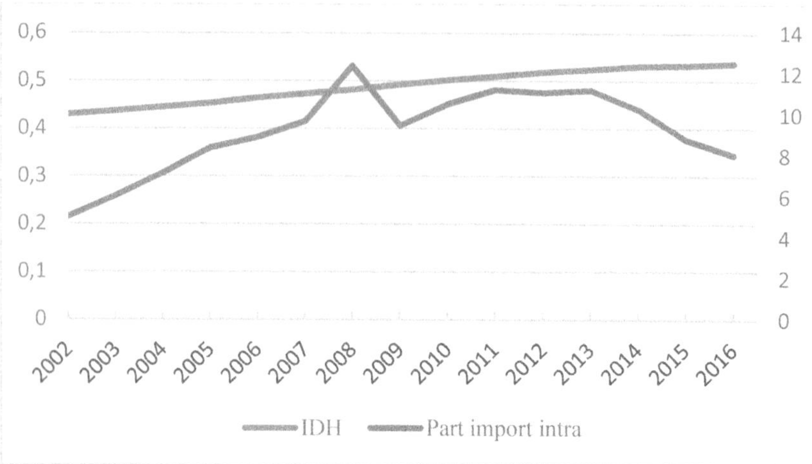

Source : *Auteur, à partir des données de la CNUCED 2018 et le PNUD 2018*

II.1.3.3. Droits de douane et IDH

Graphique 11 : Évolution des droits de douane et de l'IDH, cas du COMESA

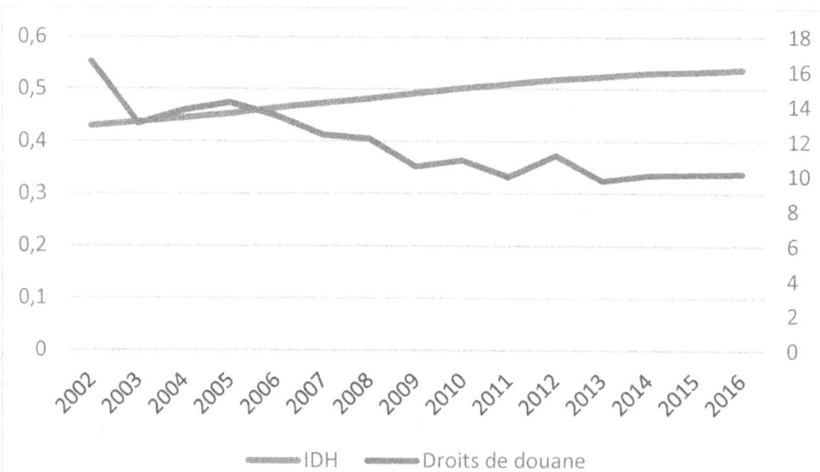

Source : Auteur, à partir des données de WDI 2018 et PNUD 2018.

Dans une première observation, on remarque une décroissance du tarif douanier dans le temps d'étude. Comme toujours, l'IDH suit sa tendance à la hausse de 2002 à 2016. De façon technique, l'on pourrait interpréter une corrélation négative entre les droits de douane et l'indice de bien-être. Lorsque le tarif douanier est revu à la baisse, l'IDH croît. Dans le graphique 2.9, l'année 2002 représente le moment où les droits de douane sont au plus haut niveau avec un écart très significatif de 0,694.

II.1.3.4. Investissements directs étrangers et IDH

Face à une évolution constante et linéaire de l'IDH moyen en zone COMESA, on voit plutôt des fluctuations au niveau des IDE comme le montre le graphique 12. On remarque que l'augmentation de l'IDH peut avoir deux effets sur l'IDH au cours du temps : soit elle augmente les IDE soit elle les diminue. Les augmentations plus que proportionnelles se font de 2006 à 2007, où les IDE passent de 2% à 4,50% et de 2009 à 2010, où elles passent de 2,60% à 4,5%. Les diminutions significatives se font de 2007 à 2009 et de 2014 à 2016 avec les chiffres passant respectivement de 4,5% à 2,60% et 4% à 2,11%.

Graphique 12 : Évolution des IDE en pourcentage du PIB et IDH

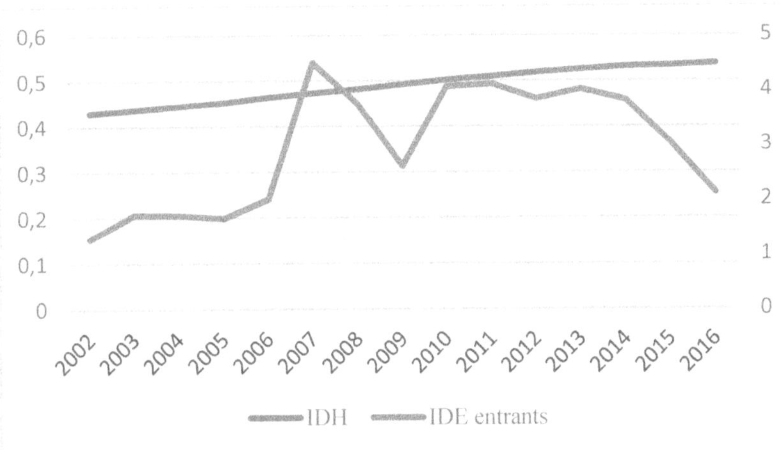

Source : *Auteur, à partir des données de la WDI 2018 et du PNUD 2018.*

II.2. L'intégration régionale et le bien-être social en ASS : l'analyse économétrique.

II.2.1. Formulation du modèle économétrique et présentation des variables

II.2.1.1. Formulation du modèle économétrique

Sakyi et *al.* (2018) ont utilisé une démarche en donnée des panels pour traiter la problématique du bien-être social en Afrique. L'avantage de l'usage de ces données est qu'elles prennent en compte l'espace et le temps. Ces auteurs utilisent divers indicateurs du bien-être social à savoir le taux net de scolarisation, le taux de mortalité des enfants de moins de 5 ans, l'espérance de vie à la naissance ainsi que l'indice du développement humain. Deux alternatives sont souvent utilisées : la première consiste à évaluer tour à tour l'impact sur chaque dimension du bien-être social ; la seconde approche quant à elle consiste à considérer un indicateur qui capte à la fois toutes les dimensions du bien-être social, c'est-à-dire la santé, l'éducation et le revenu. L'indicateur le plus souvent retenu à cet effet est l'Indice du Développement humain (IDH). Toutefois, nous utiliserons comme indicateurs du bien-être social, l'IDH, à cause de sa qualification synthétique. Notre modèle sera ainsi inspiré de celui de Gohou et Soumaré (2012), où ils ont mis en relation l'influence des investissements directs étrangers sur la réduction de la pauvreté en Afrique tout en retenant l'IDH comme mesure de bien-être social. En outre, ils utilisent comme variables de contrôle le capital humain, les infrastructures, l'ouverture commerciale, etc.

$$\boldsymbol{BienEtreSo_{i,t} = a_i + \sigma Int_{i,t} + \varphi W_{i,t} + \mu_{i,t}} \qquad (1)$$

$$\boldsymbol{i = 1, 2, \dots, 37; \quad t = 1, 2, \dots, 15}$$

Dans cette relation $BienEtreSo_{i,t}$ est l'indicateur du bien-être social qui est capté par l'IDH du pays i à la période$t$, a_i est l'effet individuel qui peut être fixe ou aléatoire. $Int_{i,t}$ et $W_{i,t}$ représentent respectivement le vecteur des indicateurs d'intégration régionale et le vecteur des autres déterminants macroéconomiques du bien-être social. Ainsi notre modèle détaillé prend la forme suivante :

$$\begin{aligned}\boldsymbol{IDH_{i,t}} &= \boldsymbol{a_i + \sigma_1 PEIntra_{i,t} + \sigma_2 PIIntra_{i,t} + \sigma_3 DD_{i,t} + \sigma_4 IDE_{i,t}} \\ &\quad \boldsymbol{+ \sigma_5 EFond_{i,t} + \varphi_1 EspVie_{i,t} + \varphi_2 CapHum_{i,t}} \\ &\quad \boldsymbol{+ \varphi_3 RessNat_{i,t} + \varphi_4 PopTot_{i,t} + \varphi_5 Telmob_{i,t}} \\ &\quad \boldsymbol{+ \varphi_6 AccèsCrédit_{i,t} + \varphi_7 PopAct_{i,t} + \varphi_8 QualReg_{i,t}} \\ &\quad \boldsymbol{+ \varphi_9 DepGouv_{i,t} + \mu_{i,t}} \qquad (2)\end{aligned}$$

Conformément à la littérature théorique et empirique, nous retenons comme variables explicatives : la part des exportations intrarégionales, la part des importations intrarégionales, et le niveau de taxes à l'importation. Les autres variables macroéconomiques captent l'influence des facteurs tels que la gouvernance, les infrastructures, la stabilité macroéconomique. De façon spécifique, $PEIntra_{i,t}$ est la part des exportations intrarégionales, $PIIntra_{i,t}$ est la part des importations intrarégionales, $DD_{i,t}$ sont les droits de douane, $IDE_{i,t}$ sont les investissements directs étrangers, $EFond_{i,t}$ sont les envois de fonds, $EspVie_{i,t}$ est l'espérance de vie, $CapHum_{i,t}$ est le capital humain, $RessNat_{i,t}$ sont les ressources naturelles, $PopTot_{i,t}$ est la population totale,

$Telmob_{i,t}$ est la téléphonie mobile, $AccèsCrédit_{i,t}$ est l'accès au crédit privé, $PopAct_{i,t}$ est la population active, $QualReg_{i,t}$ est la qualité de la régulation et $DepGouv_{i,t}$ sont les dépenses gouvernementales.

Tableau 2 : Présentation des variables

Variables	Définitions	Sources
Développement humain	Variable dépendante qui mesure le niveau de développement d'une population. Son indice est l'*IDH*	PNUD 2018
Part des exportations intrarégionales	Elle permet de voir comment les pays africains ont exporté les biens entre eux. Cette part sera captée en pourcentage du PIB.	CNUCED 2018
Part des importations intrarégionales	Elle indique comment les pays africains ont importé les biens entre eux. Cette part sera captée en pourcentage du PIB.	CNUCED 2018
Droits de douane	Mesuré par le niveau moyen des droits de douane.	WDI 2018
Investissement direct étranger	Mesuré par les flux nets entrants d'IDE en pourcentage du PIB.	WDI 2018
Envois de fonds	C'est le canal indirect de l'investissement étranger venant des migrants.	WDI 2018
Population	Il s'agit de la population totale.	WDI 2018
Espérance de vie	C'est l'espérance de vie à la naissance. Elle capte la dimension sanitaire du développement humain.	WDI 2018
Capital humain	Mesuré par le taux de scolarisation dans le primaire.	WDI 2018
Téléphonie mobile	Captée par le nombre d'abonnés au téléphone mobile pour 100 habitants.	WDI 2018
Accès au crédit	Capté par le ratio des crédits accordés au secteur privé.	WDI 2018
Dépenses publiques	C'est la consommation finale de l'État en pourcentage du PIB.	WDI 2018
Ressources naturelles	Mesurée par la part de la rente des ressources naturelles au PIB.	WDI 2018
Qualité de la régulation	Elle se caractérise par la capacité des gouvernements à formuler et à appliquer les politiques de régulation qui promeuvent le développement du secteur privé.	WGI 2018
Population active	Capté par le nombre de travailleurs ayant plus de 15 ans.	PNUD 2018

II.2.2. Problèmes économétriques et méthode d'estimation

Les travaux antérieurs ont montré qu'il existe une double causalité entre l'indicateur du développement humain et la plupart des variables explicatives. Il est par exemple logique de penser qu'un niveau de développement humain élevé permet d'avoir de meilleures infrastructures grâce à une augmentation du revenu, de même plus d'infrastructures concourent à une amélioration du niveau de développement humain. Ceci en plus des erreurs de mesures ainsi que l'omission possible de certaines variables pertinentes dans le modèle conduit à des problèmes d'endogénéité. Dans ces conditions, l'utilisation des MCO n'est plus pertinente d'où le recours aux méthodes plus sophistiquées, notamment les méthodes de variables instrumentales. Ainsi pour corriger ces problèmes d'endogénéité, nous recourons à la méthode des Doubles Moindres Carrés (DMC).

II.2.2.1. Principe de l'estimation

La méthode consiste à affecter à chaque variable une ou plusieurs instrumentales. La variable instrumentale est une variable exogène qui est fortement corrélée avec la variable qui souffre du problème d'endogénéité, mais qui est non corrélée avec le terme d'erreur. Les variables instrumentales peuvent être des variables exogènes au modèle ou alors les valeurs retardées de la variable endogène lorsqu'elles sont supposées non corrélées avec le terme d'erreurs. En outre, il existe plusieurs estimateurs DMC parmi lesquels l'estimateur DMC à effets fixes et l'estimateur DMC à effets aléatoires. Pour ce dernier, on distingue l'estimateur DMC de Balestra et celui de Varadharajan-Krishnakumar (1987). Le choix entre le modèle à effets fixes et celui à effets aléatoires nécessite au préalable un test de spécification : celui dit de test de Hausman.

II.2.2.2. Les principaux tests

La mise en œuvre de cette méthode nécessite que soit connue la forme du modèle qui sera retenu entre le modèle à effets fixes et le modèle à effet aléatoire. Le principal test en la matière est le test de spécification de Hausman qui permet de juger ou non l'existence d'une corrélation entre les effets spécifiques et les variables explicatives du modèle et par conséquent permet de choisir entre modèle à effets fixes et modèle à effets aléatoires. Le modèle à effets fixes sera retenu si nous ne parvenons pas à rejeter l'hypothèse nulle (pas de différence significative entre les coefficients) au seuil de 10%. Par ailleurs, la robustesse des estimations repose sur la validité des instruments utilisés. De ce fait, nous optons pour le test de validité des instruments de Sargan, lequel sera concluant si l'hypothèse nulle est rejetée au seuil de 10%.

III. RÉSULTATS ET INTERPRÉTATION

Cette section s'organisera autour de deux principaux points. En premier lieu, nous présenterons les principaux résultats issus de nos estimations. En second lieu, nous ferons des interprétations économiques de ces différents résultats afin d'en extraire toute la consistance. Spécifiquement, les interprétations se feront en deux phases : économétriques, puis économiques.

III.1. Résultats des estimations

En nous fondant sur les travaux empiriques sur l'intégration régionale, nous avons opté pour une modélisation en panel que nous avons estimé par la méthode des DMC. De manière concrète, il s'agit de distinguer l'indicateur synthétique du bien-être social à savoir, l'Indice du Développement humain (IDH) et voir sa réaction face aux indicateurs de l'intégration régionale. Nous avons ainsi estimé le modèle qui analyse l'influence de l'intégration régionale sur l'IDH.

Tableau 3 : Présentation des estimations de la deuxième partie (Modèle à effets fixes)

	(1)	(2)	(3)	(4)	(5)	(6)
	PEI	PII	Droits de D	IDE	Envois de fonds	Modèle complet
VARIABLES	IDH	IDH	IDH	IDH	IDH	IDH
PEI	-0.00762**					-0.0115***
	(0.00309)					(0.00389)
PII		0.00829*				0.0112*
		(0.00426)				(0.00569)
DD			-0.0145*			-0.0227**
			(0.00852)			(0.0103)
IDE				0.00709**		0.002*
				(0.00329)		(0.00289)
Envois de fonds					0.00380**	0.00702**
					(0.00154)	(0.00307)
Espérance de vie	0.522***	0.508***	0.537***	0.502***	0.558***	0.435***
	(0.0391)	(0.0392)	(0.0394)	(0.0361)	(0.0338)	(0.0555)
Capital humain	0.118***	0.128***	0.119***	0.0960***	0.117***	0.0920***
	(0.0138)	(0.0111)	(0.0129)	(0.0143)	(0.0121)	(0.0169)
Régulation	0.0473***	0.0489***	0.0490***	0.0507***	0.0437***	0.0398***
	(0.00723)	(0.00721)	(0.00907)	(0.00753)	(0.00675)	(0.00844)
Population totale	0.213***	0.238***	0.208***	0.239***	0.180***	0.248***
	(0.0224)	(0.0242)	(0.0230)	(0.0224)	(0.0215)	(0.0362)

Accès au crédit	0.0135***	0.0112***	0.0101**	0.00920**	0.0116***	0.00599
	(0.00357)	(0.00348)	(0.00413)	(0.00391)	(0.00337)	(0.00539)
Ressources	-0.00535**	-0.00812***	-0.00423	-0.00574**	-0.00603***	-0.00811**
	(0.00252)	(0.00238)	(0.00262)	(0.00248)	(0.00230)	(0.00327)
Population active	-0.000457	7.26e-06	-7.54e -05	0.000187	-0.000176	-0.000703
	(0.000426)	(0.000397)	(0.000395)	(0.000396)	(0.000362)	(0.000498)
Téléphonie	0.00917***	0.00537**	0.00598**	0.00574**	0.00881***	0.00933**
	(0.00294)	(0.00234)	(0.00234)	(0.00258)	(0.00222)	(0.00364)
Constant	-6.972***	-7.357***	-6.894***	-7.199***	-6.596***	-6.986***
	(0.310)	(0.319)	(0.315)	(0.305)	(0.298)	(0.433)
Observations	270	280	243	267	277	209
Nombre de pays	35	34	33	35	32	32
R^2	0.9599	0.9661	0.9615	0.9639	0.9687	0.9543
Fisher (p-value)	0.0000	0.0000	0.0000	0.0000	0.0000	0.0000
Test de Hansen	0.2180	0.2837	0.4895	0.4897	0.2560	0.1941
Spécification du test de Hausman	chi2(9) = (b-B) » [(V_b-V_B)^(-1)](b-B) = 103.72	chi2(9) = (b-B) » [(V_b-V_B)^(-1)](b-B)= 95.47	chi2(9) = (b-B) » [(V_b-V_B)^(-1)](b-B) = 81.46	chi2(9) = (b-B) » [(V_b-V_B)^(-1)](b-B)= 123.04	chi2(9) = (b-B) » [(V_b-V_B)^(-1)](b-B) =75.66	chi2(13) = (b-B) » [(V_b-V_B)^(-1)](b-B) = 29.41
Hausman (prob>chi2)	0.0000	0.0000	0.0000	0.0000	0.0000	0.0057

Notes *: les valeurs entre parenthèses correspondent à l'écart-type, et* *** p<0.01, *significatif à 1%,* ** p<0.05, *significatif à 5%,* * p<0.1 *significatif à 10%.* ***Source*** *: Auteur, estimations réalisées à partir des données de la Banque Mondiale, de la CNUCED et du PNUD.*

III.2. Interprétations des résultats

Dans l'ensemble, les résultats de nos estimations sont conformes aussi bien sur le plan économétrique que sur le plan économique.

III.2.1. Sur le plan économétrique

Sur ce plan, le test de Fisher est concluant pour l'ensemble des six estimations puisque sa probabilité est inférieure au seuil de 1%. Cela signifie que nos modèles sont globalement significatifs. De plus, le test de suridentification de Sargan/Hansen est lui aussi concluant et permet de valider nos instruments. En effet, la p-value de cette statistique est supérieure au seuil de 10% dans toutes les six régressions, ce qui ne permet pas de rejeter la nullité de l'hypothèse de validité des instruments. Nous avons également fait le test de spécification de Hausman pour savoir lesquels des modèles à effets fixes ou des modèles à effets aléatoires sont pertinents pour notre étude. C'est ainsi que nous avons retenu le modèle à effets fixes à l'ensemble de ces estimations puisque prob> chi2 a été inférieur à 1% pour tous les modèles étudiés. Par ailleurs, puisque nous sommes en cas des modèles à effets fixes, le R^2 le plus pertinent à ce moment est le *R^2-within,* car il donne une idée sur la variabilité intra-individuelle de la variable indépendante expliquée par celles des variables explicatives. De plus, nous avons appliqué les logarithmes sur les variables hormis celle de la gouvernance afin d'interpréter les paramètres comme des élasticités.

III.2.2. Sur le plan économique

L'analyse des variables macroéconomiques a été pour la plupart significative. C'est le cas de l'influence de la population totale sur l'IDH où l'on note une significativité positive à 1%. Cette significativité nous indique que l'accroissement de la population de 1% améliore l'Indice de Développement Humain de 25% en point. Il s'agit là d'un résultat qui convient à la nouvelle théorie de la croissance démographique et aux faits stylisés de 1960 à la fin du XIXe siècle (Merrick, 2002). En effet, malgré le doublement de la population mondiale pendant cette période (de trois à six milliards), la pénurie alimentaire mondiale et la malnutrition n'ont pas eu lieu, grâce à l'amélioration spectaculaire des techniques agricoles.

En prenant en compte les composantes directes de l'IDH, on constate une forte significativité positive des variables de santé (espérance de vie) et d'éducation (capital humain). D'abord l'espérance de vie avec une significativité d'1% dans l'ensemble des modèles. Les résultats nous indiquent que si l'espérance de vie augmente de 1% alors l'IDH augmenterait de 43,5% en point *ceteris paribus* dans le modèle (6). Concernant l'éducation, la conclusion stipule que l'accroissement du niveau de scolarisation dans le primaire de 1% affecterait toute chose égale par ailleurs l'IDH en l'agrandissant de 9% en point. Ces énoncés sont conformes à la théorie économique, notamment dans le procédé de construction de l'IDH tel qu'éclairé par le PNUD (2003). De plus, une difficulté d'accès à l'éducation et à la santé que ce soit dans le privé ou dans le public ne contribue point à la réalisation des visées du Millénaire pour le Développement.

S'agissant de la rente des ressources naturelles, la relation est significative à 5% dans le modèle (6) avec un signe toutefois négatif. Cela s'interprète en ce sens que l'accroissement de la rente des ressources naturelles d'une unité fait chuter l'Indice de Développement Humain en point de 0,8% toute chose égale par ailleurs. Ceci est conforme avec les travaux empiriques réalisés par Gylfason (2001) où le taux brut de scolarisation, le nombre d'années d'éducation des filles et les dépenses publiques en éducation relatives au revenu national agissent inversement à la formation du capital naturel.

De plus, l'on note la qualité de régulation qui est corrélée positivement et significativement à 1% dans les six modèles. Dans le modèle (6), une augmentation de 1% de la régulation. Ceteris paribus, s'ensuit une augmentation de l'IDH de 4% en point. Bien que l'étude de ce lien soit rare, certaines discussions ont pu en ressortir tout de même la relation entre la bonne gouvernance et le développement humain. C'est ainsi que Fiszbein et *al.* (2011) ont soutenu qu'une bonne gouvernance s'accompagne d'une amélioration du développement humain. Outre cela, ceux-ci indiquent qu'il existe une limite sur la façon dont la bonne gouvernance bénéficie au bien-être humain ; et aussi que la prise en compte d'une approche plus systématique pour mesurer les résultats des intrants de la gouvernance est nécessaire. Ce lien théorique a été retrouvé dans la recherche empirique par Pradhan et Sanyal (2011) en Inde.

Au sujet des infrastructures, les études nous présentent une forte significativité dans toutes les régressions. Cette significativité est de 1% dans les modèles (1) et (6) et est de 5% dans les modèles (2), (3), (4), celui complet (6) et le signe associé à chaque fois à la variable sont positifs. Ce qui signifie qu'une croissance des abonnés au téléphone mobile de 1% favorise celle de l'Indice de Développement Humain en point de 0,93%, toutes choses égales par ailleurs. Cette conclusion répond à l'affirmatif des prescriptions théoriques. Les infrastructures agissent généralement sur le bien-être social suivant trois principaux canaux.

En premier lieu, un renforcement de l'accès à une infrastructure nous dit Khandker et *al.* (2009) accroit de manière considérable la santé et l'éducation des personnes. En deuxième lieu, un accès accru aux infrastructures est rentable aux entreprises et aux entreprises locales dans la mesure où il y a une réduction des coûts, une augmentation de la qualité et de la quantité de la production de biens et services, une amélioration des services bancaires et de communication et en commercialisant l'agriculture (Kirubi et *al*, 2009). En troisième lieu, un plus grand accès aux infrastructures profite aux communautés en augmentant leur taille et les interactions entre les membres du groupe à l'intérieur et à travers la communauté (Hurlin, 2006).

Les résultats de nos estimations indiquent que, à l'exception du modèle (6), la relation entre le développement financier et le bien-être social est significative dans tous les modelés. Néanmoins dans les autres modèles, les résultats étaient significatifs à 1% dans (1), (2) et (5) et 5% dans (3) et (4) tout en ayant un signe positif partout. Ce qui signifie pour ces estimations que le fait d'avoir accès au crédit augmente le bien-être comme c'est le cas des résultats de recherche de Khandker (1998) qui a trouvé que les revenus des ménages avaient augmenté au Bangladesh grâce à des programmes d'octroi de crédit des microfinances. Pareillement, pour la relation entre la population active et l'IDH, les résultats obtenus dans les six modèles étudiés ont été tous non significatifs bien qu'étant positifs. Comme montré par la théorie classique du travail, l'emploi est bénéfique pour tout travailleur. Pour Stiglitz (2002), l'emploi agit positivement sur le bien-être du travailleur. Par contre, le sous-emploi est associé à de nombreux problèmes et pathologies tels que le divorce, le taux élevé d'alcoolisme et de mortalité dû aux suicides.

Concernant les variables d'intérêt, nous avons trouvé des résultats significatifs pour les cinq variables concernées. Au sujet des effets des exportations intrarégionales, cette part dans le commerce mondial montre que son augmentation de 1% réduit l'IDH de 1,15% en point. Bien que nous soyons dans le modèle (1) ou (6), la relation entre les exportations au sein d'une région et l'IDH demeure négative. Cette relation peut se justifier théoriquement par le fait que les activités d'exportations qui nécessitent en effet un niveau de production élevé pourraient causer des externalités négatives de pollution lors de la production dans les usines ; ce qui est par conséquent nocif pour la santé des populations riveraines.

Par contre, la relation entre la part des importations intrarégionales et l'IDH est positive. La significativité est de 10% pour le modèle isolé (2) et pour celui complet (6). Sa signification révèle qu'une augmentation de 1% des échanges en termes d'importations intrarégionales entraîne *ceteris paribus* une croissance de 1,12% en point au niveau de l'Indice de Développement Humain. Ce résultat semble être en conformité avec la théorie économique. Dans les enseignements empiriques de Tchouassi (2013), ce dernier trouve le même résultat à travers les données de 11 pays de l'Afrique Centrale entre 1995 et 2010. Il montre qu'en augmentant les importations, par la suite l'IDH augmente ; probablement parce qu'elles accroissent la quantité de biens disponibles pour les ménages.

Dans la même lancée, l'on constate du côté des droits de douane, un effet négatif sur le bien-être social tant dans le modèle isolé (3) que dans celui complet (6). La significativité est de 10% dans le modèle (3) et de 5% dans le modèle (6). Du modèle (6) doté d'un R^2 qui est de 0,9543, il en ressort qu'une augmentation des tarifs douaniers de 1% diminue l'IDH de 2,3% en point, toutes choses étant égales par ailleurs. Toutefois, cette proposition est conforme à la théorie économique. Autrement dit, une facilitation des échanges favorise le bien-être social ; ce qui correspond aux idées de Rodriguez et Rodrik (2001). Ces auteurs notent que les questions portant sur l'impact des politiques restrictives du commerce international ont été largement débattues dans l'histoire de la pensée économique ; surtout celle de savoir si les pays ayant moins d'obstacles à l'importation jouissent d'une bonne performance économique.

Outre certaines variations et réserves dans les conclusions, la littérature de masse sur le sujet énonce qu'une politique commerciale moins restrictive améliore la croissance économique et le bien-être social dans un pays. Cette même conclusion a été le résultat de la recherche de Sakyi et *al.* (2018) en Afrique.

Concernant, le transfert de capitaux en Afrique subsaharienne, les estimations déclarent une significativité positive sur la relation entre les IDE et l'IDH. Tout d'abord la significativité est de 5% dans le modèle (4) avec un R^2 situé à 0,9639 et de 10% dans le (6). En se basant sur ce dernier modèle, on voit qu'une augmentation des IDE de 1% accroit *ceteris paribus* celle de l'Indice de Développement Humain de 0,53% en point. Ce qui sous-entend qu'en favorisant les investissements à l'étranger, il y aurait amélioration des indicateurs de santé, d'éducation et de revenu. Théoriquement et empiriquement, cette relation a été observée. C'est ainsi que Sharma et Gani (2004) ont trouvé que les entrées massives d'IDE de 1975 à 1999 au sein des pays à revenus faibles et intermédiaires ont agi favorablement sur l'Indice de Développement Humain.

La relation entre les envois de fonds et l'IDH est restée aussi positive tant dans le modèle (5) que (6) et significative à 5%. En s'attardant sur le modèle (6), les chiffres nous montrent que si l'on augmente le volume des transferts de fonds de 1%, alors l'IDH s'améliorera de 0,7% en point toute chose égale par ailleurs. En effet, cette portée est en convenance avec la vision théorique de certains courants économiques. La théorie des migrations au sujet de l'impact des envois de fonds sur le développement humain s'appuie sur les fondements de la nouvelle économie de la main-d'œuvre immigrante ; qui suggère que la migration est une stratégie fiable pour faire face aux risques tant sur les marchés locaux qu'étrangers (Massey et *al*, 1993). Cela est justifiable dans la mesure où les crédits en espèces et les services publics tels que l'assurance maladie sont plus coûteux et moins disponibles à une certaine classe dans les pays en développement (Massey et *al*, 1993). De plus d'après Poirine (1997), ces effets d'envois de fonds se reflètent dans la perspective de la nouvelle économie, percevant les transferts de fonds comme des prêts familiaux explicites, lorsque les dépenses de migration sont compensées par l'impact positif des envois de fonds sur le développement humain du ménage.

CONCLUSION

L'objet de cet article était d'examiner l'influence de l'intégration régionale sur le bien-être social en Afrique subsaharienne sur la période 2002-2016. De manière concrète, il était question d'appréhender l'influence de l'intégration commerciale et de la libre circulation des capitaux sur le développement humain. Pour atteindre notre but, nous avons organisé notre analyse autour de trois sections. La première s'est attelée à faire une revue de littérature sur le lien entre l'intégration régionale et le bien-être social, la deuxième a permis d'analyser de manière empirique ce lien pour le cas des pays de l'Afrique subsaharienne, et la dernière à interpréter les résultats obtenus. S'agissant de l'analyse économétrique, nous avons estimé un panel à effets fixes par la méthode des Doubles Moindres Carrés Ordinaires (DMCO). De ces différentes analyses il ressort qu'un indicateur de l'intégration régionale révèle des résultats mitigés dans sa liaison avec le bien-être social en ASS, et les autres étant ceux attendus au vu du but de la recherche.

BIBLIOGRAPHIE

ACEMOGLU, D. (2003). Technology and inequality. *Technology and Inequality.*

AKHTER, S. H. (2004). Is globalization what it's cracked up to be? Economic freedom, corruption, and human development. *Journal of World Business, 39*(3), 283–295.

AMAKOM, U., & IHEOMA, C. (2014). Impact of migrant remittances on health and education outcomes in Sub-Saharan Africa. *Journal of Humanities and Social Science, 19*(8), 33–44.

AMEGA, K. (2018). Remittances, education and health in Sub-Saharan Africa. *Cogent Economics & Finance, 6*(1), 1–27.

AMITI, M. & CAMERON, L. (2012). Trade liberalization and the wage skill premium: Evidence from Indonesia. *Journal of International Economics, 87*(2), 277–287.

ANTWEILER, W., COPELAND, B. R., & TAYLOR, M. S. (2001). Is free trade good for the environment? *American Economic Review, 91*(4blo), 877–908.

ARESTIS, P., & CANER, A. (2010). Capital account liberalization and poverty: How close is the link? *Cambridge Journal of Economics, 34*(2), 295–323.

BALASSA, B. (1961). Towards a theory of economic integration. *Kyklos, 14*(1), 1–17.

BALESTRA, P., & VARADHARAJAN-KRISHNAKUMAR, J. (1987). Full information estimations of a system of simultaneous equations with error component structure. *Econometric Theory, 3*(2), 223–246.

BALTAGI, B. H., EGGER, P. & PFAFFERMAYR, M. (2008). Estimating regional trade agreement effects on FDI in an interdependent world. *Journal of Econometrics, 145*(1-2), 194–208.

BARANWAL, G. (2016). Links between foreign direct investment and human capital formation: Evidence from the manufacturing sector in India. *The Journal of International Trade & Economic Development, 28*(2), 37–60.

BCEKER, G. (1965). A theory of the allocation of time. *The Economic Journal, 75*(299), 493–517.

BEENSTOCK, M. (1984). The world economy in transition. *2e ed. London : George Allen and Unwin.*

BEKOLO, E. B. (2001). L'intégration régionale en Afrique : Caractéristiques, contraintes et perspectives. *Mondes en développement, 3-4*(115-116), 81–88.

BLOUIN, C., Chopra, M. & Van der Hoeven, R. (2009). Trade and social determinants of health. *The Lancet, 373*(9662), 502–507.

BOUVET, F. (2021). Regional integration and income inequality: A synthetic counterfactual analysis of the European Monetary Union. *Oxford Review of Economic Policy, 37*(1), 172-200.

BURGESS, M. (2009). Federalism. Isalasn A. Wiener, & T. Diez (dir.), European integration theory. Oxford : *Oxford University Press*, 25–44.

CEA (2016). Rapport sur l'Indice de l'Intégration Régionale en Afrique. Addis-Abeba.

CHAKRABARTI, A. (2000). Does trade cause inequality? *Journal of Economic Development, 25*(2), 1–21.

CHINTRAKARN, P., HERZER, D., & NUNNENKAMP, P. (2011). FDI and income inequality: Evidence from a panel of US States. *Economic Inquiry, 50*(3), 788–801.

CHOI, C. (2006). Does foreign direct investment affect domestic income inequality? *Applied Economics Letters, 13*(12), 811–814.

CNUCED (2009). Economic Development in Africa Report 2009: Strengthening regional economic integration for Africa's development. Geneva.

CNUCED (2018). Rapport sur l'Investissement dans le Monde : L'Investissement et les Nouvelles et Politiques Industrielles. Nations Unies, New York et Genève.

DEATON, A. (2016). Measuring and understanding behavior, welfare, and poverty. *American Economic Review, 106*(6), 1221–1242.

DOSENRODE, S. (2010). Perspectives on federalism - Federalism and regional integration. *Perspectives on Federalism, 2*(3), 1–7.

DREHER, A. (2006). Does globalization affect growth? Empirical evidence from a new index. *Applied Economics, 38*(10), 1091–1110.

FEENSTRA, R. C., & HANSON, G. H. (1997). Foreign direct investment and relative wages: Evidence from Mexico's maquiladoras. *Journal of International Economics, 42*(3), 371–393.

FIGINI, P., & GORG, H. (2011). Does foreign direct investment affect wage inequality? An empirical investigation. *The World Economy, 34*(9), 1455–1475.

FISZBEIN, A., RINGOLD, D., & ROGERS, F. (2011). Making services work indicators, assessments, and benchmarking of the quality and governance of public service delivery in the human development sectors. *Policy Research Working Paper* N° 5690. World Bank.

FMI (2017a). Perspectives économiques régionales : Afrique subsaharienne- Faire redémarrer la croissance. (Avril 2017). Washington, DC.

FMI (2017b). Rapport annuel 2017 du FMI : Pour une croissance inclusive. Washington, DC.

FRANKEL, J. A., & ROMER, D. H. (1999). Does trade cause growth? *American Economic Review, 89*(3), 379–399.

GHANI, M. G. (2012). Does trade liberalization effect energy consumption? *Energy Policy, 43*(4), 285–290.

GHAZALI, M. (2009). Trade openness and wage inequality between skilled and unskilled workers in Tunisia. *Économie internationale, 1*(117), 63–97.

GOHOU, G., & SOUMARÉ, I. (2012). Does foreign direct investment reduce poverty in Africa and are there regional differences? *World Development, 40*(1), 75–95.

GOLDBERG, P. K., & PAVCNIK, N. (2004). Trade, inequality, and poverty: What do we know? Evidence from recent trade liberalization episodes in developing countries. *NBER Working Paper* N° 10593.

GROSSMAN, G. M., & KRUEGER, A. (1991). Environmental impacts of the North American free trade agreement. *NBER Working Paper* N° 3914.

GROSSMAN, G. M., & KRUEGER, A. (1993). Environmental impacts of the North American free trade agreement, The US-Mexico Free Trade Agreement. MA: *MIT Press*.

GROSSMAN, G. M. & KRUEGER, A. (1995). Economic growth and the environment. *The Quarterly Journal of Economics, 110*(2), 353–377.

GYLFASON, T. (2001). Natural resources, education and economic development. *European Economic Review, 45*(4-6), 847–859.

GYIMAH-B. K., & ASIEDU, E. (2014). Remittances and investment in education: Evidence from Ghana. *The Journal of International Trade & Economic Development, 24*(2), 173–200.

HAAS, E. B. (1968). The uniting of Europe: Political, social, and economic forces 1950-1957. Stanford: *Stanford University Press*, 2e ed.

HAAS, E. B. (1970). The study of regional integration: Reflections on the joy and anguish of pre-theorizing. *International Organization, 24*(4), 606–646.

HAN, J., LIU, R., & ZHANG, J. (2012). Globalization and wage inequality: Evidence from urban China. *Journal of International Economics, 87*(2), 288–297.

HASKEL, J., & SLAUGHTER, M. (1998). Does the sector bias of skill-biased technical change explain changing wage inequality? *NBER Working Paper* N° 6565.

HERAULT, N. (2007). Trade liberalization, poverty and inequality in South Africa: A computable general equilibrium-micro-simulation analysis. *The Economic Record, 83*(262), 317–328.

HURLIN, C. (2006). Network effects of the productivity of infrastructure in developing countries. *Policy Research Working Paper* N° 3808. World Bank.

KHANDKER, S. (1998). Fighting poverty with microcredit: Experience in Bangladesh. New York: *Oxford University Press.*

KHANDKER, S., BAKHT, Z., & KOOLWAL, G. (2009). The poverty impact of rural roads: Evidence from Bangladesh. *Economic Development and Cultural Change, 57*(4), 685–722.

KIM, J. Y. (2018). The human capital gap: Getting governments to invest in people. *Foreign Affairs, 97*(4), 92–102.

KIRUBI, C., JACOBSON, A., KAMMEN, D., & MILLS, A. (2009). Community-based electric micro-grids can contribute to rural development: Evidence from Kenya. *World Development, 37*(7), 1208–1221.

KRUGMAN, P. (1991). Is bilateralism bad? In Helpman & Razin (dir.) International trade and trade policy. *Cambridge MA, MIT Press.*

LEUFFEN, D., RITTBERGER, B., & SCHIMMELFENNIG, F. (2013). Differentiated integration. explaining variation in the European Union. Basingstoke: *Palgrave.*

LOPEZ-CORDOVA, E. (2005). Globalization, migration and development: The role of Mexican migrant remittances. *Economia, 6*(1), 217–256.

LOUGHLIN, J. (1996). Europe of the regions and the federalization of Europe. *The Journal of Federalism, 26*(4), 141–162.

MASSEY, D., ARANGO, J., HUGO, G., KOUAOUCI, A., PELLEGRINO, A., & TAYLOR, E. (1993). Theories of international migration: A review and appraisal. *Population and Development Review, 19*(3), 431–466.

MCCORMICK, J. (2005). Understanding the European Union: A concise INTRODUCTION. New York: *Palgrave Macmillan.*

MERRICK, T. (2002). Population and poverty: New views on an old controversy. *International Family Planning Perspectives, 28*(1), 41–46.

MITRANY, D. (1943). A working peace system. London: *Royal Institute of International Affairs*, 28.

MORAVCSIK, A. (2005). The European Constitutional compromise and the neo-functionalist legacy. *Journal of European Public Policy, 12*(2), 349–386.

NARAYAN, P. K., SHARMA, S. S., & PHAN, D. H. (2016). Asset price bubbles and economic welfare. *International Review of Financial Analysis, 44*(3), 139–148.

NEUSS, V. L. (2018). Globalization and deindustrialization in advanced countries. *Structural Change and Economic Dynamics, 45*(5), 49–63.

NIEMANN, A. (2006). Explaining decisions in the European Union. Cambridge: *Cambridge University Press*, 19–23.

Nkurunziza, J. D. (2001). The development of African landlocked countries. In E. Aryeetey, S. Devarajan, R. Skanbur & L. Kasekende (dir.). The Oxford companion to the economics of Africa. *Oxford University Press*.

OMS (2017). Ne polluez pas mon avenir ! L'impact environnemental sur la santé infantile. *Environnement et santé de l'enfant*, 1–5.

PISSARIDES, C. A. (1997). Learning by trading and the returns to human capital in developing countries. *The World Bank Economic Review, 11*(1), 17–32.

PNUD (2003). Rapport mondial sur le développement humain 2003. *Economica*, Paris : France, 111–115.

PNUD (2011). Intégration régionale et développement humain : Une voie pour l'Afrique. New York, NY 10017.

POIRINE, B. (1997). A theory of remittances as an implicit family loan arrangement. *World Development, 25*(4), 58--611.

PRADHAN, R., & SANYAL, G. (2011). Good governance and human development: Evidence from Indian states. *Journal of Social and Development Sciences, 1*(1), 1–8.

PRASAD, E., ROGOFF, R., WEI, S.-J., & ROSE, M. A. (2003). Effects of financial globalization on developing countries: Some empirical evidence. *IMF Occasional Paper* N°220, Washington, DC.

ROBERT-NICOUD, F. (2008). Offshoring of routine tasks and (de)Industrialization: Threat or opportunity-and from whom? *Journal of Urban Economics, 63*(2), 517–535.

RODRIGUEZ, F., & RODRIK, D. (2001). Trade policy and economic growth: A skeptic's guide to the cross-national evidence. *NBER Macroeconomics Annual* 2000, MIT Press, Cambridge, MA, 261–325.

ROSATO, S. (2011). Europe United. *Power Politics and the Making of the European Community.* Ithaca, NY: *Cornell University Press.*

ROWTHORN, R., & COUTTS, K. (2004). De-industrialization and the balance of payments in advanced economies. *Cambridge Journal of Economics 28*(5), 767–790.

SAKYI, D., BONUEDI, I., & OPOKU, E. (2018). Trade facilitation and social welfare in Africa. *Journal of African Trade, 5*(1-2), 35–53.

SALAS, V. B. (2014). International remittances and human capital formation. *World Development, 59*, 224–237.

SAMUELSON, P. A., & NORDHAUS, W. D. (2004). Economics. *McGraw-Hill.*

SAPKOTA, J. B. (2011). Globalization and human aspect of development in developing countries. *Journal of Globalization Studies, 2*(1), 78–96.

SAVVIDES, A. (1998). Trade policy and income inequality: New Evidence. *Economics Letters, 61*(3), 365–372.

SCHRAM, A., & TOWNSEND, B. (2021). International trade and investment and food systems: What we know, what we don't know, and what we don't know we don't know. *International Journal of Health Policy and Management, 10*(12), 886–895.

SCHULTZ, T. W. (1960). Capital formation by education. *Journal of Political Economy, 68*(6), 571–83.

SEN, A. (1987). Gender and cooperative conflicts. *WIDER Working Papers* N°18, Helsinki.

SHARMA, B., & Gani, A. (2004). The effects of foreign direct investment on human development. *Global Economy Journal, 4*(2), 1–5.

SJOHOLM, F., & LIPSEY, R. E. (2006). Foreign firms and Indonesian manufacturing wages: An analysis with panel data. *Economic Development and Cultural Change, 55*(1), 201–221.

STEVENS, P., URBACH, J., & WILLS, G. (2013). Healthy trade: The relationship between open trade and health. *Foreign Trade Review, 48*(1), 125–135.

STIGLITZ, J. E. (2001). Principles of financial regulation: A dynamic, Portfolio approach. *The World Bank Observer Research, 16*(1), 1–18.

STIGLITZ, J. E. (2002). Employment, social justice and societal well-being. *International Labour Review, 141*(1-2), 9–12.

STIGLITZ, J. E. (2009). Trade agreements and health in developing countries. *The Lancet, 373*(9661), 363–365.

STUCKLER, D., KING, L., & MCKEE, M. (2009). Mass privatization and the post-communist mortality crisis: A cross-national analysis. *The Lancet, 373*(9661), 399–407.

TCHOUASSI, G. (2013). Are trade liberalization and democracy driving development in Central Africa region? Empirical lessons. *Journal of Social and Development Sciences, 4*(3), 131–140.

THOW, A.-M., & HAWKES, C. (2009). The implications of trade liberalization for diet and health: A case study from Central America. *Globalization and Health, 5*(5),1–15.

UNESCO (2015). Objectifs de développement durable N° 4. Nations Unies.

VERDUN, A. (2002). Merging neo-functionalism and inter-governmentalism: Lessons from EMU. In A. V. (dir.), The Euro: European integration theory and economic and monetary union (11-30). Boulder: *Rowman and Littlefield.*

VINER, J. (1950). The customs union issue. *Carnegie Endowment for International Peace* 221, New York, 8.

WALDKIRCH, A. (2010). The effects of foreign direct investment in Mexico since NAFTA. *The World Economy, 33*(5), 710–745.

WEI, S., & WU, Y. (2001). Globalization and inequality: Evidence from within China. *NBER Working Paper* N° 8611.

WOOD, A., (1994). North-South trade, employment and inequality: Changing fortunes in a skill-driven world. *Clarendon Press: Oxford.*

WORLD BANK (2013). Africa Competitiveness Report 2013. Washington, DC.

WORLD BANK (2017). Africa Poverty Report: Poverty in a Rising Africa. Washington, DC.

CONCLUSION GÉNÉRALE

Jacob TCHE

jacobtche1985@gmail.com

Le concept de développement durable a émergé après de nombreuses réflexions sur les effets funestes des activités humaines sur l'environnement et fait désormais partie intégrante du discours de la plupart des dirigeants et décideurs politiques du développement (Brochard, 2011). Le développement durable comporte 17 objectifs dont le but ultime est de créer un mode de développement qui intègre l'efficacité économique, le progrès social et la protection de l'environnement. C'est donc dans cette logique que cet ouvrage s'est donné pour mission principale d'offrir une opportunité unique de tester pour la première fois, dans un livre en Afrique, la significativité des associations de nombreuses variables du développement durable autour des thématiques suivantes : Urbanisation et environnement, Urbanisation et Croissance économique, Exploitation forestière et qualité de l'environnement, Exploitation de la biodiversité forestière et croissance inclusive, Numérisation et développement humain, Commerce numérique et développement des performances commerciales, Intégration régionale et bien-être économique, Intégration régionale et bien-être social. Pour parvenir à nos estimations, les données collectées proviennent principalement de la base World Development Indicators (WDI) sur une quarantaine des pays d'Afrique. Nous consacrons nos tests d'hypothèses à l'analyse de la corrélation entre les variables concernées à l'aide des graphiques et d'autre part, à analyser économétriquement par le recours de plusieurs méthodologies d'analyse telles que la méthode des Doubles Moindres Carrés, la méthode des Moindres Carrés Généralisés Réalisables (MCGR) et la Méthode des Moments Généralisés (GMM) en panel dynamique. Après nos estimations, nous procédons à l'interprétation des résultats qui nous permettent de conclure par rapport aux tests des hypothèses émises.

Pour atteindre la contribution principale retenue dans les premiers et deuxièmes articles, une hypothèse principale a été émise : l'urbanisation a des effets opposés sur la qualité de l'environnement et la croissance économique en Afrique. La première hypothèse émise postule que l'urbanisation favorise la dégradation de l'environnement en Afrique. La vérification de cette hypothèse s'est faite dans le premier article. En effet, l'urbanisation a eu un effet positif sur les émissions de CO_2 en Afrique entre 1991 et 2014. Plus précisément, un accroissement de 1% du niveau d'urbanisation tend à accroitre le volume d'émission de CO2 par de 1,415%, toutes choses restant égales par ailleurs. Toutefois, lorsqu'on analyse par groupe de revenu, l'on remarque que l'urbanisation accroit significativement le volume d'émissions de CO2 pour les groupes à faible revenu et à revenu intermédiaire classe supérieure et l'accroit de façon non significative pour le groupe à revenu intermédiaire classe inférieure. Ce résultat remet ainsi en cause l'existence d'une relation en forme d'U-reversée entre l'urbanisation et la qualité de l'environnement. La deuxième hypothèse spécifique émise stipule que l'urbanisation stimule la croissance économique en Afrique. En effet, l'urbanisation a eu un effet négatif sur la croissance économique en Afrique entre 1991 et 2014. Plus précisément, un accroissement de 1% du niveau d'urbanisation tend à réduire le niveau PIB réel de 1,033%, toutes choses restant égales par ailleurs. De plus, lorsqu'on analyse par groupe de revenu, on peut constater que sur la période 1991-2014, l'urbanisation a eu un impact négatif et significatif pour tous les groupes de revenu. Ces résultats sont en contradiction avec l'idée avancée par Williamson (1965) selon laquelle l'urbanisation devrait avoir un effet positif sur la croissance économique dans les premiers stades du développement économique jusqu'à un certain seuil où la courbe va s'inverser.

Au vu des différents résultats, l'hypothèse principale émise dans cette étude n'est validée qu'en partie. En effet, ayant un effet négatif sur la croissance économique et un effet positif sur les émissions de CO2 en Afrique, l'urbanisation a donc une influence négative sur le développement durable en Afrique. Il est donc indispensable pour les gouvernements africains de prendre des mesures afin de mieux tirer profit de l'urbanisation tout en préservant un environnement sain. Par exemple, les gouvernements de l'Afrique devraient :

- Mettre un accent accru sur l'approvisionnement des biens publics dans les villes ;
- Promouvoir l'aménagement de villes plus écologiques.

Les troisième et quatrième papiers de cet ouvrage démontrent que la préservation d'un environnement de qualité est un impératif pour un développement durable, car la conservation et le développement durable de tous les types de forêts de notre planète sont devenus une priorité des politiques internationales. Il est donc impérieux pour les chercheurs de trouver les éléments qui entravent la qualité de l'environnement d'où notre contribution dans ces articles qui consistent à analyser l'exploitation forestière aux dimensions de la qualité de la croissance sur la période 2002-2017. Dans le but de matérialiser les réflexions susmentionnées, nous avons émis une hypothèse principale selon laquelle, l'exploitation forestière a des effets opposés sur la croissance inclusive et sur la qualité de l'environnement. Il en ressort que la première hypothèse spécifique est valide. En effet, la rente forestière a un effet positif sur la croissance inclusive en Afrique subsaharienne sur la période 2002-2017 bien que la superficie forestière soit négativement corrélée à l'indice de développement humain en Afrique Subsaharienne et plus particulièrement dans les pays du Bassin du Congo. La seconde hypothèse quant à elle est vérifiée au quatrième article de cet ouvrage. En effet, l'augmentation de la surface forestière contribue à la réduction des émissions de CO2 par tête en ASS. De même, la perte du couvert forestier accroit les émissions de CO2 dans l'atmosphère. Il est donc indispensable pour les gouvernements de prendre des mesures afin de tirer profit de l'exploitation de leurs ressources forestières et de favoriser une gestion durable des forêts. Ils pourraient par exemple :

- favoriser une participation plus importante des populations locales à la gestion des écosystèmes forestiers ;
- promouvoir les institutions de gestion forestière ;
- mettre davantage d'accent sur les politiques de reboisement

Selon les articles 5 et 6, les technologies de l'information et de la communication (TIC) peuvent contribuer à accélérer la réalisation de chacun des objectifs de développement durable (ODD) fixés par les Nations Unies. Une infrastructure et des services TIC efficaces et abordables aident les pays à participer à l'économie numérique et à accroitre leur compétitivité économique ainsi que leur bien-être. Ces contributions montrent l'importance des technologies numériques à travers les leviers qui contribueront à la relance économique des pays d'Afrique Sub-Saharienne au cours de la période 2010-2017. Ils évaluent donc respectivement l'influence du commerce numérique sur le développement des performances commerciales des pays d'Afrique Sub-Saharienne et celle de la digitalisation sur le développement humain en Afrique Sub-Saharienne. De nos estimations économétriques, il ressort les principaux résultats suivants. D'abord, les indicateurs des technologies numériques, notamment les TIC ont une influence positive et significative à la fois sur les performances commerciales et le développement humain. L'investissement en infrastructures de télécommunications, la réduction de la fracture numérique, l'accès aux TIC permettent de renforcer l'efficacité des technologies numériques sur le plan économique et social en Afrique Subsaharienne. En revanche, les droits de douane, les IDE et le crédit bancaire ont des liens négatifs d'une part avec les chaînes de valeur agricoles et manufacturières (textile-vêtement), et d'autre part avec les exportations nettes en Afrique Subsaharienne. Mais également, les IDE empêchent l'évolution de l'IDH en Afrique subsaharienne. D'après ce qui précède, nous formulons les recommandations de politique économique suivantes :

- Promouvoir un climat de paix sociale
- Renforcer les investissements en infrastructures numériques et réduire la fracture numérique :
- Promouvoir un meilleur système éducatif :
- Ratifier l'Accord sur les Technologies de l'Information (ATI) :
- Développer le commerce régional
- La transformation structurelle

Le commerce international est un élément clé du développement durable, comme l'ont reconnu les conférences de Rio et de Johannesburg. Il aide à répartir plus efficacement les ressources rares et offre aux pays riches et pauvres un accès facile aux biens, services et technologies liés à l'environnement. Par ailleurs, la recherche du bien-être est l'un des objectifs les plus communs aux pays d'Afrique et demeure toutefois au cœur des 17 Objectifs de Développement Durable. Les septième et huitième articles déterminent l'influence de l'intégration régionale sur le bien-être en Afrique subsaharienne sur la période 2002-2016. Le bien-être étant un concept multidimensionnel, nous avons divisé notre idée principale en deux idées subsidiaires, pour plus de clarté à savoir : analyser l'influence de l'intégration régionale sur le bien-être économique d'une part ; et déterminer l'influence de l'intégration régionale sur le bien-être social d'autre part. Dans le cadre du bien-être économique, nous avons vu que la part des importations infrarégionales favorise la croissance économique des États en augmentant le PIB par habitant en ASS. De même, nous avons trouvé qu'une augmentation des tarifs douaniers réduisait le produit intérieur brut. Dans le cadre du bien-être social, les résultats suggèrent que l'augmentation de la part des importations infrarégionales entraîne celle du développement humain. Toujours dans le volet commercial, la hausse des droits de douane constitue un grand inconvénient au bien-être en ASS. D'après les analyses qui précèdent, nous pouvons formuler les recommandations de politique économique suivantes :

- Promouvoir les échanges commerciaux infrarégionaux
- Encourager les entrées de capitaux
- Assainir la gouvernance économique

Dans cet ouvrage, l'accent a été mis sur une analyse des aspects généraux du continent africain, sans toutefois faire recours aux spécificités de chaque pays. Cet ouvrage se trouve donc limité, car il ne permet pas d'entrevoir la situation propre à chaque pays. En outre, d'autres indicateurs « phares » de développement durable peuvent être utilisés pour les analyses comme la part des énergies renouvelables dans la consommation intérieure brute d'énergie et la consommation d'énergie des transports et PIB, la productivité des ressources, l'indice d'abondance des populations d'oiseaux communs, les prises de poissons en dehors des limites biologiques de sécurité, les taux d'emploi des travailleurs âgés (55-64 ans) et l'aide publique au développement. Ainsi, l'Afrique regorge d'un vaste champ pouvant être exploité lors de prochains travaux afin de capter davantage les enjeux relatifs au développement durable.

Références Bibliographies

DiBlasio Brochard, Lukas (2011). « Le développement durable : enjeux de définition et de mesurabilité » Mémoire. Montréal (Québec, Canada), Université du Québec à Montréal, Maîtrise en science politique.

TABLE DES MATIÈRES

Structures éditoriales du groupe L'Harmattan

L'Harmattan Italie
Via degli Artisti, 15
10124 Torino
harmattan.italia@gmail.com

L'Harmattan Hongrie
Kossuth l. u. 14-16.
1053 Budapest
harmattan@harmattan.hu

L'Harmattan Sénégal
10 VDN en face Mermoz
BP 45034 Dakar-Fann
senharmattan@gmail.com

L'Harmattan Cameroun
TSINGA/FECAFOOT
BP 11486 Yaoundé
inkoukam@gmail.com

L'Harmattan Burkina Faso
Achille Somé – tengnule@hotmail.fr

L'Harmattan Guinée
Almamya, rue KA 028 OKB Agency
BP 3470 Conakry
harmattanguinee@yahoo.fr

L'Harmattan RDC
185, avenue Nyangwe
Commune de Lingwala – Kinshasa
matangilamusadila@yahoo.fr

L'Harmattan Congo
219, avenue Nelson Mandela
BP 2874 Brazzaville
harmattan.congo@yahoo.fr

L'Harmattan Mali
ACI 2000 - Immeuble Mgr Jean Marie Cisse
Bureau 10
BP 145 Bamako-Mali
mali@harmattan.fr

L'Harmattan Togo
Djidjole – Lomé
Maison Amela
face EPP BATOME
ddamela@aol.com

L'Harmattan Côte d'Ivoire
Résidence Karl – Cité des Arts
Abidjan-Cocody
03 BP 1588 Abidjan
espace_harmattan.ci@hotmail.fr

Nos librairies en France

Librairie internationale
16, rue des Écoles
75005 Paris
librairie.internationale@harmattan.fr
01 40 46 79 11
www.librairieharmattan.com

Librairie des savoirs
21, rue des Écoles
75005 Paris
librairie.sh@harmattan.fr
01 46 34 13 71
www.librairieharmattansh.com

Librairie Le Lucernaire
53, rue Notre-Dame-des-Champs
75006 Paris
librairie@lucernaire.fr
01 42 22 67 13

www.ingramcontent.com/pod-product-compliance
Lightning Source LLC
LaVergne TN
LVHW011158061026
849535LV00003B/783